Dr. HARALD WIESENDANGER

GEISTHEILUNGEN

Erfolge von A bis Z

Lichtblicke für chronisch Kranke:
634 Fallbeispiele zu 248 Diagnosen

LEA VERLAG

Geistiges Heilen

im Internet:

www.psi-infos.de

"Das wohl umfangreichste Informationsangebot über Geistiges Heilen, das im deutschsprachigen Internet zur Zeit zu finden ist."
Heilpraxis Magazin 4/2002

"Ein regelrechter Lichtblick in der esoterischen Sumpflandschaft."
Andreas Sommer, Universitätsklinikum Freiburg

"Das Ausgewogenste und Fundierteste, was ich auf diesem Gebiet gefunden habe."
Roland Rottenfusser, Redaktion "Connection"

ISBN 3-930147-21-1
2. überarb. u. erw. Aufl. Dezember 2004
(1. Aufl. April 2004)

Umschlag: H. Wiesendanger

Inhalt

Einführung

Lichtblicke für "Hoffnungslose"

"In welchen Fällen hilft Geistiges Heilen? Kommt es auch meinem speziellen Problem bei?" Kaum eine Frage wird mir häufiger gestellt, seit ich Patienten berate, die unschlüssig sind, ob sie sich auf diese umstrittene Therapieform einlassen sollen.

Am naheliegendsten scheint es, die Antwort darauf den unmittelbar Beteiligten zu überlassen: nämlich den Patienten und ihren Heilern. Eben diesem Ansatz folgt das vorliegende Buch. Es lässt Menschen zu Wort kommen, die sich einem Geistheiler anvertrauten, nachdem die konventionelle Medizin zuwenig bis gar nichts mehr für sie tun konnte - und diesen Schritt nicht bereut haben. Und es gibt Heilern Gelegenheit, besonders bemerkenswerte Erfolge aus ihrer Praxis vorzustellen. Ein Teil dieser Berichte stammt aus mehreren Erhebungen per Fragebogen, die ich für meine "Heiler-Datenbank"[1] seit 1992 unter rund tausend Geistheilern im deutschsprachigen Raum durchgeführt habe, und persönlichen Mitteilungen von ihnen. Ein anderer Teil ist mir im Laufe der vergangenen fünfzehn Jahre von Patienten zugetragen worden, nachdem sie sich auf meine Empfehlung hin, oder aufgrund von Hinweisen in meiner Datenbank, auf einen Heiler eingelassen hatten. Ein weiterer Teil stammt aus eigenen Beobachtungen, die ich in mehreren Tests mit insgesamt 54 Heilern und 150 chronisch Kranken machen konnte[2] - unter anderem 1998 in einer fünfmonatigen, ärztlich kontrollierten Studie, die ich in einem gesonderten Buch dokumentiert habe[3].

Wie glaubhaft können Fallschilderungen aus dem Mund von Heilern und Patienten überhaupt ausfallen? Heilern lassen sich durchaus etliche naheliegende Motive unterstellen, Behandlungsverläufe zu schönen und wichtige Details zu verschweigen: Erfolgsmeldungen haben willkommene Werbewirkung, und sie schmeicheln dem eigenen Ego. Häufig endet außerdem der Kontakt zum Patienten, lange bevor von einer vollständigen, dauerhaften Heilung die Rede sein kann; von Rückschlägen erfährt der Heiler hinterher selten.

Patienten wiederum sind in mehrfacher Gefahr, sich über den Nutzen einer Geistheilung etwas vorzumachen: Beeindruckt von den Bemühungen, günstigstenfalls auch vom tadellosen Charakter, der herzlichen Anteilnahme und dem engagierten Bemühen ihres Heilers, möchten sie ihn nicht enttäuschen. Seinen Suggestionen ausgesetzt und zu Autosuggestionen verführt, neigen sie dazu, sich Erfolge zeitweilig einzureden, kleinste Fortschritte überzubewerten, Enttäuschungen zu verdrängen. Nach einem mehr oder minder erheblichen Aufwand an Zeit und Geld ist die Neigung gering, sich illusionslos eine Fehlinvestition einzugestehen. Zudem geben Behandelte Erfolgsmeldungen zumeist unmittelbar nach Abschluss der Heilsitzungen ab; somit bleibt offen, wie nachhaltig die erzielten Ergebnisse sind.

Darüber hinaus neigen beide Seiten, Heiler ebenso wie Behandelte, dazu, die Auswirkungen von Begleitumständen zu unterschätzen: sei es eine gleichzeitig durchgeführte ärztliche Behandlung, ein eingenommenes Medikament, eine umgestellte Ernährung, oder Veränderungen in Alltagsgewohnheiten, Einstellungen und sozialem Umfeld. Was ihre Berichte bestenfalls belegen, sind gesundheitliche Fortschritte, *während* eine Geistheilung stattfand; jedoch beweisen sie nicht, dass sich diese Fortschritte ausschließlich oder auch nur überwiegend *wegen* der Geistheilung einstellten.

Allein deshalb die hier zusammengestellten Erfolge als unglaubwürdig abzutun, wäre andererseits voreilig. Denn oft ereignen sie sich auch vor den Augen von Ärzten.[4] Und Dutzende von klinischen Studien bestätigen sie inzwischen.[5] Immerhin sind Heiler und Behandelte unmittelbare Zeugen des Geschehens, und meist auch die einzigen - und die notorische Unzuverlässigkeit von Zeugen bietet auch in anderen Zusammenhängen, etwa bei Gerichtsverhandlungen, keinen hinlänglichen Grund, über ihre Erlebnisse hinwegzugehen. Ein Patient mag sich darüber täuschen, ob Geistiges Heilen über spür- und sichtbare Symptome hinaus auch die Ursachen einer Erkrankung beseitigt hat - aber niemand weiß besser als er, wie es ihm geht. Und wenn ein Schwerkranker nach einigen Malen Handauflegen aufrichtig versichert, seine Beschwerden hätten deutlich nachgelassen, er fühle sich wohler, er sei zufrieden, ausgeglichen und glücklich wie lange nicht mehr: Wieviel Sinn machen Zweifel daran? Seit sich die westliche Medizin in eine angewandte Naturwissenschaft umdefinierte, begünstigt sie einen Typ von Arzt, der unter Gesundheit und Krankheit messbare Zustände eines komplex organisierten Stücks Biomaterie versteht; um deren Natur "objektiv" zu erfassen, scheint die "bloß subjektive" Perspektive des Patienten vernachlässigbar, ja eher hinderlich. Doch Gesundheit und Befinden gehören untrennbar zusammen; keine Heiltradition außerhalb des abendländischen Kulturkreises kam je auf die absonderliche Idee, sie ideologisch auseinanderzudividieren - und als unerheblich abzutun, *wie es ist*, krank zu sein. *Selbst wenn* die Fortschritte, über die zahlreiche Patienten von Geistheilern berichten, bloß suggestiv erzeugt und von kurzer Dauer *wären*, bedeuten sie in der Regel mehr, als Ärzte zuvor für möglich gehalten und mit konventionellen Mitteln erreicht haben. Und gerade bei chronischen, über Jahre hinweg anhaltend belastenden Leiden ist jede noch so geringe, flüchtige Linderung immer noch besser als überhaupt keine.

Wer Hoffnungen weckt, muss verhindern, dass sie ausufern. Wie jede Therapieform, so stößt auch Geistiges Heilen an Grenzen. Sie liegen wohl genau dort, wo auch unsere natürlichen Selbstheilungskräfte an Grenzen stoßen - denn diese sind es vermutlich, die von Heilern angeregt werden, auf psychologischem, aber auch auf rätselhaftem physikalischen Weg. Ein amputiertes Bein, ein gezogener Zahn, eine herausoperierte Niere ist auch in einer Heilerpraxis noch niemandem nachgewachsen. Allerdings *kann* es vorkommen, dass unter einer aufgelegten Hand beispielsweise ein bösartiger Tumor zu wachsen aufhört oder sich sogar zurückbildet - und eben dazu ist unser Immunsystem unter günstigen Umständen auch ohne Beteiligung eines Geistheilers imstande, wie die Forschung über Spontanremissionen zeigt.

In ihrer Summe fügen sich die Fallbeispiele dieses Buchs zu einer ermutigenden Sammlung von imposanten Erfolgsmeldungen zusammen. Sie verdeutlicht, dass es schlechterdings kein Leiden gibt, mit dem Geistheiler nicht zu tun bekommen - und kaum eines, das nicht auf ihre Bemühungen anspricht, auch in vermeintlich aussichtslosen Fällen, die Ärzte bereits als "behandlungsresistent", als "austherapiert" bezeichnet haben: von Allergien über Bluthochdruck und Diabetes bis hin zu Epilepsie und Lähmungen, rheumatischen Erkrankungen und Krebsleiden, auch in fortgeschrittenen Stadien. Patienten lernen daraus: Es gibt keinen Grund zu resignieren. Selbst in vermeintlich aussichtsloser Lage bietet Geistiges Heilen noch eine Chance.

Soweit die gute Nachricht. Und nun die schlechte: Diese Chance ist vermutlich weitaus geringer, als viele Hilfesuchende erhoffen und die meisten Heiler ihnen weismachen. Kein seriöser Heiler kann versprechen, dass er in allen Fällen ebenso rasch ebensoviel erreicht wie in den hier geschilderten. Kein Patient kann sicher sein, dass er Hilfe findet, sofern er seine Diagnose in diesem Buch wiederfindet - sei es bei demselben Heiler, sei es bei einem seiner abertausend Kollegen. Denn der Erfolg Geistigen Heilens hängt nicht nur von der Art einer Erkrankung ab, sondern von einer Fülle weiterer Faktoren, die Patienten nicht außer acht lassen dürfen.[6]

Hinzu kommt, dass die Qualitätsunterschiede zwischen Heilern erheblich sind: Wie in jeder Berufsgruppe, so ragen auch hier wenige Könner aus reichlich Mittelmaß, etlichen Möchtegerns und Nieten heraus. Und gerade aufgrund der Therapeutenschwemme, die uns die Esoterikwelle der vergangenen drei Jahrzehnte beschert hat, war der Anteil unerfahrener, dürftig begabter, sich selbst überschätzender Heiler nie größer als heutzutage. Wie findet ein Hilfesuchender heraus, ob einer wirklich kann, was sein Name verspricht?

Dieses Problem ist *nicht* identisch mit der Frage, ob Geistiges Heilen effektiv ist. In letzterem Fall geht es darum herauszufinden, ob die Therapie *an sich* etwas bewirken kann - und zwar etwas, das über suggestive und Placebo-Effekte hinausgeht. Aber selbst wenn wir diese Frage uneingeschränkt bejahen könnten, wäre eine zweite immer noch offen: Kann *dieser bestimmte* Heiler wirklich heilen - gerade der, an den ich als Patient geraten bin? Die Crux für Hilfesuchende besteht darin, dass sich das eine keineswegs zwangsläufig aus dem anderen gibt: Eine Therapie kann hochwirksam sein - ihr Anwender aber ein Stümper.

Es gibt, grob gesagt, drei Strategien, diese Frage anzugehen, und bis zu einem gewissen Punkt lassen sie sich am Beispiel des Problems verdeutlichen: Wie stellt man fest, ob einer fliegen kann?

Die erste Strategie wird seit längerem hingebungsvoll von etlichen Heilerverbänden und Heilerschulen praktiziert.[7] Ein angeblich Flugtüchtiger wird in ein Prüfungszimmer zitiert. Dort muss er unter Beweis stellen, dass er Bescheid weiß über Gravitation, Auftrieb, Luftwiderstand, Aerodynamik und die Geschichte des Vogelflugs. Er muss vorführen können, wie man mit den Flügeln schlägt. Er muss Bescheinigungen anderer Vögel beibringen, dass er zu ihrem Schwarm gehört, und ein paar weitere Bescheinigungen von fluguntüchtigen Viechern, dass sie sich erinnern können, ihn schon einmal fliegen gesehen zu haben. Eine Persönlichkeitsprüfung muss ergeben, dass er frei von Höhenangst ist und andere Vögel weder beim Fliegen behindert noch ihnen von oben aufs Gefieder kackt. Außerdem muss er versprechen, künftig nicht mehr als sechzig, siebzig Euro zu kassieren, falls er eine

Flugschau abhält. Ist das alles erfüllt, bekommt er ein Diplom und darf sich auf seiner Visitenkarte künftig mit Titeln schmücken wie "SVNH-geprüft im Fliegen", "Inhaber einer NFSH-Fluglizenz" oder "Anerkannter Flieger DGH".

Die zweite Strategie bevorzugen gewisse Wissenschaftler. Dazu wird der angebliche Vogel in eine standardisierte Volière gesperrt. Um zu verhindern, dass er nicht irgendwelche raffinierten Triebwerke oder andere Auftriebstechniken einschaltet, wird er gefesselt. Um die Volière herum werden mehrere Kameras und wissenschaftliche Beobachter plaziert, die jede Regung peinlichst genau festhalten. Wenn der Kandidat unter diesen Umständen nicht fliegt, wird ihm das Etikett "Scharlatan" aufs Gefieder geklebt.

Eindeutig die sinnvollste Strategie wäre eine dritte: Wir begleiten den angeblichen Vogel ins Freie und schauen, ob er hier abheben kann.

Leider fängt an genau diesem Punkt der Vergleich zu hinken an: Ein Flug kann im Nu stattfinden, und jeder in Blicknähe kann ihn unmittelbar beobachten. Eben das geht nicht, wenn Heilung stattfindet. Von wenigen glücklichen Ausnahmen abgesehen, vollziehen sich Geistheilungen über Zeiträume von Wochen, wenn nicht Monaten und Jahren; dabei erfolgen sie nicht nur auf der Ebene von äußerlichen Symptomen, sondern in Bereichen, die der Beobachtung entzogen sind. Was also tun?

Der eine Ausweg bestünde darin, einem angeblichen Heiler die nötige Zeit zu geben und ihn über einige Monate lang unter Praxisbedingungen zu beobachten - und zwar nicht nur bei einem Patienten, sondern möglichst bei allen, um die er sich innerhalb dieser Frist kümmert. Ob er Fortschritte erzielt, sollte nicht seinem eigenen Gutdünken und dem subjektiven Ermessen seiner Patienten überlassen bleiben, sondern medizinisch kontrolliert sein - was ärztliche Vor- und Nachuntersuchungen erfordert.

Aber derartige Überprüfungen bieten Patienten natürlich keine brauchbaren Fingerzeige, und zwar aus drei Gründen:

- Solche Tests sagen immer nur etwas über die Fähigkeiten der jeweils geprüften Heiler, und das auch nur im Beobachtungszeitraum, unter den besonderen Untersuchungsbedingungen, an den ausgewählten Patienten, bei ihren speziellen Diagnosen. Sie sagen nichts über die Fähigkeiten anderer echter oder vermeintlicher Heiler bei anderen Leiden; ja, sie machen uns noch nicht einmal sicher, dass die getesteten Heiler später und unter anderen Bedingungen auch nur annähernd ebensogut abschneiden.

● Und selbst wenn diese Art von Untersuchung zu einem zuverlässigen, verallgemeinerbaren Prüfverfahren weiterentwickelt werden könnte, wäre es natürlich völlig unpraktikabel: Erstens müsste es in jeder von über zehntausend Heilerpraxen im deutschsprachigen Raum eingesetzt werden, und das am besten nicht bloß zeitweilig, sondern kontinuierlich. Und zweitens fehlt einem Patient die Zeit, ihren Ausgang geduldig abzuwarten: Er braucht *jetzt* Hilfe, und jetzt muss er entscheiden, wem er sich anvertraut.

● Hinzu kommt das Problem, dass wir bei dieser Art von Untersuchung niemals wissen können, *worauf* die beobachteten Heilerfolge beruhen. Sie könnten weitgehend oder gar ausschließlich von Suggestionen und Erwartungen herrühren - dann wären die betreffenden Heiler ungeeignet für Patienten, die skeptisch sind. Um das auszuschließen, bräuchten wir eine Placebo-Kontrolle, und dazu müssten wir sozusagen zurück in die Volière: Wir müssten nämlich die Patienten, und am besten gleich auch noch die beteiligten Ärzte und Wissenschaftler, "verblinden", d.h. im Ungewissen darüber lassen, wer behandelt wird und wer nicht. Und genau damit entfernen wir uns von der Praxis des Heilens, wir schaffen hochgradig künstliche Bedingungen, denn zum Alltag gehört ein kontinuierlicher persönlicher Austausch zwischen Heiler und Patient auf vielen Ebenen.

Deshalb ist womöglich ein anderer Ansatz aussichtsreicher. Wenn Geistiges Heilen tatsächlich mehr ist als bloß eine Placebo-Therapie, dann aufgrund irgendeines immateriellen Etwas, das dabei ins Spiel kommt: eben das, was Heiler selbst "Energie" nennen, vielleicht aber auch auf einem ganz anderen physikalischen Prinzip beruht - nennen wir es einfach "XY".[8] Für einen Patienten ideal wäre es, wenn es ein Messgerät gäbe, das anzeigt, ob und wann ein Heiler dieses XY einsetzt; ob er es kontrolliert ins Spiel bringt, d.h. abgestimmt auf den jeweiligen therapeutischen Zweck; ob dieses XY den Patienten überhaupt erreicht; und ob es in ihm nicht nur irgendwelche biologischen Prozesse in Gang setzt, sondern genau die richtigen.[9] In jüngerer Zeit sind eine Reihe von Apparaturen entwickelt worden, die in eben diese Richtung zielen: nämlich darauf, Geistiges Heilen zu objektivieren, indem man begleitende physikalische Vorgänge misst. Eine bulgarische Forschergruppe um den Physiker Professor Antonov beispielsweise bekam kürzlich an der Universität Bern den Preis der Schweizer Stiftung für Parapsychologie für die Entdeckung, dass manche Geistheiler imstande sind, das Energiespektrum von H_2O zu verändern - und dass das Wasser diese Veränderungen manchmal noch mehrere Monate lang speichert. Das wäre insofern beachtlich, als unser Organismus zu über siebzig Prozent aus Wasser besteht. Die Bulgaren haben daraus ein Testverfahren entwickelt, dem ihres Erachtens jeder angebliche Heiler unterzogen werden sollte. Andere Wissenschaftler haben veränderte elektrische Aktivitäten im Gehirn oder an der Hautoberfläche von geistig Behandelten festgestellt - auch daraus könnten eines Tages messtechnische Heiler-Tests werden.

Inwieweit sich solche Verfahren, einzeln oder kombiniert, für eine Qualitätskontrolle von Geistheilern eignen, bleibt abzuwarten. Vorerst sind sie entweder zu aufwendig, zu praxisfern, zu unzuverlässig oder in ihren Ergebnissen noch zu widersprüchlich, um Hilfesuchenden derzeit schon brauchbare Orientierungshilfen zu bieten. Davon abgesehen weiß bisher niemand, ob sie bloß Randphänomene erfassen, die den Heilvorgang begleiten wie der Rauch das Feuer - oder ob sie tatsächlich zum Kern der vermeintlichen "Energieübertragung" vorstoßen, wie sie zumindest Könner zustande bringen. Gäbe es irgendwann einen wissenschaftlich fundierten Heiler-Test, so könnte er heutige Prüfungskommissare bescheidener machen, zu mehr Verbraucherschutz im Gesundheitswesen beitragen - und der Szene bei der Selbstreinigung von Mittelmaß und Nichtskönnern behilflich sein. Von bisher rund 200 getesteten Heilern brachten in Antonovs Test nur 12 deutliche Effekte zustande, weitere 23 erzielten "schwache" Effekte. Der Rest fiel durch. Auf die rund zehntausend Geistheiler im deutschsprachigen Raum hochgerechnet, würde das bedeuten: Gerade mal 600 von ihnen leisten energetisch Herausragendes; was die übrigen 9400 schaffen, ist kaum der Rede wert.

Aber was tut ein Patient solange, bis wir über eine solche Messtechnik verfügen? Zeit zum Abwarten hat er natürlich nicht - er muss *jetzt* entscheiden, welchem Heiler er sich anvertraut. Und dazu bleibt ihm vorerst, wie ihm ehrlicherweise gesagt werden muss, nur das Vertrauen in die eigene Intuition und den Mut zum Ausprobieren - mit vielerlei Tipps und Warnungen im Kopf, die ich ihm in anderen Büchern ans Herz lege, damit er mit vermeintlichen "Wunderheilern" kein blaues Wunder erlebt.[10] Auf der Suche nach einem Heiler geht er dann am besten in drei Schritten vor:

Erster Schritt: Zwei, drei Heiler in der Nähe des eigenen Wohnorts ausfindig machen - und möglichst viele Vorinformationen über sie einholen. Diese sind z.B. meiner "Heiler-Datenbank" zu entnehmen (s. Anhang S. 223f.): Hier erfahren Hilfesuchende nicht nur Anschriften und Telefonnummern, sondern auch so aufschlussreiche Details wie: Hat der Betreffende eine medizinische Ausbildung? Seit wann heilt er - etwa erst seit ein paar Monaten nach Feierabend, oder vielleicht schon über zehn Jahre hauptberuflich? Wie kam er dazu? Welche Geistheilmethode wendet er an? Welche Therapien bietet er sonst noch an? Wie lange dauert eine Sitzung bei ihm? Und was kostet sie?

Zweiter Schritt: Die Betreffenden anrufen; sich erläutern lassen, wie sie vorgehen; klare Auskünfte über das Honorar einholen; und möglichst eine kostenlose Probesitzung verabreden.

Dritter Schritt: Beim Heiler der Wahl fünf bis zehn Sitzungen Geduld haben; Symptome aufmerksam beobachten - und gegebenenfalls wieder aussteigen, falls sich am Krankheitsbild nicht einmal ansatzweise etwas zum Besseren verändert. Ein anderer Heiler, eine andere Heilweise erreicht dann womöglich mehr.

Nicht nur die Namen der Patienten, sondern auch die ihrer Heiler habe ich im Folgenden konsequent durch Pseudonyme ersetzt oder mit Initialen abgekürzt. Manche Behandelte haben dies zur Bedingung dafür gemacht, dass sie mit einer Veröffentlichung ihres Falls einverstanden sind; außerdem sollen sie vor aufdringlichen Nachfragen von Neugierigen geschützt werden. Heilern andererseits soll dieses Buch keine Gelegenheit bieten, mit Erfolgsmeldungen Werbung in eigener Sache zu machen - was ihnen ohnehin gesetzlich untersagt ist.

Heiler ebenso wie Behandelte sind herzlich eingeladen, künftige Auflagen dieses Buches durch eigene Erfahrungsberichte zu bereichern - zur Ermutigung vieler weiterer Patienten, die auch in scheinbar hoffnungsloser Lage nicht aufgeben, sondern nach therapeutischen Auswegen suchen. Zuschriften sollten mindestens Angaben über jene Einzelheiten enthalten, die ich im Anhang dieses Buches aufgelistet habe (siehe Seite 213). Bitte senden Sie Ihren Bericht an: **Heiler-Datenbank, Dr. Harald Wiesendanger, Zollerwaldstr. 28, D - 69436 Schönbrunn, Fax +49 - (0) 62 71 - 7 21 80, eMail: wiesendanger@t-online.de** Zur Abklärung weiterer Details werde ich mich dann mit Ihnen in Verbindung setzen.

Anmerkungen

1 Nähere Informationen: Heiler-Datenbank, Dr. Harald Wiesendanger, Zollerwaldstr. 28, D-69436 Schönbrunn, Fax +49 - (0) 62 71 - 7 21 80, eMail: wiesendanger@t-online.de. Im Internet: www.psi-infos.de, Rubrik "Geistiges Heilen/Adressen".

2 Siehe meine Website *www.psi-infos.de,* Rubrik Geistiges Heilen/ Forschungen, und die dort angegebenen Quellen.

3 H. Wiesendanger: *Heilen ohne Grenzen. "Fernbehandeln" auf dem Prüfstand - Dokumentation eines ärztlich kontrollierten Tests,* Lea Verlag: 2. Aufl. Schönbrunn 2004.

4 Siehe H. Wiesendanger (Hg.): *Geistiges Heilen in der ärztlichen Praxis - Damit die Humanmedizin humaner wird,* Lea Verlag: 2. Auflage 2004, H. Wiesendanger: *Das Große Buch vom Geistigen Heilen - Möglichkeiten, Grenzen, Gefahren,* Lea Verlag: Schönbrunn 4. Aufl. 2003; H, Wiesendanger (Hg.): *Geistiges Heilen für eine neue Zeit - Vom "Wunderheilen" zur ganzheitlichen Medizin,* Kösel: München 1999.

5 Siehe H. Wiesendanger: *Das Große Buch vom Geistigen Heilen,* a.a.O., Kap. IV, und *Fernheilen,* Band 1: *Das Phänomen,* Lea Verlag: Schönbrunn, 4. Aufl. 2004.

6 Siehe H. Wiesendanger: *Geistheiler - Der Ratgeber. Was Hilfesuchende wissen sollten: Ehrliche Antworten auf 45 spannende Fragen* (2000), Lea Verlag: 3. Auflage 2004.

7 Siehe H. Wiesendanger: *Geistheiler - Der Ratgeber,* a.a.O., Kap. 31 und 32, S. 253-272; ders. (Hg.): *Geistiges Heilen für eine neue Zeit,* a.a.O., S. 381 ff.

8 Siehe H. Wiesendanger: *Fernheilen,* Band 1, a.a.O.

9 Siehe H. Wiesendanger: *Fernheilen,* Band 2: *Was Patienten bewegt: Antworten, Tipps und Warnungen,* Lea Verlag: Schönbrunn 2004.

10 H. Wiesendanger: *Geistheiler - Der Ratgeber,* a.a.O., *Das Große Buch vom Geistigen Heilen,* a.a.O., Fernheilen, Band 2, a.a.O.

Quellen

Ein Teil der Fallbeispiele, die im Folgenden geschildert werden, stammt aus folgenden Arbeiten von Harald Wiesendanger (s. Anhang S. 224-238):

A	**Auswege - Die Heiler-Datenbank.** Wo Kranke geistige Hilfe finden.

Die vier- bis fünfstelligen Ziffern hinter Quellenangaben und Krankheitsbezeichnungen stehen für die Postleitzahlen der Wohnorte des jeweiligen Heilers. Entsprechend geordnet sind die Einträge in "Auswege".

R	**Geistheiler - Der Ratgeber.** Was Hilfesuchende wissen sollten: Ehrliche Antworten auf 45 spannende Fragen
GB	**Das Große Buch vom Geistigen Heilen** - Möglichkeiten, Grenzen, Gefahren
GHNZ	**Geistiges Heilen für eine neue Zeit** - Vom "Wunderheilen" zur ganzheitlichen Medizin
GHÄP	**Geistiges Heilen in der ärztlichen Praxis** - Damit die Humanmedizin humaner wird
FH1	**Fernheilen, Band 1**: Das Phänomen *(ab September 2004)*
FH2	**Fernheilen, Band 2**: Antworten, Tipps und Warnungen für Hilfesuchende *(ab September 2004)*
HoG	**Heilen ohne Grenzen** - "Fernbehandeln" auf dem Prüfstand. Dokumentation eines wissenschaftlichen Tests mit 50 Heilern und 120 chronisch Kranken.
GHK	**Geistiges Heilen bei Krebs** - Ein unkonventioneller Ausweg *(erscheint im Frühjahr 2005)*
BG	**Bruno Gröning - Ein Ausweg für Kranke?** *(vergriffen)*
PSI-INFOS	**www.psi-infos.de**, die Website von Dr. Harald Wiesendanger

A

Adenom s. auch Brustkrebs, Geschwulst, Krebs, Tumor

Einer 34jährigen Patientin war von einem Gynäkologen sowie im Krankenhaus ein bösartiges, schnellwachsendes fibröses Adenom (Geschwulst im Bindegewebe) in der linken Brust diagnostiziert worden, etwa drei Zentimeter groß. Ihr wurde dringend zu einer Amputation der Brust geraten. Die verzweifelte Frau suchte Rat bei Siegfried W., der ihr riet, ein weiteres Gutachten bei einer anthroposophischen Klinik einzuholen. (Er selbst vermutete, dass das Adenom gutartig war.) Bis es vorlag, versuchte er ihr durch Geistiges Heilen zu helfen. Daraufhin hörte der Tumor zu wachsen auf - und begann sich zurückzubilden. "Durch diese Anfangserfolge angespornt", berichtet der Heiler, "verzögerte die Patientin von sich aus weitere vorgesehene Untersuchungstermine - bis es schlussendlich nichts mehr zu untersuchen gab." Nach einer Mammographie sowie einer Sonographie stellt der behandelnde Arzt im März 1994 fest: "Die vor einigen Monaten noch tastbare Verhärtung im mediocranialen Bereich der linken Mamma läßt sich nicht mehr nachvollziehen." Bis dahin fanden insgesamt 110 geistige Behandlungen statt, davon ein bis zwei Praxisbesuche pro Woche, der Rest als Fernbehandlungen. (A 71711)

Aids

Näherer Überprüfung wert wäre der Fall eines 30jährigen Schweizers, bei dem 1989 Aids ausbrach. Bei einem Kongress lernte er Frau M. kennen. Sie versuchte drei Fernbehandlungen und gab ihm "ein Kraftgebet weiter". Ein halbes Jahr später, so versichert die Heilerin, habe der junge Mann sich telefonisch bei ihr gemeldet, um ihr überschwenglich mitzuteilen, dass er "vollkommen gesund" sei; ein erneuter Aids-Test sei negativ gewesen, d.h. der HIV-Virus sei nicht mehr festzustellen gewesen. "Leider riss der Kontakt zu ihm danach ab." (A 41189.)

Auf den englischen Geistheiler Barrie R. schwört der HIV-kranke Andrew Wilson aus Willesden Green im Nordwesten Londons. "Bei mir ist Aids seit Jahren voll ausgebrochen", erzählt der 33jährige. "1990 bereiteten mich die Ärzte darauf vor, dass mir höchstens noch anderthalb Jahre bleiben würden." Seit er zwei- bis dreimal wöchentlich R. aufsucht, fühlt er sich "unfassbar wohler". Zwar zeigen Bluttests, dass Andrew das HIV-Virus nach wie vor in sich trägt; doch die meisten Begleitsymptome haben sich erheblich gebessert. Früher sei er vor Erschöpfung und Depression morgens kaum aus dem Bett gekommen, der kleinste Handgriff habe ihn "entsetzlich angestrengt". Inzwischen fühlt er sich derart "energiegeladen", dass er "fünfzehn Stunden pro Tag, sechs Tage pro

Woche und zehn Stunden am Sonntag arbeiten kann", schwärmt er. (GB S. 117, Stand 1994; über Geistiges Heilen bei Aids s. FH1.)

Akne

Eine 27jährige Werbekauffrau aus Gau-Algesheim hatte seit ihrer Pubertät eine ausgeprägte Akne mit eitrigen Pusteln, begleitet von starkem Juckreiz. Trotz Salben und anderer Medikamente trat der Ausschlag immer wieder auf. Vom 11. Juni 1996 an legte ihr Brigitte B. insgesamt 22mal, verteilt über mehrere Wochen, die Hände auf. "Schon ab der ersten Behandlung reagierte die Haut sehr positiv", erinnert sich die Heilerin. "Immer seltener traten die Pusteln auf, und wenn sie kamen, dann waren es nur wenige, nie mehr große und eitrige." Seit August 1996 ist die Patientin geheilt. (A 55218)

Alkoholismus s. auch Sucht

Ein 48jähriger Frührentner aus Horn war seit fünfzehn Jahren Alkoholiker. Nach einer Entziehungskur war er zwar zwei Jahre "trocken". Doch als er Anfang Dezember 1995 die Hilfe der Heilerin Sigrid D. suchte, hatte ihn seine Sucht schon wieder anderthalb Jahre im Griff. Frau D. legte ihm die Hände auf und versuchte es mit einer schamanischen "Extraktion". Drei Wochen später war der Mann "trocken" - und blieb es bis heute. (A 32805.)

Die ca. 40jährige Tochter einer Freundin des österreichischen Arzts und Geistheilers D. war schwere Alkoholikerin, hatte ihre Aggressionen nicht im Griff; dadurch sorgte sie in ihrem Betrieb, in dem alte Menschen betreut wurden, für ständigen Konfliktstoff. Mitte 1997 führte D. eine "Fernbehandlung" durch, ohne die Frau zu kennen oder sie je gesehen zu haben: "Dazu visualisierte ich die Patientin, brachte ihre völlig zerstörte Aura und ihr Energiefeld wieder in Ordnung, reinigte sie selbst, ihre Wohnung und ihr Zimmer von Fremdenergien und schützte sie mit Licht und Gottesboten." Der Erfolg "war augenscheinlich", berichtet der Arzt. "Innerhalb kürzester Zeit, nämlich einigen Tagen, hörte die Patientin mit dem Alkoholkonsum auf und reinigte ihr Zimmer, das voll von pornographischer Literatur war. Bis heute ist sie nicht mehr in ihren früheren Zustand zurückgefallen." (A, A-6236)

Seit acht Jahren war eine 26jährige Musikalienhändlerin aus Nürnberg zur schweren Alkoholikerin geworden, die sich trotz psychotherapeutischer und medikamentöser Behandlung mit Selbstmordabsichten trug. Im April 1992 begann sich der Erlanger Geistheiler Herbert S. um sie zu kümmern."Sofort nach der ersten Sitzung trank sie keinen Alkohol mehr. Nach vier Sitzungen war sie so stabil, dass sie wieder arbeiten konnte. Ab Juni 1992 brauchte sie meine Hilfe nicht mehr." (A 91054)

Weiteres Fallbeispiel s. A 75045

Allergie

Eine Vielzahl von Allergien machten einem 62jährigen Rentner aus Eslohe zu schaffen. Hausstaub, Milben, Buntnesseln, Hunde, Katzen, Pferde, Kühe, Bettfedern - all das löste bei ihm seit 1980 heftige allergische Reaktionen aus. Etwas Linderung verschafften ihm eine Desensibilisierung und die Einnahme von Antiallergika. Doch gänzlich frei von seinen Beschwerden ist er erst seit März 1990 - vierzehn Tage, nachdem er zur örtlichen Gröning-Gemeinschaft fand, wo er lernte, "den göttlichen Heilstrom aufzunehmen". (BG S. 46; zum Gröning-Freundeskreis s. FH1 und GB.)

- gegen chemische Substanzen 53474

Ein 28jähriger Dreher aus Hannover litt seit anderthalb Jahren an einer Allergie der Haut gegen chemische Substanzen, speziell im Bereich der Augen. Obwohl er vom Arzt mit Salben behandelt wurde, verschwand die Erkrankung nie ganz, sondern flammte immer wieder auf, mal mehr, mal weniger. "Durch Mundpropaganda fand er zu mir", berichtet der Heiler Klaus R. aus Bad Neuenahr. "Nach einer halbstündigen Behandlung war die Allergie nach vier Tagen verschwunden. Auch nach längerer Zeit trat sie nicht mehr auf." (A 53474)

- gegen Tiere 85244

Bei einem drei Monate alten Säugling war bereits kurz nach der Geburt eine Hundeallergie aufgetreten. "Sein Kopf war blutig gekratzt", erinnert sich eine Geistheilerin aus Röhrmoos. Ohne Wissen der Angehörigen versuchte sie zwei- bis dreimal je eine halbe Stunde lang eine Fernheilung. Drei Tage später waren die Symptome "völlig verschwunden und von einem Arzt auch im Blutbild nicht mehr nachweisbar". (A sowie R S. 309.)

- Metall- 29614

- Staub- 22587, 29614

- gegen Milchprodukte 56412

Eine 45jährige Schauspielerin aus Saarbrücken litt seit Jahren an einer Allergie gegen alle Milchprodukte, der Ärzte nicht beikamen. Nach drei jeweils 15- bis 20minütigen Sitzungen bei dem Heiler Willi S. verschwand die Unverträglichkeit. (A 56412)

- Nahrungsmittel- 22309, s. Nahrungsmittelallergie

- gegen Schimmelpilze 67435

- Pollen- s. Heuschnupfen

Weitere Fallbeispiele s. A 32052, 51609, 58809, 67435, 70597

Alpträume

Ein fünfjähriges Mädchen aus Bad Sooden-Allendorf wachte drei Jahre lang Nacht für Nacht aus Angstträumen auf und nässte ein. Pflanzliche Beruhigungsmittel in immer höheren Dosen halfen nicht. 1995 begann die Geistheilerin Doris S. mit Chakraheilen, manchmal einmal pro Woche, manchmal einmal monatlich. Seither "ist das Kind ausgeglichen, benötigt keine Medikamente mehr, ist nachts trocken und erzählt, daß es keine bösen Träume mehr hat." (A 37242)

Weiteres Fallbeispiel s. Angst, Verfolgungs- (GHÄP S. 76)

Amenorrhoe

Eine 28jährige Sekretärin aus Krefeld litt seit drei Jahren an einer Amenorrhoe. (Die monatliche Regelblutung blieb aus.) 1992 kam sie zu einer einzigen Sitzung, bei der ihr der Geistheiler Manfred H. - er arbeitet in einer Düsseldorfer Arztpraxis mit - die Hände auflegte und einen Rindenextrakt einrieb. Zwei Tage darauf war die Menstruation wieder normal. Ein halbes Jahr später suchte ihn die Frau wegen desselben Problems abermals auf. Nach einer weiteren Sitzung verschwand es auf Dauer. (A 40479)

Amyotrophische Lateralsklerose (ALS)

Im Spätherbst 1994 nahm sich der Heiler Reinhard B. einer Patientin an, die an einer amyotrophischen Lateralsklerose (ALS) leidet: einer schulmedizinisch unheilbaren degenerativen Erkrankung zweier motorischer Zentralnerven, mit der Muskelschwund und Lähmungen einhergehen. "Die Motorik dieser Frau war extrem eingeschränkt, sie saß regungslos im Rollstuhl. Schon während der ersten Sitzung konnte sie mit leichter Unterstützung wieder aufstehen und alleine stehenbleiben. Ihr stark eingeschränktes Sprechvermögen hat sich während der Behandlung soweit gesteigert, dass sie sich fließend, wenn auch langsam mit mir unterhalten konnte. Bei der nächsten Sitzung berichtete sie von einem dreitägigen Muskelkater in den Beinen; unmittelbar danach habe ihre Krankengymnastin festgestellt, dass sie unerwartet große Fortschritte in der Beweglichkeit und Muskelkraft ihrer Beine gemacht hatte." Die Sitzungen bei B. dauern an. (A 55270)

Anämie, anaplastische

Ein fünfjähriges Kind litt anaplastischer Anämie, einer Form der Blutarmut, bei der die Produktion von Erythrozyten (rote Blutkörperchen) vermindert ist oder fehlt. Seine Großmutter, selbst Heilpraktikerin, brachte es zu dem Heiler Peter S. Im Laufe von vier Monaten "besprach" er das Kind sechsmal. Eine anschließende ärztliche Untersuchung ergab, dass die Blutwerte wieder völlig normal waren. Von einem Rückfall ist bis heute nichts bekannt. (A 23562)

Angina pectoris

s. auch Herzleiden

Ein achtjähriges Mädchen aus Alpnach, das an chronischer Angina pectoris litt, wurde von der Geistheilerin Rosa T. ein einziges Mal mit *Therapeutic Touch* - einer von der amerikanischen Krankenschwester Dolores Krieger entwickelten Form Geistigen Heilens (siehe GB und FH1) - und Fußmassagen behandelt. "Seit 18 Monaten ist die Angina nicht wiedergekehrt." (A CH-6076)

Gegen die ständigen Anginen einer 43jährigen Pharmamanagerin aus Kassel hatten Antibiotika und immunstärkende pflanzliche Mittel zehn Jahre lang nichts ausgerichtet. Im Jahre 1993 fanden zwei 45minütige Reiki-Sitzungen bei der Heilerin Beatrice H. statt. Zwei Tage darauf stellte sich hohes Fieber ein - danach waren die Beschwerden verschwunden, und dieser Erfolg hielt bis heute an. (A 34117.)

Angiom, spinales

Nach besonders erstaunlichen Behandlungserfolgen befragt, schildert die Geistheilerin Irmgard C. unter anderem den Fall eines 29jährigen Diplom-Ingenieurs aus Stuttgart, der seit 1986 an einem spinalen Angiom litt: einer geschwulstartigen Wucherung von Gefäßgewebe am Rückenmark. Im selben Jahr wurde er operiert; dabei geriet Kunststoff in die Wirbelsäule - seitdem war der Mann querschnittsgelähmt. Am 9. Januar 1992 nahm sich Frau C. seiner an, "reinigte" zunächst "die Aura". "Wenn ich meine Finger an bestimmte Stellen seines Kopfes legte, kam Bewegung in die sonst unbeweglichen Glieder." In Abwesenheit des Mannes "arbeitete ich auch an seinem Röntgenbild". Im Laufe der Zeit "wurde er immer beweglicher. Sein Arzt und seine Krankengymnastin staunten. Zu einer Sitzung bei mir kam der Arzt mit, um zu erleben, wie ich arbeite. (Inzwischen hat dieser Arzt schon an zwei Heilerseminaren bei mir teilgenommen.)" Hielt dieser Erfolg denn an? "Ja. Mit Stock kann der Mann wieder gehen. Muskeln bilden sich wieder." Als Ende März 1992 eine Nachuntersuchung stattfand, konnte "nichts mehr festgestellt werden. Der Arzt sprach von einem Wunder." (A 74924)

Angst

- Erstickungs- Fallbeispiel s. Platz-

- Flug-

Die panische Flugangst eines 52jährigen Tanzlehrers aus Stuttgart war im Sommer 1994 nach einer einzigen anderthalbstundigen Sitzung bei der Heilerin Daniela W. behoben. “Einen Tag danach stieg er ohne Angst ins Flugzeug.” (A 70193)

- Platz-

Seit 25 Jahren litt eine 48jährige Berliner Hausfrau an Depressionen, Platz- und Erstickungsangst. Psychologen konnten ihr nicht helfen. Ab Mai 1996 suchte sie einmal wöchentlich die Geistheilerin Veronika L. auf. Seither geht sie wieder angstfrei einkaufen und fährt sogar alleine mit der U-Bahn. (A 12099)

- in geschlossenen Räumen

Eine 38jährige kaufmännische Angestellte aus Hattenhofen litt seit Oktober 1991 an einer ausgeprägten Angstneurose in geschlossenen Räumen (Klaustrophobie); auch beim Alleinsein überkam sie oft plötzliche Panik. Ein Aufenthalt in einer psychiatrischen Fachklinik änderte daran nichts. Da versuchte ihr der Heiler Günther K. mit "Energieübertragung" und einer "Rückführung" zu helfen, kombiniert mit Gesprächstherapie, Einzelhomöopathie, Bach-Blüten, Akupunktur und Neuraltherapie. "Nach und nach trat eine langsame Besserung ein. Nach einem halben Jahr war die Frau symptomfrei. Nach einem weiteren Monat kam es allerdings zu einem Rückfall, woraufhin ich sie erneut behandelte. Seither hält der Erfolg an." (A 73110)

- Trennungs-

Anscheinend grundlose Trennungsängste in Bezug auf ihre Mutter quälten die fünfjährige Saskia seit einem Vierteljahr. Ein Arzt veranlasste eine Blutuntersuchung - und konnte organisch nichts feststellen. 1995 nahm die Geistheilerin Rita Z. vier Fernbehandlungen vor. Seither sind die Ängste verschwunden, "das Kind besucht jetzt mit Freude den Kindergarten". (A 27798)

- Versagens- 12351 (s. auch Phobie)

Einen 40jährigen Gastwirt aus Berlin belasteten seit sechs Monaten Herzrhythmusstörungen, Schlaflosigkeit und massive Angstzustände. EKG- und Blutuntersuchungen blieben ohne Befund, mehr als Rezepte für Schlafmittel bekam er von seinem Arzt nicht. Nun begann er eine Psychotherapie. Nachdem sich die Panikattacken dennoch weiter verstärkten, wandte sich der Mann an die Berliner Heilerin Elke H. - und nach vier Reiki-Sitzungen, alle innerhalb einer Woche, klangen die Angstzustände vollständig ab. "Binnen zwei Monaten war mein Klient in der Lage, seine Lebens- und Arbeitssituation neu zu ordnen, und er übernahm eine neue, verantwortungsvolle Tätigkeit. Seit nunmehr anderthalb Jahren ist er beschwerdefrei, ohne weitere ärztliche und psychotherapeutische Behandlung." Er hat "das Gefühl, dass die Last meiner Kindheit von der Seele genommen ist". (Siehe A 10777 und R S. 54.)

Seit einem Jahr litt eine 34jährige Hausfrau aus Luxemburg an schweren Angstzuständen und Depressionen, in Verbindung mit Tinnitus (Ohrgeräuschen). Nachdem Psychopharmaka wirkungslos blieben, wurde sie ärztlicherseits darauf vorbereitet, dass sie "damit leben" müsse. Damit wollte sie sich nicht abfinden. Am 12. März 1996 wandte sie sich schriftlich an den Heiler Lothar M. aus Kempten, der eine "Umsessenheit" durch "niedere Geistwesen" vermutete. Er betete für sie und "schickte ihr Energie" - seither seien sämtliche Beschwerden verschwunden, wie Lothar M. berichtet. (A 87437, R S. 56.)

An schweren Angstzuständen und innerer Unruhe litt eine 39jährige kaufmännische Angestellte aus Bruchsal. Fünf Jahre Psychotherapie bei drei Therapeuten, darunter Verhaltens- und Hypnosetherapie, waren völlig erfolglos. “Ich hatte schon die Hoffnung aufgegeben, jemals wieder ganz normal leben zu können”, berichtet die Patientin. Hinzu kam eine Reihe von körperlichen Beschwerden, u.a. eine Schilddrüsenunterfunktion, deretwegen die Frau seit achtzehn Jahren Hormonpräparate einnahm. Im Frühjahr 1994 fand sie zur Heilerin Ursula K. - und drei Monate später waren sämtliche Beschwerden verschwunden. (A 76287)

Seit 25 Jahren litt eine 48jährige Berliner Hausfrau an Depressionen, Platz- und Erstickungsangst. Psychologen konnten ihr nicht helfen. Ab Mai 1996 suchte sie einmal wöchentlich die Heilerin Veronika L. auf. Seither geht sie wieder angstfrei einkaufen und fährt sogar alleine mit der U-Bahn. (Nach A 12099.)

Seit fünf Jahren belasteten starke Ängste und Phobien eine 35jährige Krankenschwester aus Völklingen/Saar. Verordnete Medikamente brachten keine wesentliche Besserung. Doch nach einer Fernbehandlung im Juni 1996 waren innerhalb von sieben Tagen "die Ängste größtenteils beseitigt, und der Allgemeinzustand verbesserte sich erheblich", erklärt die Heilerin Vera G. "Auch dieser Erfolg hält an." (A 66740)

Die vierjährige Sabrina aus Duisburg-Rheinhausen litt seit ihrem zweiten Lebensjahr an rätselhaften Angstzuständen, wenn sie Puppen sah, aber auch in Anwesenheit von kleinen Kindern, selbst wenn diese jünger waren als sie selbst. Kein Arzt fand die Ursache dafür, keiner konnte dem Mädchen helfen. 1995 versuchte es die Heilerin Angelika N. ein halbes Jahr lang mit Reiki, in Verbindung mit selbst hergestellten, reinen Bach-Blüten, die im Unterschied zu den handelsüblichen Essenzen keinen zusätzlichen Alkohol enthielten. Ein Vierteljahr später, im Februar 1996, hatten sich Sabrinas Ängste weitgehend gelegt: Sie konnte den Kindergarten besuchen, wo sie zumindest bekannte Kinder problemlos akzeptierte. Nur dunkelhäutige Kinder waren ihr nach wie vor unheimlich. Nach weiteren drei Monaten begann sie sogar, von sich aus zaghaft auf andere Kinder zuzugehen. Weil die Eltern umzogen, verlor die Heilerin dann leider den Kontakt. (Nach A 26434.)

Die 28jährige Sozialarbeiterin Susanne F. etwa litt seit April 1993 an massiven Angstzuständen: Obwohl sie ihre Arbeit liebte, überkam sie im Umgang mit ihren Klienten immer wieder plötzliche Panik, sie zitterte, bekam Schweißausbrüche. Aber auch in anderen alltäglichen Situationen, etwa während des Essens, traten unvermittelt solche Attacken auf. Statt einen Psychotherapeuten oder Psychiater aufzusuchen, wandte sich Susanne Anfang November 1993 an die Heilerin Almut S.: "Ich behandelte sie mit Shiatsu, mit Übungen zur 'Erdung' und zur Verbindung mit der Natur." Zehn Wochen später traten die Angstattacken nur noch gelegentlich auf. Seit Februar 1994 ist die Patientin symptomfrei. (A 34117.)

Mit Drogen- und Alkoholsucht, Ängsten und Depressionen, Arbeitsunlust und massiven Konflikten mit seinen Eltern kämpfte ein 23jähriger Kaufmann aus Karlsruhe. Ohne sein Wissen bat seine Mutter die Heilerin Felicita A. um Hilfe. Kaum hatte eine Fernbehandlung per Bild begonnen, da besserte sich der Zustand des jungen Mannes erheblich. "Nach einem Vierteljahr war er wieder ein ordentlicher Arbeiter", sagt die Heilerin. "Alle Erscheinungsformen seiner psychischen Krise waren beseitigt, wie mir die glückliche Mutter bestätigte." (A 75045)

Ein neunjähriger Schüler aus Freiburg litt acht Monate lang an chronischer Diarrhoe, Angst und Gewichtsverlust. Ärztliche Maßnahmen und ein Klinikaufenthalt brachten keinen Erfolg. Als sich die Heilerin Helga M. 1992 des Kleinen annahm, legte sie ihm die Hände auf. Daraufhin trat eine "sofortige Besserung" ein, die seither anhielt, ohne Rückfälle. Der behandelnde Arzt nahm diese überraschende Wende "kommentarlos hin". (A 79189)

Ein zwölfjähriges Mädchen ging seit zwei Jahren nicht mehr zur Schule, weil es unter panischen Ängsten litt. Sie wurde in eine psychiatrische Klinik zwangseingewiesen, wo ihr Medikamente verabreicht wurden. Von da an versuchte ihr die Geistheilerin Iris M. mit sieben Fernbehandlungen zu helfen, jeweils 30 bis

45 Minuten lang. "In ihrem feinstofflichen Energiefeld war ein Toter", so will die Heilerin hellsichtig erkannt haben. "Außerdem fand ich mehrere Traumen sowie einen Aggressionsstau. Nach der zweiten Behandlung, nach zwei Wochen, konnte sie aus der Psychiatrie entlassen werden. Von da ab ging sie wieder zur Schule. Sie ist frei von Angst, nimmt keine Medikamente mehr und ist ein ganz ‚normaler' Teenager." (A 56357)

Die 23jährige Maria berichtet: "Vor etwa fünf Jahren bin ich zum ersten Mal zu Mounir A. gegangen", einem Heiler aus Essen. "Damals war ich noch Schülerin und hatte große Probleme. Zum einen litt ich an starken Konzentrationsschwächen - ich war nicht in der Lage, den Schulstoff zu verstehen. Ich bekam immer stärker werdende Kopfschmerzen. Mein Zustand verschlimmerte sich. Ich fing an, schwarze Schatten in der Wohnung zu sehen, litt an Tinnitus, hörte Geräusche und Stimmen und hatte panische Angst. Und wieder wurde alles schlimmer. Diese Schatten drangen durch meine Ohren in meinen Körper und bewegten sich. Ich war nicht mehr Herr über meinen Körper. Immer wieder bekam ich Zustände, in dem mein Körper lag und ich ihn nicht mehr bewegen konnte. Diese Zustände wurden begleitet von Herzrasen und Panik. Ich hatte völlige Angstzustände, konnte nicht mehr alleine sein und hatte Angst, raus zu gehen, damit meine Mitmenschen nicht mitkriegen, dass etwas mit mir nicht stimmt. Aber zu Hause fühlte ich mich auch nicht sicher. Denn später hatte ich das Gefühl, das diese Schatten mich vergewaltigen. Meine Gebärmutter tat weh und war immer entzündet. Als ich dann zu einem Arzt (Neurologe) ging - dem ich nicht alles anvertraute -, diagnostizierte er Epilepsie und stellte bei einem EEG fest, dass mein Gehirn nicht genug mit Sauerstoff versorgt war. Ich bekam Antidepressiva und Beruhigungstabletten, aber trotz allem wollte ich nur noch sterben - da alles so schlimm war, ständig in Angst zu leben. Eines Tages hörte meine Mutter von Herrn A. und brachte mich dort hin. Als ich dann dorthin ging, half er mir schon mit der ersten Sitzung. Innerhalb kürzester Zeit war ich völlig gesund - die Kopfschmerzen verschwanden - die Stimmen, die ich gehört hatte - der Tinnitus - die schwarzen Schatten, die ich gesehen hatte - alles verschwand. Ich wurde lebensfroh, ging aus und hatte keine Ängste mehr. Ich wurde eine normaler Mensch. Herr A. betete für mich, dass ich die Schule schaffe, und ich schaffte mein Abitur. Ich fand auch eine gute Arbeit und lebe ein normales Leben ohne Medikamente bis zum heutigen Tag." (A 45115)

Im August 2003 schrieb Miriam: "Ich musste zwei nervenaufreibende Jahre überstehen, die oftmals mit Todesängsten verbunden waren. Ich hatte Ängste in meiner Wohnung, da ich das Gefühl hatte, nicht allein zu sein. Von einem Moment zum nächsten habe ich Aggressionen verspürt, die ich von mir nicht kannte. Als ich im Sommer 2001 erstmals zwei Wochen stationär im Krankenhaus verbracht habe, glaubte ich an manchen Tagen, diese Zeit nicht zu überstehen: Ich litt an Atemnot, unbeschreiblichem Lungen- und Halsbrennen wie Feuer, Erstickungsanfällen und Herzschmerzen, die mich glauben ließen, meine Familie das letzte Mal zu sehen. An manchen Tagen war ich körperlich zu schwach, um aus eigener Kraft laufen oder auch nur ein Gespräch mit den Ärzten führen zu können. Nach zahlreichen Untersuchungen blieb die Diagnose im Dunkeln;

man hatte nichts Definitives feststellen können, mir aber den Rat erteilt, mich die nächsten drei Monate nicht körperlich anzustrengen, und so wurde ich krankgeschrieben. Zunächst glaubte ich an eine Erholung, doch bald begannen meine Schmerzen erneut. Nachdem ich mehrfach meinen Hausarzt aufgesucht hatte, überwies dieser mich in eine Fachklinik. Abermals wurde ich Untersuchungen unterzogen und auf den Kopf gestellt - erneut mit dem Ergebnis, dass nichts festzustellen sei. Ich war verzweifelt - mit Schmerzen, die ich mir weiß Gott nicht eingebildet habe und die ich auch niemanden gewünscht hätte. Im Februar 2003 kam meine Rettung: das Zusammentreffen mit Herr A.", einem Gebetsheiler aus Essen. "Bei den erstmaligen Telefonaten berichtete ich ihm von meinen Schmerzen und Sorgen, worauf er mich sofort zu sich bat. Nachdem ich ihn dreimal zur Behandlung aufgesucht habe, konnte ich nicht glauben, wie mir und was mit mir geschah. Durch seine Methode - Gespräche, Weihrauch und Gebete - eröffnete sich mir eine neue Welt. Ich konnte mein Glück kaum fassen, ihm begegnet zu sein, mit dem Gespür, ein Leben ohne Schmerzen führen zu können und zu dürfen. Heute kann ich sagen, dass mir die Schulmedizin nicht weiterhelfen konnte, sondern seine Gebete." (A 45115)

Die Ärztin und mediale Heilerin Dr. Fela-Maria Winkler erinnert sich an einen Fall aus ihrer Praxis: "Einen 54jährigen Patienten quälten während seiner beruflichen Tätigkeit plötzlich und für ihn ohne erkennbaren Grund stärkste Angstgefühle. Diese führten zu einer Missempfindung im Kopf und Brustbereich. Er wurde sofort in die Klinik gebracht, wo eine organische Erkrankung ausgeschlossen werden konnte. Die Ängste blieben bestehen, und die starken Psychopharmaka beeinträchtigten das Wohlempfinden sehr. Er blieb arbeitsunfähig.

In zwei Behandlungen konnte er die Ursache seiner Angst erkennen, und es geschah Heilung." (GHÄP 2. Aufl. S. 174)

- Verfolgungs-

Der Allgemeinmediziner Dr. Ralph Doering, der gemeinsam mit seiner Ehefrau Hildburg, Medium und Heilerin, "geistige" Behandlungsweisen in seine Praxis einbezieht, schildert den Fall einer Patientin "mit der Symptomatik einer massiven Angstneurose, begleitet von Schlafstörungen und Alpträumen, die immer mit einer Verfolgung endeten; aus solchen Träumen erwachte die Patientin stets voller Angst und schweißgebadet. Sie war körperlich stark verspannt und konnte sich nicht mehr alleine in ihrer Wohnung aufhalten, weil sie ständig einen Schatten hinter und neben sich wahrnahm. Wenn sie alleine Fahrrad fuhr, musste sie des öfteren abspringen, weil sie wahrnahm, dass eine dunkle Gestalt vor ihr Fahrrad lief.

Meine Frau und ich gingen medial in die Situation des Fastzusammenstosses mit der dunklen Gestalt hinein. Nun konnten wir geistig erkennen, dass es sich dabei um ihren vorherigen Vermieter handelte. Dieser Vermieter war auf der Realebene sehr aufdringlich und bedrohlich. Er wollte sie aus der Wohnung herauswerfen - ihr kündigen - und betrat in ihrer Abwesenheit ihre Wohnung, wie Nachbarn berichteten.

Unsere Erklärung ihres Zustandes konnte die Patientin voll und ganz nachvollziehen. Anschließend war sie wie befreit. In der darauffolgenden Nacht konnte sie wieder problemlos durchschlafen - ohne quälende Alpträume. Ihr Leben war verändert, nachdem sie diese innere und äußere Befreiung leben konnte." (GHÄP S. 76)

In einem weiteren Fall aus der Praxis der Doerings geht es "um einen jungen Mann, der nach einem Urlaub außerhalb Europas eine psychotische Symptomatik entwickelte: Er litt an ausgeprägter Angst bis hin zu Todesangst, wurde von Verfolgungsgedanken gequält und hörte mehrere innere Stimmen, die ihm sagten, dass er gläsern sei, dass mit seinen Eltern und ihm etwas Schlimmes passieren würde, wenn er ihren Anweisungen nicht Folge leisten würde.

In dieser inneren ängstlichen Getriebenheit begab sich der Patient zuerst in ein Krankenhaus. Dort wurde er medikamentös mit Neuroleptika und Antidepressiva ruhiggestellt und wesensmäßig verändert, ohne dass sich seine Symptome deutlich besserten. Gegen ärztlichen Rat verließ er die Klinik und ging zu seinem ehemaligen Hausarzt, der ihm nach einigen Besuchen eröffnete, ihm nicht helfen zu können, denn er sah nur die Möglichkeit, ihm die Medikation aus der Klinik ein Leben lang weiter zu verordnen.

Bei seinem ersten Besuch bei uns war der Patient überaus skeptisch und abwartend. Auf uns machte er einen sehr intellektuellen, introvertierten Eindruck. Seelisch-geistige Erkrankungen hatten für ihn noch nie bewusst eine Rolle gespielt; schon gar nicht hatte er sich mit der Möglichkeit befasst, dass eine Erkrankung geistig erklärt und medial in Augenschein genommen werden kann.

Durch geduldige, behutsame seelisch-geistige Behandlungsweise, die auch Autogenes Training mit Katathymem Bilderleben einschloss, begann der Patient sich für seine eigene Problematik zu öffnen. Anschließend schaute meine Frau sich medial das auslösende geistige Geschehen aus einem zurückliegendem Leben an. Dabei sah sie, dass die Personen, die er im Urlaub kennengelernt hatte, Seelen waren, die ihn in einem vorangegangenen Leben verfolgt, gejagt, gehetzt und bedroht hatten. Der Patient flüchtete sich in diesem vorherigen Leben in einen Hinterhof, in dem es für ihn nicht mehr weiterging und er keinen Ausweg mehr sah. Er empfand dabei tiefe Todesangst. In einer angrenzenden Halle wurde er dann von seinen Verfolgern mit einem Holzbrett erschlagen.

Diese früheren Verfolger waren identisch mit seinen jetzigen inneren Stimmen, die darauf aus waren, in ihm noch einmal die gleiche Situation innerlich lebendig werden zu lassen. Daraus erwuchs seine Todesangst, sich verfolgt, eingeengt und unfrei zu fühlen.

Im selben Moment, als der Patient durch meine Frau vom damaligen Geschehen erfuhr und sich darauf emotional einließ, sah er es in inneren Bildern. Es schien so, als sei ein innerer Schalter betätigt worden - mit der Folge, dass er von diesem Zeitpunkt an von seiner vorher beschriebenen Situation und Symptomatik befreit war." (GHÄP S. 76-77)

Weitere Fallbeispiele s. Beziehungsunfähigkeit (GHÄP S. 102) und Depression (A 50939) sowie A 10777, 26316, 26434, 34117, 34119, 40479, 50678, 51375, 54597, 60439, 65719, 66740, 66809, 75045, 76287, 79189, 87437, 87629

Angstträume, immer wiederkehrende s. Alpträume

Anspannung, innere Fallbeispiel s. A 50678

Antriebsschwäche

Dem Patienten W. konnte der ägyptische Heiler Mounir A. aus Essen offenbar "bei einem Problem helfen, bei dem im Laufe der Jahre kein Psychologe, kein Psychotherapeut erfolgreich gewesen ist. Seit meiner Einschulung in die Grundschule im Jahr 1955 habe ich unter starken Arbeitsblockaden gelitten. Zu Aktivitäten unterschiedlichster Art konnte ich mich nur unter größten Schwierigkeiten durchringen. Hätte es sich nur darum gehandelt, unangenehme oder schwierige Arbeiten zu erledigen, wäre es ziemlich normal gewesen. Ich hatte das Problem aber auch bei Tätigkeiten, die mir eigentlich Freude bereiteten. Darüber hinaus habe ich auch die größten finanziellen und persönlichen Nachteile in Kauf genommen, weil mir aus unerklärlichen Gründen die Verweigerung wichtiger war. Aus dieser Zwangslage bin ich nicht herausgekommen, bis mir dieser Heiler geholfen hat. Unter größten Schwierigkeiten war es mir zwar möglich, als Akademiker in adäquater Position zu arbeiten; dann musste ich aber vor zehn Jahren jede berufliche Tätigkeit aufgeben, weil die Blockaden jede weitere sinnvolle Arbeit, insbesondere im notwendigen zeitlichen Rahmen, unmöglich gemacht haben. Wegen dieser Probleme war ich seit Mitte der siebziger Jahre immer wieder in Behandlung bei Psychologen und Ärzten, die mir mit Gesprächspsychotherapie, Tiefenpsychologie und Verhaltenstherapie zu helfen versuchten. Das Ergebnis lautete jedes Mal "therapieresistent". Dieser Zustand hat sich schlagartig geändert, nachdem ich im April und Mai 2003 viermal bei Herrn A. gewesen bin. Besonders hat mich erstaunt, dass er mir schon beim zweiten Mal sagen konnte, es seien nur vier Sitzungen und zwei Kontrollsitzungen erforderlich. Wie die Gebete und seine weiteren Maßnahmen solche Wirkung haben konnten, ist mir vollkommen unerklärlich, zumal ich weder Arabisch verstehe noch Moslem bin. Die Wirkung ist jedenfalls, dass ich von meinen Blockaden befreit bin und jetzt sozusagen "Gehversuche" mache, weil die neue Lage für mich völlig ungewohnt ist. Ich bin jetzt dabei, Tätigkeiten zu planen und dann auszuführen. Das ist nach fünfzig Jahren mit meinen Problemen nicht so einfach, weil ich vorher immer den größten Teil meiner Energie darauf verwenden musste, überhaupt etwas zu tun." (A 45115)

Appetitlosigkeit

Fallbeispiel s. Depression (A 65207) und psychosomatische Beschwerden (A 04547)

Arthritis s. Rheumatisches Leiden

Fallbeispiel s. Schmerzen, chronische - im Fuß (A 04347)

Arthrose s. Rheumatisches Leiden

Als Spätfolge eines Arbeitsunfalls machte sich bei einem 68jährigen Rentner aus Roermund, Niederlande, im Bereich der Halswirbelsäule eine Arthrose bemerkbar. Sie bereitete ihm zunehmend schlimmere Schmerzen; schon leichte Drehungen des Kopfes taten ihm fürchterlich weh. Seit 1976 waren auch beide Kniegelenke von Arthrose befallen, und auch sie schmerzten ständig. Seit 1980 war, nach einer Verletzung, überdies sein linker Ringfinger taub. Ärztliche Behandlungsen schlugen nicht an. Im Dezember 1990 fand er zu einer örtlichen Gemeinschaft des "Bruno Gröning-Freundeskreises", in der für ihn der "göttliche Heilstrom" aufgenommen wurde - und schon drei Wochen später hatte er keine Beschwerden in den Kniegelenken mehr. Seit Januar 1991 spürt er auch den Verschleiß der Halswirbelsäule nicht mehr: Er kann den Kopf wieder frei bewegen. Und im November 1992 kehrte das Gefühl in seinen tauben Finger zurück. All diese Heileffekte halten seither an. (BG S. 33; zum Gröning-Freundeskreis s. FH1, GB.)

Weiteres Fallbeispiel s. Osteoporose (A 26316)

Asthma bronchiale

Ahnungslos, dass ihr ein "Heilstrom" zufloss, war zunächst Anke Wimmer (ein Pseudonym) gewesen. Seit 1989 wurde die 10jährige Schülerin aus Stralsund von Asthma bronchiale gequält. Im November 1991 verschwand ihr Leiden geradezu schlagartig, nachdem mitfühlende Bekannte dem geplagten Mädchen, ohne sein Wissen, fernheilend "göttliche Energie" zu übermitteln versuchten. (FH1)

Gleiches Glück widerfuhr knapp fünf Jahre später Alexa, der sechseinhalbjährigen Nichte von Katharina V. aus St. Gallen. An schwerem Asthma litt Alexa seit ihrem zweiten Lebensjahr. "Nach Asthmaanfällen bei Erkältungen", so erinnert sich ihre Tante, "musste sie fast alle zwei bis drei Wochen als Notfall ins Spital eingeliefert werden." Im Juni 1996 lernte die Tante die Lehre Bruno Grönings kennen. Daraufhin "stellte ich mich auf den Heilstrom ein für das kleine Mädchen", wovon es nichts ahnte. "Bis heute braucht es kein Spray und keine Medikamente mehr. Alle staunten." (FH1)

Über die Studie eines Mannheimer Arztes für Allgememeinmedizin, der einen Geistheiler aus Frankfurt/Main mehrere Wochen lang schwer Asthmakranke in seiner Praxis behandeln ließ, berichte ich in PSI-INFOS, Stichwort "Geistiges Heilen"/Forschungen. In einen "48-Stunden-Test", den ich dort vorstelle, wurden ebenfalls Asthmatiker einbezogen.

Weiteres Fallbeispiel s. Neurodermitis (A 81677)

Ataxie

Einen ihrer bemerkenswertesten Behandlungserfolge erzielte die Geistheilerin Erika H. offenbar in einem Fall von hereditärer spinozerebellarer Ataxie, der sogenannten "Friedreich-Ataxie", so benannt nach dem Würzburger Internisten Nikolaus Friedreich (1826-1882), der dieses Krankheitsbild als erster beschrieb. Bei einer Ataxie (griech. = Unordnung, Verwirrung) ist der geordnete Ablauf und die Koordination von Muskelbewegungen gestört; sie wirken unsicher, ausfahrend und schleudernd. Die Ataxie beruht auf organischen Veränderungen im Gehirn oder Rückenmark. Bei der *hereditären* (=erblichen) Ataxie können die Kleinhirnfunktionen oder die Funktionen des Rückenmarks beeinträchtigt sein; bei der *spinozerebellaren* Ataxie sind *beide* betroffen. Zu den zahlreichen Symptomen zählen neben gestörten Bewegungsabläufen das Grimassieren, skandierende (abgehackte) Aussprache, Nystagmus (Augenzittern), Herzmuskelerkrankungen (Kardiomyopathie), Abschwächung bis hin zum vollständigen Verlust der Sehnenreflexe, krankhafte Reflexe (z.B. das "Babinski-Zeichen": Wird der Fußsohlenrand seitlich bestrichen, so wird die große Zehe langsam nach oben angehoben, während die übrigen Zehen sich gleichzeitig zur Fußsohle hin senken und spreizen), Unfähigkeit zu bestimmten feinmotorischen Abläufen (Dysdiadochokinese) und Deformationen im Skelettsystem, etwa ein zum Buckel seitlich verkrümmter Rücken oder der "Friedreich-Fuß", einem Hohl- und Spitzfuß mit verkrümmten Zehen. Schulmedizinisch gilt diese Krankheit als unheilbar. Eine davon Betroffene, die Spanierin Lourdes C. aus Malaga, war seit ihrem zwölften bis zum 26. Lebensjahr einmal wöchentlich bei Erika H. in Behandlung. (Bei Beginn der Geistheilung litt das Mädchen schon sechs Jahre daran.) "Die einzige ärztliche 'Hilfe'", merkt die Heilerin ironisch an, "bestand in Lourdes´ Fall darin, dass jedes Jahr ein Videofilm produziert wurde, die die fortschreitende Verschlechterung ihres Zustands dokumentierte". Doch die Heilerin gab nicht auf, und "über viele Herzattacken, keine Gliederkoordination, kein Gefühl in den Beinen, keine Schule, nichts" habe sie das Mädchen durchgebracht. Inzwischen sei ihr EKG "okay. Sie schaffte ihren Grundschulabschluss und besuchte die Abendschule. Die Koordination ist gut; nur im unteren Bereich des Bewegungsapparats hat sie noch leichte Schwierigkeiten. Es kam zu keiner weiteren Verkrüppelung der Gliedmaßen. Lourdes kann selbständig essen und trinken. Sie bedient ihren Computer, studiert Französisch. Ihre Menstruation hat sie wieder pünktlich. Seit vier Jahren ist sie verlobt und will demnächst heiraten." (A 94315)

Weiteres Fallbeispiel s. Multiple Sklerose (GB S. 269-270)

Augenleiden s. Blindheit, Makuladegeneration, Sehstörung

Bandscheibenleiden (allgemein) 74638

Für Schlagzeilen sorgte die Heilerin Marie J. Mitte 1992, als ein 64jähriger Heilbronner, Leiter einer "Schule für orientalische Tänze und Bauchtanz", sich öffentlich zu seiner Geistheilung bekannte. Bis 1987 hatte der Mann aufgrund eines Bandscheibenleidens jahrelang an heftigen Schmerzen gelitten; er konnte sich deswegen kaum aufrechthalten. Als die Heilerin zufällig seine Schule besuchte, soll sie intuitiv gespürt haben, was ihm fehlte. In seinem Büro ließ sie den Mann auf einem Stuhl Platz nehmen. "Sie befahl mir, die Augen zu schließen, zu entspannen und an nichts zu denken. Sie stand hinter mir und hielt ihre Hände etwa in fünf Zentimetern Abstand über die schmerzende Stelle." Dabei wurde dem Behandelten "plötzlich sehr warm, und die betreffende Stelle begann zu 'arbeiten'. Es war, als wenn sie elektrisiert worden wäre. Vielleicht haben Sie schon einmal einen Weidezaun angefaßt, der unter Strom stand. Wenn man einen Schlag bekommt, surrt es ganz merkwürdig im Körper und kribbelt." Als er aufstand, sei der Schmerz weggewesen. Bis heute habe der Mann keine Beschwerden mehr. (A 74638)

Weitere Fallbeispiele s. A 70192, 74638, 93413

Bandscheibenvorfall

Patient: Rolf M. (48), Organisationsberater, CH-4126 Bettingen, Teilnehmer am "Fernheil-Test" 1998

Diagnose: Diskus-Prolaps L5 / S1 (Bandscheibenvorfall)

Beschwerden: stechende Kreuzschmerzen, insbesondere beim Sitzen, Liegen, Drehen im Liegen, Beugen nach vorne. Sie ziehen hinten am Bein entlang über Oberschenkel und Waden bis hinunter zu den Füßen.Dauer: seit 1998. Bisherige Therapien hatten keine Besserung gebracht. Persönliche Testbilanz: bis zum letzten Testmonat unverändert, dann rapide Besserung.

Medizinische Beurteilung: "Herr M. erklärt freudig, er könne eine wesentliche Besserung seiner Beschwerden feststellen: allgemein habe er weniger Schmerzen und sei belastbarer. Er ist voller Mut und Zuversicht, dass auch die Restbeschwerden noch verschwinden werden." (Dr. med. Ulrich E. Hasler) (Siehe HoG, S. 121.)

Seit zwanzig Jahren machte einer 45jährigen Hausfrau aus Zweibrücken ein inoperabler Bandscheibenvorfall zu schaffen. Nachdem physiotherapeutische und orthopädische Maßnahmen keinerlei Erfolg hatten, wurde sie von Ärzten als hoffnungsloser Fall eingestuft. Daraufhin vertraute sie sich 1995 Max J. an, der ihr einmal wöchentlich jeweils eine Viertelstunde lang seine Hände auf den unteren Wirbelsäulenbereich legte. "Schon nach dem ersten Mal", so berichtet er, "war die Beweglichkeit wieder größer. Die Frau konnte sich wieder richtig bücken. Ihre Lähmung im rechten Bein verschwand, ebenso ihre Schmerzen."

Bis auf einen kleineren Rückfall, als sie eine schwere Last ungeschickt anhob, ist die Frau bis heute beschwerdefrei geblieben. (A 67715)

Weitere Fallbeispiele s. A 45731, 66809, 67715, 82041

Bauchschmerzen, chronische s. auch Schmerzen

Seit Ende 1993 litt eine 60jährige Kölner Hausfrau an heftigen Leibschmerzen; ihr Bauch war aufgequollen "wie bei einer Schwangerschaft im sechsten Monat" und "hart wie eine Trommel", erzählt sie. Spiegelungen von Bauch, Magen und Darm blieben ohne Befund. Im März 1995 legte ihr die Geistheilerin Marlies P. zweimal je eine Stunde lang die Hände auf. Nach der ersten Sitzung, so berichtet Frau P., kam es bei der Patientin zu starkem Durchfall - dann bildete sich die Bauchschwellung zurück, und die Schmerzen ließen nach. Seit der zweiten Sitzung soll die Frau beschwerdefrei sein. (A 50678)

Seit Frühjahr 1995 machten der Münchnerin Margitta L. innere Leere, Depression, Stress und Bauchschmerzen zu schaffen. (Letztere wurden von einem Arzt erfolglos mit Azupanthenol behandelt.) Bereits nach der ersten Sitzung , im Juli 1996 bei Lisa L., die Geistiges Heilen mit Bach-Blüten sowie Aventurin-Tropfen und -Creme verband, konnte sich die Patientin "besser entspannen und bewusst mit ihren Problemen auseinandersetzen", berichtet die Heilerin. "Nach der dritten und letzten Sitzung war sie viel offener und kontaktfreudiger geworden, und sie spürte sich wieder. Die Bauchschmerzen hatten sich wesentlich gebessert." (A 80993)

Bauchspeicheldrüsenentzündung s. Pankreatis

Bauchspeicheldrüsenkrebs s. auch Krebs, Tumor

Im Laufe des Jahres 1998 fühlt sich Angelika P. aus Hemmelsdorf, Schleswig-Holstein, immer unwohler. Sie ermüdet rasch, hat keinen rechten Appetit mehr, und ein langsam zunehmender, dumpfer Schmerz in der Bauchgegend wird ihr allmählich unheimlich. Zwischen November 1998 und März 1999 sucht sie deswegen mehrere Ärzte auf, doch keiner findet die eigentliche Ursache.

Erst eine Magnetresonanztomografie, vorgenommen am 19. April 1999 in der Klinik für Diagnostische Radiologie der Universität Kiel, bringt der 55jährigen Hausfrau die grausame Gewissheit: An ihrer Bauchspeicheldrüse sitzt ein ausgedehnter Tumor, der bereits Teile des Magens sowie vermutlich auch die Milz infiltriert hat. Eine Operation sei leider nicht mehr möglich, so bekommt sie zu hören. Und die niederschmetternde ärztliche Prognose lautet: Ihr bleibe “nur noch etwa ein Vierteljahr”.

Aber sie gibt nicht auf. Sie lässt sich auf eine Chemotherapie ein, die am 26. April 1999 beginnt - obgleich ihr im Kieler Klinikum klargemacht wird, die Chancen stünden erfahrungsgemäß nahe Null, dass auf diese Weise das weitere Fortschreiten der Krebserkrankung aufgehalten werden könne. Zwei Tage später, am 28. April, ist sie zum ersten Mal in der Praxis des Heilers Christos D. aus

Frankfurt am Main. Von da an legt er ihr mehrere Male die Hände auf. Und mit jeder Geistheilung wächst ihre Zuversicht, ihr Lebensmut kehrt zurück.

Am 10. Juli 2000 stellt die Kieler Uniklinik fest: Angelika P. ist tumorfrei. (A 65929)

Anfang August 2003 schilderte mir die Heilerin Anni H. folgenden Fall: "Vor acht Wochen kam eine Bekannte zu mir, weil ihr ein Krebsgeschwür am Bauchspeicheldrüsenkopf diagnostiziert worden war. Unmittelbar nach einer Magenspiegelung sollte sie operiert werden. Ich legte die Hand auf. In der darauffolgenden Nacht musste sie sich heftig übergeben. Am nächsten Tag hatte sie im Bereich des festgestellten Tumors schon keine Schmerzen mehr. Ich sah Zellen, die wie Seifenblasen zerplatzten. Beim nächsten Handauflegen sah ich Schleim - dieser fand sich anderntags im Stuhl der Patientin. Danach ‚sah' ich die glatte, rosige Schleimhaut, und vor meinem geistigen Auge schrumpfte der Bauchspeicheldrüsenkopf auf die normale Größe. Ärzte, die danach nochmals eine Computertomographie durchführten, waren erstaunt, dass das Geschwür nicht mehr vorhanden war, was sie sich nicht erklären konnten. Fünf Ärzte haben die Bilder begutachtet - alle waren ratlos." (GHK)

Seit November 1997 lebt Dr. med. Eberhard R. (57) aus Amberg, Arzt für Allgemeinmedizin und Vater dreier Söhne, mit der Diagnose "Bauchspeicheldrüsenkrebs". Der besonders aggressive, bereits metastasierte Tumor wurde mehrfach chemotherapiert und bestrahlt. Dass er diese Tortur überstand und immer noch lebt - und dies nicht in Verzweiflung und Todesangst, sondern voller innerer Kraft und Zuversicht -, führt Dr. R. insbesondere auf intensive Begegnungen mit ganzheitlichen Heilweisen zurück, unter anderem auf die Simonton-Methode, aber auch Yoga, Qi Gong, Reiki und andere Formen Geistigen Heilens. "Ich bin zufrieden!", sagt er. "Natürlich habe ich - wie jeder gesunde oder kranke Mensch - meine ‚kleinen' Probleme und Missstimmungen im Alltagsleben mit den ‚wichtigen' Alltagssorgen. So ist es halt! Meine körperlichen Beschwerden wie Verdauungsstörungen, Untergewicht, Müdigkeit und Schwäche bessern sich langsam und sind erträglich. Ich habe dies jetzt akzeptiert."

Durch seine schwere Erkrankung, so ist dem Arzt inzwischen klar, sind ihm "manche Lebensziele bzw. Lebensaufgaben gestellt" worden, die "ich zumindest teilweise erreicht habe: Ich lebe noch - und manchmal sogar bewusster und intensiver! Die Angst vor dem Tod, vor dem Alter, vor materiellen Problemen - überhaupt die allgemeine unbegründete Angst - ist weitgehend verschwunden! Ich glaube sehr viel mehr als vor Ausbruch meiner Erkrankung an eine ‚Allmächtige Energieform'; ich sage jetzt auch 'Gott' dazu. Ich glaube, dass sogar scheinbar schwerste und furchtbare Schicksalsschläge ihre Richtigkeit haben und sich irgendwie als sinnvoll herausstellen. Ich habe jetzt mehr Mut, mich mit meinen menschlichen Schwächen, Problemen, Wünschen und Gedanken nach außen zu öffnen und sie zu äußern. Ich empfinde mehr Liebe zu mir und anderen Menschen; ich akzeptiere ihren Lebensweg und ihre Handlungen eher als vor der Krankheit. Ich habe weiterhin Hoffnung, dass alles seinen Sinn hat und gut enden wird." Dr. R. engagiert sich stark in einer Amberger Selbsthilfegruppe von Krebspatienten sowie im "Verein für krebskranke und körperbehinderte Kinder". Sein persönliches Tagebuch über die Zeit seiner Erkrankung ging, im Selbstverlag, unter dem Titel *"Krebs! Was nun Ebo?"* im März 1999 in die zweite Auflage. (GHK)

Bechterew´sche Krankheit s. Morbus Bechterew

Beckenschiefstand 63067, 79730

Behinderung, körperliche und geistige

"Eine 17jährige junge Frau litt seit ihrer Kindheit an einer Epilepsie und einem Entwicklungsrückstand", berichtet der Schweizer Psychiater Dr. Jakob Bösch, "Sie hatte große Angst vor Zahlen, konnte mit Geld nicht umgehen, hatte kein richtiges Zeitgefühl und litt an schweren Bewegungs-, Koordinations- und Gleichgewichtsstörungen. Sowohl ihre Grob- wie ihre Feinmotorik, d.h. die Kontrolle über ihre Bewegungen, waren sorgfältig abgeklärt worden und zeigten sich hochgradig gestört. Bei einer konzentrierten Bewegung mit der einen Hand musste sie die andere Hand immer in gleicher Art mitbewegen. Trotz Medikamenten hatte sie ca. einmal monatlich einen epileptischen Anfall in der Einschlafphase. Täglich hatte sie sieben- bis achtmal schwere Zusammenbrüche, in denen sie weinte und sich mehr oder weniger wie ein Baby verhielt. Sprachlich war sie begabt, aber da sie ein völliges Außenseiterdasein führte, kam auch diese Begabung nicht zum Zuge.

Nach etwa sechs geistig-energetischen Behandlungen war die Angst vor Zahlen verschwunden, sie freute sich auf das Rechnen bzw. die Mathematik. Ihr Umgang mit Geld wurde viel besser, sie hatte die Angst davor verloren. Die Gleichgewichtsstörungen waren praktisch verschwunden, sie konnte erstmals auf einem Bein stehen und das Gleichgewicht halten. Ebenfalls verbesserte sich das Zeitgefühl deutlich; sie brauchte aber weiterhin noch gewisse Hilfe in der zeitlichen Orientierung. Sie war viel beweglicher und in ihrer Motorik weicher geworden, während sie nach Aussagen der Mutter vorher steif war und jede sportliche Betätigung hasste. Sie begann viel herumzuhüpfen, und man sah ihre erstmals erwachte Freude an der Bewegung. Sie ging aufrechter; es war, wie wenn sich ihre Wirbelsäule gestreckt hätte. Der zuständige Psychotherapeut konnte erstmals richtig mit ihr arbeiten, während sie vorher bei diesen Therapiesitzungen immer in den kindlichen Zustand des Weinens und des Rückzuges zurückgefallen war. Sie sprach erstmals komplette Sätze. Ihre Angst vor der Dunkelheit war verschwunden. Die Mutter sagte, sie habe vorher jede verfügbare Therapie ohne wesentlichen Erfolg ausprobiert. Vor der Behandlung war für die Angehörigen klar, dass ihre Tochter nur mit konstanter Betreuung würde leben können. Nach der Behandlung waren sich die Betreuer und Angehörigen einig, dass die Patientin selbständig würde leben können. Sie konnte in einem

Internat in England ihren Schulabschluss machen." (GHÄP S. 58-59)

Nach ihren verblüffendsten Heilerfolgen befragt, schildert die Geistheilerin Elfriede R. aus Kempten den Fall eines fünfjährigen Jungen aus Eisenberg im Allgäu, der von Geburt an körperlich und geistig behindert war. (Er war im siebten Monat zur Welt gekommen, hatte bei der Geburt Fruchtwasser eingeatmet.) "Bis zu seinem dritten Lebensjahr", berichtet seine Mutter, "machte er wenig Fortschritte. Dann wurde außerdem noch festgestellt, daß seine Sehkraft höchstens zehn Prozent beträgt. Eine Behandlung des Sehnervs war nicht möglich." Im Oktober 1981 brachte die Mutter ihren Jungen zu Elfriede R., die ihn per Handauflegen und Pyramiden behandelte. Bereits "nach der dritten Sitzung", so versichert die Mutter, "fing er zu knien an und etwas später auch zu krabbeln." Ein halbes Jahr später sah er "im Radius von etwa drei Metern auch kleine Gegenstände. Außerdem begann er in ganz kurzer Zeit, deutlich zu sprechen. Geistig und körperlich hat er sich unglaublich erholt. Bei der Vorsorgeuntersuchung im März 1982 bestätigte mir der Kinderarzt, daß mein Junge plötzlich derart große Fortschritte gemacht habe, wie er sie nie für möglich hielt. Die seit vier Jahren bestehenden Diagnosen Epilepsie und Schielen wurden dabei gestrichen." (A 87439)

«Unfassbar» findet der Arzt Matthias Kamp die Fortschritte, die eine von Geburt an Hirngeschädigte, die heute 40jährige Susanne W. aus Nordenham, seit November 1989 gemacht hat - exakt von dem Tag an, als ihre Mutter zum erstenmal telefonischen Kontakt mit dem Leiter der örtlichen Gröning-Gemeinschaft aufnahm. Susanne war schwerstbehindert: «Sie konnte nur langsam gehen und lief auf dem vorderen Teil ihrer Füße, die nach innen gedreht waren. Deshalb fiel sie ständig hin», erinnert sich ihre Mutter. Beine und Arme waren kraftlos. Die Hände erstarrten in plötzlichen Krämpfen, die rechte Hüfte renkte sich bei jeder unbedachten Bewegung aus. Hinzu kamen Gleichgewichtsstörungen, ein Rundrücken, starke Senk- und Spreizfüße. Jahrelange intensive Krankengymnastik, heilpädagogisches und Behindertenturnen änderten kaum etwas daran. Am 19. September 1977, in ihrem dreizehnten Lebensjahr, bescheinigte ihr der leitende Arzt einer neurologischen Klinikabteilung schriftlich eine «frühkindliche zentralnervöse Störung der Hirnfunktion»; diese habe «eine Mehrfachbehinderung bewirkt, die sich ... in einer erheblichen Behinderung ... aller wesentlichen motorischen Körperfunktionen zeigt. Außerdem bestehen (...) eine erhebliche Haltungsschwäche sowie Gelenküberstreckbarkeiten.» Fünf Jahre später, am 5. Oktober 1982, beschrieben zwei Ärzte für Innere Medizin Susannes Behinderung als «infantile Cerebralparese mit rechtsbetonter Tetraparese» (frühkindliche Hirnschädigung mit Lähmung an allen vier Gliedmaßen, am ausgeprägtesten in der rechten Körperhälfte). Im darauffolgenden Jahr, am 7. März 1983, attestierte das Versorgungsamt eine Minderung der Erwerbsfähigkeit um hundert Prozent.

Und heute? All das ist «einfach weg», strahlt Susannes Mutter überglücklich. Im Mai 1992 führte ein Facharzt für Neurologie eine Nachkontrolle durch; in seinem Befundbericht vom 29. Mai stellte er nur noch «eine leichte Minderbegabung» fest, «ansonsten keine neurologischen Auffälligkeiten». Auch in ihrer geistigen Entwicklung hat Susanne Weidig enorme Fortschritte gemacht: Konnte sie früher kaum einfachste Rechenaufgaben bewältigen, so subtrahiert, addiert, dividiert und multipliziert sie jetzt im Kopf. (GB S. 77-78; zum Gröning-Freundeskreis s. auch FH1.)

Bein, verkürztes 66333

Besessenheit

Mehrere Beispiele erfolgreicher "Exorzismen" stelle ich vor in GB, S. 147-163 (Kap. "Exorzismus - Vom Bösen besessen?")

Bettnässen s. auch Inkontinenz

Trotz langjähriger Behandlungen bei wechselnden Ärzten und Psychologen blieb eine 14jährige Schülerin aus Bonn hartnäckige Bettnässerin. Zum ersten Mal war diese Störung bei ihr im Alter von vier Jahren aufgetreten, nachdem sich ihre Eltern scheiden ließen; seither wiederholte sie sich drei- bis viermal pro Woche. "Als das Mädchen vor fünf Jahren zu mir kam, war es verzweifelt", berichtet der Heiler Klaus R. aus Bad Neuenahr, "zumal eine zweiwöchige Klassenreise ins Ausland bevorstand." In diesem Fall genügten drei Behandlungen von jeweils 45 bis 60 Minuten. Dann verschwand das Bettnässen und trat seither nicht mehr auf. (A 53474)

Wegen ständigem Bettnässen war die siebenjährige Eliane von Ärzten erfolglos behandelt worden. Doch schon nach der ersten Sitzung bei der Heilerin I. nässte das Kind nur noch dreimal pro Woche – und nach der zweiten Behandlung nur noch ein- bis zweimal pro Monat. (A CH-9500)

Beziehungsunfähigkeit 19406

s. auch Liebesunfähigkeit, Partnerschaftsprobleme

Trotz einer abgeschlossenen klassischen Psychoanalyse litt eine 37jährige Hannoveranerin, studierte Philosophin, unvermindert an Einsamkeit: Nach siebzehn Jahren "zerstörerischer Beziehungen" fühlte sie sich liebesunfähig, ihre Kinderlosigkeit belastete sie zunehmend. Drei Tage nach einer schamanischen Heilzeremonie in einer Höhle fand sie 1992 einen Lebenspartner, heiratete ihn und bekam ein Kind. (R S. 56.)

Dr. med. Dorothea Fuckert - Ärztin für Allgemeinmedizin, Psychotherapie und Homöopathie und zugleich Geistheilerin - schildert aus ihrer Praxis den Fall einer 50jährigen Lehrerin, die "weder durch jahrelange Psychotherapie bei verschiedenen Therapeuten, noch durch Körpertherapie und Hypnose ihre Beschwerden auflösen konnte: Sie litt an einer schweren Phobie vor Kontakt mit Männern, chronisch rezidivierenden Depressionen und Lebensängsten. Eine

Heilungssitzung mit spontaner Regression in ein früheres Leben brachte die Auflösung: als männlicher Jugendlicher wird sie Zeuge der Vergewaltigung ihrer damaligen Großmutter und schwört sich, nie wieder etwas mit Männern zu tun haben zu wollen. Danach fühlte sie sich von Depression und Ängsten geheilt und empfand sich wieder als lebensfähig." (GHÄP S. 102)

Bindehautentzündung s. Konjunktivitis, Entzündung

Blasenentzündung, chronische s. auch Entzündung

Eine 40jährige Büroangestellte aus Runkel litt seit 30 Jahren an einer chronischen Blasenentzündung. Antibiotika, Bestrahlungen und Homöopathie brachten keine Besserung. Im März 2003 fanden vier einstündige Sitzungen statt, bei denen sich die Geistheilerin Helga S. um die "Auflösung der Programmierung auf der Seelenebene" bemühte. Nach der zweiten Sitzung war die Patientin schmerzfrei - und "innerhalb einer Woche geheilt", so berichtet die Heilerin. Bis heute soll dieser Erfolg angehalten haben - ohne Rückfall. (A 65594)

Blasenkrebs s. auch Krebs, Tumor

Helfen konnte der Heiler Frank B. offenbar einem 40jährigen Schlosser aus Recklinghausen, dem Mitte 1992 Blasenkrebs mit mehreren Metastasen diagnostiziert worden war. Ein Operationstermin war bereits angesetzt, als der Mann im Mai 1993 zu B. fand. Er bekam zwei Kontakt- und vier Fernbehandlungen. "Nach vierzehn Tagen", so versichert der Reiki-Meister, "waren Geschwulst und Metastasen nicht mehr feststellbar. Die Operation wurde abgesagt." (A 45663.)

Blasenschwäche s. Inkontinenz

Blasenstein 53639

Blindheit 20099 s. Augenleiden

Bluterkrankung 54293

Bluthochdruck

Seit über zehn Jahren litt eine 65jährige Hausfrau an schweren Gelenkentzündungen, Bluthochdruck, Diabetes und Migräne. "Sie müssen damit leben", hörte sie von ihren Ärzten, nachdem schulmedizinische Maßnahmen weitgehend wirkungslos geblieben waren. 1992 fanden, über fünf Wochen verteilt, zehn Sitzungen bei Karin H. statt, bei denen Reiki und Fußreflexzonenmassage zur Anwendung kamen. Die Migräne verschwand, die Gelenkschmerzen besserten sich erheblich, der Blutdruck ging in den Normalbereich zurück, und auch der Blutzuckerspiegel sank. Nur "bei Ärger und Stress" kommt es gelegentlich noch zu Rückfällen. (A 64747)

Seit 1995 litt ein 30jähriger Kaufmann aus Sindelfingen an Hypertonie (Bluthochdruck), mit einem Wert von 160/110. Schulmedizinische Maßnahmen brachten nichts. Im Juli 1996 fand eine einzige Geistheilsitzung bei Hartmut K. statt. Nach einer Viertelstunde hatte der Blutdruck wieder einen Normalwert von 120/90 erreicht. Noch im Dezember 1996, bei einer ärztlichen Kontrolle, war der Blutdruck stabil geblieben. (A 71065)

Der Berliner Arzt E., der den Geistheiler D. in seiner Praxis mitarbeiten lässt, berichtet: "Eine Patientin rief mich, weil sie einen Hirntumor hatte, der ihr auf den Sehnerv drückte, so dass sie nicht mehr lesen konnte. Außerdem litt sie unter hohem Blutdruck. Schulmedizinisch erhielt sie Kortison und ein blutdrucksenkendes Mittel. Einmal nahm ich D. zu der Frau mit und bat ihn, seine Methode zu versuchen. Er legte die Hände auf. Nach etwa zehn Minuten bat er die Patientin, in der Zeitung zu lesen, die vor ihr lag. Sie versuchte es - und konnte die großen Buchstaben der Hauptschlagzeilen lesen, wozu sie vorher außerstande gewesen war. Nach weiteren fünf Minuten Behandlung bat er die Frau erneut, in der Zeitung zu lesen. Diesmal konnte sie auch schon die fettgedruckten Überschriften zu den einzelnen Artikeln entziffern. Dieser Befund besserte sich nach weiteren zwei bis drei Behandlungen, außerdem normalisierte sich der Blutdruck, so dass die Patientin das blutdrucksenkende Medikament absetzen konnte." (GHNZ S. 184.)

Eine 78jährige Patientin aus Burgsponheim litt seit 20 Jahren an Bluthochdruck, der auf herkömmliche schulmedizinische Maßnahmen nicht ansprach. Erst das Heilerehepaar G. aus Pulheim konnte der Frau helfen - indem es "die negativen Blockaden abfließen ließ und den Körper mit universellem Licht durchspülte", in Verbindung mit einer "Chakrenbehandlung und -mobilisierung". Dazu genügte eine Sitzung von ca. 25 Minuten, ergänzt durch eine halbstündige "Arbeit am Telefon". Wegen ihrer starken Medikamntenabhängigkeit lässt sich die Patientin alle vier bis fünf Wochen weiterbehandeln. (A 50269)

Weitere Fallbeispiele s. Herzrhythmusstörungen (A 50259) und Karpaltunnelsyndrom (GHÄP 2. Aufl. S. 137-138) sowie A 34119, 64521, 64747, 71065

Borreliose

Eine Borreliose machte einem 58jährigen Beamten aus Feucht seit Oktober 1999 zu schaffen. Nachdem er vom 6. bis 13. Dezember 1999 Antibiotika nahm, ging eine Augenentzündung zwar zurück, eine Beeinträchtigung blieb jedoch. In der zweiten Dezemberhälfte 1999 versuchte Klaus M. zweimal jeweils 15 bis 20 Minuten lang, dem Mann durch Gebetsheilen und Reiki zu helfen. Daraufhin "verschwand die Beeinträchtigung der Augen sofort", berichtet der Heiler. "Es war, als wenn eine Verschmutzung weggespült worden wäre." Bis zum Datum des Berichts, dem 25. Januar 2000, kam es zu keinem Rückfall. (A 90537)

"Besonders eindrucksvoll", so berichtet die Ärztin und Heilerin Dr. med. S., "finde ich, was die 51jährige Ehefrau eines Chefarztes in meiner Praxis erlebte.

Seit vier Jahren litt sie an Polyarthritis, ausgelöst durch eine Lyme-Borreliose. Antibiotika-Infusionen in der Münchner Poliklinik blieben ohne anhaltenden Erfolg; oft musste die Patientin sogar an Krücken gehen. Am 13. Juni 1997 fand bei mir eine einzige einstündige Heilsitzung statt, nur mit Reiki, ohne Homöopathie. Während der Behandlung fing die Frau am ganzen Körper zu beben und zu zittern an. Danach stand sie völlig beschwerdefrei auf. Sie hatte keinerlei schmerzhafte Bewegungseinschränkungen mehr! In der darauffolgenden Nacht kam es noch zu heftigen Schweißausbrüchen – seither sind keinerlei arthritische Beschwerden mehr aufgetreten." (GHNZ S. 188.)

Eine Borreliose machte einem 58jährigen Beamten aus Feucht seit Oktober 1999 zu schaffen. Nachdem er vom 6. bis 13. Dezember 1999 Antibiotika nahm, ging eine Augenentzündung zwar zurück, eine Beeinträchtigung blieb jedoch. In der zweiten Dezemberhälfte 1999 versuchte der Geistheiler Klaus M. zweimal jeweils 15 bis 20 Minuten lang, dem Mann durch Gebetsheilen und Reiki zu helfen. Daraufhin "verschwand die Beeinträchtigung der Augen sofort", berichtet der Heiler. "Es war, als wenn eine Verschmutzung weggespült worden wäre." Bis zum Datum des Berichts, dem 25. Januar 2000, kam es zu keinem Rückfall.

Weiteres Fallbeispiel s. Polyarthritis (GHÄP 2. Aufl. S. 137)

Bronchitis, chronische

Patientin: Rena K. (76), Astrologin, Rentnerin, CH-8134 Adliswil, Teilnehmerin am "Fernheil-Test" 1998

Diagnosen: Osteoporose, obstruktive Bronchitis

Beschwerden: Rückenschmerzen; Atemnot, chronischer Husten

Dauer: seit 1992 bzw. 1995

Persönliche Testbilanz: Vermutlich der größte Pechvogel der gesamten Patientenstichprobe. Nicht nur erfuhr sie, von tageweisen subjektiven Linderungen der Atembeschwerden und Schmerzen abgesehen, monatelang keine anhaltende Linderung - es häuften sich im Testzeitraum Rückschläge, wie sie in ihren Wochenprotokollen vermerkt. Eine strapaziöse Auslandsreise Anfang Juni belastete Atmung und Herz. Am 20. Juni zog sie sich eine tiefe, kaum verheilende Schnittwunde am linken Bein zu, als sie versehentlich gegen eine Metallkante ihres Schreibtisches stieß. Am 1. Juli musste sie einen Chirurgen aufsuchen, der sie auf einen Leistenbruch hinwies, welcher schleunigst operiert werden sollte. Mitte Juli zog sie sich an beiden Füßen eine allergische Infektion zu, die einen juckenden, brennenden Ausschlag hervorrief. Die schwülwarme erste Augusthälfte 1998 sorgte für "eine denkbar ungünstige Wetterlage, derentwegen ich mich öfter an die Sauerstofflasche anschließen oder das Atemspray benutzen musste". Zu allem Überfluss rutschte sie, während eines Gewitters, auf der nassen Terrasse aus - und stürzte so schwer, dass sie mit mehreren Knochenbrüchen ins Krankenhaus eingeliefert werden musste. "Ich frage mich verzweifelt: Warum?", notiert Rena K. in einem ihrer letzten Wochenprotokolle. "Was will das Schicksal mir sagen? Was habe ich noch immer nicht begriffen? Welche Lehre sollte ich daraus ziehen?" - Nachdem die Brüche erstaunlich rasch verheilt waren, schlug die Niedergeschlagenheit zum Zeitpunkt des Testendes dann aber in Euphorie um. Der begutachtende Arzt Dr. Pierre Bovet aus Zürich urteilte: "In der Testphase stürzte Frau K. in ihrer Küche so schwer, dass sie sich einen Becken- und mehrere Rippenbrüche zuzog. Sie lag im Krankenhaus und weilt zur Zeit (bei Testende) zur Erholung in der ‚Sonnmatt' in Luzern.Die Frakturen sind relativ schnell verheilt. Die Patientin gibt an, dass es ihr nie besser gegangen sei als jetzt. Sie macht Bergwanderungen, bei denen sie auch nie Atembeschwerden verspürt, was früher wegen ihrer obstruktiven Bronchitis sicher der Fall gewesen wäre. Sie gibt also eine deutliche Besserung sowohl der Osteoporosebeschwerden als auch der obstruktiven Bronchitis an.Die Patientin betont ihren eisernen Genesungswillen und weiß nicht, ob nun dieser oder eher die Fernheilbemühungen an ihrer Besserung schuld sind. Jedenfalls hört sie sich nach ihrer ‚Genesung' fast euphorisch an." (HoG, S. 120-121.)

Autor Wolfgang Lüdke, ehemals stellvertretender Chefredakteur des Gesundheitsmagazins *Bio*, berichtet: "Der 54jährige Harald Sch. aus Offenbach hat als Weißbinder und Vorputzer gearbeitet. Dieser Beruf ist vermutlich durch die jahrelang eingeatmeten chemischen Farbausdünstungen zu seinem – gesundheitlichen – Schicksal geworden. Harald Sch. berichtet: 'Vor zwanzig Jahren begann meine Krankheit mit schweren Atembeschwerden. Ich gab sofort das Rauchen auf. Seit drei Jahren hat sich mein Gesundheitszustand dermaßen verschlechtert, dass ich nicht mehr arbeiten kann. Ich bin ständig in ärztlicher Behandlung, ohne Erfolg. So ist der Geistheiler Christos D. meine letzte Hoffnung.' - Worauf Harald Sch. so sehnlichst hofft, das kann nur verstehen, wer einmal die Qual seiner schweren asthmatischen Beschwerden – Folgen einer "chronisch obstruktiven Bronchitis und eines Lungenemphysems" – erlebt und gehört hat. Was lapidar mit "Arbeitsunfähigkeit" umschrieben wird, bedeutete für Harald Sch., dass er tagelang die Wohnung nicht verlassen konnte, weil ihm die (Atem-)Kraft dazu fehlte. Seine Lungenfunktion ist auf dreißig Prozent der normalen Leistungsfähigkeit gesunken. - Beim ersten Besuch im Haus des Heilers brauchte Harald Sch. eine Dreiviertelstunde, um die vier halben Treppenabschnitte in den zweiten Stock zu bewältigen. Für einen Gesunden ein Weg von knapp zwei Minuten. Dann, nach sechsmaligem Handauflegen durch D., schafft er dieselbe Treppe innerhalb von einigen Minuten und kann heute wieder selbständig aus dem Haus gehen." (GHNZ S. 79-80; A65929.)

Weitere Fallbeispiele s. Herzinsuffizienz (GHNZ S. 197 ff.) sowie A 24145, 60528, 65929, 82386

Bruch

- des Kniegelenks

1995 wandte sich an die Geistheilerin Kirsten S. ein 47jähriger Arzt - mit einem gebrochenen Kniegelenk und einem schweren Ödem, an dem er seit zwei Wochen litt. Das Knie sollte punktiert werden, sobald der Gips ab war. Zunächst an drei aufeinanderfolgenden Tagen, dann drei Wochen lang an jeweils einem

Wochentag hielt die Heilerin eine halbe Stunde lang eine Hand über das Knie des Arztes. Bereits nach drei Tagen war die Schwellung am Knie vollständig abgeklungen, eine Punktion erübrigte sich. Der Bruch verheilte unerwartet schnell, wie die Heilerin berichtet. (A 24226)

- des Schienbeins

Ein 54jähriger Technischer Angestellter aus Bad Meinberg hatte sich Mitte Dezember 1995 einen doppelten Schienbeinbruch zugezogen. Ein einziges Mal legte ihm die Geistheilerin Sigrid D. die Hände auf. Innerhalb von zwei Wochen verheilte der Bruch, die Operation wurde überflüssig - zur Verblüffung des behandelnden Arztes. (A 32805)

Brustdrüsenverhärtung

Auf die Geistheilerin Barbara D. schwört eine 36jährige Fußpflegerin aus Herford: Ihr hatte eine Brustdrüsenverhärtung Sorge bereitet, außerdem "Augenspannungen und eine Armverspannung durch Überbeanspruchung. Die Verhärtung der Brust beobachtete ich ungefähr seit meinem 20. Lebensjahr, nicht ohne Besorgnis. Ich weiß, dass daraus Brustkrebs entstehen kann, nicht muss, aber kann; insbesondere auch, weil meine Mutter daran gestorben ist. Intuitiv habe ich gefühlt, daß Frau D. die 'Richtige' für mich sein würde. Und das hat sich sofort bei der ersten Behandlung bestätigt. Ich spürte, wie die Behandlung auf allen drei Ebenen - Körper, Seele, Geist - ablief. Sehr viel Licht habe ich gesehen. Und ganz deutlich gespürt, dass geistige Lichtwesen mit Frau D. zusammenarbeiten. Nach zweimal je drei Behandlungen, in einem Zeitraum von einem halben Jahr, ist heute eine deutliche Veränderung erkennbar. Anfangs verschlimmerte sich die Verhärtung in der Brust, sie tat mehr weh als zuvor. Dann ließen die Schmerzen nach, und ein paar Tage lang lief ein Sekret aus den Brustdrüsen aus. Jetzt bin ich absolut schmerzfrei. Die emotionale und körperliche Befreiung, die ich spüre, ist einfach wunderbar." (A 32052)

Brustkrebs s. auch Krebs, Mammakarzinom, Tumor

Bei einer 50jährigen Lehrerin aus Potsdam war 1992 ein Brusttumor festgestellt worden. Sie sollte operiert werden. Einige Monate nach der Diagnose wandte sich die Patientin an die Berliner Geistheilerin Janet M., die sie vier Wochen lang täglich behandelte. (Zusätzlich ging die Frau zu einer klassischen Homöopathin.) Danach "löste sich der Knoten in der Brust auf", berichtet die Heilerin. "Dann entstand zwar ein anderer, aber auch der verschwand", berichtet Janet M. Ihren Angaben zufolge bestätigte ein Arzt die Remission, die Operation erübrigte sich. (A 12167)

Bei einer 60jährigen Hausfrau aus Rüdesheim hatte sich ein tumorverdächtige Knoten in der Brust gebildet. Deswegen stand sie schon über einen längeren Zeitraum unter ärztlicher Beobachtung und wurde auch behandelt, ohne dass der Knoten aber verschwand. 1995 fand bei der Geistheilerin Monika C. in Mannheim eine einzige Heilsitzung "über die Aura, mit Handauflegen", statt.

Vier Wochen später, bei einer Ultraschall-Kontrolle, war der Knoten nicht mehr nachweisbar. Inzwischen wurde der zeitliche Abstand zwischen den Kontrollen auf sechs Monate verlängert. Der behandelnde Frauenarzt wusste von der Geistheilung - und "war beglückt, denn er hält sie für möglich", wie die Heilerin berichtet. (A 68199)

Eine 50jährige Lehrerin aus Hamburg trug seit zehn Jahren eine Geschwulst in der Brust; wegen Krebsverdachts hatten Ärzte immer wieder zur Operation geraten. Im Juli 1995 fand eine einmalige Sitzung mit Geistigem Heilen und Schamanismus bei Ursula B. statt. Eine Woche später begann sich die Geschwulst zurückzubilden, wie die Heilerin berichtet. (A 24364)

Den Heilfähigkeiten von Adelheid D. ("sie kommt von Gott") verdankt eine 50jährige Hausfrau aus Löhne vermutlich, dass sie noch lebt. Im Jahre 1989 wurde ihr ein bösartiger Tumor in der Brust diagnostiziert - mit acht Metastasen. Eine Operation war aussichtslos, Chemotherapien schlugen nicht an. Daraufhin legte Adelheid D. der Frau ein- bis zweimal wöchentlich die Hände auf. Danach war der Knoten in der Brust ebenso verschwunden wie die Metastasen. Ein Arzt bestätigte die Heilung - und fand sie "unheimlich". (A 32257.)

Bei einer 63jährigen Hausfrau aus Wülfrath waren 1991 Karzinome in beiden Brüsten, mit Lymphknotenbefall, entdeckt worden. Nach einer brusterhaltenden Operation wurde sie in der Wuppertaler St. Antonius-Frauenklinik mit aggressiver Chemotherapie und Kobalt-Bestrahlungen behandelt. In dieser Zeit begann sich die Geistheilerin Christa H. um sie zu kümmern - mit Wissen des Chefarzts der Frauenklinik, Dr. R. Zweimal wöchentlich gab sie der Patientin Reiki. Die positiven Wirkungen bescheinigte Dr. R. Mitte Juni 1994: "Der medizinisch objektivierbare Effekt der Reiki-Behandlung ist außerordentlich gut und hat mich sehr erstaunt", so schrieb der Arzt. "Zum Beispiel kann man bei der Chemotherapie, mit der die Patientin behandelt wurde, mit einem kompletten Verlust des Kopfhaares innerhalb der ersten zwei Behandlungszyklen rechnen. Durch die Reiki-Behandlung kam es bei Frau X. nicht zu einem chemotherapiebedingten Haarausfall, aber bei den im gleichen Zeitraum mit der gleichen Therapie behandelten Patientinnen ohne Reiki. Auch andere offensichtlich positive Wirkungen dieser Behandlung sind bei Frau X. festzustellen, z.B. die gute psychische Verarbeitung und das positive Lebensgefühl trotz der schweren Erkrankung. Ärztlicherseits kann man von einer objektiven, günstigen Beeinflussung dieser Behandlung auf den Krankheitsverlauf und auf die therapiebedingten Nebenwirkungen schließen." (A 42489.)

Einen ihrer verblüffendsten Behandlungserfolge erzielte Doris R. bei einer 35jährigen Hebamme aus München, bei der im Februar 1994 ein bösartiger Tumor in der linken Brust festgestellt worden war. Zwei Monate später nahm sich Frau R. der Krebskranken an. Vier Sitzungen fanden statt, mit eingehenden Gesprächen, geistigem Heilen und Farbtherapie. Danach "konnte der Arzt keinen Krebs mehr feststellen". (A 82041)

Die krebskranke Eva K. aus Mettmenstetten vertraute sich dem Heiler J.-M. im September 1996 an. "Ich war nervös, ängstlich; im Knie, Hüftgelenk und Wirbelsäule hatte ich starke Schmerzen, verursacht durch Metastasen eines Mammakarzinoms. Beim Onkologen erhielt ich zu jener Zeit eine Chemotherapie. Die operierte Brust war entzündet, wegen eines Implantats." Nach 22 Heilsitzungen ist die Patientin "zuversichtlicher und ruhiger, meine Ängste habe ich fast verloren. Die Knie sind schmerzfrei, mit Hüftgelenk und Wirbelsäule wird es zunehmend besser. Nebenwirkungen der Chemotherapie habe ich gut vertragen. Die Brustentzündung war innerhalb von zwei Tagen weg." (A CH-8911)

Der Autor Wolfgang Lüdke berichtet: "Bei der 52 Jahre alten Hannelore F. wurden Anfang November 1995 – nach der Behandlung eines Mammakarzinoms seit 1991 – Metastasen im gesamten linken Becken festgestellt. Damit war sie "verurteilt zur Unbeweglichkeit", zu einem Leben mit Krücken und Rollstuhl, denn es sollte verhindert werden, daß die Metastasen durchbrachen. Inzwischen hat Hannelore F. nicht nur die Schmerzen im Lendenbereich verloren, sondern auch die Angst vor dem Krebs. Vor allem aber haben sich die Tumorwerte teilweise dramatisch verbessert, seit sie den Geistheiler Christos D. erstmals aufsuchte." (GHNZ S. 81; A 65929.)

Die Ärztin Dr. Dorothea W., damals 42, war im März 1992 an einem Mammakarzinom operiert und anschließend chemotherapiert worden. Über ein Jahr lang schien die Behandlung erfolgreich - doch im Juli 1993 wies eine Szintigraphie drei Metastasen im Skelettsystem nach. Erneute Chemotherapien konnten nicht verhindern, dass sich bis Juli 1994 weitere bösartige Tochtergeschwülste bildeten: sechs entlang der Wirbelsäule sowie je eine am Brustbein und am Unterarmknochen zeigte eine Kernspintomographie am 5. Juli 1994. Bestrahlungen der betroffenen Abschnitte wurden kurz nach Beginn des Heilertests abgeschlossen. "Dass die Metastasen dadurch vollständig verschwinden, ist aus medizinischer Sicht nicht zu erwarten", erklärte die betroffene Ärztin. "Bestenfalls werden sie inaktiv." Für den Herbst hatte sie bereits einen Flug zu philippinischen "Psychochirurgen" geplant - doch dann erfuhr sie von meinen "Fernheil-Test" (siehe HoG). Acht Wochen ließ sie sich von dem Frankfurter Geistheiler Christos D. durch Handauflegen behandeln. Heftige Metastasenschmerzen verschwanden nach der allerersten Sitzung, woraufhin die Patientin schmerzstillende Medikamente absetzen konnte. Eine durch die Strahlentherapie hervorgerufene Hautverbrennung über dem Brustbein war einen Tag nach der ersten Sitzung abgeklungen. Zeitweise verbesserten sich die Blutparameter deutlich, u.a. stiegen die weißen Blutkörperchen (Leukozyten) auf Werte an, die sie seit fünf Jahren nicht mehr erreicht hatten. Das Allgemeinbefinden und die psychische Verfassung der Ärztin hatten sich deutlich gebessert. Ende 1994, ein Vierteljahr nach Testende, ergab eine Tomographie, dass die Metastasen inaktiv geworden waren. (Siehe HoG und A 65929)

Als Produktmanangerin gehörte Elisabeth L. aus Schwäbisch Hall in einem großen Dienstleistungsunternehmen zu den wenigen Frauen in Führungspositionen. Der Krebs unterbrach jäh ihre Karriere: Im Frühjahr 1988 musste ihr die krebsbefallene rechte Brust entfernt werden, fünf Jahre später wurden Metastasen am Kiefer und an der vierten Rippe festgestellt. Statt sich aufzugeben, "betrachtete ich die Erkrankung als Chance für einen Neubeginn", berichtet sie. "Ich legte eine Berufspause ein, stellte meine Ernährung um, lebte bewusst und ohne Stress. Als ich erkannte, dass jede Krankheit auch seelische Ursachen hat, wählte ich als 'Therapie' für die Seele den 'Weg nach innen'. So hatte ich gute Erfolge mit Reiki, Aura-Soma, Bach-Blüten, Edelsteinen und ganz besonders mit der Macht positiver Gedanken (Mentaltraining), mit Yoga und Qi Gong." All dies zusammengenommen, und nicht allein Bestrahlungen, Hormontherapien und andere schulmedizinische Maßnahmen, "führten zu einer Auflösung des Krebses", dessen ist sie sicher. Ihren Weg zur Heilung schildert Frau L. in ihrem Buch *Ich habe mir einen Olivenbaum versprochen* (Peter Erd-Verlag, München 1995) in eindrucksvoller Weise.

Doch seit Erscheinen dieses Buchs sind Rückschläge nicht ausgeblieben: Zwischen Januar 1997 und Januar 2002 wurden bei Elisabeth L. siebenmal erneute Metastasen im Skelett-system und in der Leber festgestellt. Teilweise bildeten sie sich wieder vollständig zurück, allerdings nicht ohne Bestrahlungen und Chemotherapien. Auch biologische Krebsabwehr kann eben nicht vollständige, endgültige Heilung garantieren - wohl aber eine erhöhte Chance, aus eigener Kraft zu ihr beizutragen und auch Rückschläge psychisch zu verkraften. Diese innere Stärke hat Elisabeth L. bislang in jedem Abschnitt ihrer wechselvollen Krankengeschichte beispielhaft vorgelebt. (GHK)

Der Berliner Arzt Manfred Engel, der zwei Geistheiler in seiner Praxis mitarbeiten lässt, berichtet von "einer Patientin mit Brustkrebs, die kurz vor einer Operation steht. Nach drei geistigen Behandlungen ist kein Tumor mehr nachweisbar." (GHÄP S. 86)

"Sie haben Brustkrebs. Weit fortgeschritten!" Diese Schreckensnachricht hört Hildegard Brunner (ein Pseudonym), Jahrgang 1925, im Jahre 1987 von ihrem Arzt. Ihr wird die linke Brust entfernt. Zunächst scheint der Eingriff erfolgreich: Anschließende Kontrolluntersuchungen, in regelmäßigen Abständen, fallen drei Jahre lang beruhigend aus. Doch im April 1990 zeigt das Blutbild erneut tumorverdächtige Werte. Eine Ultraschallaufnahme in der Wuppertaler St.-Antonius-Frauenklinik macht den Rückfall dann eindeutig sichtbar: Der Krebs ist erneut azsgebrochen, hat in der Leber schon Metastasen gebildet.

Die behandelnden Ärzte verordnen eine zwölfwöchige Chemotherapie mit dem Krebshemmer Epirubicin - allerdings ohne große Hoffnung. Während die Patientin selbst verzweifelt damit ringt, sich in das vermeintlich unabänderliche Schicksal zu fügen, wollen sich ihre Tochter und deren Ehemann ""icht damit abfinden"" Der Zufall hilft: Dem Schwiegersohn, Bernhard W., fällt eine esoterische Zeitschrift in die Hände, in der ich über die Geistheilerin Helga A. berichte. (*Esotera* 5/1990, S: 6 f.) Er überredet die damals 65jährige Patientin, im Juni 1990, zwischen der dritten und vierten Chemotherapie, für drei Tage nach Brilon ins Sauerland zu fahren, wo die Heilerin wohnt. Dabei muss er erhebliche Widerstände ausräumen, denn "aufgrund ihrer religiösen und grundsätzlichen Lebensanschauung sträubte sich meine Schwiegermutter anfänglich ganz entschieden dagegen."

Doch vom ersten Tag an tun Frau Brunner die heilenden Hände von Helga A.

"sehr gut": Sie wird "innerlich ruhig und entspannt", spürt "eine wohltuende Wärme und zeitweise ein angenehmes Prickeln". Fortan lässt sie sich fernbehandeln. Ende Juni macht sie sich zu einer zweiten Behandlungsserie auf den Weg zur Heilerin.

Bereits während der ersten Sitzung hat Helga A. eine seltsame Vision: Aus einem unwirklichen blauen Licht "sieht" sie ein fremdes Männergesicht auftauchen, das sich über Frau Brunners Körper beugt. Während sie es beschreibt, erkennt die Kranke sofort ihren Ehegatten Manfred wieder, der 1988 verstorben war. Als der Heilerin daraufhin das Foto des Toten gezeigt wird, ruft sie spontan aus: "Das ist er, den habe ich gesehen!" Was Helga A. nicht wissen konnte: Kurz zuvor hatte dem Medium Monika R. aus Wuppertal-Vohwinkel - einer Bekannten der Familie Brunner - ein Geistwesen, das sich als "Manfred" vorstellte, in automatischer Schrift eine Botschaft an Hildegard B. übermittelt: "Kopf hoch, noch ist nichts verloren ... aber schnell, nicht mehr warten ... wartet Brilon ab ... (Mutter) hat gute Aussichten. Fahrt! Werde dabei sein ..."

Hat Helga A. wirklich helfen können? Zumindest das jenseitige Wesen ist zuversichtlich. Am 6. August wird dem Medium Monika R. von "Manfred" diktiert: "(Mutter) geht es gut und immer besser. Alles normal. Ja, ihr dürft euch nicht wieder verrückt machen, alles ist weg. Hat Helga die Kanäle offen gehabt ..."

Kurz darauf muss Hildegard Brunner zur vorgesehenen Kontrolle in die Wuppertaler Frauenklinik. Das kaum fassbare Ergebnis halten der Chefarzt der Klinik, Professor Dr. H. Rüttgers, und die Stationsärztin Dr. B. Sirrenberg in ihrem Befundbericht vom 23. August fest: Im Ultraschall sind die Lebermetastasen "nicht mehr nachweisbar". Um ganz sicherzugehen, wird eine Computertomographie vorgenommen; sie bestätigt: Der Körper der Patientin ist frei von bösartigen Tochtergeschwülsten. Die Chemotherapie wird daraufhin sofort abgebrochen.

An ein "Wunder" wollen die behandelnden Ärzte trotzdem nicht glauben: Sie schreiben die Genesung dem verordneten Epirubicin zu. Weil dieses Präparat noch relativ neu auf dem Markt sei - damals erst seit etwa drei Jahren -, könne man seine Wirksamkeit noch nicht im einzelnen abschätzen. Doch Hildegard B.s Schwiegersohn widerspricht entschieden. Er erinnert sich an ein ausführliches Gespräch mit dem Chefarzt der Klinik, Dr. Heilper, ehe die Chemotherapie begann: Laut Heilper konnte "man das Tumorwachstum nur hemmen und den Krankheitsverlauf um zwei bis drei Jahre hinauszögern. Normalerweise war ein völliges Verschwinden der Metastasen, und das nach nur sieben Chemotherapien, nicht zu erwarten gewesen." (GB S. 120-122)

- Verdacht auf 76133, 76137 s. auch Präkanzerose, Krebs, Tumor

Weiteres Fallbeispiel s. A 75177

Bulimie

Seit mehreren Jahren litt eine 25jährige Studentin aus Düsseldorf an Bulimie ("Fress-Kotzsucht"), gegen die Psychotherapien nicht ankamen. 1995 ließ sie sich mehrere Wochen lang von dem Heiler Bran H., der in Schutterwald im Schwarzwald wohnt, fernbehandeln. Innerhalb eines Vierteljahrs ging die Anzahl der Brechanfälle von vier pro Tag auf ein bis zwei zurück. "Zwar ist keine vollständige Heilung eingetreten", wie H. einräumt, "jedoch eine starke Linderung und Verringerung der Anfälle." (A 77978)

Burn-out-Syndrom s. auch Erschöpfung, chronische

Einer 44jährigen Kauffrau aus Bremen machte seit zwei Jahren ein *Burn-out*-Syndrom zu schaffen. Nachdem sie wegen einer plötzlichen Ohnmacht im Krankenhaus untersucht worden war, vertraute sie sich dem Heiler Peter S. an, der ihr radionisch zu helfen versuchte. (Zur Radionik siehe FH1.) "Seitdem raucht sie nicht mehr, treibt Sport, lebt gesund und ist topfit", versichert der Heiler. (A 74360).

C

Cerebralparese s. auch Behinderung, Lähmung

Seit seiner Geburt litt ein zehnjähriger Schüler aus Werlte an einer Cerebralparese, einer von einem Hirnschaden ausgehenden Lähmung. 1996 versuchte die Geistheilerin Christiane N. dem Jungen mit Reiki, Osteopathie und einem geheimnisvollen, "aus dem Kosmos empfangenen Rezept" zu helfen. Daraufhin besserte sich seine Beweglichkeit erheblich, eine geplante Operation konnte abgesagt werden, wie die Heilerin angibt. (A 49757)

Cholelithiasis s. Gallensteinleiden

Colitis ulcerosa

Ein 59jähriger Dolmetscher und Sozialpädagoge aus Göttingen litt seit fünfzehn Jahren an Colitis ulcerosa, einer entzündlichen, meist chronisch rezidivierenden (immer wiederkehrenden) Erkrankung des Dickdarms, die meist auf den Mastdarm übergreift und unter anderem durch schleimig-blutige Durchfälle und Geschwürbildung gekennzeichnet ist. Medikamente linderten die Beschwerden immer nur minimal und vorübergehend. Im Jahre 1986 legte ihm der Heiler Klaus J. aus Völklingen/Saarland 35mal die Hände auf - und die Beschwerden verschwanden vollständig. (A 66333)

Seit acht Jahren litt ein 54jähriger Geschäftsführer aus Ludwigsburg an Colitis ulcerosa. Nachdem Medikamente nichts halfen, wurde ihm dringend eine Operation nahegelegt. Im Februar 1995 kam er zu fünf Sitzungen in die Praxis der Stuttgarter Geistheilerin Birgit R. Dort erlebte er jedesmal den "Weiss-Transformationsprozess": eine Form Geistigen Heilens, die laut Frau R. "mit höheren

Frequenzen arbeitet, welche ohne Berührung übertragen werden" - und erhielt eine Fußreflexzonenmassage. Innerhalb von drei Wochen soll sich der Durchfall auf ein bis zwei Darmentleerungen pro Tag verringert haben. (A 70374)

An Colitis ulcerosa und Morbus Crohn (eine Entzündung, die alle Abschnitte des Magentrakts von der Speiseröhre bis zum After befällt) litt eine Patientin des Stuttgarter Geistheilers Gerald B. Cortison hatte die Beschwerden kaum gelindert. Doch nach dreimaligem Handauflegen und Beten, im Oktober 1993, war die Frau zeitweilig symptomfrei. Danach begann B. mit einer Colon-Hydro-Therapie - und innerhalb von zwei bis drei Wochen trat eine kontinuierliche Besserung ein, die seither anhält, ohne Rückfälle. (A 70597)

Patientin: Agnes R. (57), Modistin/ Hausfrau, CH-5053 Staffelbach, Teilnehmerin am "Fernheil-Test" 1998

Diagnose: Colitis ulcerosa (chronische Dickdarmentzündung), mit Diarrhoe (Durchfall)

Beschwerden: Durchfall, Krämpfe im Bauch und Darm, ständige Müdigkeit. Dauer: seit 1988.

Persönliche Testbilanz: Noch bei Testbeginn litt Frau R. extrem unter ihren schmerzhaften Krämpfen. Bis zu zwanzigmal täglich musste sie, wegen wässrigen Durchfalls und Darmblutungen, die Toilette aufsuchen. "Ich musste mich jeden Tag zum Aufstehen zwingen und wagte mich kaum noch aus dem Haus. Ich hatte keine Kraft mehr, die Schulmediziner wussten nicht mehr weiter. Einzig Cortison half noch ein wenig. Doch es schwemmte mich auf, und ich sah furchtbar aus. Dadurch wurde ich noch kränker." Daran änderte sich auch während des Fernheil-Tests zunächst wochenlang nichts - doch dann, ab Juli 1998, begannen die Beschwerden rapide nachzulassen, bis sie schließlich nahezu vollständig verschwanden. Die Patientin, die noch im Mai depressiv und stets den Tränen nahe war, wenn sie auf ihr Leiden angesprochen wurde, war bei Abschluss der fünfmonatigen Testphase "überglücklich".

Medizinische Beurteilung: "Nach Beginn des Tests hatte Frau R. zunächst eine ‚Erstverschlimmerung' von fast sieben Wochen. Sie war nahe daran zu bitten, man solle mit dem Fernheilen aufhören. Dann erfolgte aber eine rasche Besserung. Die Bauchschmerzen gingen rapide zurück; die Stuhlhäufigkeit nahm ab; sie vertrug wieder all die Speisen, die sie vorher hatte meiden müssen. Zur Zeit kann die Patientin wieder alles essen, worauf sie früher äußerst empfindlich war: Käse, Wein, Peperoni, Salate, Fleisch, Salami u.v.m. Eigenartigerweise bekam die Frau wieder Wellen in ihrem Haar, die sie früher einmal hatte, so dass die Coiffeuse sie fragte, ob sie in der Zwischenzeit Dauerwellen habe legen lassen.Frau R. ist begeistert vom Resultat des Tests. Sie ist auch sehr dankbar, dass man sie bei der Eingangsuntersuchung gebührend angehört und ernstgenommen hat. Ist da wohl eine psychische Wirkung mitverantwortlich, die ja bei Colitiden eine Rolle spielt?" (Dr. med. Pierre Bovet) Anmerkung: Ausgerechnet bei Frau R., der "Musterpatientin" der Anonymen Gruppe, kam es zwei Monate nach Testabschluss allerdings zu einem schweren Rückfall, dessentwegen sie ihre Teilnahme am Basler "Weltkongress für Geistiges Heilen" Ende November 1998 absagen musste. (HoG S. 114-115.)

D

Darmkrebs s. auch Krebs, Tumor

Ein 46jähriger Steuerberater aus Alfeld/Leine litt seit 1975 an einer Übersäuerung des Magens; 1994 wurde ihm ein Tumor im Zwölffingerdarm diagnostiziert - in fortgeschrittenem Stadium. Im März 1995 kam es zu fünfzehn Sitzungen bei dem Geistheiler Andreas K., im August desselben Jahres folgten drei Nachbehandlungen. Nach Angaben des Heilers verschwanden die Schmerzen im Bauchbereich, der Tumor ebenfalls; das Krankenhaus habe daraufhin eine ursprüng-liche "Fehldiagnose" vermutet. (A 37603).

Bei einer 77jährigen Hausfrau aus Neubrandenburg war im *Colon transversum*, einem Teil des Dickdarms, ein Tumor festgestellt worden. Unmittelbar nach der Diagnose (mittels einer Computertomographie) ließ sich die Patientin sechsmal jeweils anderthalb Stunden von der Geistheilerin Christiane N. mit Reiki behandeln. Anfangs faustgroß, schrumpfte der Tumor bis zum sechsten Tag auf die Größe einer Erbse, so berichtet die Heilerin. Nach drei Monaten sei er nicht mehr feststellbar gewesen, eine erneute Computertomographie ohne Befund geblieben. Der behandelnde Arzt wollte dazu angeblich keinerlei Kommentar abgeben. (A 49757)

Drei Wochen, nachdem ihr Darmkrebs diagnostiziert worden war, wandte sich 1991 eine 53jährige an die Hamburger Heilerin Elisabeth F., die ihr die Hände auflegte, für sie betete, eine Diät und Tees verordnete. Sechs Monate später war sie vollständig geheilt, "inzwischen geht es ihr blendend", versichert die Heilerin. (A 20099)

Eine Darmkrebspatientin aus Kassel, die von ihren Ärzten bereits aufgegeben worden war, schwört darauf, daß Frau Henning sie innerhalb von sechs Sitzungen von ihrem Tumor befreite. (A 34117)

Im Jahre 1976 wurde bei einer 76jährigen Rentnerin aus Mannheim ein bösartiger Krebs des Magen-Darmtrakts festgestellt. Im Anschluss an eine Operation und eine Chemotherapie, deren Ergebnis die Patientin als unbefriedigend empfand, vertraute sie sich der Geistheilerin Ursula H. im benachbarten Lampertheim an, die ihr fortan dreimal wöchentlich mit Handauflegen, Reiki und Gebeten zu helfen versuchte. "Sie fand neuen Lebensmut", berichtet die Heilerin, "und unternahm noch viele Reisen. Ihre Schmerzen ließen erheblich nach. Es bildeten sich keine neuen Tumore." Diese erfreulichen Fortschritte hielten sechzehn Jahre an - bis 1992, als ein Rezidiv auftrat. 1993 verstarb die Patientin. "Ich habe sie im Krankenhaus bis zum Tod begleitet", erinnert sich Frau H. (A 68623)

Weiteres Fallbeispiel s. Gewichtsverlust (BG S. 19)

Darmleiden s. Megakolon

Bei einer 45jährigen Bankangestellten traten nach einer Operation schwere Funktionsstörungen an Darm, Blase und Nieren auf. Nachdem Angehörige in einem telefonischen Notruf die Geistheilerin Shakti A. um Hilfe baten, begann die Heilerin eine Fernbehandlung. "Bereits am nächsten Tag", so versichert Frau A., "hatte sich der Zustand der Patientin hundertprozentig gebessert. Ihre Organe funktionierten wieder einwandfrei, zur Verwunderung ihrer Ärzte." (A 79235)

Weiteres Fallbeispiel s. A 93466

Depression

An starken Depressionen und "totaler Niedergeschlagenheit" litt eine 54jährige Köchin aus Bönen. Drei- bis viermal suchte sie eine Heilerin auf – und "kurzfristig, innerhalb von drei bis vier Wochen", verschwanden die Symptome. (A 59199)

Seit ihrer Jugend litt eine 42 Jahre alte Hausfrau aus Paderborn an manischer Depression und Psychosen. Mehrfache Aufenthalte in der Psychiatrie halfen nicht, im Gegenteil: Sie hinterließen bei der Frau eine starke Apathie, heftige Angstzustände und körperliches Zittern; hochdosierte Psychopharmaka bewirkten keine Heilung, sondern nur eine zeitweilige Ruhigstellung. Ab Dezember 1998 versuchte Andrea M. der Frau mit Clearing, Chakra- und Gesprächstherapie zu helfen. Innerhalb von drei Wochen ließen die Symptome nach, und nach drei bis sechs Monaten "hatte sich die Frau wieder gefangen", so berichtet die Heilerin. Allerdings wurde sie dabei "von ihrem behandelnden Psychiater durch Gesprächstherapie begleitet", und auch "die allmähliche Loslösung der Patientin von ihrer dominanten Familie hat zur Linderung der Symptome beigetragen", wie die Heilerin einräumt. (A 33106)

Der Arzt und Geistheiler Dr. med. K. berichtet: "Eine 68jährige Patientin mit schwerer Depression, unter laufender psychiatrischer Kontrolle und kurz vor einer erneuten stationären Einweisung stehend, machte nach sieben Behandlungen mit Geistheilung und Akupunktur deutliche Fortschritte; nach zehn Behandlungen war sie voll kompensiert. Sie unternimmt jetzt wieder Reisen, macht den Haushalt, geht zu ihren Kaffeekränzchen und strickt - all das seit zwei Monaten ohne Rückfall." (GHNZ S. 202.)

Im Juli 1991 hatte eine damals 29jährige Krankengymnastin, verheiratet mit einem Dermatologen (Facharzt für Hauterkrankungen) an der Universitätsklinik Erlangen, mit Kaiserschnitt einen Sohn zur Welt gebracht. Einen Tag später war das Kind tot: Das Zwerchfell war nicht zusammengewachsen, die Lunge konnte sich nicht entfalten. "Die Frau ging durch eine Hölle", berichtet der Geistheiler Herbert S. aus Erlangen. "Starke Depressionen stellten sich ein. Psychologen konnten ihr nicht helfen, Freunde und der Ehemann auch nicht." Im Januar 1992 nahm sich S. der Frau an. "Nach der vierten Behandlung wollte sie tanzen gehen. Ihr Mann verstand die Welt nicht mehr. Er hatte sich schon darauf eingestellt, für immer eine depressive Frau zu haben." Kurz darauf wurde die Frau wieder schwanger. Immer wieder brach nun die Angst auf, die Tragödie könnte sich wiederholen. S. begleitete sie mit Reiki und Gesprächen bis zur Entbindung: Ende September 1992 gebar sie ein gesundes Kind. "Ihr Mann, ein Schulmediziner, hat mir die Freundschaft angetragen, weil er einfach nicht verstehen konnte, wie ich das geschafft habe. Schon nach den ersten Fortschritten hatte seine Frau den Kontakt zu ihrem Psychiater abgebrochen." (A und R S. 55.)

Seit einem Jahr litt eine 34jährige Hausfrau aus Luxemburg an schweren Angstzuständen und Depressionen, in Verbindung mit Tinnitus (Ohrgeräuschen). Nachdem Psychopharmaka wirkungslos blieben, wurde sie ärztlicherseits darauf vorbereitet, dass sie "damit leben" müsse. Damit wollte sie sich nicht abfinden. Am 12. März 1996 wandte sie sich schriftlich an den Heiler Lothar M. aus Kempten, der eine "Umsessenheit" durch "niedere Geistwesen" vermutete. Er betete für sie und "schickte ihr Energie" - seither sind sämtliche Beschwerden verschwunden. (A; R S. 56.)

An schweren Depressionen litt seit über einem Jahr eine 65jährige Hausfrau aus Wien. Auf Empfehlung von Bekannten wandte sie sich im Mai 1995 an den Düsseldorfer Heiler Gerhard N., der sie 34mal fernbehandelte. "Schon vom ersten Tag an", berichtet der Heiler, "traten Besserungen ein, die dann kontinuierlich zunahmen". Inzwischen fühle sie sich "ausgesprochen wohl", schrieb ihm die Patientin Ende Juni 1995. "Ich kann nur sagen: Vielen Dank!" (A; R S. 324.)

Seit ihrer Kindheit litt eine 28jährige Floristin aus Dietzenbach an Depressionen; später kamen andauernde Partnerschaftsprobleme, eine unbefriedigende Sexualität sowie chronische Schmerzen im Magen-, Nacken- und Schulterbereich hinzu. Ein Psychiater verordnete, ohne Erfolg, Psychopharmaka und Neuroleptika. Im Februar 1994 wandte sich die Frau an den Wiesbadener Heiler Klaus-Dieter D. Bis Dezember 1994 fanden 17 Sitzungen statt, bei denen D. "Energie übertrug, mit und ohne Handauflegen", und imaginative "Rückfuhrungen in frühere Leben" vornahm. Ihm daran, die Frau die wahre Ursache ihrer Probleme erkennen zu lassen - ein sexueller Missbrauch durch den Vater über viele Jahre hinweg - und sich mit dem Vater "auszusöhnen". Daraufhin stabilisierte sich die psychische Verfassung der Patientin zunehmend. Inzwischen "kommt sie alleine sehr gut zurecht und hat keinen Psychiater mehr aufgesucht, seit sie bei mir war". (A 65185)

Mit Drogen- und Alkoholsucht, Ängsten und Depressionen, Arbeitsunlust und massiven Konflikten mit seinen Eltern kämpfte ein 23jähriger Kaufmann aus Karlsruhe. Ohne sein Wissen bat seine Mutter die Heilerin Felicita A. um Hilfe. Kaum hatte eine Fernbehandlung per Bild begonnen, da besserte sich der Zustand des jungen Mannes erheblich. "Nach einem Vierteljahr war er wieder ein ordentlicher Arbeiter", sagt die Heilerin. "Alle Erscheinungsformen seiner psychischen Krise waren beseitigt, wie mir die glückliche Mutter bestätigte." (A 75045)

Seit ihrer Jugend litt eine 42 Jahre alte Hausfrau aus Paderborn an manischer Depression und Psychosen. Mehrfache Aufenthalte in der Psychiatrie halfen nicht, im Gegenteil: Sie hinterließen bei der Frau eine starke Apathie, heftige

Angstzustände und körperliches Zittern; hochdosierte Psychopharmaka bewirkten keine Heilung, sondern nur eine zeitweilige Ruhigstellung. Ab Dezember 1998 versuchte die Heilerin Andrea M. der Frau mit Clearing, Chakra- und Gesprächstherapie zu helfen. Innerhalb von drei Wochen ließen die Symptome nach, und nach drei bis sechs Monaten "hatte sich die Frau wieder gefangen", so berichtet die Heilerin. Allerdings wurde sie dabei "von ihrem behandelnden Psychiater durch Gesprächstherapie begleitet", und auch "die allmähliche Loslösung der Patientin von ihrer dominanten Familie hat zur Linderung der Symptome beigetragen", wie die Heilerin einräumt. (A 33106)

Appetitlosigkeit, verbunden mit Depressionen, machten seit Wochen einer 85jährigen Hausfrau aus Wiesbaden zu schaffen. 1995 suchte sie drei Wochen lang die Geistheilerin Hildegard L. auf, zu sechs Sitzungen mit Reiki, Atemtherapie und Akupunktur. Seither, so berichtet die Heilerin ist die alte Dame vital und lebensfroh, ihre Depressionen sind abgeklungen - zum großen Erstaunen ihres Hausarztes. (A 65207)

Eine 26jährige Bürokauffrau aus Mönchengladbach litt unter so starken Depressionen, dass sie im Januar 1994 einen Selbstmordversuch unternahm; auch danach bestand Suizidgefahr. Drei Monate in einer psychiatrischen Klinik stabilisierten die Frau ebensowenig wie Psychopharmaka. Von Juni 1994 bis Juli 1995 vertraute sich die Frau der Heilerin Dragi A. an - seither ist sie vollständig genesen. (A 52525)

Seit einem Jahr litt eine 34jährige Hausfrau aus Luxemburg an Angstzuständen, Depressionen und Tinnitus (Ohrgeräuschen). Nachdem Psychopharmaka wirkungslos blieben, wurde sie ärztlicherseits darauf vorbereitet, dass sie "damit leben" müsse. Damit wollte sie sich nicht abfinden. Am 12. März 1996 wandte sie sich schriftlich an Lothar M., der eine "Umsessenheit" durch niedere Geistwesen vermutete. Er betete für sie und "schickte ihr Energie" - seither sind sämtliche Beschwerden verschwunden, wie der Heiler versichert. (A 87437)

Wegen starker Depressionen war eine Patientin bereits seit drei Monaten in der psychiatrischen Abteilung eines Kaufbeurer Krankenhauses untergebracht. Wirksame Hilfe fand sie dort nicht. Deshalb brachte ihr Ehemann sie zweimal wöchentlich, jeweils in der "Freistunde", zu der Heilerin Rosemarie K. in Bad Wörishofen: "Ungefähr sieben bis acht Sitzungen fanden statt", erinnert sich die Heilerin. "Danach war die Frau gesund. Später besuchte sie mich mit ihren beiden Kindern, die sie zuvor sehr vernachlässigt hatte, und war überglücklich. Ein Rückfall wurde mir nicht bekannt." (A 86825)

Seit 25 Jahren litt eine 48jährige Berliner Hausfrau an Depressionen, Platz- und Erstickungsangst. Psychologen konnten ihr nicht helfen. Ab Mai 1996 suchte sie einmal wöchentlich die Heilerin Veronika L. auf. Seither geht sie wieder angstfrei einkaufen und fährt sogar alleine mit der U-Bahn. (A 12099.)

Eine 32jährige Sozialarbeiterin aus Berlin litt seit ihrer frühen Kindheit an Versagensängsten und Schuldgefühlen. "Immer wieder", so erinnert sich die Heilerin Maria A., "schlüpfte sie in die Opferrolle. Darin wiederholten sich Muster aus früheren Leben." Mehrmals war die Frau in eine psychiatrische Klinik eingewiesen worden. Drei Selbstmordversuche hatte sie bereits hinter sich. 1996 fand sie zu Frau A., die jede zweite Woche durch Handauflegen Blockaden auflöste", als deren Ursache sie Besetzungen durch zwei Verstorbene vermutete. Seither "glaubt die Frau an ihre Selbstheilungskräfte, hat gelernt, sich mit ihrem Schutzengel zu verbinden, und ist nie mehr rückfällig geworden." (A 12351)

Eine 61jährige Sonderschullehrerin aus Berlin litt jahrzehntelang an Depressionen, chronischen Kopfschmerzen "und vielen anderen psychosomatischen Beschwerden". Seit ihrem 40. Lebensjahr war sie deswegen in nahezu ständiger ärztlicher Behandlung gewesen, wurde mehrfach in psychosomatische Kliniken eingewiesen. Ihre Symptome wurden dadurch nur vorübergehend geringfügig gelindert. 1985 ließ sich die Patientin auf eine Gruppen- und Einzeltherapie bei der Heilerin Maria R., einer Diplom-Psychologin, ein. Daraufhin verbesserte sich ihr Zustand zunehmend, die Depressionen lösten sich auf, die körperlichen Beschwerden verschwanden. Seit Herbst 1991 ist sie völlig symptomfrei, weitere Arztbesuche erübrigten sich. (A 12357.)

Im März 2004 schrieb mir Petra O., 37: "Vor sechs Wochen habe ich in einer Medizin-Zeitschrift über Ihre Heiler-Datenbank 'Auswege' gelesen. Für mich war es wirklich mein letzter Ausweg. Ich hatte mit meinem Leben fast schon abgeschlossen. Einen letzten Versuch wollte ich noch unternehmen.

Seit fünfzehn Jahren leide ich unter Depressionen, fast völliger Schlaflosigkeit und Angstuuständen. Ich war bei unzähligen Ärzten, in Kliniken, bei Heilpraktikern und habe alles Erdenkliche versucht: von verschiedenen Medikamenten über Hypnose, Bach-Blüten und Akupunktur bis hin zu Kinesiologie und Homöopathie. Nichts hat meinen Zustand verbessert. In den vergangenen drei Jahren wurde es immer schlimmer, und ich wurde arbeitsunfähig. Es gab noch ein bis zwei Tage in der Woche, an denen es einigermaßen ging, die übrige Zeit war ich ans Haus gefesselt. Meine Familie, meine Freunde litten mit mir, und ich schämte mich so sehr, eine derartige Belastung für meine Mitmenschen zu sein. Meine Verzweifkung und mein Schmerz waren unbeschreiblich. Bei jedem neuen Arzt oder Heilpraktiker hoffte ich auf eine Chance, aber immer wieder wurde ich enttäuscht. Ich war austherapiert. Meine einzige Möglichkeit, irgendwie zu überleben, sah ich in Medikamenten, die ich immer höher dosierte - und trotzdem immer weniger wirkten. Zuletzt nahm ich zwei Stilnox, 100 mg Stangyl und Tavor - Antidepressiva, Schlaftabletten und Beruhigungsmittel. Ihretwegen ging es mir immer schlechter. Sehr oft versuchte ich, sie abzusetzen; immer gab ich schon nach ein paar Tagen auf, weil alles noch schlimmer wurde.

In diesem Zustand rief ich am 18. Februar 2004 den Heiler Faruk D. an, auf den ich in "Auswege" gestoßen war. Er riet mir, die Medikamente abzusetzen; ich bräuchte keine Angst zu haben, er sei für mich da.

Ich war voller Zweifel. Doch als ich an diesem Abend vor meinen Tabletten stand, verspürte ich den Wunsch, sie *nicht* zu nehmen. Nachts hatte ich das Gefühl, nicht allein zu sein, und die Angst ließ nach. Zu Herrn D. habe ich einmal wöchentlich telefonischen Kontakt und darf ihn auch sonst anrufen, wenn ich ihn brauche. Seither ist der Schlaf stückchenweise immer ein bisschen mehr gekommen, und Angst verspüre ich immer weniger. Heute, nach über einem Monat *ohne* Tabletten, schlafe ich nachts zwischen vier und sechs Stunden durch und verspüre keinerlei Depressionen mehr. Die Angst ist aus meinem Körper gewichen.

Was das für mich bedeutet, kann ich nicht in Worte fassen. Ich bin wie neugeboren, ein anderer Mensch. Ich bin voller Dankbarkeit dem Leben gegenüber, jeder Tag, den ich leben darf, ist ein Geschenk. Was Herr D. für mich getan hat, ist nicht in Worte zu fassen. Bei ihm fühle ich mich beschützt und nicht mehr alleine gelassen. Ich weiß, er ist für mich da. Er hat mir das Leben geschenkt." (A 50939)

Weitere Fallbeispiele s. Beziehungsunfähigkeit (GHÄP 2. Aufl. S. 102), Lumboischialgie (GHÄP 2. Aufl. S. 115) und Rückenschmerzen (A 40235) sowie A 10789, 13347, 19406, 21717, 24226, 25767, 26316, 26316, 28865, 32052, 40229, 40235, 42489, 45128, 50678, 52525, 58809, 59199, 60599, 63110, 65207, 72202, 73033, 74360, 75045, 76287, 80993, 84489, 86163, 86825, 87437, 87629, 90542, 91054, 93413

Dermatitis

Von Kindheit an litt ein 34jähriger Ingenieur an Dermatitis, einer chronisch entzündlichen, mit starkem Juckreiz verbundenen Hautreaktion. Ab März 1995 behandelte ihn der Heiler Rolf K. elfmal, jeweils rund 20 Minuten lang. Erst daraufhin besserte sich der Ausschlag, der Juckreiz ließ nach - zum ersten Mal seit drei Jahrzehnten. (A 49186.)

Diabetes

Zu den dankbaren Klienten des russischen Heilers Jewgeni A. zählt ein 48jähriger Oberstudiendirektor aus Hagen, der seit 1989 an chronischer Hepatitis und Diabetes mellitus litt. Vier Jahre lang blieben ärztliche Maßnahmen erfolglos. 1993 versuchte A. dem Mann mit "Energiezufuhr, Diät, Kräutern und Meditation" zu helfen. Binnen sechs Monaten verschwand die Diabetes, die Hepatitis besserte sich deutlich, die Blutwerte waren nahezu optimal. (A 64521)

Seit über zehn Jahren litt eine 65jährige Hausfrau an schweren Gelenkentzündungen, Bluthochdruck, Diabetes und Migräne. "Sie müssen damit leben", hörte sie von ihren Ärzten, nachdem schulmedizinische Maßnahmen weitgehend wirkungslos geblieben waren. 1992 fanden, über fünf Wochen verteilt, zehn Sitzungen bei Karin H. statt, bei denen Reiki und Fußreflexzonenmassage zur Anwendung kamen. Die Migräne verschwand, die Gelenkschmerzen besserten sich erheblich, der Blutdruck ging in den Normalbereich zurück, und auch der Blutzuckerspiegel sank. Nur "bei Ärger und Stress" kommt es gelegentlich noch zu Rückfällen. (A 64747)

Einer 62jährigen Hausfrau aus Haaren machten seit Jahren Diabetes und

Ödeme (Wasseransammlungen) in den Beinen zu schaffen. Medikamente halfen kaum. Ab Juli 1996 betreute die Heilerin Dragi A. die Dame mit einer Kombination von "Chakrenharmonisierung", Bach-Blüten, Harmopathie und Edelsteintherapie. Daraufhin wurde der Blutzuckerspiegel immerhin konstanter; die Beschwerden in den Beinen ließen so deutlich nach, dass die Patientin keine Wassertabletten mehr benötigte. (A 52525)

An Diabetes litt ein 16jähriger Schüler aus dem Kölner Raum seit acht Jahren. Sorgen bereitete seinen Eltern aber auch, wie gewalttätig er sich gegenüber Geschwistern und Klassenkameraden verhielt. 1997 kam es, im Zeitraum von drei Monaten, zu neun Heilsitzungen bei Joseph C. "Dadurch wurde der Junge ruhiger und ausgeglichener", berichtet die Mutter. "Wenn er jetzt herausgefordert wird, denkt er erst nach, bevor er aggressiv reagiert. Statt vier Insulinspritzen pro Tag benötigt er nur noch zwei, und er reagiert auf das Insulin auch besser als früher." (A 87629)

Seit 1983 litt eine Hausfrau aus Dessau an starker Diabetes. Dagegen musste sie morgens 20, abends 18 Einheiten Insulin einnehmen, außerdem eine strengezuckerfreie Diät einhalten. Mehrmals war sie deswegen im Krankenhaus gewesen. Im Januar 1991 stieß sie zur Gröning-Gemeinschaft Bremerhaven, die für sie "den göttlichen Heilstrom aufnahm" - und zwei Jahre später war sie vollständig gesund. Seither benötigt sie kein Insulin mehr, isst normale Kost mit Zucker. (BG S. 26; zum "Bruno Gröning-Freundeskreis" s. FH1 und GB.)

Seit sechseinhalb Jahren litt eine 56jährige Frau aus Aalen an offenen Beinen. Behandlungen bei zahlreichen Hautärzten, Aufenthalte in Krankenhäusern und Spezialkliniken sowie mehrere Kuren waren vergeblich gewesen. Auch ihre Hausärztin, die viermal pro Woche zu ihr kam, wusste nicht mehr weiter. Nun sollte ihr linkes Bein amputiert werden: "Es war ohne jegliche Durchblutung", erinnert sich die Patientin. "Dreizehn Wunden klafften an ihm, so tief bis zu den Knochen. Alles war total vereitert, und das Gewebewasser lief und lief wie ein Bächlein heraus. Am rechten Bein hatte ich eine Operationsnarbe, die schon seit einem Jahr offen war und nicht heilen wollte. Außerdem war mein linkes Auge von Grauem Star befallen; im linken Auge hatte sich nach einem Sturz ein Bluterguß gebildet, der in einer Ulmer Augenklinik abgesaugt werden sollte." Mit einem Bein zu leben, "war für mich unvorstellbar, und ich war völlig am Boden zerstört. Die Schmerzen waren kaum mehr auszuhalten, und an Schlafen war kaum noch zu denken. Monatelang saß ich, während meine Familie schlief, im Wohnzimmer auf der Couch, vollgepumpt mit Morphium, nur um für zwei Stunden mal keine Schmerzen zu haben." Am 1. Juni 1995 kam es ihr zu einem Atem- und Herzstillstand. "Nach dem Frühstück wurde mir plötzlich übel, und ich fiel zu Boden. Der herbeigerufene Notarzt brachte mich ins Krankenhaus, wo ich zwei Wochen ohne Bewusstsein lag, angeschlossenen an lebenserhaltende Apparate. Als ich nach fünf Wochen entlassen wurde, konnte ich mich noch immer nicht erinnern, vergaß alles gleich wieder und redete viel wirres Zeug." In diesem Zustand kam die Frau zu dem Heiler Karl-Heinz I., um sich zweimal wöchentlich von ihm behandeln zu lassen, in Begleitung einer Bekannten, die an Schuppenflechte litt - und bald darauf geheilt war. Ihr selbst "ging es bei jedem

Handauflegen besser. “Die Wunden an meinen Beinen heilten völlig zu, die Durchblutung kam wieder, die Schmerzen ließen nach, und ich konnte nachts wieder schlafen. Es ist für mich unfaßbar. Heute, nach sechs Monaten, kann ich wieder schmerzfrei gehen, habe wieder Selbstvertrauen und Freude am Leben. Ich kann ohne Schmerzmittel leben und bin ein völlig neuer Mensch. Die Ärzteschaft im Krankenhaus sowie meine Hausärztin können kaum glauben, dass meine Beine wieder geheilt sind. Auch meine Augen sind wieder in Ordnung - ohne Absaugen geheilt; wie eine augenärztliche Untersuchung inzwischen ergeben hat, ist der Graue Star verschwunden. Auch meine Diabetes, an der ich seit 29 Jahren litt, ist nun stabiler geworden; statt zwei Insulinspritzen pro Tag benötige ich nur noch eine. Mein Gedächtnis ist wieder voll da. (A 73640)

Noch ein paar Tage, dann sollte er sein rechtes Bein verlieren. Der Termin für die Amputation stand bereits fest: der 1. Juli 1989. Verzweifelt wartete Heinz im Heiliggeist-Krankenhaus von Köln-Longerich darauf. Während eines Urlaubs auf den Kanarischen Inseln, im Sommer 1986, hatte sich der Lkw-Fahrer schwere Verbrennungen zugezogen, als er barfuß auf einer geteerten Straße ging, die von der sengenden Mittagssonne glühend aufgeheizt war. Heinz, Mitte Fünfzig, litt stark unter Diabetes; deshalb waren die Brandwunden nie verheilt. Inzwischen war bereits der Fußknochen angegriffen, er lag frei.

Heinz ahnte nicht, dass er im Mittelpunkt eines ungewöhnlichen Experiments stand, das unterdessen im Nebenraum des Gasthofs "Winzerhaus" in Sinzig bei Bonn stattfand. In dieser Ortschaft wohnte damals der bekannte Parapsychologe und Ethnologe Dr. Walter Frank, Dozent an den Universitäten Köln und Bonn. Am Abend des 28. Juni 1989 versammelte er dort rund dreißig Kölner Studenten um sich, unter anderem zu Demonstrationen und Übungen von Gruppenheilung. "Dazu bildeten wir einen Kreis", erinnert sich Dr. Frank, "und stellten uns vor, wie kosmische Energie durch uns zu all jenen fließt, die eine solche Übertragung für ihre Gesundheit benötigen."Daran nahm eine Bekannte von Heinz teil, Christa G. aus Bergisch-Gladbach. Auf ihren Vorschlag hin konzentrierte sich die Gruppe auf den Unglücklichen. "Zunächst visualisierten wir, wie er von seinem Krankenbett aufsteht, sich auf beiden Beinen mühelos bewegt und glücklich nach Hause geht", schildert Dr. Frank den Ablauf. In einer weiteren Übung stellte sich die Heilgruppe vor, wie Heinz´ Bett von Ärzten umringt ist, die sich alle fassungslos über eine plötzliche Wende zum Besseren zeigen: Nicht nur die Haut, sogar der Fußknochen hat zu heilen begonnen, neues Gewebe hat sich gebildet. "Wir malten uns aus, wie der Oberarzt äußert: 'Falls dieser Mann in den nächsten Tagen weiter derartige Fortschritte macht, werden wir sein Bein retten können.' Auch stellten wir uns vor, dass sich die Diabetes erheblich bessert." Abschließend wurde Christa G. beauftragt, Dr. Frank von nun an über das Befinden von Heinz laufend Bericht zu erstatten. Dem Patienten gegenüber sollte sie aber kein Wort über das Experiment verlieren.

Das darauffolgende Wochenende verbrachte Heinz zu Hause: Sein größter Wunsch war es, noch ein letztes Mal in seinem Garten zu sitzen, ehe er zum Krüppel wurde. An jenem Sonntag überraschte er seine Frau mit der Erklärung, es gehe ihm schlagartig besser; er habe das unbestimmte Gefühl, dass "alles gutgehen" werde.

Am Montag, dem vorgesehenen Tag der Operation, wurde Heinz in der Klinik nochmals geröntgt. Weil die Ärzte anschließend ihren Augen nicht trauten, wurde die Aufnahme wiederholt. Doch der Befund blieb derselbe: Heinz´ Fußknochen hatte zu heilen begonnen. Eine verblüffte Gruppe von Ärzten, kopfschüttelnd und ratlos diskutierend, umringte Heinz´ Krankenbett. Der Stationsarzt wollte trotzdem amputieren. Doch der Oberarzt empfahl, man solle noch eine Woche abwarten, um zu sehen, ob sich der Genesungsprozess fortsetze.

Ende der Woche wurde Heinz entlassen - mit beiden Beinen. Wie seine Frau später Christa G. berichtete, sei ihr Mann als "ein völlig neuer Mensch" heimgekehrt, der "sich plötzlich für spirituelle Fragen zu interessieren begann. Als ich ihm von Dr. Franks Experiment erzählte, akzeptierte er es als Ursache seiner Heilung." Von derselben Woche an hatte sich auch seine Diabetes schlagartig gebessert. Während Heinz zuvor laufend hochdosierte Spritzen benötigt hatte, kam er fortan mit schwächeren Tabletten aus. (FH1)

Weitere Fallbeispiele s. Hepatitis (A 64521) und Herzinsuffizienz (GHNZ S. 197 ff.) sowie A 30519, 34119, 77743

Diarrhoe, chronische

Ein 37jähriger Berliner, der seit zwei Jahren an chronischen Durchfällen litt, soll 1992 nach einer einzigen Sitzung bei der Heilerin Liselotte B. beschwerdefrei geworden sein. Wie sie berichtet, habe ein Arzt den Erfolg bestätigte, aber keine Erklärung dafür gefunden. (A 10789)

Ein neunjähriger Schüler aus Freiburg litt acht Monate lang an chronischer Diarrhoe, Angst und Gewichtsverlust. Ärztliche Maßnahmen und ein Klinikaufenthalt brachten keinen Erfolg. Als sich die Heilerin Helga M. 1992 des Kleinen annahm, legte sie ihm die Hände auf. Daraufhin trat eine "sofortige Besserung" ein, die seither anhielt, ohne Rückfälle. Der behandelnde Arzt nahm diese überraschende Wende "kommentarlos hin". (A 79189)

Weiteres Fallbeispiel s. A 33689

Drogensucht s. Sucht

Durchblutungsstörungen

Der Arzt und Geistheiler Dr. med. Simon G. aus Bad Reichenhall schildert den Fall einer 60jährigen Hausfrau, die seit 1990 an schweren Durchblutungsstörungen litt. Nachdem sie ein Jahrzehnt lang ohne Erfolg von Schulmedizinern behandelt worden war, bat sie Dr. G. um eine "Fernheilung", die zweieinhalb Monate lang einmal wöchentlich stattfand. Nach zwei bis drei Wochen besserte sich ihr Leiden schrittweise. Bis heute hielt dieser Erfolg an. (A 83435)

- in den Beinen 09509, 65929

Von einem Rechtsanwalt beglaubigen ließ ein Neurologe aus Passau einen Dankesbrief, den er dem Heiler Christos D. zusandte: "Wie Sie wissen, hatte ich schwere Durchblutungsstörungen und eine Kniegelenksentzündung im linken Bein", schrieb er am 19. Oktober 1979. "Trotz ständiger fachärztlicher Behandlung war ich gezwungen, unentwegt schmerzstillende Mittel einzunehmen. Ich war deutlich gehbehindert. Seit Sie mich viermal behandelt haben, bin ich absolut schmerzfrei. Auch bei längerem Gehen habe ich keine Beschwerden mehr. Für Ihre erfolgreiche Hilfe möchte ich mich bedanken. Ich werde Sie auf jeden Fall in meinem Bekanntenkreis weiterempfehlen." (GHNZ S. 152; A 65929)

Nur wenige Stunden genügten anscheinend, um Ralf Hartmann (ein Pseudonym) aus Siegburg zu helfen. Im Jahre 1995 machten dem 51jährigen, einem starken Raucher, monatelang Schmerzen im linken Bein zu schaffen; unablässig kribbelte und stach es, als sei es "eingeschlafen". Am 7. Dezember 1995 suchte er einen Internisten auf, der oberhalb des linken Knies sowie im linken Fuß keinen Puls fühlen konnte. Vier Tage später, anlässlich einer Blutuntersuchung, war der Puls abermals nicht festzustellen. Am 15. Dezember fand in der kardiologischen Abteilung eines Siegburger Krankenhauses eine Ultraschall-Untersuchung statt - wiederum kein Puls. Daraufhin sollte Ralf Hartmann dort am 19. Dezember ein Kontrastmittel gespritzt und geröntgt werden. "An diesem Tag", erinnert sich seine Frau Heidemarie, "fuhr er um 7.30 Uhr los. Ich stellte mich ein und bat um Hilfe. Um 12 Uhr rief ich meinen Mann an, der mittlerweile wieder in der Firma war, und fragte nach dem Untersuchungsergebnis. Das war erfreulich: "Alles ist frei und offen", erzählte ihr Mann, der vom Fernheilversuch seiner Frau nichts ahnte. "Keinerlei Ablagerungen in den Adern oder Blutbahnen, also keinerlei Befund. Auch der Puls war festzustellen, lediglich im linken Bein etwas schwächer fühlbar als im rechten. Die Ärzte fragten mich, wozu er die Untersuchung eigentlich habe machen lassen." Die Schmerzen im linken Bein waren weg - und blieben zumindest traten bis Februar 1998, dem Zeitpunkt der Dokumentation, völlig verschwunden. (FH1)

Dass sie über geistige Heilfähigkeiten verfügt, entdeckte Hiltrud Z. - eine gelernte Stenotypistin -, als sie im Juni 2000 einen 71jährigen Bekannten im Voigtland besuchte. "Um beide Beine trug er einen Gummistrumpf, da sie sehr geschwollen waren. Eine Venen-Operation stehe kurz bevor, sagte er. Eine Salbe, die ihm der Arzt verschrieben habe, helfe überhaupt nicht, im Gegenteil, sie brenne nach dem Auftragen fürchterlich." - "Als ich mir seine Beine ansah", erinnert sich Hiltrud Z., "erschrak ich über das Ausmaß der Entzündung. Um sie zu kühlen, legte ich nasse Tücher um sie - an jedem Bein ungefähr 20 Minuten. Während dieser 'Behandlung' spürte ich eine merkwürdige, starke Hitze in meinen Händen. Nach vierzehn Tagen rief er mich an: Seine Beine seien so gut wie abgeheilt, die Operation sei nun nicht mehr nötig. Im August sah ich mir an, was aus der Entzündung geworden war: Tatsächlich waren nur noch ganz kleine Narben übrig. Ich konnte es selbst kaum fassen." (A04347)

- in den Händen

Einen besonders erstaunlichen Heilerfolg erzielte der Geistheiler Klaus B. anscheinend bei einer 51jährigen Busfahrerin aus Kreuzau-Drowe. An ihren Händen hatten sich schmerzhafte Entzündungen und Eitergeschwüre gebildet. Die Hände waren bläulich angelaufen, mit zerfallenen Fingernägeln und schwarzen Wundrändern um das abgestorbene Gewebe. Ärzte diagnostizierten "akute Durchblutungsstörungen", wollten die Finger der Frau an beiden Händen in zwei Wochen amputieren. Bis dahin verordneten sie ihr hohe Dosen von Morphium, um ihre fürchterlichen Schmerzen zu dämpfen. In panischer Angst wandte sich die Patientin an B., der sie dreimal wöchentlich behandelte. Innerhalb von zwei Monaten verheilten die Wunden, die Durchblutung funktionierte wieder - von einer Amputation war keine Rede mehr. Acht Jahre später war die Frau nach wie vor beschwerdefrei, wie der Heiler berichtet. (A 54597)

- im Kopfbereich

Fallbeispiel s. A 26345

Weitere Fallbeispiele s. Gehbeschwerden (A 65719) sowie A 49828, 90542, 95643

Durchfall, chronischer s. Diarrhoe

Dysmenorrhoe

Seit drei Jahren litt eine 40jährige Sozialarbeiterin aus Bremen an Dysmenorrhoe (schmerzhafte Menstruation), an Koliken und einer Candida-(Pilz-)belastung. Schulmedizinisch wurde sie ohne nennenswerten Erfolg behandelt. Nach dreimaliger Auratherapie bei der Heilerin Erika B. war die Patientin beschwerdefrei - und blieb es bis heute. (A 28203)

E

Eierstockentzündung s. Entzündung

Eierstockkrebs s. auch Krebs, Tumor

.Am 6. April 2000 erhält Annemarie M. von der Radiologischen Abteilung des Kreiskrankenhauses Rendsburg eine niederschmetternde Diagnose: In ihr wuchert ein Eierstocktumor, der bereits ihren gesamten Bauchraum ausfüllt. Für eine Operation ist es zu spät. "Im Bereich des Beckens", so heißt es im Befundbericht eines Arztes für Radiologische Diagnostik und Nuklearmedizin, der an der Patientin einen Tag zuvor eine Computertomografie vorgenommen hatte, "kommt ein riesiger Tumor mit einem Durchmesser von gut 20 cm zur Darstellung", der "fast bis zum Beckenkamm reicht". Auch "eine Infiltration des Dünn- und Dickdarms und möglicherweise der Harnblase" sei "nicht auszuschließen".

War dies das Todesurteil für die 66jährige Hausfrau aus dem hessischen Steinbach? So sahen es zumindest die Krankenhausärzte.

Doch Annemarie M. dachte gar nicht daran, sich in ihr vermeintlich unabänderliches Schicksal zu fügen. "Ich beschloss, nicht aufzugeben, sondern alles zu tun, um weiterzuleben und wieder gesund zu werden."

Ein Dreivierteljahr später war die Frau geheilt.

Wie hat sie das geschafft? "In der Rückschau", so erklärt sie, "bin ich sicher, daß es neben der großen Unterstützung durch meine Familie und Freunde drei Menschen gibt, die entscheidenden Anteil an meiner Heilung haben": ein Arzt, der sie ermutigte, sich einer von ihm selbst neu entwickelten Chemotherapie zu unterziehen, mit sechs Sitzungen in jeweils dreiwöchigen Abständen; einer Heilpraktikerin, deren Behandlung darauf abzielte, "mein Immunsystem zu stärken" – und "ganz besonders Herrn Christos D.", einem Geistheiler aus Frankfurt am Main.

Noch vor ihrer zweiten Chemotherapie "erfuhr ich durch eine Freundin von Herrn D. und seinen Heilkräften", berichtet die Krebskranke. "Trotz zunächst großer Skepsis gegenüber der Geistheilung bat ich ihn, mir zu helfen. Noch nach der ersten Sitzung bei ihm plagten mich Zweifel. Nachdem ich die in seiner Praxis erhältliche Broschüre und die darin enthaltenen Erfahrungsberichte gelesen hatte, wurde mir jedoch klar, ‚daß da etwas dran sein muß'. Und so fasste ich den Entschluss: ‚Da gehst du wieder hin!'"

Zwei bis dreimal wöchentlich suchte Annemarie M. daraufhin den Geistheiler D. auf. "Bei meinen weiteren Besuchen", schreibt sie, "wich das Gefühl der Skepsis zunehmend einem tiefen Vertrauen in die Heilkraft von Herrn D. Er lehrte mich, mich auf mich selbst und meinen Genesungsprozess zu konzentrieren. Während und nach den Sitzungen fühlte ich mich ruhig, entspannt und ausgeglichen. Nach langer Zeit fing ich wieder an zu beten" – denn eindringlich machte ihr D. klar, dass es letztlich nur einen Heiler gibt: nämlich Gott. Jeder irdische Heiler ist nur Sein Werkzeug.

"Herrn D.´ Behandlungen", so berichtet Annemarie M. weiter, "gaben mir inneren Halt – und plötzlich hatte ich keine Angst mehr."

Keine drei Monate später, bei einer erneuten Computertomografie, stellt Chefarzt Prof. Dr. med. B. von der Frauenklinik Rendsburg in seinem Befundbericht vom 4. Juli 2000 überrascht eine "Größenabnahme des Unterbauchtumors im Vergleich mit dem Vorbefund" fest: Die Geschwulst hat nun nur noch einen Durchmesser von maximal 12 cm – er ist also um 8 Zentimeter geschrumpft!

Und während Annemarie M. ihre Geistheilung bei D. fortsetzt, geht das medizinische "Wunder" weiter. Bis zum 31. August, bei der nächsten Computertomografie, hat sich "der Primärtumor im kleinen Becken links auf 6 cm" verkleinert, wie der Radiologe Dr. med. habil. H.-L. P. verblüfft feststellt. Und auch "die Tumorinfiltration des Mesenterium (Dünndarmgekröse) und des Omentum majus (eine Bauchfellfalte) hat abgenommen". Wie es zu der "deutlichen Befundbesserung" kam, ist Dr. P. freilich schleierhaft. Für die Patientin hingegen steht fest: "Allein die Chemotherapie hätte das nicht geschafft. Den Ausschlag gab Geistiges Heilen!"

Jetzt endlich, nachdem sich der Tumor um drei Viertel verkleinert hatte, war die entscheidende Operation möglich. Sie befreite Annemarie M. vollends von ihrem Alptraum. Aber "obwohl damit aus schulmedizinischer Sicht die Behandlung als abgeschlossen gelten kann, werde ich auch in Zukunft auf die heilenden Kräfte, die durch Herrn D. auf mich wirken, nicht verzichten". (A 65929)

Weiteres Fallbeispiel s. A 80634

Eierstockzyste s. Zyste

Weitere Fallbeispiele s. A 35510, 41462, 58566

Einnässen s. Bettnässen, Inkontinenz

Eisenmangel, chronischer

Eine 79jährige Rentnerin aus Braunschweig litt unter chronischem Eisenmangel, der vom Arzt nicht einmal durch massive intravenöse Gaben von Eisen behoben werden konnte. Durch außersinnliche, intuitive Eindrücke will der Geistheiler Klaus-D. R. "eine Unverträglichkeit gegen Molybdän" erkannt haben. "Indem ich das energetische System der Patientin stabilisierte, konnte ich diese Desinformation des Körpers ausgleichen." Daraufhin verschwand der Eisenmangelzustand angeblich dauerhaft - bis heute. Zusätzliche Eisengaben sollen nicht mehr erforderlich gewesen sein. (A 53474)

Eitergeschwür s. auch Geschwür

Einen beachtlichen Erfolg erzielte der Heiler Klaus B. offenbar bei einer 51jährigen Busfahrerin aus Kreuzau-Drowe. An ihren Händen hatten sich schmerzhafte Entzündungen und Eitergeschwüre gebildet. Die Hände waren bläulich angelaufen, mit zerfallenen Fingernägeln und schwarzen Wundrändern um das abgestorbene Gewebe. Ärzte diagnostizierten "akute Durchblutungsstörungen", wollten die Finger der Frau an beiden Händen in zwei Wochen amputieren. Bis dahin verordneten sie ihr hohe Dosen von Morphium, um ihre fürchterlichen Schmerzen zu dämpfen. In panischer Angst wandte sich die Patientin an B., der sie dreimal wöchentlich behandelte. Innerhalb von zwei Monaten verheilten die Wunden, die Durchblutung funktionierte wieder - von einer Amputation war keine Rede mehr. Acht Jahre später war die Frau nach wie vor beschwerdefrei. (A 54597)

Ekzem

Eine 24jährige Studentin aus Kirchheim/Teck litt seit 1993 an einem starken Ekzem an Händen, Ohren und Bauchnabel. Cortisonpräparate und selbst ein Aufenthalt in einer Nürnberger Hautklinik brachten keinerlei Besserung. Der Geistheiler Hartmut K. aus Sindelfingen versuchte ihr daraufhin in vier Sitzungen zu helfen; unterstützend setzte er Enzym-, Thymus- und stoffwechselanregende Präparate ein. Von Woche zu Woche besserte sich daraufhin der Zustand der jungen Frau. Nach drei Monaten war sie geheilt. Einen leichten Rückfall nach einem Jahr brachte K. durch einmaliges Handauflegen wieder in den Griff, so versichert er. (A 71065)

An Gesäß und Oberschenkel einer 69jährigen Patientin hatte sich im Herbst 1994 ein starkes Hautekzem gebildet. Zwei Wochen später ließ sie sich von einer Heilpraktikerin ein einziges Mal die Hände auflegen. "Am nächsten Tag war der Ausschlag weg." (A; R S. 321.)

An Händen und Füßen eines 28 Jahre alten Lackierers aus Werlte hatte sich vor fünf Jahren ein endogenes Ekzem gebildet. Trotz mehrerer Aufenthalte in Hautkliniken wurde er es nicht los. Die Heilerin Christiane N. kombinierte 1996 Reiki mit immunstärkenden Maßnahmen. Nach zwei Monaten verschwand das Ekzem daraufhin. Leichtere Rückfälle waren mit Reiki wieder zu beheben. (A 49757.)

Bei einem 31jährigen Briefträger bildete sich Ende Juni 1996 ein akutes, brennendes Ekzem auf dem Kopf. Sofort wandte er sich an die Heilerin Barbara S. aus Stade. "Zwanzig Minuten lang legte ich ihm eine Hand an den Hinterkopf und den Beginn der Halswirbelsäule, die andere Hand direkt auf die betroffene Hautstelle. Daraufhin kühlte die Kopfhaut ab, das Brennen ließ nach, das Druckgefühl verschwand. Zwei weitere Behandlungen dieser Art folgten - danach war das Ekzem verschwunden. (A 21682.)

Bei einer 81jährigen Rentnerin aus Aachen hatte sich am Rücken bis hinunter zu den Kniekehlen ein Ekzem gebildet, das starkes Hautjucken verursachte, weshslb sie es ständig blutig aufkratzte. Seit Anfang 1988, als es erstmals auftrat, behandelte die Frau es erfolglöos mit Puder, Salbe und Bädern. Anfang Dezember 1988 fand sie zur örtlichen Gröning-Gemeinschaft, in der für sie der "göttliche Heilstrom" aufgenommen wurde. Schon zwei Wochen später, am 18. Dezember, erlebte sie eine Spontanheilung. Seither ist das Hautjucken verschwunden. Die betroffenen Hautstellen heilten verblüffend rasch ab. (BG S. 33; zum Gröning-Freundeskreis s. FH1 und GB.)

Embolie

Am 6. Oktober 1990 erhielt die Heilerin Hannelore K. aus dem schwäbischen Jettingen einen verzweifelten Anruf der Tochter eines 69jährigen Mannes, der in einem Papenburger Krankenhaus auf der Intensivstation im Sterben lag: Eine Embolie hatte die Pfortader verschlossen. Über das Telefon versuchte die Heilerin, den Verschluss durch geistige Fernbehandlung zu lösen - "und ich fühlte, wie es gelang". Dass der Mann am nächsten Tag überhaupt noch lebte, erklärten die Ärzte zu einem "Wunder". Er lebt noch heute. (A; R S. 321.)

Emphysem

Fallbeispiel s. Herzinsuffizienz (GHNZ S. 197 ff.)

Encephalitis s. auch Behinderung, Cerebralparese, Lähmung

Im November 1995 traten bei Georg R. (47) plötzlich Schwindelattacken und eine Schwäche im linken Arm auf. Daraufhin entwickelte sich auf der linken Körperhälfte eine zunehmende Hemiparese (= halbseitige Lähmung), die vor allem den Arm betraf, sowie einer Dysarthrie (Sprechstörung), Übelkeit und Erbrechen. Als Ursache wurde eine Encephalitis festgestellt, eine Entzündung des Gehirns. Bis heute besteht die teilweise linksseitige Lähmung fort.

Nach zwei Tagen Geistheilung durch den Engländer B. beim Fünften Weltkongress für Geistiges Heilen 2001 in Basel räumte Georg R. im Gespräch mit dem betreuenden Arzt "eine langsame Besserung" ein; sein linkes Bein könne er deutlich sicherer kontrollieren. Als Haupteffekt der Geistheilung bewertete er, dass er erheblich mehr Vertrauen in seine Genesung bekommen habe – und innerlich viel harmonischer und zufriedener geworden sei. (PSI-INFOS, 48-Stunden-Test.)

Endometriose

Während eines Urlaubs auf Jamaika lernte die Augsburger Heilerin Angela S. 1993 eine 35jährige Sekretärin aus Kingston kennen, die an Endometriose litt. (Als Endometrium wird die innere Schicht der Gebärmutter bezeichnet. Kommt endometriumähnliches Gewebe außerhalb der Uterushöhle vor, spricht man von Endometriose: Sie kann mit zunehmenden Menstruationsschmerzen einhergehen.) Nach einstündigem Handauflegen war die Frau beschwerdefrei. (A 86169)

Entzündung

- **der Bauchspeicheldrüse** s. Pankreatitis
- **der Blase** 97947
- **des Dickdarms** s. Colitis ulcerosa
- **der Eierstöcke** 60439
- **eines Gehörgangs** 69120
- **von Gelenken** 58566, 64747 s. auch Rheuma, Arthritis
- **Gewebe-** 10777
- **an den Händen** 54597
- **der Haut** s. Dermatitis
- **der Herzklappe** 45663 s. auch Herzleiden

- **des Herzmuskels** 85283 s. auch Herzleiden
- **der Hirnhaut** 63110, 85276
- **Ischias-** 71711 s. Ischias
- **im Kiefer** 59065
- **im Knie** 81677
- **Lungen-** 95448
- **der Magenschleimhaut** s. Gastritis
- **der Mandeln** 78073

Seit sieben Jahren plagte eine chronische Mandelentzündung eine 35jährige Erzieherin aus Donaueschingen. ("Ihre Mandeln glichen einer Kraterlandschaft.") Ihr Arzt schlug eine Operation vor und verschrieb Antibiotika. Doch die Frau verschob den Eingriff und vertraute sich stattdessen der Heilerin Barbara P. an. "Ich gab ihr drei Reiki-Direktbehandlungen", berichtet Frau P.. "Dann fuhr sie in Urlaub, nahm keine Medikamente und bekam jeden Tag Fernreiki von mir. Nach ihrer Rückkehr befand der Arzt ihre Mandeln für gesund, die Operation wurde überflüssig." (A 78073)

- **der Ohren** s. Mittelohrentzündung
- **Schleimbeutel-** 26340
- **des Zahnfleischs**

Fallbeispiel s. Lumboischialgie (BG)

Epicondylitis

Der Internist und Reiki-Meister Dr. med. Ulrich Klettner, der seine Ehefrau Christa - erfahrene Heilerin und Medium - in seine Praxis einbezieht, berichtet über eine 33jährige Patientin mit "Tennisarm"-Schmerzen (Epikondylitis): "Sechs Akupunkturbehandlungen hatten keine wesentliche Besserung der Schmerzsymptomatik erbracht. Danach klärte ich die Patientin über die schamanische "Saugmethode" auf, die ich dann bei ihr im Bereich des schmerzenden Ellenbogenknöchels anwandte - mit Erfolg, denn die Patientin war anschließend auf Dauer geheilt." (GHÄP 2. Aufl. S. 119)

Epilepsie

Von Kindheit an litt eine 17jährige an Epilepsie, verbunden mit erheblichen Entwicklungsrückständen. Sieben- bis achtmal täglich kam es zu schweren Zusammenbrüchen, bei denen das Mädchen weinte und sich wie ein Kleinstkind gebärdete. Während einer "Geistheilung" im Rahmen eines Forschungsprojekts des Schweizer Arztes Dr. Jakob Bösch (siehe sein Beitrag "Sensitivität und geistiges Heilen in der Psychiatrie und Psychotherapie", in GHNZ S. 251-259.) verschwanden starke Gleichgewichtsstörungen nahezu vollständig: "Sie kann erstmals auf einem Bein stehen, ohne dabei umzufallen", so Bösch. Ein stark gestörtes Zeitgefühl besserte sich, panische Angst vor Dunkelheit verschwand. Auch ihre Feinmotorik machte augenföllige Fortschritte: "Während sie vorher steif wirkte und jede sportliche Betätigung hasste, hüpft sie nun öfters herum, mit sichtlicher Freude an der Bewegung." Ihr Gang ist aufrechter geworden, "so als wäre ihre Wirbelsäule gestreckt worden." Der Umgang mit Zahlen hatte dem Mädchen Angst gemacht - inzwischen hat sie Freude am Rechnen. "Vor der Behandlung hatte die Mutter keinerlei Hoffnung mehr gehabt, daß ihre Tochter jemals selbständig leben könnte", berichtet der Psychiater. "Diese Möglichkeit zeichnete sich nun aber von Sitzung zu Sitzung deutlicher ab."

Auch der Frau eines Facharztes für Neurologie konnte die Heilerin Marica H. helfen: der damals etwa 40jährigen G.A., die an schwerer Epilepsie litt, außerdem an ungewollter Kinderlosigkeit. Ehe die Behandlung begann, erlitt die Frau drei schwere Anfälle pro Woche - in den drei Jahren seit der Behandlung bei Frau Henning nur noch zwei schwache. Und inzwischen hat sie einen Sohn zur Welt gebracht, wie die Heilerin berichtet. (A 34117)

Seit Jahren litt ein Sechsjähriger aus München an Epilepsie, die Schulmediziner erfolglos behandelten. Ein einziges Mal fand eine Heilsitzung "mit geistiger Intervention" bei Heinz K. statt. Seither kehrten die Anfälle nicht wieder. (A 82031)

Besonders eindrucksvoll findet der österreichische Arzt und Geistheiler D. den Fall einer 22jährigen Frau aus Hilgertshausen, Bayern. Seit ihrer Kindheit litt sie an schwerster spastischer Parese (Lähmung) mit Epilepsie, die erfolglos medikamentös behandelt wurde. Der Hüftkopf am linken Bein war aus der Pfanne getreten und lag in den Muskeln oberhalb. "Als die junge Frau im September 1997 zum ersten Mal zu mir in Behandlung kam, sollte dieser Hüftkopf operativ entfernt werden, da er immer heftige Schmerzen verursachte". D. "behandelte sie, indem ich ihr Energiefeld ordnete, mehrere Blockaden löste und sie von zwei Besetzungen befreite". Innerhalb von zwei Tagen, so versichert er, "ließen die Schmerzen derart nach und klangen anschließend so weit ab, daß von einer Operation Abstand genommen wurde." Durch Fernbehandlungen, in Abständen von ein bis drei Monaten, "konnte dieser Zustand aufrechterhalten werden. Jedesmal, wenn die Schmerzen wieder einsetzten, konnte ich sie durch eine Fernheilung wieder für Wochen beseitigen. Durch weitere Fernheilungen – vor allem durch Fürbitten und Schutz vor weiteren Besetzungen – wurde erreicht, dass das Mädchen sich geistig deutlich aufhellte" und mit ihrer Mutter sowie ihren anderen Therapeuten viel besser kommunizierte. Zuvor hatte es ausgeprägte Kontaktschwierigkeiten gegenüber Fremden. "Das EEG war in den letzten zwei Jahren so stabil, daß wir die Antiepileptika absetzen konnten." (A A-6236)

An schwerer Epilepsie litt die 46jährige Frau eines Facharztes für Neurologie; drei heftige Anfälle pro Woche waren die Regel. Außerdem belastete sie ihre ungewollte Kinderlosigkeit. In ihrer Not vertraute sie sich 1990 einer Heilerin aus Kassel an. Daraufhin traten ihre Krampfattacken deutlich seltener und schwächer auf. Ein Dreivierteljahr später brachte sie einen Sohn zur Welt. (GHNZ S. 153)

Weiteres Fallbeispiel s. Behinderung (A 87439)

Erkältung, chronische s. Immunschwäche, Infektanfälligkeit

Erschöpfung, chronische s. auch Burn-out-Syndrom

Seit vielen Jahren litt ein 50jähriger Techniker aus Bad Krozingen an völliger Erschöpfung und großer Anfälligkeit gegen Infekte. Ohne Erfolg hatte er sich von seinem Hausarzt, einem Neurologen, einem Hals-Nasen-Ohren-Arzt sowie einem Internisten behandeln lassen. 1993 vertraute er sich der Geistheilerin Helga M. an, die ihm die Hände auflegte. "Sofort besserte sich sein Zustand, seither kontinuierlich." Nach ihren Angaben trat seither nur ein einziger Rückfall auf: durch berufliche Überforderung und eine drohende Entlassung. (A 79189)

Patient: Herbert B. (40), Lehrer, 90537 Feucht, Teilnehmer am "Fernheil-Test" 1998

Diagnose: chronisches Müdigkeitssyndrom, nach Mononukleose (Pfeiffer´sches Drüsenfieber)

Beschwerden: ständig wiederkehrende Infekte, rasche Erschöpfung auch bei geringsten körperlichen Anstrengungen

Dauer: seit 1990.

Persönliche Testbilanz: Im Mai 1998, dem ersten Testmonat, blieb das Krankheitsbild unverändert, obwohl der Patient Erholungsurlaub auf Teneriffa machte: "Dort konnte ich mich auf die Zeitpunkte der Fernbehandlungen leider nicht innerlich einstellen, weil sie mit den Abendessenszeiten des Hotels zusammenfielen." Doch ab Mitte Juni ging es allmählich bergauf: "Meine Kraft und Kondition werden besser", notierte er am 22. Juni erstmals. "Generell bin ich körperlich belastbarer geworden" (6. Juli), "habe mehr Energie" (24. August); auch Kreislauf und Allgemeinbefinden haben sich gebessert. Allerdings gibt es zwischendurch immer wieder "Schwächephasen"; dann "muss ich mich plötzlich hinlegen und ausruhen"; auch die Infektanfälligkeit blieb bestehen. Dass er nicht größere Fortschritte machte, führt Herbert B. auf eine Reihe von akuten Leiden zurück, die ihn im Testzeitraum unerwartet trafen: eine Analthrombose, eine Ischialgie mit heftigen Beschwerden im Bereich der Lendenwirbelsäule, eine Prostatitis (Entzündung der Prostata). Ein mehrwöchiger Kuraufenthalt in Bad Ems ab Ende Juli "brachte gar nichts - im Gegenteil, es wurde schlimmer". Dagegen fühlt sich der Patient jedesmal "viel besser", nachdem er den Heiler persönlich aufgesucht hat, "obwohl mich die mehrstündige Hin- und Rückfahrt arg schlaucht". "Insgesamt sind gesundheitliche Stabilität und Energie wesentlich besser geworden", so zog Herbert B. in der letzten von 20 Testwochen Bilanz. "Ich kann nun auch körperlich aktiver sein, ohne dass ich am nächsten Tag wieder ‚darniederliege'. Meine Schwachstellen - im Bereich von Hals-Nasen-Ohren, Bronchien, Verdauung, Gelenken - bestehen zwar nach wie vor. Ich habe aber das Gefühl, mit körperlichen Beeinträchtigungen besser fertig zu werden und sowohl physisch als auch psychisch stabiler zu sein."Medizinische Beurteilung: "Das CFS (*chronic fatigue syndrome*) ist schulmedizinisch an sich sehr schwer zu beeinflussen. Der Patient gibt aber immerhin an, sich seit der Geistheilung ganz allgemein besser zu fühlen. Auffallend ist, daß er vor allem nach persönlichem Kontakt mit dem Heiler jeweils eine deutliche Besserung gespürt hat. Die Leistungsparameter sowie körperliche und psychische Verfassung werden von ihm als deutlich gebessert bezeichnet. Das Krankheitsbild des CFS insgesamt müsste nach einiger Zeit wieder kontrolliert werden, da der schwankende Verlauf der Krankheit mitberücksichtigt werden muss. Ein weiterer persönlicher Kontakt mit dem Heiler in gewissen Abständen wäre zu begrüßen." (Dr. med. Pierre Bovet) (HoG S. 96-98.)

Weiteres Fallbeispiel s. A 87437

Erstickungsanfall s. auch Asthma bronchiale

Drei Jahre lang wachte eine 39jährige Künstlerin aus Stuttgart Nacht für Nacht an einem Erstickungsanfall aus dem Tiefschlaf auf. Ärzte verordneten ihr alle üblichen Husten- und Asthmamittel - vergeblich. Im Januar 1995 fand eine einzige Sitzung bei der Geistheilerin Brigitte R. statt. Daraufhin verschwand der Erstickungshusten schlagartig - bis heute ohne Rückfälle, wie Frau R. berichtet. (A 70374)

Erstickungsangst s. Angst

Ess-Brech-Sucht s. Bulimie

Essstörung s. auch Bulimie, Magersucht

Jahrelang litt ein Mann aus Affalterbach unter starken Essstörungen und Magenschmerzen. Kein Arzt konnte ihm helfen, da keine organische Ursache diagnostiziert wurde. Beides verschwand, nachdem er sich im April 1996 dem Heiler Karl-Heinz I. anvertraute - ebenso wie eine hartnäckige Pollenallergie. "Heute benötige ich keine Medikamente mehr, um meinen Heuschnupfen einzudämmen." (A 73640)

Exanthem

Fallbeispiel s. unter Spastik, bronchiale (GHÄP 2. Aufl. S. 115)

F

Fersensporn

Frau M. aus Rheinbach, eine 39jährige Angestellte, litt an einem Fersensporn am linken Fuß - akut, weswegen sie noch nicht in ärztlicher Behandlung war. Stattdessen suchte sie am 7. Februar 2003 den Geistheiler Jürgen B. in Rheinbach auf. Eine etwa anderthalbstündige Sitzung mit "Chakra-Diagnose, energetischer Reinigung und unmittelbarer Auflösung des Symptoms im energetischen Doppel" bewirkte nach Angaben des Heilers, dass "der Fersensporn nach zwei Tagen vollständig zurückgegangen war und seitdem nicht mehr aufgetreten ist." (A 53359; s. auch 80993)

Flechte s. auch Schuppenflechte

Seit zwölf Jahren überzog eine Fleckenflechte das gesamte Schienbein eines Betriebswirts aus Gundelfingen. Eine Heilung erschien Ärzten aussichtslos. Ab Frühjahr 1966 legte ihm die Geistheilerin Anny G. über einen Zeitraum von einem halben Jahr wöchentlich die Hände auf und massierte ihm viermal ein Öl in die betroffene Stelle ein. Danach war er geheilt, wie ein Hautarzt nach Angaben der Heilerin bestätigt haben soll. (A 89441)

Fress-Kotz-Sucht s. Bulimie

Frigidität

Ein einziges schamanisches Heilritual an einem alten Heiligtum, von dem Bildhauer und Lyriker Bernhard K. durchgeführt, befreite eine 37jährige Krankenschwester aus Zwickau von zehnjähriger Tablettensucht (Valium). Ein halbes Jahr später, nach weiteren Sitzungen bei Bernhard K., verschwand auch ihre Frigidität, die der Frau, obgleich Mutter von fünf Kindern, "seit jeher" zu schaffen gemacht hatte. (A 19406.)

G

Gallenbeschwerden

Fallbeispiel s. A 90480

Gallenkolik s. auch Kolik

Von einem befreundeten Ehepaar wurde die Heilerin B. 1997 "einmal spätabends angerufen und gebeten, für die Nachbarin – eine 45jährige Lehrerin aus

München - eine Fernheilung zu versuchen. Sie hatte eine schwere Gallenkolik. Das tat ich. Innerhalb weniger Minuten war die Kolik weg. Der schon vorher gerufene Notarzt brauchte dann nur noch ein leichtes homöopathisches Mittel zu verschreiben. In den darauffolgenden Monaten traten die Gallenkoliken nicht mehr auf." (A 83022)

Kolikartige Gallen- und Nierenbeschwerden, deren Ursache Ärzte nicht finden konnten, sollen bei einem 43jährigen Krankenpfleger innerhalb eines Tages verschwunden sein, nachdem er sich dem Heiler Christian R. anvertraut hatte. Der behandelnde Arzt sprach angeblich von einer "Spontanremission". (A 79761)

Gallensteine

Ein 27jähriger Computerfachmann aus Viersen litt ein Jahr lang an Gallensteinen. Nachdem schulmedizinische Therapieversuche nicht anschlugen, wurde ihm dringend zu einer Operation geraten. Ehe er sich darauf einlassen wollte, wandte er sich 1993 an die Heilerin Hildegard M. Drei Wochen lang legte sie ihm täglich die Hände auf und führte eingehende Gespräche mit ihm. Anschließend waren die Steine nicht mehr feststellbar, wie ein Arzt bestätigte. Da müsse er sich wohl vor einem Jahr mit seiner Gallensteindiagnose geirrt haben, erklärte er. (A 41189.)

Patientin: Heidi K.-H. (57), kaufmännische Angestellte, CH-4059 Basel, Teilnehmerin am "Fernheil-Test" 1998

Diagnose: Cholelithiasis (Gallensteinleiden)

Beschwerden: schmerzhafte Koliken; stechende Schmerzen im Solarplexusbereich, ausstrahlend zum rechten Schulterblatt; "Leberzwicken" bei Diätfehlern (Eier, Fett, Alkohol)

Dauer: seit Juni 1996. (Der Hausarzt riet zu einer Operation, falls die Häufigkeit der Koliken zunimmt.)

Persönliche Testbilanz: In den ersten drei Testwochen hatte die Patientin "eher noch mehr Beschwerden als vor Beginn der Fernbehandlung". Danach jedoch begann sie sich zunehmend "körperlich und seelisch viel freier" zu fühlen und zu einer "positiveren Lebenshaltung" zu finden. Seit Ende Juni, nach neun Testwochen, fühlt sie sich "total beschwerdefrei", abgesehen von einem gelegentlichen kurzen "Zwicken". Selbst Eierspeisen, vor denen sie ihr Arzt nach der ersten Kolik warnte, traute sie sich wieder zu essen - die "Sünde" blieb folgenlos. Im letzten Testmonat charakterisierte sie ihr Allgemeinbefinden durchgängig als "sehr gut": "Ich fühle mich physisch und psychisch fit."Obwohl Frau K.-H. die Zeitpunkte der Fernbehandlungen nicht kennt, meint sie diese jedesmal deutlich zu spüren, vor allem an rätselhaften Wärmeempfindungen, im ersten Testmonat auch an sonderbaren Vorfällen in ihrer Umgebung: Eine Bürouhr blieb plötzlich stehen, sonderbare Geräusche ungeklärter Herkunft ertönten in ihrer Wohnung. (HoG S. 120)

Weitere Fallbeispiele s. A 53639, 76532

Gastritis, chronische s. auch Entzündung

Ein 50jähriger Versicherungsvertreter aus Stuttgart litt seit fünfzehn Jahren an chronischer Gastritis (Entzündung der Magenschleimhaut). 1982 fand eine einzige fünfminütige Sitzung bei Reiner H. statt. "Ein Jahr später traf ich den Mann zufällig wieder. Seit jenem Termin war sein Leiden spurlos verschwunden." (A 70192)

Weiteres Fallbeispiel s. A 93466

Gebärmutterkrebs s. auch Krebs, Tumor

Seit zwei Jahren litt eine 42jährige Freiberuflerin aus Düsseldorf an einem Uterustumor. Statt sich auf eine ärztlicherseits vorgeschlagene Totaloperation einzulassen, vertraute sie sich im Dezember 1994 der Geistheilerin Annegret F. an. Im Januar 1995 fanden sieben Heilsitzungen statt, anschließend wurde die Patientin fernbehandelt. Eine anschließende Ultraschalluntersuchung bei der Gynäkologin der Frau zeigte nach Angaben der Heilerin: Das Tumor wuchs nicht mehr, er begann zu schrumpfen. (A 35091)

In der Gebärmutter einer 30 Jahre alten Studentin aus Stuttgart wucherte seit einem Jahr eine bösartige Geschwulst. Medikamente kamen ihr nicht bei. Daraufhin nahm sie ein halbes Jahr lang, insgesamt sechsmal, am "Weiss-Transformationsprozess" (WTP) bei der Geistheilerin Brigitte R. teil, in Einzel- und Gruppensitzungen. (Diese Form Geistigen Heilens, so erläutert Frau R., "arbeitet mit höheren Frequenzen, welche ohne Berührung übertragen werden".) Danach soll die Geschwulst verschwunden gewesen sein - für den behandelnden Arzt ein "unerklärliches" Phänomen. (A 70374)

Mit Krebs kämpfte ein Ehepaar vom Wörthersee: Der Mann, ein 40jähriger Opernsänger, litt an Krebs an den Hoden, im Mund- und Kehlkopfbereich, konnte deswegen seit zehn Jahren nicht mehr singen. Bei seiner 24jährigen Ehefrau hatten sich bösartige Tumoren an der Gebärmutter und den Eierstöcken gebildet. Beide standen kurz vor der Operation. Verzweifelt wandten sie sich 1992 an den Münchner Geistheiler Peter G. "Daraufhin habe ich im Oktober 1992 deren Haus sowie sie selbst magisch harmonisiert und jedem eine spezielle Klang-Meridiantherapie verordnet", berichtet G. "Als sie kurz vor Weihnachten von ihrem Arzt untersucht wurden, war keinerlei Krebs mehr nachweisbar. Der Arzt konnte sich das nicht erklären. Bis heute kam es zu keinen Rückfällen." (A 80634)

Nachdem ihr im Dezember 1994 ein Karzinom im Gebärmutterhals (Cervix uteri) diagnostiziert worden war, ließ sich eine 36jährige Münchnerin zwischen Januar und April 1995 achtzehnmal von der Münchner Geistheilerin Freya S. behandeln. "Ende März berichtete sie mir, dass Gewebefetzen aus der Scheide abgesondert werden", erinnert sich Frau S. "Die Patientin suchte daraufhin eine Frauenärztin auf, die ihr bestätigte, dass sich das Karzinom verkleinert hat." Vernünftigerweise setzte die Frau nicht ausschließlich auf Geistiges Heilen: Inzwischen hat sie ihre Ernährung auf makrobiotische Kost umgestellt, arbeitet mit Entspannung und Visualisierung nach der Simonton-Methode, lässt sich von einer Heilpraktikerin homöopathisch und mit Bach-Blüten behandeln. "Bis heute ist keine weitere Verbesserung eingetreten, aber auch keine Verschlechterung", erklärt Freya S. (A 81667)

Gebärmuttervorfall

Einer 36jährigen Frau aus Mochau, die 1991 mit einem schweren Gebärmuttervorfall zu der Geistheilerin Brigitte B. kam, ersparten fünf Sitzungen anscheinend eine unmittelbar bevorstehende Operation. "Der behandelnde Frauenarzt rief daraufhin den Hausarzt der Frau an. Der war perplex, besuchte mich sogar und bestätigte, dass ein Eingriff nun überflüssig sei", erklärt die Heilerin. (A 04720)

Gefühllosigkeit s. Taubheitsgefühl in Gliedmaßen

Gehirnhautentzündung s. Entzündung, Hirnhautentzündung

Gehirntumor s. Hirntumor, Tumor

Gehbeschwerden

Seit zwei Jahren litt eine 55jährige Hausfrau aus Büdingen an Störungen des vegetativen Nervensystems, an Ängsten, Durchblutungsstörungen und Gehbeschwerden. Ab September 1994 legte ihr die Geistheilerin Mildred F. sechsmal die Hände auf - jeweils 15 bis 20 Minuten -, gab ihr Heilwasser und Vibhuti mit. (Vibhuti ist eine ascheähnliche Substanz, die der indische Heilige Sai Baba willentlich materialisieren können soll.) Sämtliche Beschwerden klangen daraufhin ab. "Sie sind ja ganz verwandelt", staunte der behandelnde Arzt, der sie zuvor erfolglos mit Spritzen und Tranquilizern behandelt hatte, "geradezu wie neugeboren." (A 65719)

Gelenkbeschwerden s. Arthritis, Arthrose, Rheuma

Gelenkrheumatismus 51467, 58540 s. auch Rheumatisches Leiden

Bei einer 40jährigen Industrienäherin aus Gladbeck war im August 1991 Gelenkrheuma aufgetreten, das sich seither stetig verschlimmerte, trotz Cortisonpräparaten, Heilgymnastik, Eisbehandlungen und Massagen. Am 25. September 1997 suchte die Patientin erstmals den Geistheiler Frank K. in Gladbeck auf - und schon nach dreiminütigem Handauflegen, aus etwa zehn Zentimetern Abstand, verschwand sofort eine Nackenstarre, derentwegen die Frau zuvor immer den ganzen Oberkörper drehen musste, um zur Seite zu schauen. Nach zwei weiteren Sitzungen gingen Schwellungen in den Knien und Beinen zuruck, Schmerzen ließen nach, die Gelenke wurden beweglicher. Zwischen dem 10. Oktober und dem 30. November 1997 kümmerte sich K. daraufhin täglich um die Rheumapatientin. "In dieser Zeit", so dokumentierte eine Ärztin, "reduzierten sich Knoten an den Handgelenken, die vorher pflaumengroß gewesen waren, auf Erbsen- bis Haselnussgröße. Weiche Schwellungen an Händen, Unterarmen, Beinen und Knien gingen ganz zurück. Ein Taubheitsgefühl der Haut an Armen, Beinen und Hüften verschwand. Das Körpergewicht reduzierte sich um zehn Kilogramm, ohne daß die Frau ihre Essgewohnheiten geändert hatte. Die deformierten Füße fanden wieder ihre natürliche Ausrichtung, so dass sich wieder ein normales Gangbild einstellte. Schwindelanfälle und Kreislaufstörungen verschwanden."

Alles in allem, so die begutachtende Ärztin weiter, sei "die Beweglichkeit erheblich gestiegen. Die Arme können wieder über den Kopf gehoben werden, Gegenstände fallen nicht mehr aus den Händen; zum Fensterputzen kann die Frau wieder einen Stuhl besteigen, Treppen normal begehen. Ihre Schlafgewohnheiten haben sich radikal geändert: Vorher schlief sie pro Nacht allenfalls zwei bis vier Stunden - in Rückenlage, mit Nackenrollen und drei Kissen im Rücken; wenn sie morgens aufstand, war ihr Körper nahezu völlig steif. Um sich anzuziehen, musste die Patientin erst eine Schmerztablette einnehmen und zwei Stunden wirken lassen. Heute benötigt sie fürs Aufstehen und Anziehen gerade noch zehn Minuten - ohne Schmerzmittel; nachts schläft sie acht Stunden: in Seitenlage, ohne Kissen oder sonstige Hilfsmittel." Auch Nahrungsmittelallergien sind verschwunden. Inzwischen benötigt die Frau keinerlei Rheumamittel mehr. Ehe sie zu dem Geistheiler fand, hatte sie täglich vier- bis fünfmal schmerzstillende Medikamente einnehmen müssen - inzwischen sind es maximal zwei pro Woche, und auch diese nimmt sie nur noch vorsorglich ein, wenn längere Ausflüge oder Feste anstehen. Rheumaschübe sind nicht mehr aufgetreten. An ihre einstige schwere Erkrankung erinnern nur noch gelegentliche Sehnenschmerzen und Muskelkater bei Überanstrengung. (A 45966)

Gelenkschmerzen s. Rheumatisches Leiden, Schmerzen

Geschwür

- am Bein s. Offenes Bein (*Ulcus cruris*)

Seit 1959 litt Doris Pfandler (Pseudonym) aus Wegberg bei Mönchengladbach an einem Unterschenkelgeschwür. "Es begann mit einem großen Bluterguss, den ich mir am linken Unterschenkel zuzog", erinnert sich die 55jährige Hausfrau. "Bald darauf bildete sich an genau dieser Stelle ein eitriges Geschwür, das in den folgenden Jahren auf eine Größe von 10 x 5 cm wuchs." Anfangs verschafften ihr diverse Salben, Novalgin- und Valorontropfen zumindest "etwas Linderung. Aber nach 15 Jahren bekam ich eine Allergie gegen die verordneten Medikamente." Von da an wurde ihr Elend zum Martyrium: "Ich konnte keine Nacht mehr durchschlafen. Nachdem meine starken Krampfadern verödet wurden, kam auch noch eine Venenentzündung mit quälendem Juckreiz und eine Wundrose dazu. Mein Bein sah zeitweise aus, als ob es abfaulen wollte." Mehrere Wochen, bevor sie erstmals mit der örtlichen Gröning-Gemeinschaft in Kontakt kam, versuchten Bekannte ihr einen "Heilstrom" zuzuleiten - und schon "in der darauffolgenden Nacht", so versichert sie, "konnte ich endlich wieder durchschlafen. Am nächsten Morgen war die Wundrose verschwunden, und über dem Geschwür hatte sich eine hellrosa, dünne Haut gebildet. Innerhalb von drei Wochen war das Geschwür ganz verheilt. Ich habe eine Spontanheilung erleben dürfen." Selbst der behandelnde Arzt mutmaßte hinterher, da habe wohl "eine höhere Macht" gewirkt. (FH1)

Ebenfalls ein Geschwür am Schienbein scheint der mysteriöse "Heilstrom" bei der Koblenzerin Margot Wiegand (ein Pseudonym) weggespült zu haben. Nachdem es operiert worden war, verheilte die Wunde nicht, im Fleisch blieb ein zentimetergroßes Loch zurück. Und die Wunde wurde immer größer, eiterte zudem. Auch eine zweite Operation brachte keine Besserung. "Zum Weihnachtsfest", erinnert sich eine 60jährige Nachbarin, "wurde Frau Wiegand nach Hause entlassen, lag mit großen Schmerzen im Bett und konnte das kranke Bein kaum noch bewegen. Von meinem Fenster aus habe ich mitansehen müssen, wie man sie täglich zum Arzt brachte. Ehemann und Sohn trugen die Kranke jedesmal zum Auto, da sie keinen Schritt gehen konnte." Die behandelnden Ärzte rieten nun dazu, gesundes Hautgewebe am Oberschenkel zu entnehmen und in die Wundstelle zu verpflanzen, doch dies lehnte Margot Wiegand ab. Aus "großem Mitgefühl" stellte sich die Nachbarin nun insgeheim "täglich sehr intensiv für sie auf den Heilstrom ein". Zwei Wochen später traf sie Frau Wiegend im Treppenhaus - beschwerdefrei gehend und offensichtlich putzmunter. "Sie zeigte mir ihr Bein, das schon ohne Verband war. Die Wunde war verheilt. 'Stellen Sie sich vor', sagte sie, 'eines Tages hat sich alles von selbst geregelt. Die Ärzte können nicht begreifen, wie dies geschah.'" (FH1)

- an der Gebärmutter 87439

- Zwölffingerdarm- 60439 s. auch Geschwulst, Krebs, Myom, Tumor, Zyste

- in der Nase

Seit fünfzehn Jahren machten einem 68jährigen Computerfachmann aus Delbrück ständig wiederkehrende Geschwüre in der Nase zu schaffen. Mehrfach wurde er deswegen operiert, doch kam es ständig zu neuen Wucherungen. Ab Juli 1999 vertraute er sich drei Monate lang einer Heilerin aus Paderborn an. Acht Sitzungen fanden statt, in denen vor allem "Handauflegen, Chakra- und Gesprächstherapie" zum Einsatz kamen; zudem bemühte sich Frau Mühlenbein, ihm "beim Bewältigen seiner Vergangenheit zu helfen". Die Wucherungen bildeten sich zurück, und "schon nach sechs Wochen war Beschwerdefreiheit erreicht", so berichtet die Heilerin. Im großen und ganzen hielt dieser Erfolg an, auch wenn Hautreaktionen im Gesicht noch erneute Behandlungen erforderten. (A 33106)

- im Unterleib

Im Unterleib einer 39jährigen Hausfrau aus Schwabach hatte sich vor einem halben Jahr ein kindskopfgroßes Geschwür gebildet. Nachdem Medikamente ihm nicht beikamen, war eine Totaloperation geplant. Eine Woche vor dem Eingriff suchte die Patientin die Heilerin Ruth B. auf, die ihr zweimal Reiki gab. Danach war die Geschwulst auf die Größe eines Hühnereis geschrumpft – das Krankenhaus schickte die Frau wieder nach Hause, die Operation wurde abgesagt. (A 91126)

Weiteres Fallbeispiel s. Durchblutungsstörungen (A 54597)

Geschwulst s. auch Adenom, Angiom, Brustkrebs, Krebs, Tumor

Einem 57jährigen Ingenieur aus Bönen machten eine gutartige, aber schmerzhafte Geschwulst sowie starke Rückenschmerzen zu schaffen. Im Jahr 2000 fanden sieben jeweils halbstündige Sitzungen bei einer ortsansässigen Heilerin statt. "Die Geschwulst verschwand, die Schmerzen vergingen." (A 59199)

Am Ellenbogen eines 62jährigen Mannes hatte sich eine gänseeigroße Geschwulst gebildet. Viermal wurde sie im Krankenhaus punktiert, dann rieten Ärzte zur Operation. Doch der Patient vertraute sich dem Heiler Peter S. an - und zwei Wochen nach dessen "Besprechen" öffnete sich die Geschwulst, alle darin enthaltenen Körperflüssigkeiten traten aus, danach heilte sie problemlos zu. (A 23562)

Auf die Fähigkeiten des Karlsruher Heilers Benno B. schwört eine heute 53jährige Hausfrau aus dem badischen Bretten. In ihrer rechten Brust hatte sich ein Knoten gebildet. Weil sie panische Angst vor einer verstümmelnden Operation hatte, wandte sie sich in einem Brief an B. "Ich musste nicht einmal zu ihm in Behandlung kommen", berichtet sie. "Ich musste mich lediglich zu einer bestimmten Zeit daheim entspannt aufs Sofa legen." Während B. sie fernbehandelte, spürte sie "ein Kribbeln. Eine wohlige Wärme durchströmte meinen Körper. Nach ein paar Behandlungen dieser Art bildete sich die Geschwulst in der Brust zurück." (A 76133)

Weiteres Fallbeispiel s. Adenom (A 71711) sowie Lähmung (A 74924) und A 97702 (Fernbehandlung eines Reitpferds mit einer Geschwulst)

Gesichtslähmung s. Lähmung

Gesichtsrose s. auch Rose, Gürtelrose

Einen 67jährigen Rentner aus Berlin befreite die Heilerin Liselotte B. 1974 anscheinend innerhalb von zwei Wochen von einer Gesichtsrose. (A 10789; R S. 321.)

Seit Februar 1994 litt ein ca. 50jähriger Patient aus Bremerhaven an einer Gesichtsrose, der Medikamente nicht beikamen. Im März 1994 ließ er sich an vier aufeinanderfolgenden Tagen von der Geistheilerin Gabriele R. Reiki geben. Danach war die Gesichtsrose abgeheilt, wie die Heilerin angibt. (A 27607)

Gewebebruch

Sechzehn Jahre lang litt eine inzwischen 69jährige Rentnerin aus Groß-Gerau an Gewebebrüchen, infolge einer Überbestrahlung ihres Bauchraums nach einer Krebserkrankung. Mehrere Bruchoperationen hatte sie bereits hinter sich. 1992 versuchte es ein Heilerpaar bei ihr mit "Energie und Massage". Daraufhin "wuchs der bereits vorhandene Bruch innerhalb von vier Monaten zu. Eine weitere Bruchoperation wurde überflüssig." Was sagten die behandelnden Ärzte dazu? "Die Patientin habe an Gewicht verloren, so hieß es", erklärt die Heilerin Heidi H. "Deshalb sei der Bruch in dem überbestrahlten Gewebe zusammengewachsen." (A 64521)

Gewichtsverlust s. auch Darmkrebs, Krebs

Seit Juli 1991 trat bei einer 62jährigen Hausfrau aus Braunschweig ein rätselhaft starker, rapider Gewichtsverlust auf: Innerhalb von vier Monaten verlor sie zehn Kilo. Sie fühlte sich schwach und kraftlos. In ihrem Stuhl war Blut. Ihr Hausarzt äußerte nach einer Untersuchung den dringenden Verdacht auf einen Darmtumor. Er riet zu einer Operation - doch die Frau lehnte ab. Stattdessen schloss sie sich im November 1991 der örtlichen Gröning-Gemeinschaft an, in der für sie "der göttliche Heilstrom aufgenommen" wurde. Kurz darauf besserte sich ihr Allgemeinbefinden, und sie nahm wieder zu. Seit April 1992 ist sie beschwerdefrei, ihr Gewicht normal. Eine Darmspiegelung im Mai 1992 ergab keinen verdächtigen Befund. (BG S. 19; zum "Bruno Gröning-Freundeskreis" s. FH1 und GB.)

Gicht s. auch rheumatisches Leiden

Gicht plagte seit Jahren eine 80jährige Rentnerin aus Salzbergen. Weil die Schulmedizin nichts mehr für sie tun konnte, wandte sie sich 1994 an die Heilerin Anni A. aus Rheine. Zehn Sitzungen mit Handauflegen fanden statt. Bald darauf bildeten sich die Knoten an den Händen der Patientin zurück. (A; R S. 323.)

Mit Asthma, einem Augenleiden und hochgradiger Gicht kam ein 58jähriger Patient aus Warsingsfehn/Moormerland im November 1993 zu dem Heiler Wolfgang K. Der behandelnde Arzt hatte ihm eine Amputation des rechten Fußes angekündigt. "Als die Behandlung begann", erinnert sich K., "bewegte sich der Mann kriechend über den Fußboden. Nach den ersten Sitzungen konnte er sich bereits mit Gehhilfen fortbewegen. Nach etwa zwei Monaten konnte er wieder Auto fahren. Nach fünf Monaten war er in der Lage, ohne Gehhilfen wieder größere Spaziergänge zu unternehmen. Außerdem konnte er wieder leichte Gartenarbeiten verrichten. Um diese Fortschritte zu stabilisieren, arbeiteten wir bis Juli 1994 miteinander. Währenddessen ließen auch das Asthma und das Augenleiden nach. (A 26789.)

Gicht plagte seit Jahren eine 80jährige Rentnerin aus Salzbergen. Weil die Schulmedizin nichts für sie tun konnte, wandte sie sich 1994 an die Geistheilerin

Anni A. Zehn Sitzungen mit Handauflegen fanden statt. Bald darauf bildeten sich die Knoten auf den Händen der Patientin zurück, wie die Heilerin berichtet. (A 48431)

Glaukom s. Star, Grüner

Gleichgewichtsstörungen

Der Autor Wolfgang Lüdke berichtet: "Bei Kathrin K. aus Gera wurde 1994 Multiple Sklerose diagnostiziert, mit plötzlicher Taubheit auf dem linken Ohr, Tinnitus-Geräuschen und Gleichgewichtsstörungen bis hin zur zeitweisen Unfähigkeit, sich selbständig fortzubewegen. Im rechten Ohr traten stechende Schmerzen auf. Über ihre persönlichen Testerfahrungen führte sie stichwortartig Protokoll: "Nach der zweiten Behandlung keine Schmerzen mehr auf dem rechten Ohr! (Vorher Angst vor totaler Taubheit.) Nach der dritten Behandlung: Laufe ohne Ermüdung kräftig zwei bis drei Kilometer. (Vorher Erschöpfung nach einem Kilometer.) Allgemein Zuversicht und Wohlbefinden nach siebter Behandlung." (GHNZ S. 80; A 65929.)

Weitere Fallbeispiele s. 31707, 50678, 65929

Glioblastom s. auch Gehirntumor, Krebs, Tumor

Im August 1993 wurde bei der gerade drei Monate alten Isabelle P. eine Schreckensdiagnose gestellt. Ein Glioblastom am rechten Vorderlappen ihres Gehirns wurde an der Universitätsklinik von Iowa City entdeckt und am 23. August, so gut es ging, herausgeschnitten.

Schon einen Monat später wurde das Mädchen erneut in die Klinik eingeliefert: Während des Eingriffs hatte sie sich mit Meningitis infiziert. Dagegen wurden ihr nun Breitband-Antibiotika verabreicht.

Anfang 1994 traten bei Isabelle Schmerzen, Empfindungsstörungen und Lähmungserscheinungen auf, die vermuten ließen, dass das Glioblastom zurückgekehrt war und auf umliegende Nervenbahnen drückte. Deshalb fand am 17. Januar 1994 eine zweite Kraniotomie statt. Als die Schädeldecke des Mädchens geöffnet war, kam darunter tatsächlich wieder eine große Tumormasse zum Vorschein, mit den typischen Befunden hoher Zellteilungsaktivität und ausgedehnten Nekrosen (griech. für Tod, abgestorben), unumkehrbar geschädigtem Gewebe. Den erneuten Eingriff überstand Isabelle erstaunlich gut.

In den darauffolgenden sieben Monaten wuchs in ihrem Kopf im Operationsbereich eine Zyste heran, die zu linksseitigen Lähmungen führte. Am 17. August 1994 bestätigte eine Biopsie ein erneutes Glioblastom. Abermals wurden Tumor und nekrotisches Gewebe entfernt.

Bis Oktober 1994 schien es Isabelle daraufhin recht gut zu gehen. Doch dann kam es plötzlich zu einer akut lebensbedrohlichen Krise, mit hohem Fieber und völliger Lethargie. Nun willigten die Eltern ein, dass ihrem Kind intravenös ein neues Antikrebsmittel verabreicht wurde, dem noch die staatliche Zulassung fehlte. Weil bei Isabelle daraufhin heftige allergische Reaktionen auftraten, musste das Mittel nach vier Wochen aber wieder abgesetzt werden. Immerhin schien es mit dem Mädchen daraufhin vier Monate lang bergauf zu gehen - doch dann verschlimmerte sich ihr Zustand wieder rapide. Eine Computertomografie am 16. Februar 1995 ergab, dass die Tumorgröße bereits wieder um 50 Prozent zugelegt hatte.

An diesem Punkt wurde den Eltern klargemacht, Isabelle sei dem Tode nahe. Ärzte drängten sie, einer Chemotherapie zuzustimmen, aber sie lehnten ab. Schon begannen die Vorbereitungen zu einer vierten Kraniotomie. Doch nun wollten die Eltern ihrer Tochter, die inzwischen fast zwei Jahre alt war, jedes weitere Leid ersparen. Im März 1995 wandten sie sich an den russischen Heiler Nicolai L., der vier Jahre zuvor von Russland nach Kalifornien ausgewandert war. Zumindest "probieren" wolle er es, so sicherte er zu. Seine "Heilstrategie" würde Schulmedizinern die Haare zu Berge stehen lassen: "Zuerst werde ich versuchen, den Tumor zu isolieren und dann zu zersetzen. Danach will ich ihn in eine halbflüssige Masse verwandeln, die aus Kopf und Körper von Isabelle abgeleitet werden kann."

Die Behandlung fand an zwanzig aufeinanderfolgenden Tagen statt. Keine Sitzung dauerte länger als ein paar Minuten. Niemals fasste der Heiler dabei Isabelle an.

Das Mädchen reagierte prompt: Über eine Drainage aus ihren Nasennebenhöhlen, durch Erbrechen und Durchfall sonderte sie Unmengen von Flüssigkeit ab. Den besorgten Eltern versicherte der Heiler, dies sei ein überaus positives Zeichen, denn Isabelle sei gerade dabei, sich von Giften zu befreien; das werde bald aufhören. Und so geschah es: Nach zwei Monaten endeten die Ausscheidungen - und die Kleine begann sichtlich aufzublühen.

Im Mai 1995, zwei Monate nach Beginn der Geistheilung, fiel den Eltern eine leichte Schwellung an Isabellas rechter Stirnseite auf. Beim Absaugen kam halbflüssiges Material zum Vorschein, bei dem es sich entweder um Eiter aufgrund einer Infektion handeln konnte - oder um abgestorbenes Tumorgewebe. Um den Infektionsverdacht abzuklären, wurde am 25. Juni 1995 eine vierte Kraniotomie vorgenommen. Unter Isabellas Schädeldecke bot sich dem Operationsteam ein Anblick, wie er in der Geschichte der Hirntumorchirurgie seinesgleichen sucht: Von der erwarteten soliden, unverkapselten Tumormasse, die umliegendes gesundes Gehirngewebe infiltriert, war buchstäblich nichts mehr zu sehen. Stattdessen listet der Befundbericht auf: eine fibröse (faserreiche), an der Hirnhaut haftende Masse; mindestens fünf Zysten, gefüllt mit einer gelblichen Flüssigkeit; "kurioserweise ein dicker fibröser Wall um die Tumorinseln herum"; eine mit 240 Milliliter Flüssigkeit gefüllte Ausbuchtung. Dagegen war keinerlei nekrotisches Gewebe auffindbar.

Entsprechen diese Befunde nicht haargenau den drei Schritten zur Heilung, die der Geistheiler L. zu gehen angekündigt hatte? Im ersten Schritt wollte er den Tumor vom umgebenden gesunden Gewebe isolieren, indem er eine Kapsel um ihn konstruierte - ungeachtet der Tatsache, dass Glioblastome eigentlich niemals eine Kapsel bilden. Im zweiten Schritt sollte der Tumor zerstört werden. Im dritten wollte der Heiler die Gewebstrümmer in eine flüssige Masse transformieren, die allmählich aus Kopf und Körper Isabellas abgeleitet werden konnte. Doch ehe von Heilung die Rede sein konnte, musste nun noch ein weiterer wichtiger Schritt folgen: die Wiederherstellung jener Unzahl von Nervenzellen, die infolge der Kraniotomien verlorengegangen waren.

Am 18. August 1995 erbrachte eine Computertomografie "keinerlei Hinweise auf ein Nachwachsen des Tumors" mehr. Er war verschwunden - und vollständig durch eine flüssigkeitsgefüllte Zyste ersetzt worden, die sich im CT abzeichnete.

Über das erneute Anraten ärztlicherseits, jetzt mit einer Bestrahlung oder Chemotherapie zu beginnen, waren die Eltern fassungslos. Entschieden lehnten sie ab, ermutigt durch die jüngsten Befunde.

Ein paar Wochen später wies ein erneuter Gehirnscan nach wie vor "keine signifikante Veränderung" nach, insbesondere "kein Anzeichen für erneutes Tumorwachstum". Zu diesem Zeitpunkt war Isabella bereits wie verwandelt: ausgelassen, glücklich, vergnügt mit anderen Kindern spielend. Obwohl sich auch der Neurochirurg über die unerwartete Wende überrascht zeigte, warnte er die Familie: Aufgrund des enormen Verlusts normalen Hirngewebes, hauptsächlich im rechten Vorderlappen, werde das Kind zeitlebens an schweren geistigen und motorischen Defiziten zu leiden haben; vor allem werde es sprachgestört bleiben. Doch ein paar Monate später musste derselbe Arzt konstatieren: Isabelle spricht fließend. Nach einem Intelligenztest in einer staatlichen Einrichtung für Sonderpädagogik wurde Isabellas kognitiver Entwicklungsstand auf das Doppelte ihres biologischen Alters veranschlagt.

Zur Sicherheit fanden weitere CT-Kontrollen im Januar und Juni 1996, im Februar 1997, im Mai 1998 und im Januar 1999 statt. Sie alle zeigten keinerlei Nachwachsen des Tumors. Trotzdem bleibt Isabelle vorsichtshalber weiter in der Obhut ihres Heilers. Die "Sitzungen" bestehen mittlerweile alle drei Wochen in Telefonaten zwischen L. und Isabellas Mutter Megan, während das Kind schläft. Nach dem Aufwachen erzählte das Kind schon öfters, es habe "Nicolai und seinen Regenbogen" gesehen - womit sie wohl das Energiefeld meinte, das ihn umgibt. Ein- bis zweimal pro Jahr macht die Familie einen einwöchigen Urlaub in San Francisco, wo Isabella von L. direkt behandelt wird - jeweils bloß ein paar Minuten lang. Enorme Fortschritte hat das Mädchen in beinahe jeder Hinsicht gemacht. In der Schule ist sie Klassenbeste und unter Gleichaltrigen äußerst beliebt. Ihr Berufswunsch ist es, Ärztin zu werden, "damit ich anderen Menschen helfen kann".

Auf ihren Fall wurde die Ärztin Dr. Barbara K. aufmerksam, die jahrelang am Mount Sinai Hospital in New York tätig gewesen war. Im Oktober 1997 und nochmals Mitte 2001 traf sie die vier- bzw. achtjährige Isabelle, um sich einen persönlichen Eindruck zu verschaffen. Sie erlebte "ein hochgewachsenes, attraktives, hochintelligentes junges Mädchen - lebhaft, aktiv, aufgeschlossen." An die katastrophalen Schäden, die Tumor und Tumormedizin einst in ihrem Gehirn angerichtet hatten, erinnerte gerade noch ein leichtes Humpeln linksseitig; auch hielt Isabelle den linken Arm immer noch leicht gebeugt, wird ihn bei ständigem Üben aber bald wieder ganz strecken können. (FH1)

Grauer Star s. Star, Grauer

Grüner Star s. Star, Grüner

Gürtelrose s. auch Rose

Ein 28jähriger Gärtner aus Hamm etwa litt 1993 schon einen Monat lang an einer schmerzhaften Gürtelrose. Ärztliche Maßnahmen brachten keinerlei Linderung. Als seine Schmerzen unerträglich wurden, wandte er sich an den Heiler Norbert K., der ihm ein einziges Mal die Hände auflegte: "Nach fünf Tagen war alles abgeheilt, die Schmerzen verschwanden sofort." (Auswege PLZ 59065)

H

Haarausfall

Eine 34jährige Sekretärin aus Köln litt seit ihrem vierzehnten Lebensjahr an starkem Haarausfall; auf ihrem Kopf hatten sich schon mehrere kahle Stellen gebildet. Eine eingehende Untersuchung an der Kölner Universitätsklinik 1985 blieb ohne Befund. Zudem belasteten sie, ebenfalls seit der Pubertät, Angstzustände, Depressionen und eine starke innere Anspannung. Ab November 1994 legte die Heilerin Marlies P. ihr einmal wöchentlich die Hände auf und ließ sie Farben visualisieren. Nach der zweiten Behandlung bildete sich auf den kahlen Stellen ein Haarflaum. "Mit jeder weiteren Woche waren mehr Haare nachgewachsen. Inzwischen hat die Frau wieder volles Haar." Ebenso bemerkenswert waren die psychischen Veränderungen der Patienten: Ihre Ängste und Depressionen sind verschwunden. (A 50678)

Weiteres Fallbeispiel s. Kraftlosigkeit (A 30161)

Hausstauballergie s. Allergie

Hautausschlag s. auch Akne, Dermatitis, Neurodermitis

Seit 1975 litt eine Verwaltungswirtin aus Bad Homburg bei starker Sonneneinwirkung an einem rätselhaften Hautausschlag, besonders auf den Handoberflächen, auf den Fingern und am Hals. Hautärzte versuchten ihr vergeblich mit Medikamenten und Bestrahlungen zu helfen. Im Laufe einer zweijährigen "Energiebehandlung" bei der Heilerin Inge F., ab Mai 1993, "wurden die Blockaden gelöst und durch Gespräche die Ursachen bewusst gemacht. Seither reagiert die Haut nicht mehr auf Sonnenbestrahlung." (A 63755)

Bereits zwei Tage nach einer einzigen Kontaktbehandlung klang ein brennender, juckender Hautausschlag an der Hüfte ab, der eine 75jährige seit längerem gequält hatte. Die Geistheilerin Margarete R. berichtet: "Die flammende und glänzende Röte ließ nach, und der Ausschlag verschwand." (A 42279)

Seit 1975 litt eine Verwaltungswirtin aus Bad Homburg bei starker Sonneneinwirkung an einem rätselhaften Hautausschlag, besonders auf den Handoberflächen, auf den Fingern und am Hals. Hautärzte versuchten ihr vergeblich mit Medikamenten und Bestrahlungen zu helfen. Im Laufe einer zweijährigen "Energiebehandlung" bei der Geistheilerin Inge F., ab Mai 1993, "wurden die Blockaden gelöst und durch Gespräche die Ursachen bewusst gemacht. Seither reagiert die Haut nicht mehr auf Sonnenbestrahlung", erklärt die Heilerin. (A 63755)

Hautkrebs s. auch Krebs, Metastasen, Tumor

Er ist einer der renommiertesten Mediziner Italiens: Professor Dr. med. Rocco Docimo, Präsident des italienischen Chirurgenverbandes, arbeitet in der Poliklinik von Naepel, dem größten Krankenhaus Süditaliens. Als gefragter Spezialist für Notoperationen half er Tausenden. Doch dann, Anfang 1998, benötigte er selbst dringend Hilfe: Im Gesicht und an den Händen trat Hautkrebs auf. "Ich war fast verrückt vor Schmerzen", sagt er. Vier Monate lang ging Professor Docimo von Kollege zu Kollege, suchte neun Spezialkliniken auf. Ohne Erfolg.

Trotzdem verschwand der Krebs vollständig. Was war geschehen? Auf einem Medizinerkongress Anfang Mai 1988 in Rom gestand der Ärztepräsident: In seiner Not habe er sich an einen ehemaligen Patienten erinnert, einen christlichen Heiler. "Wir beteten gemeinsam. Er legte mir die Hände auf, machte schließlich das Zeichen des Kreuzes über meinen Wunden. Das war am Abend. Am nächsten Tag war ich geheilt. Es gibt keine Erklärung dafür." (GHNZ S. 136)

Hautleiden s. Dermatitis, Neurodermitis, Schuppenflechte

Hauttuberkulose s. Tuberkulose

Heiserkeit, chronische

Eine 60jährige Hausfrau, die seit sechs Jahren an chronischer Heiserkeit litt und "nur noch krächzen" konnte, galt für mehrere behandelnde Ärzte als "austherapiert". Ab Juli 1997 ließ sie sich von der Geistheilerin Bettina M. sechs Wochen lang fernbehandeln: mit jeweils vier 20minütigen Heilversuchen pro Woche. Daraufhin "war die Stimme spontan wieder da", berichtet die Heilerin, "sie klang wieder so wie vor sechs Jahren!" Ärzte bestätigten den Erfolg, wussten aber keine Erklärung dafür. (A 38364)

Hepatitis

Zu den dankbaren Klienten des russischen Heilers Jewgeni A. zählt ein 48jähriger Oberstudiendirektor aus Hagen, der seit 1989 an chronischer Hepatitis und Diabetes mellitus litt. Vier Jahre lang blieben ärztliche Maßnahmen erfolglos. 1993 versuchte A. dem Mann mit "Energiezufuhr, Diät, Kräutern und Meditation" zu helfen. Binnen sechs Monaten verschwand die Diabetes, die Hepatitis besserte sich deutlich, die Blutwerte waren nahezu optimal. (A 64521)

Ein Freund der Berliner Heilerin Sabine D. litt seit vielen Jahren unter Hepatitis B. "Durch übermäßige Stressbelastung", so berichtet die Heilerin, "stiegen die Werte derart an, dass die medikamentöse Behandlung nicht mehr anschlug. In dieser Zeit musste er alle vier Wochen zum medizinischen Check-up. Wir machten drei Wochen lang, zweimal die Woche für je eine halbe bis ganze Stunde, die oben beschriebene 'Sitzung'. In der vierten Woche waren die Werte sehr deutlich gesunken; inzwischen sind sie auf einem relativ gutem Niveau." (A 12163)

Als Gabi aus Braunschweig im Herbst 2002 mit einer seit zehn Jahren bestehenden Hepatitis C zum ersten Mal zu dem Gebetsheiler Mounir A. kam, " ging es mir körperlich, seelisch und finanziell äußest schlecht. Ich war total fertig! Als ich nach unserer ersten Sitzung heimfuhr, dachte ich, ob das alles so hinhaut? Ich war davon gar nicht überzeugt. Als ich dann zu meinem Arzt ging, um meine Leberwerte überprüfen zu lassen, zeigte sich: Die Hepatitis C ist ausgeheilt. Ich war sprachlos - und der Arzt ebenfalls!" (A 45115)

Die Ärztin und mediale Heilerin Dr. Fela-Maria Winkler erinnert sich an einen Fall aus ihrer Praxis: "Ein 37 jähriger Patient stellte sich mit einer Autoimmun-Hepatitis vor. Die Leberwerte (Transaminasen) waren um das Neunfache erhöht. Er fühlte sich erschöpft und nur noch eingeschränkt belastbar. Fünfzehn Monate zuvor war die Diagnose gestellt worden, und seit sieben Monaten erhielt er eine hochdosierte Cortisontherapie. Die Nebenwirkungen im Sinne des Morbus Cushing waren sichtbar. Die Leberwerte verbesserten sich unter dieser Therapie nur kurzfristig. - Nach fünfzehn Behandlungen bei mir stabilisierten sich die Leberwerte dauerhaft im Normbereich. Der Patient fühlte sich wieder voll belastbar." (GHÄP 2. Aufl. S. 174)

Herpes zoster

1991 trat bei einer 63jährigen Sekretärin aus Slowenien Herpes zoster auf. Ihr Arzt stellte ihr eine vollständige Heilung erst "in mehreren Jahren" in Aussicht. Im Juli 1991 fanden an zehn aufeinanderfolgenden Tagen je zwei Sitzungen bei dem Heiler Wolfgang S. statt; danach waren sämtliche Schmerzen verschwunden, die Patientin geheilt. (A 67435)

Weuteres Fallbeispiel s. A 49757

Herzbeschwerden s. auch Herzleiden

Helfen konnte der Geistheiler Klaus B. anscheinend dem 53jährigen H.G. aus

Wiltz in Luxemburg. Dieser Patient litt nach mehreren Herzoperationen, bei denen ihm Bypasse gelegt wurden, weiterhin unter unerträglichen Herzschmerzen, Angstzuständen durch Atemnot, Nervosität und schweren Depressionen. Spritzen und Medikamente halfen ihm nicht. Doch nach mehreren Sitzungen bei B. war er frei davon. (A 54597)

Herzinfarkt

Bei einem 63jährigen Schlosser aus Rheinstetten, seit 15 Jahren Frührentner, wurde Anfang 1993 ein schwerer Hinterwand-Infarkt diagnostiziert. "Bei der Herzkathederuntersuchung stellte man fest, dass meine Herzkranzgefäße zu 99, 100 und 56 Prozent verstopft waren. Man riet mir zu einer schnellstmöglichen Operation, bei der ich fünf Bypässe bekommen sollte; andernfalls sei meine Lebenserwartung sehr gering." Doch eine Freiburger Klinik lehnte den Eingriff ab, da sein Herz zu schwach sei und das Risiko zu groß war, dass er die Operation nicht überstand. "Anfangs hielten sich die Beschwerden noch in Grenzen. Doch etwa seit Sommer 1994 ging es mir immer schlechter. Ich konnte bald keine Nacht mehr durchschlafen und hatte bei den geringsten körperlichen Belastungen starke Schmerzen. Im Januar/Februar 1995 war es so schlimm, dass ich jede Nacht vier- bis fünfmal das Nitrolingualspray brauchte und fast jede Nacht im Sessel verbrachte, weil ich beim Liegen sofort wieder Schmerzen bekam. Auch tagsüber musste das Spray immer griffbereit sein, weil ich ohne es nicht mehr auskam." Daraufhin bat seine Ehefrau die Heilerin Ursula K. um Hilfe. Zunächst fanden, am 4. und 5. März 1995, Fernbehandlungen statt. "Bereits nach dem ersten Termin habe ich zum ersten Mal die Nacht schmerzfrei durchgeschlafen", berichtet der Patient. "Am 6. März hat mich Frau K. dann zu Hause besucht und mich direkt behandelt, weil ich gesundheitlich nicht in der Lage war, sie aufzusuchen. Danach folgten einige Fern- und Direktbehandlungen von jeweils etwa 30 Minuten. Seit dieser Zeit ging es gesundheitlich mit mir steil aufwärts. Das Nitrolingualspray benötige ich heute nur noch in Ausnahmefällen, hauptsächlich bei Anstrengungen und Aufregungen. Auch bei schweren Depressionen und psychischen "Durchhängern" hat mir Frau K. durch Behandlungen und Gespräche ganz enorm geholfen. Ich führe jetzt wieder ein lebenswertes Leben ohne nennenswerte Beschwerden." Eine Herzklinik in Lahr stellte fest: Sein Gesundheitszustand hatte sich derart stabilisiert, dass eine Herzoperation nunmehr kein Problem sei. "Dies habe ich jedoch abgelennt, da ich keine Veranlassung mehr dafür sehe. - Auch mein Kardiologe sowie mein Hausarzt sind sehr überrascht über meinen guten Allgemeinzustand." (A 76287)

Seit Anfang 2002 belasteten Andreas Bader (ein Pseudonym), einen 46jährigen Münchner, zunehmend Schwächezustände, Abend für Abend fühlte er sich völlig erschöpft. "Leistungsfähig war ich nur noch für wenige Stunden am Tag, danach musste ich mich hinlegen", so berichtet er. "Zunächst führte ich das auf Überarbeitung zurück." Er nahm Urlaub und trat konsequent kürzer. Doch die Beschwerden nahmen weiter zu, "hauptsächlich ein Druckgefühl in der linken Brust, Erschöpfung, Müdigkeit und Kurzatmigkeit". Nachdem der Hausarzt im

Ruhe-EKG Veränderungen feststellte, diagnostizierte ein Kardiologe nach eingehender Untersuchung eine Herzleistungsschwäche, vermutlich infolge eines unbemerkten Herzinfarkts. Andreas Bader wurden die herzstärkenden Medikamente Ramipril und Metroprolol verordnet - doch sein Zustand besserte sich keineswegs. "Am Montag, dem 16. September 2002, fühlte ich mich abends außergewöhnlich schlecht und schwach", erinnert er sich. Doch als er am nächsten Morgen aufstand, schien die Malaise wie weggeblasen: "Ich fühlte mich überraschend gut und gut, blieb sen ganzen Tag über leistungsfähig und konnte Dinge erledigen, die in den Monaten zuvor liegengeblieben waren." Zu seiner Verblüfung "hielt dieser Tatendrang auch in den darauffolgenden Tagen unvermindert an.

Drei Tage später, am Abend des 19. September, rief er eine Freundin in Pfaffenhofen an, bei der er sich schon lange nicht mehr gemeldet hatte. Wie es ihm denn gehe, fragte sie. Er erzählte ihr von der sonderbaren Wende seines Elends. "Daraufhin eröffnete sie mir, sie habe sich in der Gemeinschaftsstunde des Gröning-Freundeskreises für mich eingestellt." Wann? Just am vergangenen Montag, dem 19. September. - Am 29. Januar 2003 ergab eine Echokardiographie, dass sich die Herzleistung völlig normalisiert hatte. Dass die Beschwerden von einem Tag auf den anderen vollständig verschwunden waren, nötigte der untersuchenden Fachärztin die erstaunte Bemerkung ab, dies sei "durch die bisherige Therapie nicht erklärbar". Seither fühlt sich Andreas Bader "wieder gesund und leistungsfähig. Alle Schwächezustände gehören der Vergangenheit an." (FH1)

Herzinsuffizienz

Die Allgemeinmedizinerin Dr. Barbara S. aus Berlin, die Patienten gelegentlich auch mit Geistigem Heilen nach Bruno Gröning behandelt und ihnen dabei auf Distanz einen "Heilstrom" zuleitet, berichtet: "Nach meinem Sommerurlaub rief mich die Ärztin an, die mich vertreten hatte, und berichtete mir, dass es meiner 92jährigen Patientin mit chronischer Rechts-Linksherzinsuffizienz, Diabetes und chronischer Emphysembronchitis sehr schlecht ging. Sie hatte ein Linksherzversagen mit Lungenstauung. Meine Kollegin hatte jeden Tag zusätzlich zu den Arzneimitteln Furosemid intravenös gespritzt, da die orale Medikation keine Besserung brachte. Die Patientin wollte nicht mehr ins Krankenhaus, sondern zu Hause bei ihrem Sohn sterben.

Ich übernahm die weitere Therapie. Der Frau ging es elend. Ihr Körper schien nur noch aus Haut und Knochen zu bestehen, mit einer teigigen Substanz dazwischen, die beim Eindrücken tiefe Dellen hinterließ (Anasarka).

Eines Nachts habe ich sie dann doch wegen starker Atemnot in die Klinik überwiesen. Nach einer forcierten Diurese (Harnausscheidung) wurde sie auf ihren ausdrücklichen Wunsch hin aber wieder entlassen. Zu Hause stellte ich mich auf den Heilstrom ein und bat Bruno Gröning gedanklich um Hilfe für die Frau. Danach bekam ich das sichere Gefühl, dass sie nicht sterben wird - obwohl ihr Kreislauf in den Keller gesackt und auch noch eine fieberhafte Bronchitis hinzugekommen war. Ich teilte ihr meine Zuversicht mit und forderte sie auf, aber auch selbst etwas dafür zu tun, dass sie weiterlebt - nämlich es ganz fest zu wollen und auch wieder zu essen und zu trinken, auch wenn sie keinen Appetit hatte.

Zwei Tage später war ihrem Gesicht anzusehen, dass eine Wende eingetreten war. Ihre Medikamente konnte ich nach und nach absetzen. Täglich stellte ich mich zwei- bis dreimal für sie auf den Heilstrom ein. Nach zwei Monaten konnte sie wieder im Garten ein paar Schritte laufen, und sie zupfte auch wieder Unkraut. Meine Ärztekollegin sprach wörtlich von einem 'Wunder'." (GHNZ S. 197 ff.)

Herzkammerflimmern

Der niederländische Psychologe Wilhelm Tenhaeff, der an der Universität Utrecht 1953 den weltweit ersten Lehrstuhl für Parapsychologie übernommen hatte, erinnert sich an eine denkwürdige Information, die ihm der Leiter einer Krankenanstalt zukommen ließ: "Er teilte mir mit, dass bei einem von ihm schon aufgegebenen Kranken, der an Herzkammerflimmern litt und in seiner Klinik behandelt wurde, plötzlich entgegen allen Erwartungen eine Besserung eintrat." Schließlich konnte der Patient als geheilt entlassen werden. "Später stellte sich heraus, dass sich die Frau des Betenden, ohne dass dieser es wusste, an einen Gesundbeter gewandt hatte. Ungefähr zu der Zeit, da dieser seine Behandlung begann, setzte die Besserung ein." (FH1)

Herzkrankheit, koronare

Bei einem heute 54jährigen Mann aus Hesel/Ostfriesland war 1989, nach einem schweren Herzinfarkt, eine koronare Herzkrankheit diagnostiziert worden, die bei Belastung Atemnot und heftige Druckschmerzen im Brustbereich verursachte. Mitte 1991 behandelte ihn der Heiler Wolfgang K. fünfmal - und die Beschwerden ließen nach. Als K. im August 1994 nachfragte, bestätigte der Patient, es gehe ihm "gesundheitlich sehr gut", seit der Behandlung komme er weitgehend ohne Medikamente aus, bis auf Aspirin, das er zur Blutverdünnung einnehme. (A 26789.)

Patient: Adolf S. (64), Kaufmann, 34125 Kassel, Teilnehmer am "Fernheil-Test" 1998

Diagnosen: Herzleistungsschwäche bei CHK (koronare Herzkrankheit), Z.n. Herzinfarkt (vier Bypässe); hypotone Regulationsstörungen (zu niedriger Blutdruck); chronische Gastritis (Entzündung der Magenschleimhaut), Ulcus duodeni; Pankreatitis (Entzündung der Bauchspeicheldrüse, chronisch rezidivierend); chronische Kieferhöhlenentzündung (Sinusitis) beidseits; Leberparenchymschaden; nach Schlaganfall leichte rechtsseitige Lähmung (latente Hemiparese re.), Parästhesien im rechten Arm, leichte Sprachstörungen; Gesichtsfelddefekt am rechten Auge; Schwerhörigkeit; perniziöse Anämie. Malignom in der Beckengegend. Schwerstbehindert.

Beschwerden (bei Testbeginn): chronische Schmerzen (Wirbelsäule, Herz- und Nierengegend); Belastungs- und Ruhedyspnoe (Atemnot), starker Gewichtsverlust sowie s.o.

Dauer: überwiegend seit 1952; Infarkte 1984 und 1986; Malignom im Januar 1998 durch Skelettszintigramm festgestellt).

Persönliche Testbilanz: Als er sich für den Versuch bewarb, hatte der Kaufmann, dem das Versorgungsamt Kassel vor acht Jahren eine hundertprozentige Behinderung bescheinigte bereits über 70 Krankenhausaufenthalte hinter sich. Nachdem Fernheiler im Test seinen Beschwerden nicht rasch beikamen, zog er sich nach vier Wochen zurück, zumal er von Anfang an äußerst skeptisch gewesen war: Seit Anfang der fünfziger Jahre fühlt er sich durch Geistwesen verfolgt und gequält, weshalb ihm ein Exorzismus lieber gewesen wäre als "nur" Fernheilungsversuche. Schließlich besann sich aber eines anderen; seit Mitte Juli nahm er wieder am Test teil - diesmal mit erfreulichen Fortschritten zumindest in einer Teilsymptomatik: "Ich empfinde eine wesentliche Verbesserung des Zustands der Wirbelsäule. Seit 1988 habe ich hier zum Teil schwere Schmerzen gehabt, die immer schlimmer wurden. Massagen haben nicht geholfen, nur noch sehr starke Medikamente. Ich gehe davon aus, daß dieser angenehme Zustand durch die parapsychologischen Handlungen erreicht wurde, so daß ich den Orthopäden nicht mehr in Anspruch nehmen mußte." Seit Anfang September sind die Wirbelsäulenschmerzen "verschwunden", Medikamente dagegen hatte Adolf S. bereits seit Mitte Juli vollständig absetzen können. "Dadurch fühle ich mich viel wohler. Auch der Schlaf hat sich auffallend gebessert." Bei den übrigen Leiden "kann ich Veränderungen noch nicht richtig beurteilen, da erhebliche Schwankungen auftreten - mal besser, dann wieder schlechter."

Medizinische Beurteilung: "Besserung der WS-Schmerzsymptomatik. Besserung der psychischen Verfassung. Sonst unverändert." (Dr. med. Margarethe Weinlich) (HoG S. 109.)

Herzleiden, chronisches s. auch Myocarditis

Ein 65jähriger General a. D. aus Bad Salzuflen litt seit vielen Jahren an Herzbeschwerden. Ärztlich verordnete Medikamente, darunter Betablocker, brachten keine Besserung. Nach zehn Sitzungen bei der Heilerin Hedda L. - einer ehemaligen Architektin und Unternehmensberaterin - war sein EKG einwandfrei. (A; R S. 320-321.)

Herzmuskelentzündung s. Entzündung, Myocarditis

Herzrhythmusstörungen

Nach nur zwei Kontaktbehandlungen bei dem Heiler Frank B. aus Recklinghausen, im März 1993, sollen Herzrhythmusstörungen nach einer Klappenentzündung "sofort verschwunden" sein, an denen eine 39jährige Heilpraktikerin aus Datteln zwei Jahre lang litt. (A 45663)

Einen 40jährigen Gastwirt aus Berlin belasteten seit sechs Monaten Herzrhythmusstörungen, Schlaflosigkeit und massive Angstzustände. EKG und Blutuntersuchungen blieben ohne Befund, mehr als Rezepte für Schlafmittel bekam er von seinem Arzt nicht. Nun begann er eine Psychotherapie. Nachdem sich die Panikattacken dennoch weiter verstärkten, wandte sich der Mann an die Berliner Heilerin Elke H. - und nach vier Reiki-Sitzungen, alle innerhalb einer Woche, klangen die Angstzustände vollständig ab. "Binnen zwei Monaten war mein Klient in der Lage, seine Lebens- und Arbeitssituation neu zu ordnen, und er übernahm eine neue, verantwortungsvolle Tätigkeit. Seit nunmehr anderthalb Jahren ist er beschwerdefrei, ohne weitere ärztliche und psychotherapeutische Behandlung." Er hat "das Gefühl, dass die Last meiner Kindheit von der Seele genommen ist". (A 10777, R S. 54.)

Das Heilerpaar Martina und Wolfgang G. aus Pulheim schildert den Fall einer 42jährigen Bankkauffrau demselben Ort. Wegen starker Herzrhythmusstörungen und Hypertonie (Bluthochdruck) war sie 14 Tage lang im Krankenhaus beobachtet worden, ohne dass dort die Ursache festgestellt werden konnte. Nach nur drei Behandlungen mit Chakratherapie, die jeweils eine Dreiviertelstunde dauerten, verschwanden die Störungen. Währenddessen "sahen" die G.´s, dass ein "Trauma in der Kindheit" zugrunde lag, das "in der Gegenwartsfamilie weiterhin gelebt wurde". . "Nach der Behandlung sprachen wir die Patientin darauf an. Dadurch war sie fast spontan geheilt, denn sie lernte, die Last der Verantwortung für ihre Familie besser zu tragen." (A 50259)

Ein 41jähriger Angestellter aus Rheinbach kam im November 2001 zu dem Geistheiler Jürgen B. wegen eines Risses in der Speiseröhre. "Wegen gleichzeitigem Sodbrennen wurde die Speiseröhre gereizt, und er hatte ständig ein unangenehmes bis schmerzhaftes Gefühl", berichtet Jürgen B. "Sein Hausarzt konnte hierbei nicht helfen und empfahl eine magenschonende Ernährung. Nachts sollte er eine möglichst aufrechte Stellung einnehmen, damit die aufsteigende Magensäure nicht zu sehr schmerze. Während der anderthalbstündigen Chakra-Diagnose-Sitzung mit verschiedenen Visualisierungen und schamani-schen Elementen wurde der Riss energetisch verschlossen. Die Beschwerden waren bereits am nächsten Tag verschwunden und sind nicht mehr aufgetreten. Während der Arbeit zeigte sich außerdem ein energetischer Pfeil im Herzen, der von mir energetisch aufgelöst wurde. Nachdem ich diesen Pfeil erwähnt und erläutert habe, was dieser bedeuten könnte, sagte der Klient, dass er seit etwa sechs Jahren Herzrhythmusstörungen habe, die jedoch nach Auskunft mehrerer ortsansässiger Ärzte psychosomatischer Natur seien, "da wäre also nichts". Nach einem kurzen Gespräch erkannte er, dass er etwa ein halbes Jahr vor dem Beginn der Herzrhythmusstörungen bei der Taufe seines Sohnes eine sehr starke und völlig unerwartete emotionale Verletzung erfahren hatte, die sich für ihn im nachhinein tatsächlich so anfühlte, als hätte ihn die betreffende Person hinterrücks mitten ins Herz getroffen. Obwohl er nach eigener Auskunft die Angelegenheit längst geklärt hatte, saß die Verletzung doch noch tief in seinem Herzen. Nach der Entfernung des Pfeils und der energetischen rückstandlosen Heilung der Wunde (also auch ohne eine energetische Narbe oder ähnliches zu hinterlassen) sind die Beschwerden nicht mehr aufgetreten. (A 53359)

Heuschnupfen

35 Jahre lang machte Heuschnupfen einer 45jährigen Angestellten aus Bockhorn zu schaffen. Cortison und Allergen-Spritzen brachten keinen Erfolg; erst nach mehreren Stunden Reiki und Fußreflexzonenmassage bei der Geistheilerin Anke H. sollen die Symptome sofort nachgelassen haben. Nach Angaben der Heilerin hält die Besserung bis heute an. (A 26316)

Einer 47jährigen Verkäuferin hatte seit ihrer Jugend ein starker Heuschnupfen zu schaffen gemacht. Im Jahre 1996 ließ sich die Frau auf eine Geistheilung bei Dieter N. ein, der sie dreimal im Frühjahr und einmal im Herbst behandelte, "1997 gar nicht, 1998 und 1999 jeweils dreimal im Frühjahr". Bereits ab Frühjahr 1996 war das Leiden vorübergehend "ganz weg, kam in veränderter Form 1999 wieder, scheint 2000 aber verschwunden zu sein". (A 88048)

Besonders eindrucksvoll ist der Fall einer 27jährigen Sachbearbeiterin aus der Nähe von Bingen. Von Geburt an wurde sie am ganzen Körper von Neurodermitis in schlimmster Form gequält: "Nachts musste ich mitunter mehrmals heiß duschen, weil der Juckreiz schier unerträglich war", erzählt sie. Kortisonsalben, Spritzen und mehrere Kuraufenthalte brachten immer nur eine vorübergehende Linderung. Im Laufe der Jahre kamen Asthma bronchiale, Heuschnupfen und Rheuma hinzu; beinahe wöchentlich bildeten sich Geschwüre in den Ohren. "Zwei- bis dreimal pro Jahr gab es einen regelrechten Krankheitsschub", so die Patientin. "Mein ganzer Körper schwoll an, die Neurodermitis brach voll auf. Innerhalb einer Viertelstunde musste ich dann eine Spritze bekommen; ich musste sogar schon reanimiert werden." Seit ihrem 16. Lebensjahr traten in ihrer linken Brust verdächtige Knoten auf, die regelmäßig per Ultraschall kontrolliert wurden, um bösartige Wucherungen frühzeitig zu erkennen. Ab Januar 1996 begann sich die Heilerin Brigitte B. aus Ingelheim um die Patientin zu kümmern: zunächst fand an fünf aufeinanderfolgenden Tagen je eine Heilsitzung statt, anschließend ein bis drei Behandlungen pro Woche. Insgesamt gab es dreißig Termine, der letzte im Oktober 1996. "Schon nach der ersten Behandlung", so berichtet die Heilerin, "konnte die Frau nach eigenen Angaben zum ersten Mal in ihrem Leben eine Nacht durchschlafen. Ihre Haut reagierte sofort sehr positiv; sie heilte zusehends ab, und der ständige Juckreiz hörte auf. Nach der fünften Behandlung war die Haut schon soweit abgeheilt, daß sich die Frau zum ersten Mal seit Jahren ins Schwimmbad wagte. Wenn die Haut in den darauffolgenden Monaten überhaupt reagierte, dann immer nur an einzelnen Stellen und bloß ein bis drei Tage lang." Ähnlich entwickelte sich die übrige Symptomatik: Rheuma, Heuschnupfen, Asthma und Ohrenschmerzen traten nur noch ein bis zwei Tage auf, und das deutlich abgeschwächt. Im Juni 1996, beim letzten Allergieschub, kamen alle Symptome überfallartig in einer einzigen Nacht – seither sind sie völlig verschwunden. Und was wurde aus dem Knoten in der linken Brust? Bis September 1996 war er derart gewachsen, dass er von außen tastbar war. Der Arzt riet zur sofortigen Operation – die Frau lehnte ab; er verschrieb ihr Tabletten – die Frau nahm sie nicht ein. Sie vertraute auf die Heilerin. Bis Anfang

November war der Knoten vollständig verschwunden. Daraufhin informierte sie den Arzt von der Geistheilung. Seine ungehaltene Reaktion: "Wenn Sie mit diesem Blödsinn nicht sofort aufhören, verweise ich Sie aus meiner Praxis!" (A 55218)

Jahrelang litt ein Mann aus Affalterbach unter starken Essstörungen und Magenschmerzen. Kein Arzt konnte ihm helfen, da keine organische Ursache diagnostiziert wurde. Beides verschwand, nachdem er sich im April 1996 dem Heiler Karl-Heinz I. anvertraute - ebenso wie eine hartnäckige Pollenallergie. "Heute benötige ich keine Medikamente mehr, um meinen Heuschnupfen einzudämmen." (A 73640)

Seit seinem sechsten Lebensjahr macht dem 36jährigen Peter K. Heuschnupfen zu schaffen. 1988 trat der erste schwere Anfall von Atemnot auf. Es wurde allergiebedingtes Bronchialasthma diagnostiziert, an dem Herr K. bis heute unvermindert leidet. "Trotz zahlreicher Arztbesuche, ständigem Medikamentenwechsel – u.a. homöopathische Mittel – und einer Operation an der Nasenscheidewand im Jahre 1992", so berichtet er, "hat sich mein Gesundheitszustand nicht verbessert. Seitdem bin ich auf Medikamente angewiesen. Alle drei bis vier Stunden brauche ich einen Nasenspray sowie einen Mundinhalationsspray, bei akuten Verschlechterungen zusätzlich einen Cortisonspray." - Nach zwei Tagen Geistheilung durch den Frankfurter Geistheiler D. während des Basler Weltkongresses für Geistiges Heilen 2001 hatte sich sein Befinden enorm gebessert: auf einer 10stufigen Skala (1= sehr schlecht, 10 = sehr gut) von 2 auf 8, wie er selbst schätzte. Jetzt könne er tiefer atmen, gab er den beteiligten Ärzten an. In den Lungenfunktionsmessungen spiegelte sich dieser Fortschritt allerdings nicht wieder. (PSI-INFOS, 48-Stunden-Test; und A 65929.)

Hexenschuss s. Lumbago

Hirnhautentzündung s. Entzündung

Wegen einer akuten Gehirnhautentzündung war ein 24jähriger Elektroniker aus Seligenstadt am 25. Juni 1994 in die Abteilung Innere Medizin der Universitätsklinik Frankfurt eingeliefert worden. Ehe er ins Koma fiel, bat er Familienangehörige, den Heiler Klaus-Dieter D. telefonisch zu benachrichtigen. Zwischen dem 27. Juni und 2. September 1994 legte ihm D. dreizehnmal die Hände auf, jeweils 30 bis 60 Minuten lang. Daraufhin "erwachte er aus dem Koma, die Entzündung ging zurück, der Druck des Liquor (Gehirnflüssigkeit) auf den Schädel ließ nach, er konnte nach und nach wieder normal sprechen, laufen, greifen und sehen, was zuvor nicht möglich war. Der Oberarzt rief mich zu sich, bestätigte mir den Heilungsverlauf seit meinem Kommen und meinte, ich könne gewiss noch vielen Patienten auf der Intensivstation helfen, wenn nicht seine Kollegen und der Professor." (A 65185)

Der Berliner Arzt Manfred E., der zwei Geistheiler in seiner Praxis mitarbeiten lässt, berichtet von "einem Studenten aus Frankfurt am Main, der nach einer Hirnhautentzündung an Sehstörungen und Lähmungen leidet. Nach jeder

Behandlung tritt eine weitere Besserung ein. Zuletzt geht er ohne Krücken, seine Sehkraft hat sich deutlich verbessert." (GHÄP S. 86)

Hirntumor s. auch Tumor

Der Berliner Arzt E., der den Geistheiler D. in seiner Praxis mitarbeiten lässt, berichtet: "Eine Patientin rief mich, weil sie einen Hirntumor hatte, der ihr auf den Sehnerv drückte, so dass sie nicht mehr lesen konnte. Außerdem litt sie unter hohem Blutdruck. Schulmedizinisch erhielt sie Kortison und ein blutdrucksenkendes Mittel. Einmal nahm ich D. zu der Frau mit und bat ihn, seine Methode zu versuchen. Er legte die Hände auf. Nach etwa zehn Minuten bat er die Patientin, in der Zeitung zu lesen, die vor ihr lag. Sie versuchte es - und konnte die großen Buchstaben der Hauptschlagzeilen lesen, wozu sie vorher außerstande gewesen war. Nach weiteren fünf Minuten Behandlung bat er die Frau erneut, in der Zeitung zu lesen. Diesmal konnte sie auch schon die fettgedruckten Überschriften zu den einzelnen Artikeln entziffern. Dieser Befund besserte sich nach weiteren zwei bis drei Behandlungen, außerdem normalisierte sich der Blutdruck, so daß die Patientin das blutdrucksenkende Medikament absetzen konnte." (GHNZ S. 184.)

Bei einem 55jährigen Technischen Zeichner aus Koblenz wurde im Herbst 1993 ein Gehirntumor festgestellt, nachdem ihm seit Monaten immer wieder schwindlig geworden war. Im Januar 1994, nachdem der Tumor operiert worden war, vertraute er sich dem Heiler Hans-Joachim S. an, der ihm fortan 13 Monate lang Fern-Reiki gab, "jeden Tag etwa 20 Minuten". "Das linderte seine Schmerzen", so berichtet der Heiler. "Bei der Chemotherapie traten kaum Nebenwirkungen auf, wie Erbrechen oder Lösen der Mundhaut. Auch die Kobaltbestrahlung vertrug der Patient außergewöhnlich gut." (A 89344)

Im Kopf eines 28jährigen Duisburgers wucherte seit 1995 ein Tumor. Im darauffolgenden Jahr versuchte ihm die Geistheilerin Christa K. - sie arbeitet in der Praxis ihres Ehemannes mit, eines Internisten und Facharzts für Traditionelle Chinesische Medizin - bei zehn Terminen, jeweils zwei pro Woche, mit "geistiger" Heilenergie zu helfen. Daraufhin schrumpfte die Geschwulst um über die Hälfte; der Rest konnte mittels Laserchirurgie im Krankenhasus entfernt werden. (A 57629)

Seit sieben Jahren saß zwischen dem Groß- und Kleinhirn einer 49jährigen Frau aus Salzgitter ein Tumor, dem zwei Operationen nicht beigekommen waren. Im Jahre 1996 ließ sich die Patientin täglich vier Monate lang von der Geistheilerin Cornelia K. behandeln. Anfang August desselben Jahres ergab eine Computertomographie: Das Tumorwachstum war gestoppt. Daraufhin legte die Patientin keinen Wert auf weitere Behandlungen mehr - und erlebte bald darauf einen Rückfall, wie die Heilerin berichtet. (A 38259)

Hodenbruch

Ein 16jähriger Schüler aus Münster, der seit Januar 1995 an einem Hodenbruch litt, soll nach einer einmaligen 30minütigen Fernbehandlung durch den Geistheiler Dieter H. aus Herford "sofort beschwerdefrei" gewesen sein. (A 32052)

Hodenhochstand s. Kryptochismus

Hodenkrebs s. auch Krebs, Tumor

Fallbeispiel s. Gebärmutterkrebs (A 80634)

Hörprobleme s. Schwerhörigkeit, Taubheit, Tinnitus

Hodgkin-Krankheit s. Morbus Hodgkin

Hüftfehlstellung, angeborene 80331

Husten, chronischer

Eine 31jährige Frau litt seit sechs Wochen an Husten mit Erbrechen, sie sollte deswegen in eine Fachklinik für Lungenkrankheiten eingewiesen werden. Nach der zweiten von vier Fernreiki-Behandlungen 1995 durch die Heilerin Rita Z. sollen die Hustenanfälle bereits nachgelassen haben und schließlich völlig verschwunden sein. (A 27798)

HWS-(Halswirbelsäulen-)Syndrom s. Rückenschmerzen

Weitere Fallbeispiele s. Makuladegeneration (A 32108), Morbus Sudeck (BG S. 36) und Schmerzen (A 46145)

Hyperaktivität

Fallbeispiel s. unter dem Stichwort Vitiligo (A 35510)

Hyperthyreose (Überfunktion der Schilddrüse)

Seit 1975 litt eine Stuttgarter Geschäftsfrau an einem Struma ("Kropf", Schilddrüsenschwellung) und einer Hyperthyreose, einer gesteigerten Produktion und Sekretion von Schilddrüsenhormonen. Schulmedizinische Maßnahmen verschlechterten ihren Zustand eher noch. Ab Januar 1996 ließ sie sich einmal wöchentlich von der Heilerin Sibylle V. geistig behandeln - und das Struma bildete sich zurück. (A 73207)

Bei einer 46jährigen Patientin aus Köln war eine Schilddrüsenüberfunktion (Hyperthyreose) festgestellt worden, mit vier haselnussgroßen "heißen Knoten".

Ärzte hatten sie bereits auf einen Eingriff vorbereitet und ihr Betablocker verschrieben, doch sie verweigerte die Einnahme von Medikamenten. Stattdessen ließ sie sich von dem Heiler-Ehepaar G. aus Pulheim "mit Energie und Chakraarbeit" behandeln, ergänzt durch Homöopathie. "Nach einem Jahr", so versichern die beiden Heiler, "waren die Knoten verschwunden und der TSH-Wert normal - auch ohne allopathische Medikamente. Die Blutdruckwerte haben sich inzwischen normalisiert." Als die Schilddrüse der Patientin in einer radiologischen Praxis in Köln-Weiden erneut untersucht wurde, konnte kein Knoten mehr festgestellt werden. (A 50259)

Hypertonie s. Bluthochdruck

Hypothyreose (Unterfunktion der Schilddrüse)

Seit anderthalb Jahren litt eine 19jährige Schülerin aus Köln an einer Unterfunktion der Schilddrüse. Medikamente brachten keine Besserung. 1988 legte ihr die Heilerin Marlies P. zweimal die Hände auf, jeweils etwa eine Viertelstunde lang. Seither arbeitet die Schilddrüse wieder normal, alle Medikamente konnten abgesetzt werden. (A 50678)

An schweren Angstzuständen und innerer Unruhe litt eine 39jährige kaufmännische Angestellte aus Bruchsal. Fünf Jahre Psychotherapie bei drei Therapeuten, darunter Verhaltens- und Hypnosetherapie, waren völlig erfolglos. "Ich hatte schon die Hoffnung aufgegeben, jemals wieder ganz normal leben zu können", berichtet die Patientin. Hinzu kam eine Reihe von körperlichen Beschwerden, u.a. eine Schilddrüsenunterfunktion, deretwegen die Frau seit achtzehn Jahren Hormonpräparate einnahm. Im Frühjahr 1994 fand sie zur Heilerin Ursula K. - und drei Monate später waren sämtliche Beschwerden verschwunden. (A 76287)

Patientin: Natalia R. (24), 60486 Frankfurt, Teilnehmerin am "Fernheil-Test" 1998

Diagnose: Hypothyreose/Thyreoiditis (Unterfunktion der Schilddrüse), Dysmenorrhoe

Beschwerden: Müdigkeit, Schwindel, starke Gewichtszunahme, Magenschmerzen, Druckgefühl am Hals, Konzentrationsstörungen; starke Menstruationsschmerzen.

Dauer: seit 1990.

Persönliche Testbilanz: Von der ersten Testwoche an empfand die Patientin oft unvermittelt eine "starke Wärme", die sie auf die Fernbehandlung zurückführt; auf einer Schätzskala von 1 ("kaum merklich") bis 10 ("sehr stark") erreicht diese sonderbare Empfindung seither durchgehend Werte zwischen 7 und 10. Schon kurz nach dem ersten Behandlungstermin sei es ihr "zunehmend besser" gegangen, so berichtet Natalia R. in ihren Protokollen. Seit der zweiten Testwoche fühlt sie sich, ohne Rückfälle, vollständig "beschwerdefrei". Dies gilt auch für ihre

Dysmenorrhoe - "die Schmerzen meiner Periode sind verschwunden" -, ebenso wie für ihre starken Depressionen: "Die sind wesentlich besser geworden, die meisten Wochentage habe ich keine", so vermerkte Frau R. ab der 16. Testwoche in ihren Protokollen. "Ich bin aktiver geworden. Im Gegensatz zu früher will ich mehr unternehmen. Die Trägheit ist verschwunden." (HoG S. 103.)

Hypertonie s. Bluthochdruck

I

Immunschwäche

Fallbeispiel s. unter dem Stichwort Vitiligo (A 35510; s. auch 79189)

Infarkt s. Herzinfarkt

Infektanfälligkeit

Fallbeispiele s. Vitiligo (A 35510) und Erschöpfung, chronische (A 79189)

Inkontinenz 45128, 79235 s. auch Bettnässen

- Harn- 37242, 53474, 89284

Ischialgie 25794, 26954, 71711 (s. auch Lumboischialgie)

Ischiasbeschwerden 90480

Eine 57jährige Näherin aus Oberaula plagte sich seit 1988 immer wieder mit Ischiasbeschwerden herum, die oft zwei bis drei Wochen anhielten. Spritzen und Medikamente verschafften ihr kaum Linderung. 1993 versuchte es die Heilerin Ursula S. bei ihr an fünf aufeinanderfolgenden Tagen mit Reiki-"Fernübertragungen". "Nach dem dritten Mal", berichtet sie, "kam es zu einer Verschlimmerung - doch nach dem fünften Tag war die Klientin schmerzfrei" und blieb es angeblich bis heute. (A 66809)

Ein 40jähriger Mann aus Köln litt seit fünf Jahren an Ischiasbeschwerden, denen Spritzen und Medikamente nicht beikamen, sowie an Angstzuständen. Im März 1995 fanden sechs Reiki-Sitzungen bei der Heilerin Ursula G. statt, jeweils zwei pro Woche. "Die Schmerzen im Bein verschwanden augenblicklich. Und seine Angst ließ erheblich nach", berichtet Frau G. (A 26316)

Eine 65 Jahre alte Hausfrau aus Wien litt seit einem Jahr an Ischiasbeschwerden und Depressionen. Auf Empfehlung von Bekannten wandte sie sich im Mai 1995 an den Geistheiler Gerhard N. in Düsseldorf, der sie 34mal fernbehandelte. "Schon vom ersten Tag an", berichtet der Heiler, "traten

Besserungen ein, die dann weiter zunahmen." Inzwischen fühle sie sich "ausgesprochen wohl", schrieb ihm die Patientin Ende Juni 1995. "Ich kann nur sagen: Vielen Dank!" (A 40229)

Seit 1993 plagten eine 59jährige Zahnärztin aus Augsburg ein Bandscheibenvorfall und Ischiasbeschwerden. Tabletten, Spritzen und Massagen verschafften ihr kaum Linderung. Im Februar 1994 suchte sie ein einziges Mal die Geistheilerin Doris R.-S. in Unterhaching auf, zu einer Akupressur und Handauflegen - danach waren sämtliche Beschwerden verschwunden, eine vorgesehene Operation erübrigte sich. (A 82041)

Zu den dankbaren Patienten, denen die Nürnberger Geistheilerin Suzan W. insbesondere durch Handauflegen helfen konnte, zählt die 56jährige H.S., deren schweren Ischiasbeschwerden kein Arzt, kein Medikament beikommen konnte. Nach ein paar Sitzungen sollen die Beschwerden verschwunden gewesen sein. (A 90480)

J

Juckreiz, chronischer

Die Ärztin und Heilerin Dr. Susanne K. berichtet aus ihrer Praxis über eine 41jährige Patientin "mit starkem Juckreiz und schmerzhaften tiefen und blutenden Einrissen an beiden Füßen und leichter an beiden Händen: Die hautärztliche Behandlung brachte keine Besserung. Es bestand ein ausgeprägtes Hitzegefühl an beiden Füßen. Im Zeitraum von Januar bis Juli 2003 erfolgten insgesamt neun Energiebehandlungen. Nach der dritten (geistigen) Behandlung wurde die Haut ruhiger. Nach der fünften Behandlung bestand kein Hitzegefühl mehr, Einrisse und Schmerzen waren deutlich abgeklungen. Nach neun Behandlungen bestehen an Füßen und Händen keine Einrisse und Schmerzen mehr. Die Haut ist trocken, und es tritt gelegentlich Juckreiz auf, der durch neutrale Cremes verschwindet. Die Patientin kann wieder normal laufen und mit den Händen Hausarbeit verrichten. Der gute Zustand ist seit Juli 2003 unverändert." (GHÄP 2. Aufl. S. 114-115)

K

Karpaltunnelsyndrom

Die Ärztin und Heilerin Dr. med. S. berichtet: "Seit einigen Jahren schon litt eine 38jährige Arzthelferin an einem fortschreitenden Karpaltunnelsyndrom. Trotz Gipsschiene nahmen die Schmerzen weiter zu, nachts war an Schlaf nicht zu denken. Für Pfingsten 1997 stand sie deswegen schon auf der OP-Liste. Kurz vor Ostern desselben Jahres gab ich ihr zweimal Reiki. Nach der ersten Behandlung schwoll, noch am selben Tag, das Handgelenk ab. Bis heute ist die Frau beschwerdefrei. Der Operationstermin wurde abgesagt." (GHNZ S. 188.)

Die Ärztin und mediale Heilerin Dr. Fela-Maria W. erinnert sich: "An einem Montag stellte sich in meiner Praxi eine 58jährige Patientin mit einem Karpaltunnel-Syndrom der linken Hand vor. Es bestand ungefähr neun Monate und wurde von einem Neurologen mittels Elektroneurographie verifiziert. Wegen der starken Schmerzen konnte sie wochenlang nachts nicht mehr ausreichend schlafen. Da alle medikamentösen und physikalischen Therapiemaßnahmen erfolglos geblieben waren, hatte sie sich für einen Operationstermin am Freitag derselben Woche entschieden. Bis Donnerstag, nach drei Behandlungen mit geistiger Heilung, war sie völlig schmerzfrei und sagte ihren Operationstermin ab." (GHÄP 2. Aufl. S. 173-174)

Die Ärztin und Heilerrin Dr. med. Verena S. berichtet aus ihrer Praxis über den Fall einer 38jährigen Arzthelferin, die "seit einigen Jahren schon an einem fortschreitenden Karpaltunnelsyndrom litt. Trotz Gipsschiene nahmen die Schmerzen weiter zu, nachts war an Schlaf nicht zu denken. Für Pfingsten 1997 stand sie deswegen schon auf der OP-Liste. Kurz vor Ostern desselben Jahres gab ich ihr zweimal Reiki. Nach der ersten Behandlung schwoll, noch am selben Tag, das Handgelenk ab. Bis heute ist die Frau beschwerdefrei. Der Operationstermin wurde abgesagt. Anschließend galt es für mich, den Weg zu einer effektiven Reiki-Behandlung mit Bach-Blüten und Homöopathie frei zu machen." (GHÄP 2. Aufl. S. 137; A 84137)

"Ein weiterer Patient, bei dem ich sehr erfolgreich Reiki eingesetzt habe", berichtet Frau Dr. S., "ist der Opernsänger und Musiker Karl-Heinz C. Herr C. hatte bereits im März 2001 Beschwerden gehabt, zunächst in der rechten Hand, woraufhin ich mit Bach-Blüten behandelte. Im Juli 2001 traten erneut Beschwerden auf, die sich zunächst in Form eines hohen Blutdrucks äußerten, der ihm Schwindel verursachte, und so ließ er sich von mir den Blutdruck messen. Der obere Wert war mit dem Blutdruckmessgerät nicht mehr feststellbar, und somit lag eine Notfallsituation vor. Herr C. wurde für eine Woche stationär ins Krankenhaus eingeliefert. Unterdessen spürte er, dass seine Hände immer tauber wurden, und dieses Gefühl erstreckte sich nach einiger Zeit bis in beide Arme hinauf. Deswegen konsultierte er fünf Fachärzte, die ein "fortgeschrittenes beidseitiges Karpaltunnelsyndrom" diagnostizierten und ihm allesamt eine Operation vorschlugen. Darauf wollte sich Herr C. aber nicht einlassen, und deshalb setzte er sich im August 2001 mit mir in Verbindung. Zu diesem Zeitpunkt war er nicht mehr in der Lage, Auto zu fahren, weil er die Gangschaltung nicht mehr bedienen konnte. Auch konnte er seine Gesangsschüler nicht mehr am Klavier begleiten. Bereits nach drei Reiki-Behandlungen im Abstand von je zwei Tagen konnte Herr C. spüren, dass sich sein Zustand besserte. Zwar war das Taubheitsgefühl zunächst immer noch vorhanden, jedoch wesentlich geringer als zu Beginn der Behandlungsreihe. Die ursprünglich verordneten starken Schmerzmittel (Antirheumatika) wurden überflüssig. Bereits Anfang September 2001 konnte er wieder vollkommen beschwerdefrei handwerkliche Arbeiten in seinem Haus durchführen. Auch sein Blutdruck hat sich mittlerweile völlig normalisiert. "Ich war innerlich ganz happy", so erinnert sich der Sänger an seine

Empfindungen bei der Reiki-Gabe. "Ich spürte gleich beim ersten Mal eine Besserung - Wärme, Geborgenheit und ein Glücksgefühl stellten sich ein. Ich spürte ganz deutlich, dass etwas für mich Heilsames passierte, und fühlte mich dadurch tief berührt." (GHÄP 2. Aufl. S. 137-138)

Karzinom s. Krebs, Tumor

Kehlkopfkrebs s. Krebs, Tumor

Fallbeispiel s. Gebärmutterkrebs (A 80634)

Kieferhöhlenvereiterung, chronische

Eine 45jährige Verwaltungsangestellte aus Freiberg/Sachsen litt seit drei Jahren an einer chronischen Kiefervereiterung. Sechsmal wurde sie deswegen erfolglos operiert; wegen unerträglicher Schmerzen sollte schließlich der Gesichtsnerv operativ durchtrennt werden. Im Oktober 1994 fand sie zu dem Heiler Klaus S. Nach drei ersten Behandlungen innerhalb von acht Tagen "ging es ihr deutlich besser", wie der Heiler versichert. Daraufhin betreute er sie zwei Monate lang einmal wöchentlich, anschließend einmal monatlich - und "bis heute ist ihr Befinden gut". Während eines Kuraufenthalts kam es zwar zu einem Rückfall, doch dieser konnte mit einer Sitzung behoben werden. Die Universitätsklinik Jena soll S.´ Heilerfolg anerkannt haben. (A 09509)

Kinderlähmung s. auch Lähmung, Little-Krankheit

Im Juni 1987 brachte die französische Ärztin Dr. Sylvie D.-J. aus Laval, Bretagne, ihre Tochter Marion zur Welt. Neun Monate später traten bei dem Mädchen erste Symptome der "Little-Krankheit" auf - so benannt nach dem Londoner Chirurgen William Little (1810-1894) -, einer Kinderlähmung infolge eines frühkindlichen Hirnschadens. "Im Alter von zwei Jahren", berichtet Frau Dr. D., "konnte sich Marion kaum allein umdrehen; sie krabbelte auf dem Bauch mit Hilfe der Arme, während sie die Beine nachzog. Als sie vier war, wussten wir nicht, ob Marion jemals sprechen würde: Ihr Vokabular umfasste nicht mehr als zehn Worte, die meisten verstümmelt. Ihre Beine konnten sie nicht tragen, Muskeln und Sehnen hatten sich zurückgebildet." Das Gutachten eines Arztes aus Nantes stellte darüber hinaus "psychische und emotionale Störungen" fest, unberechenbare Aufmerksamkeits- und Stimmungsschwankungen; Marion wird darin als "launisch und widersetzlich" beschrieben. Eine Kollegin aus Laval, Fachärztin für Herz- und Gefäßkrankheiten, empfahl Frau Dr. D., sich an Christos D. zu wenden, einen Geistheiler aus Frankfurt am Main, bei dem ein junger Patient von ihr ein Vierteljahr zuvor schwere Herzrhythmusstörungen vollständig losgeworden war. Und die ratlose Mutter wagte es. Ab April 1992 begann sich der Heiler um Marion zu kümmern. "Seit dieser Zeit", erklärt die Ärztin, "ist eine bemerkenswerte Veränderung in der allgemeinen Entwicklung eingetreten. Marion macht beschleunigte Fortschritte. Sie beginnt, allein an

Krücken zu gehen, sie lernt zu schreiben, und die verbale Kommunikation kommt in Gang. Nach jedem Zusammentreffen mit dem Heiler merken wir, dass sie dynamischer, ruhiger und beharrlicher ist bei allem, was sie unternimmt. Sie versteht alles, sie lacht auf Scherze, sie stellt Überlegungen an. Wir haben wieder Hoffnung geschöpft." (R S. 307.)

Am 16. August 1959 musste die Londonerin Anne Jenkins (ein Pseudonym), die an schwerer Kinderlähmung litt, notoperiert werden: Weil die Kehlkopfmuskeln gelähmt waren, wurde ein Luftröhrenschnitt durchgeführt. Zwei Tage später setzten auch die Lungen aus, Anne musste künstlich beatmet werden. Nun griff die Lähmung, die bereits Nacken, Gehirn und die obere Körperhälfte befallen hatte, auch noch auf das Herz über. "Die nächsten drei Stunden wird Anne nicht überleben", meinten die Ärzte. Da schalteten die verzweifelten Angehörigen den hochgelobten britischen Geistheiler Harry Edwards (1893-1976) ein. (Nach Angaben des englischen Arztes Dr. Louis Rose behandelte Edwards innerhalb von sieben Jahren nicht weniger als zwei Millionen Menschen auf Distanz. Pro Woche gingen allein per Post über eintausend Heilungsgesuche bei ihm ein, wie Edwards selbst angibt.) Während die Ärzte stündlich Annes Tod erwarteten, begann er sie "fernzuheilen". Und sie überlebte: die nächste Nacht, die nächste Woche. Am 26. August setzte ihre Atmung wieder ein, die "Eiserne Lunge" wurde überflüssig. Am 9. September kam ihre Stimme zurück. Am 20. September hob sie erstmals den Kopf vom Kissen. Am 23. September war sie imstande, ein wenig Flüssigkeit zu sich zu nehmen; die Ernährungsröhre konnte entfernt werden. Am 6. Oktober richtete sie sich allein im Bett auf, saß eine halbe Stunde lang aufrecht und unternahm Gehversuche. Am 3. November ging sie ohne fremde Hilfe im Zimmer auf und ab. Kurz darauf konnte sie feste Nahrung zerkauen und schlucken - und nahm vier Kilo zu. Am 26. November wurde Anne Jenkins aus dem Krankenhaus entlassen - und ein Jahr später verriet nichts mehr, dass sie je an Kinderlähmung gelitten hatte. (GB, FH1)

Kinderlosigkeit, ungewollte

Nach ihren erstaunlichsten Heilerfolgen befragt, schildert die Heilerin Iris G. aus Buchholz unter anderem den Fall einer Frau, die vier Jahre lang erfolglos versucht hatte, schwanger zu werden. Die Heilerin legte ihr die Hände auf - und ein Jahr später bekam die Frau ein Kind, "zum sprachlosen Erstaunen ihres Arztes". (A 21244.)

An schwerer Epilepsie litt die 46jährige Frau eines Facharztes für Neurologie; drei heftige Anfälle pro Woche waren die Regel. Außerdem belastete sie ihre ungewollte Kinderlosigkeit. In ihrer Not vertraute sie sich 1990 einer Heilerin aus Kassel an. Daraufhin traten ihre Krampfattacken deutlich seltener und schwächer auf. Ein Dreivierteljahr später brachte sie einen gesunden Sohn zur Welt. (GHNZ S. 153)

Bei einer 23jährigen Patientin mit unerfülltem Kinderwunsch wird in einem Fertilitätszentrum an einem Universitätsspital laparaskopisch in Narkose ein vollständiger, beidseitiger Eileiterverschluß festgestellt; die medizinische Wahrscheinlichkeit einer spontan eintretenden Schwangerschaft beziffern die Ärzte mit "gleich Null". Vor dem ersten Versuch mit In-vitro-Fertilisaton lässt sich die Patientin von einer Geistheilerin behandeln. Prompt wird sie schwanger, für die Gynäkologen unerklärlich. (GHNZ S. 258-259.)

Klaustrophobie s. Angst

Kleptomanie

Eine 50 Jahre alte Geschäftsfrau aus Karlsruhe war nach der Scheidung von ihrem ersten Mann kleptoman geworden. Außer Rezepten für Antidepressiva und Valium hatten Ärzte ihr nichts anzubieten. Nach einem Jahr, in dem die Frau serienweise Diebstähle beging, fand sie auf Empfehlung einer Rechtsanwältin, die sie vor Gericht vertreten sollte, zur Heilerin Angela G.-K. Regelmäßiges Geistheilen und Gespräche "machten die Frau ruhiger, ihre Ängste ließen nach", erinnert sich Frau G.-K. "Nach etwa einem Jahr, in dem sie keinerlei Medikamente mehr einnahm, war sie symptomfrei. Seither ist sie nicht mehr rückfällig geworden." (A 76137)

Knochenbruch

Bei einem Unfall hatte ein 35jähriger Leiter eines Reisebüros einen komplizierten Knochenbruch erlitten; nach der Operation, die eine Muskeltransplantation einschloß, trat eine tiefgreifende Gewebenentzündung auf. Das Bein wurde geschient, Physiotherapien schlossen sich an. Trotzdem blieb das Bein taub und kraftlos. Ein Jahr nach dem Unfall ließ sich der Mann zunächst fünf Wochen lang alle sieben Tage, dann einmal monatlich von der Geistheilerin Elke H. in Berlin Reiki geben. "Unmittelbar darauf klangen die Infektionen ab", berichtet die Heilerin, "der Heilungsprozess beschleunigte sich nach jeder Sitzung erheblich. Gefühl, Kraft und Beweglichkeit kehrten in das Bein zurück. Die letzte ärztliche Untersuchung bestätigte eine Genesung weit über die ursprünglichen Prognosen hinaus." (A 10777)

Weiteres Fallbeispiel s. A 30161

Kniegelenksentzündung s. auch Entzündung

Von einem Rechtsanwalt beglaubigen ließ ein Neurologe aus Passau einen Dankesbrief, den er dem Heiler Christos D. zusandte: "Wie Sie wissen, hatte ich schwere Durchblutungsstörungen und eine Kniegelenksentzündung im linken Bein", schrieb er am 19. Oktober 1979. "Trotz ständiger fachärztlicher Behandlung war ich gezwungen, unentwegt schmerzstillende Mittel einzunehmen. Ich war deutlich gehbehindert. Seit Sie mich viermal behandelt haben, bin ich absolut schmerzfrei. Auch bei längerem Gehen habe ich keine Beschwerden mehr. Für Ihre erfolgreiche Hilfe möchte ich mich bedanken. Ich werde Sie auf jeden Fall in meinem Bekanntenkreis weiterempfehlen." (GHNZ S. 152; A 65929)

Knochenkrebs s. auch Krebs

Eine Hausfrau aus Ulm litt an Knochenkrebs, der trotz Operation und Chemotherapie weiterfraß. Ein halbes Jahr lang vertraute sie sich der Geistheilerin Birgit N. an. Einmal monatlich fand eine Sitzung mit Geistigem Heilen, Gesprächs- und Bach-Blütentherapie statt. "In dieser Zeit", berichtet die Heilerin, "wurde aus einer verunsicherten, ängstlichen Patientin eine mutige, selbstsichere, auf Gott hörende Persönlichkeit. Der Knochen wuchs nach, das Bein blieb erhalten. Dieser Erfolg hielt an, ohne Rückfälle." (A 89284)

Knochenmarkkrebs (Plasmocytom) s. auch Krebs

Die Gattin von Dr. med. Hermann S., eines Arzts für Innere Medizin in einer hessischen Kleinstadt, litt an einer unheilbaren Form von Knochenmarkkrebs - "in weit fortgeschrittenem Stadium", wie ihr Mann berichtet. In ihrer Verzweiflung wandte sich die Frau Anfang 2002 an den Geistheiler Christos D. aus Frankfurt-Höchst, nachdem sie 17 Bestrahlungen der Brustwirbelsäule, sechs Chemotherapien und eine Transplantation eigener Stammzellen über sich hatte ergehen lassen müssen. "Als sie zu Christos D. kam, ging es ihr noch sehr schlecht", berichtet Dr. med. S. "Wegen mehrerer Wirbelbrüche litt sie unter starken Rückenschmerzen. Ihre Muskulatur war so schwach, dass sie die Treppenstufen zur Wohnung des Heilers nur mit fremder Hilfe bewältigen konnte." Was die Schwerkranke dort erlebte, fasst der Internist in einem Dankesbrief vom 26. Juni 2002 an Christos D. zusammen: "Wir sind uns alle einig, dass Ihre Therapie eine entscheidende Wende zur Besserung bewirkt hat. Dafür möchten wir Ihnen sehr herzlich danken. (..) Inzwischen geht es meiner Frau viel besser. Bei einer Punktion des Knochenmarks am 30.4.2002 fand sich im Gegensatz zu früheren Untersuchungen keine Vermehrung der Plasmazellen mehr, so dass sich jetzt das Bild eines normalen Knochenmarks bietet. Dies ist ein großartiger Erfolg, über den wir sehr glücklich sind und den wir sicher zu einem großen Teil Ihnen zu verdanken haben. Meine Frau hat wieder neuen Lebensmut geschöpft und schmiedet Zukunftspläne. Sie will wieder anfangen, Auto zu fahren, was sicher ein gutes Zeichen ist." (A 65929)

Knoten, "kalte" s. auch Krebs, Präkanzerose

Im Sommer 1986 bildeten sich am Hals des Ehemannes der Geistheilerin Brigitte von L. mehrere verdächtige Knoten. Nach einer Röntgenuntersuchung riet ein Arzt zur raschen Operation, weil daraus Krebs werden könne. "Weil aber in jenem Jahr einige Verwandte und Bekannte von uns nach relativ harmlosen Operationen verstorben waren, wollte mein Mann nicht ins Krankenhaus gehen", erinnert sich die Heilerin. "Wir beschlossen, dass ich versuchen sollte, ihn zu heilen. Es klappte: Nach etwa zwei Wochen waren die kalten Knoten verschwunden." (A 53639)

An der Schilddrüse einer 37jährigen Verkäuferin aus Rinderbügen waren vor Jahren drei Knoten festgestellt worden, die seither halbjährlich kontrolliert wurden. Am 12. Oktober 1994 legte ihr die Geistheilerin Mildred F. einmal die Hände auf und gab ihr eine Probe Heilwasser des indischen Weisen Sai Baba mit. Bei der medizinischen Kontrolle sieben Tage später, sagt Frau F., waren alle drei Knoten verschwunden. Der Arzt war verblüfft: "Was haben Sie gemacht?" Schließlich vermutete er: "Wir haben wohl Patientenkarten verwechselt." (A 65719)

An der Schilddrüse einer 65jährigen Hausfrau aus München hatten sich vor einem halben Jahr kalte Knoten gebildet. 1996 fanden, über zwei Wochen verteilt, sechs Sitzungen mit Handauflegen bei der Geistheilerin Erdmute M. statt - und die Knoten verschwanden. Der behandelnde Arzt soll verblüfft von einer "Spontanremission" gesprochen haben. (A 81735)

Weitere Fallbeispiele s. A 55218 und 73310

Knorpelschaden

Fallbeispiel s. A 69120

Kolik

Fallbeispiel s. Dysmenorrhoe (A 28203) und Schmerzen (A 46145) sowie A 32257 (Tierheilung), 73033, 79761

Koma

Nach einer Virusinfektion lag ein 25jähriger Elektriker aus Rastatt im August 1991 im Koma. Ärzte gaben ihm allenfalls eine "fünfprozentige Überlebenschance". Durch Bekannte des Patienten alarmiert, versuchte die Heilerin Felicitas A. eine "Bildbehandlung": Nur anhand eines Fotos des Mannes "übertrug ich Fernenergie, sprach Gebete und legte Edelsteine auf das Bild". Kurz darauf erwachte der Mann aus dem Koma, zunächst aber nur zeitweilig. Doch nach mehreren Wochen "war er vollständig genesen", versichert die Heilerin. (A 75045)

Ein 23jähriger Mann lag nach einem Autounfall mit schweren inneren inneren Verletzungen seit einer Woche im Koma. Er hatte sich einen Oberschenkelhalsbruch zugezogen, innere Blutungen waren nicht zu stillen. Nachdem sich der Geistheiler Heinz L. des Patienten annahm, wurde "die Blutung über Nacht gestillt. Die Ärzte bestätigten dem Patienten eine überraschend gute Gesamtheilung." Nachdem er aus dem Krankenhaus entlassen worden war, vertraute er L. an: Selbst im Koma habe er dessen "geistige Anwesenheit und Heilarbeit erlebt". (A 61449)

Konjunktivitis s. auch Entzündung

Eine 32jährige Sekretärin aus Hamburg kam mit akuter Konjunktivitis - einer Entzündung der Augenbindehaut - in die Praxis des Heilers Stefan B. Nach einmaligem Handauflegen, ohne körperlichen Kontakt, klangen ihre Beschwerden sofort ab, wie der Heiler berichtet - und sollen seither nicht wiedergekehrt sein. (A 22041.)

Aufgrund einer immer wiederkehrenden Bindehautentzündung litt ein 56jähriger Landwirt seit 1985 an einer Überempfindlichkeit der Augen. Mehrere Augenärzte und Heilpraktiker verschrieben ihm diverse Augentropfen - doch diese halfen nicht, ebensowenig wie ein zunächst hinzugezogener Geistheiler. Daraufhin wandte sich der Mann an die Gröning-Gemeinschaft Saarbrücken, in der er lernte, "den göttlichen Heilstrom aufzunehmen" - und schon zwei Monate später war er von seinem Leiden auf Dauer befreit. (BG S. 43; zum Gröning-Freundeskreis s. FH1 und GB.)

Konzentrationsstörungen/-schwäche

Ein Fallbeispiel s. unter dem Stichwort Angst (A 45115)

Kopfschmerzen, chronische s. auch Migräne, Schmerzen

Eine 61jährige Sonderschullehrerin aus Berlin litt jahrzehntelang an Depressionen, chronischen Kopfschmerzen "und vielen anderen psychosomatischen Beschwerden". Seit ihrem 40. Lebensjahr war sie deswegen in nahezu ständiger ärztlicher Behandlung gewesen; mehrfach wurde sie in psychosomatische Kliniken eingewiesen. Ihre Symptome wurden dadurch nur vorübergehend geringfügig gelindert. 1985 ließ sich die Patientin auf eine Gruppen- und Einzeltherapie bei der Heilerin Maria R., einer Diplom-Psychologin, ein. Daraufhin verbesserte sich ihr Zustand zunehmend, die Depressionen lösten sich auf, die körperlichen Beschwerden verschwanden. Seit Herbst 1991 ist sie völlig symptomfrei, weitere Arztbesuche erübrigten sich. (A 12357.)

Eine 49jährige Computerfachfrau aus Mariabrunn litt seit Jahren ununterbrochen an Kopfschmerzen, "bis zum Erbrechen". Von verschiedenen Ärzten wurde sie ohne Erfolg behandelt. 1994 ließ sie sich viermal je eine Stunde lang von der Heilerin Hannelore S. Reiki geben. "Schon während der Behandlung", berichtet Frau S., "lösten sich die Schmerzen vollkommen auf. Seither ist die Frau beschwerdefrei." (A 88138)

Weitere Fallbeispiele s. unter dem Stichwort Angst (A 45115) und Rückenschmerzen (GHÄP 2. Aufl. S. 160) sowie A 10717, 12621, 13347, 13593, 23701, 24145, 31141, 32052, 51069, 5413, 57629, 69120, 73033, 84489, 87629

Krämpfe

Seit der Pubertät machten einer 37jährigen Apothekerin aus Düsseldorf heftige Krämpfe speziell im Uterusbereich vor und während der Menstruation zu schaffen. Ärzte konnten ihr nicht helfen. Im Jahre 1994 verschwanden die Beschwerden - spontan, unmittelbar nach einer einzigen Sitzung bei der Geistheilerin Helga E. in Neuss, die neben "geistiger Energieübertragung" auch "Bewusstmachung" (der Hintergründe des Leidens) und klassische Homöopathie einsetzte. (A 41462)

Kraftlosigkeit

An Schlaflosigkeit, Haarausfall und völliger Kraftlosigkeit litt eine 32jährige Hotelfachfrau aus Frankfurt seit vier Jahren. Nachdem ärztlich verordnete Aufbaupräparate keinerlei Besserung brachten, vertraute sie sich im Mai 1995 dem Geistheiler Jan W. in Hannover an. Über ein Jahr lang fanden zweimal pro Woche Reiki-Sitzungen statt; unterstützend wurden "taoistische Regenerationskräuter" eingesetzt und "die Beziehung zur Mutter aufgearbeitet". Wie Jan W. berichtet, "trat - nach einem Zwischentief - eine konstante Besserung ein, die bis heute anhält." (A 30161)

Krebs s. auch Bauchspeicheldrüsenkrebs, Blasenkrebs, Darmkrebs, Eierstockkrebs, Gebärmutterkrebs, Glioblastom, Hirntumor, Hodenkrebs, Kehlkopfkrebs, Knochenkrebs, Leukämie, Lungenkrebs, Lymphknotenkrebs, Lymphom, Magenkrebs, Morbus Hodgkin, Myxosarkom, Schilddrüsenkrebs, Tumor

Bei einer 43jährigen Logopädin aus Regensburg war 1990 ein papilläres Schilddrüsen-Karzinom festgestellt worden, das bereits metastasiert war, unter anderem in die Lunge. Die schulmedizinische Behandlung hatte eine Strumaresektion, eine Lymphadenektomie, Bestrahlung und Radiojodtherapie eingeschlossen - doch die Metastasierung hielt unverändert an. Im Juni 1991 fand die Patientin zu der Ärztin und Geistheilern Dr. med. K., die zunächst auf Cranio-Sacraltherapie setzte, später ergänzt durch Homöopathie, Lumatron, Nosoden, Kristalle und Rinden. Vor allem versuchte sie, der Kranken "Lebenszuversicht und Vertrauen in die eigenen Selbstheilungskräfte zu vermitteln, Angst abzubauen, Selbstvertrauen und Selbstliebe zu stärken". Seit Juni 1995 ist die Frau vollständig tumor- und metastasenfrei, wie ein Facharzt für Radiologie bestätigte. (A 85591)

Von August bis November 1996 vertraute sich dem Heiler J.-M. eine Krebspatientin aus Rifferswil an. Insgesamt 12 Sitzungen fanden statt, wovon sich die Frau "eine Unterstützung der Chemotherapie und die Linderung verschiedener Nebenwirkungen" versprach. Ihre Erwartungen wurden erfüllt, wie sie im März 1997 schrieb: "Die Übelkeit ist fast immer verschwunden, Schlafstörungen vollständig. Außerdem erfuhr ich wundervolle moralische Unterstützung. Und statt vorgesehenen sechs bis acht Chemotherapien mussten nur vier stattfinden." (A CH-8911)

Bei einer 77jährigen Hausfrau aus Neubrandenburg war im Colon transversum, einem Teil des Dickdarms, ein Tumor festgestellt worden. Unmittelbar nach der computertomographisch gestellten Diagnose ließ sich die Patientin sechsmal jeweils anderthalb Stunden lang mit Reiki behandeln. Anfangs faustgroß, schrumpfte die Geschwulst bis zum sechsten Tag auf die Größe einer Erbse. Nach drei Monaten war sie nicht mehr feststellbar, eine erneute Computertomographie blieb ohne Befund. Der behandelnde Arzt wollte dazu keinerlei Kommentar abgeben. (A; R S. 320.)

Mit Krebs kämpfte ein Ehepaar vom Wörthersee: Der Mann, ein 40jähriger Opernsänger, litt an Krebs an den Hoden, im Mund- und Kehlkopfbereich, konnte deswegen seit zehn Jahren nicht mehr singen. Bei seiner 24jährigen Ehefrau hatten sich bösartige Tumoren an der Gebärmutter und den Eierstöcken gebildet. Beide standen kurz vor der Operation. Verzweifelt wandten sie sich 1992 an den Heiler Peter G. "Daraufhin habe ich im Oktober 1992 deren Haus sowie sie selbst magisch harmonisiert und jedem eine spezielle Klang-Meridiantherapie verordnet. Als sie kurz vor Weihnachten von ihrem Arzt untersucht wurden, war keinerlei Krebs mehr nachweisbar. Der Arzt konnte sich das nicht erklären. Bis heute kam es zu keinen Rückfällen." (A 80634)

Nach besonders bemerkenswerten Behandlungserfolgen befragt, schildert die Heilerin Angelika F. unter anderem den Fall eines 58jährigen Rentners aus München, der seit zwei Jahren an einem Karzinom litt. Chemotherapie und Bestrahlung hatten dagegen wenig ausgerichtet - dafür aber seinen Verdauungstrakt zerstört und seine Haare gänzlich ausfallen lassen. "Seine Ärzte gaben ihm noch acht Wochen zu leben". Als der Patient 1987 zu Frau F. fand, legte sie ihm die Hände auf und leitete ihn zu "Lichtmeditationen" an, "mit der Vorstellung, dass die negative Energie, die zum Krebs geführt hat, aufgelöst wird. Der Patient änderte sein Bewusstsein." Nach neun Sitzungen war das Karzinom verschwunden. Der behandelnde Arzt "verbuchte dies als seinen Erfolg". (A 82057)

Durch Empfehlungen fand zu der Heilerin Brigitte G. ein 60jähriger Mann aus Staucha bei Riesa: Ihm war Prostatakrebs diagnostiziert worden. Weil der Tumor zu nahe an der Blase saß, entschieden sich die behandelnden Ärzte gegen eine Operation. Stattdessen wurde eine Chemotherapie durchgeführt - ohne Erfolg. Zwölfmal, in einem Zeitraum von zwei bis drei Wochen, kam der Patient daraufhin zu Frau G. - und "dabei wurde der Tumor weicher, dann kleiner, und schließlich war er weg", wie die Heilerin versichert. Weil der Mann alle vier bis sechs Wochen ärztlich untersucht wurde, ist diese Genesung medizinisch dokumentiert. Sie blieb übrigens ohne Rückfälle.

Zu ihren beachtlichsten Erfolgen rechnet die Heilerin Angelika F. die Genesung eines 70jährigen Rentners aus Hauteroda in Thüringen: Ihm war im Herbst 1993 Leukämie diagnostiziert worden. Im Oktober desselben Jahres wandte er sich an die Heilerin. Ein einziges Mal legte sie ihm die Hände auf, daran schlossen sich zwei Fernbehandlungen anhand eines Porträtfotos an. "Nach sechs Tagen war der Mann geheilt", erklärt Frau F., "die Ärzte standen vor einem Rätsel." Auch in diesem Fall blieben Rückfälle aus. (A; R S. 320.)

Im Winter 1993/94 trat bei einer 50jährigen aus Schwabach/Unterfranken ein 19 Millimeter dicker Knoten in der linken Brust auf: Krebs. Eine Chemotherapie schlug nicht an. Im Februar 1994 begann die Heilerin Angelika F. mit einer Fernbehandlung per Foto. Nach vier Wochen war der Knoten auf sechs Millimeter geschrumpft. (A)

1994 lernte Jakov G., ein in Hildesheim praktizierender Geistheiler aus Weißrussland, in Mainz einen Arzt kennen, der ihm von seinem schwerkranken Bruder erzählte: Dieser hatte Krebs, mit Metastasen in beiden Lungen und in der Leber. G. versuchte eine Fernbehandlung. Retten konnte er den Mann nicht mehr; doch zum Erstaunen des Arztes starb sein Bruder völlig schmerzfrei. (A 31141)

Seit Anfang der neunziger Jahre trägt eine Frau Ende fünfzig aus Kirchzarten Krebsmetastasen im ganzen Körper. Mehrere Operationen konnten ihr erneutes Wachstum nicht verhindern. Ab 1995 ließ sich die Patientin dreimal pro Jahr von der Geistheilerin Cornelia K. aus Salzgitter helfen, wobei jeweils acht Sitzungen stattfanden. Nach Angaben von Frau K. stellten Ärzte Ende 1996 fest: Die Tumore hatten aufgehört zu wachsen, sie waren inaktiv geworden. Bis heute soll diese Besserung anhalten. (A 38259)

Weitere Fallbeispiele s. A 53105, 57629

Krebs, Folgeschäden konventioneller Therapien

Eine 45jährige Handelskauffrau aus einem Dorf bei Leipzig war nach einem Brustkrebs-Befund operiert worden. Anschließend fanden, zwischen Juli und Dezermber 2001, sechs Chemotherapien statt. Seitdem litt die Patientin unter massiven Gelenk- und Knochenschmerzen, Neuralgien (Nervenschmerzen) und Taubheitsgefühlen in den Händen, vor allem in den Fingerspitzen; körperlich fühlte sie sich schwach und kraftlos. Als sie im Juni 2002 zu der Geistheilerin Hiltrud F. fand, war sie zwar noch in ärztlicher Behandlung - doch diese erschöpfte sich im Verschreiben von Vitamintabletten. Achtmal, mit jeweils einem einstündigen Termin pro Woche, behandelte Hiltrud F. die Frau durch Handauflegen. Nach der vierten Sitzung, so berichtet die Heilerin, "waren die Beschwerden in den Händen verschwunden. Nach weiteren vier Behandlungsterminen hatte sie keinerlei Schmerzen mehr. Bei den zwei letzten Sitzungen lösten sich auch ihre psychischen Probleme auf. Kraft und Kondition kehrten zurück, ebenso ihre ursprüngliche Lebenslust." Diese verblüffenden Fortschritte sollen vom Hausarzt und einem Gynäkologen bestätigt worden sein. (A 04547)

Krebs, Vorstadium von (Präkanzerose)

Einer 47jährigen kaufmännischen Angestellten aus Wildberg/Sulz machten seit Jahren starke Monatsblutungen zu schaffen. Ende 1993 wurden in ihren Brüsten Knoten festgestellt, die als "Präkanzerose " eingeordnet wurden, ein Vorstadium von Krebs. Seit Anfang 1994 behandelte ihre Hausärztin sie mit homöopathischen Mitteln - erfolglos. Daraufhin wandte sich die Frau an den Heiler Günther K., der auf "Energiebehandlung" setzte, verbunden mit Fußreflexzonentherapie, Einzelhomöopathie, Chiropraktik und Gesprächstherapie. Wenige Wochen später zeigte ein Bioresonanz-Test bei einer Heilpraktikerin in der Nähe ihres Wohnortes "völlige Symptomfreiheit" an. "Seit Anfang September fühlt sie sich sehr gut." (A 73110)

Kreuzschmerzen s. Rückenschmerzen, Schmerzen

Kropf s. Struma

Kryptochismus (Hodenhochstand)

In Archangelsk, dem führenden Seehafen im Nordwesten Russlands am Weißen Meer, kommt am 3. Juni 1987 Alexander K. zur Welt. Einen Monat nach seiner Geburt stellt der Hausarzt einen bilateralen Kryptochismus fest: einen beidseitigen Hodenhochstand.

Bei der Entwicklung des männlichen Embryos entstehen die Hoden aus einer ursprünglich undifferenzierten Genitalanlage, die sich hoch oben in der Bauchhöhle befindet, etwa in Höhe der unteren Lendenwirbelsäule. Im siebten Schwangerschaftsmonat beginnen sie durch den Leistenkanal in den Hodensack hinabzuwandern, eine Bewegung, die Mediziner "Descentus testis" nennen (von lat. *descentus*: Abstieg, und *testis*: Hoden). Kryptochismus tritt bei drei von hundert Neugeborenen auf. (Dagegen sind 30 Prozent aller "Frühchen" davon betroffen.) Wird er nicht rechtzeitig behoben, führt er unweigerlich zu Unfruchtbarkeit. Denn die Reifung der männlichen Samenzellen ist temperaturempfindlich, sie mögen es kühl. Im Bauch ist es zu warm, weshalb die biologische Evolution die Keimzellen beim Mann außerhalb des Körpers angelegt hat. Im Hodensack liegt die Temperatur etwa zwei bis fünf Grad niedriger.

In rund 80 Prozent der Fälle gelingt es den Hoden im Laufe des ersten Lebensjahres spontan, den "Abstieg" nachzuholen. Zu einem späteren Zeitpunkt können die Hoden allerdings nicht mehr eigenständig herabwandern - dann muss medizinisch nachgeholfen werden. Dazu werden dem Kind Hormone verabreicht: HCG (*human chorionic gonadotropin*) oder GnRH (*gonadotropin releasing hormon*) oder beide in Kombination. Sie regen die Freisetzung von Testosteron an, des männlichen Geschlechtshormons, das normalerweise hauptsächlich in den Hoden gebildet wird. In zwei Drittel der Fälle holen die Hoden daraufhin ihre Wanderschaft nach. Andernfalls muss operiert werden. (Bei dieser sogenannten "Funikolyse mit Orchidopexie" wird, nach einem kleinen Hautschnitt in der Leiste, zunächst der Samenstrang freigelegt und nach unten gezogen; anschließend wird der Hoden an der tiefsten Stelle des Hodensacks durch eine Naht fixiert.) Bis wann ein solcher Eingriff spätestens erfolgen muss, ist unter Fachleuten umstritten: Manche meinen, dafür sei ein Kindesalter von fünf Jahren ideal; andere halten eine Operation schon "zwischen dem 3. und 18. Lebensmonat" für "unbedingt erforderlich". Jedenfalls sollte sie noch lange vor Schuleintritt stattgefunden haben, sonst ist Sterilität unabwendbar.

All das scheint den Eltern und Ärzten Alexanders unbekannt gewesen zu sein. Nachdem der Hodenhochstand vier Wochen nach seiner Geburt festgestellt worden war, geschah fünf Jahre lang - nichts. Erst 1992 wurde der Junge am Staatlichen Kinderkrankenhaus in Archangelsk daraufhin untersucht. Dabei stellte der zuständige Arzt "eine tastbare kleinere Formation unbestimmter Natur im rechten unteren Bereich der Bauchhöhle" fest. Er riet zu einer Operation. Doch die Eltern lehnten ab.

Danach wurde sechs weitere Jahre nichts unternommen. Als Alexander am 16. Oktober 1998, jetzt schon elfeinhalb Jahre alt, der Poliklinik der Ärztlichen Akademie von Archangelsk vorgeführt wird, bestätigen sich die fatalen Folgen:

Die Testosteronwerte des Jungen liegen bei 0.01 ng/dL (Nanogramm pro Deziliter = pro hundert Milliliter) bzw. 0.000347 nmol/L (Nanomol pro Liter): ein eindeutiger Hinweis auf die Abwesenheit jeglichen funktionstüchtigen Keimdrüsengewebes. (Normal sind 7 bis 35 ng/dL bzw. 0.2429 bis 1.2145 nmol/L.) Einen erneut angeratenen chirurgischen Eingriff lehnen die Eltern immer noch ab, und jetzt sträubt sich auch Alexander dagegen.

Tatenlos verstreicht über ein weiteres Jahr. Dann schalten die Eltern den russischen Geistheiler und graduierten Physiker Nikolai L. ein; zwar ist er 1991 von Archangelsk in die Vereinigten Staaten ausgewandert, erklärt sich nach einem Telefonat mit der Mutter aber bereit, per Fernbehandlung von San Francisco aus sein Möglichstes zu versuchen. Die interkontinentalen Heilbemühungen beginnen Ende Dezember 1999. Wöchentlich finden fünf "Sitzungen" statt: eine, bei der L. und Alexander miteinander telefonieren, und vier weitere zu einem vorher verabredeten Zeitpunkt, an dem der Junge entspannt ruhen soll.

Nach vier Monaten Fernbehandlung bringt eine Ultraschalluntersuchung am 24. März 2000 in Alexanders Bauchhöhle unten rechts "eine neue Struktur" zum Vorschein, die ein Arzt als "rund mit klar umrissenen Konturen" beschreibt, 1,7 Zentimeter lang und einen Zentimeter breit - allem Anschein nach ein Hoden. Links davon taucht eine "gewisse amorphe Masse" auf, 2,1 auf 1,3 Zentimeter, "nicht so klar abgegrenzt wie die andere Struktur". Zwei Wochen später ergibt die Bestimmung der freien Testosteronwerte ein Niveau von 2.8 ng/dL (0.09716 nmol): ein klarer Hinweis darauf, dass in Alexanders Körper etwas medizinisch Unfassbares in Gang gekommen ist.

Am 3. Mai 2000 werden in Archangelsks Zentrum für Radiologische Diagnostik bei Alexander "deutlich erkennbare Kanäle zum Descensus testis" festgestellt; "auf Höhe des zweiten Lendenwirbels beginnend", verlaufen sie zum Hüftbereich. Die "rudimentären Strukturen", die sich zwei Wochen zuvor schon im Ultraschall abgezeichnet haben, werden auch hier als Hoden eingestuft.

Am 13. September 2000 belegt eine Tomographie "das Vorliegen von intraabdominalen (in der Bauchhöhle gelegenen) Strukturen von ovoider (Ei-)Form". Sie "sendet starke Signale aus, die für Keimdrüsengewebe typisch sind".

Am 29. August 2000, zehn Monate nach Beginn der Fernbehandlung, erreichen Alexanders Testosteronwerte mit 6,0 ng/dL (0.02082 nmol/L) beinahe schon alterstypisches Normalniveau.

Eine abermalige Ultraschalluntersuchung am 20. März 2001 belegt "das Vorliegen von beidseitigen, perfekt ausgebildeten 8-mm-Hoden innerhalb der Bauchhöhle". Der Testosteronspiegel erreicht jetzt, nach 16 Monaten Fernbehandlung, 10ng/dL (0.0347 nmol/L). Mit einer Operation soll abgewartet werden, weil jetzt Kanäle zur Hodendeszendenz vorhanden sind.

Der tomographische Nachweis von neu geformten Keimdrüsen, verbunden mit einer Normalisierung des Testosteronspiegels innerhalb von knapp anderthalb Jahren, ohne Hormontherapie, ohne Operation, und das bei einem beinahe schon jugendlichen Kind wie Alexander: Dieser spektakuläre Fall faszinierte die US-amerikanische Medizinerin Dr. Barbara K. vom Mount Sinai Hospital in

New York. Ihr verdanken wir eine sorgfältige Dokumentation. "Um diese Veränderungen zustande zu bringen", so würdigt die Ärztin L.s Leistung, "stand der Heiler vor einer doppelten Herausforderung: Er musste defekte Gene reparieren, welche die Keimdrüsenentwicklung steuern; und er musste Gonaden in einem Patienten erschaffen, der mit elfeinhalb Jahren schon lange aus dem biologischen Zeitfenster für die Entwicklung von Hoden herausgeraten war." (FH1)

Kurzsichtigkeit s. auch Augenleiden, Sehschwäche

Seit ihrer Geburt war die elfjährige Miriam aus Minden ein Sorgenkind gewesen: Sie war kurzsichtig, litt unter Gleichgewichtsstörungen und hatte erhebliche Lernschwierigkeiten. Die Psychopharmaka vom Rezeptblock eines Arztes halfen ebensowenig wie eine Ergotherapie. Daraufhin nahm sich die Geistheilerin Christine D. des Mädchens an: Sechs Monate lang betreute sie Miriam einmal wöchentlich. Danach, so berichtet Frau D., waren die Störungen verschwunden, die Brille überflüssig; die Ergotherapie konnte abgebrochen werden. (A 31707)

L

Lähmung s. auch Behinderung, Cerebralparese, Kinderlähmung, Little-Krankheit

Im August 1992 wurde der Geistheiler Jakov G. eines Tages von einer aufgeregten jungen Frau in seiner Praxis aufgesucht: Ihr Mann hatte sich 15 Tage zuvor bei einem Autounfall schwere Verletzungen zugezogen; der erste Lendenwirbel war gebrochen. Die behandelnden Ärzte prophezeiten ihm bestenfalls ein Leben im Rollstuhl. G. ließ sich ein Foto des Mannes geben; von da an fernbehandelte er ihn täglich. "Nach vier Monaten konnte er wieder als Chauffeur arbeiten. Die Ärzte waren verblüfft." (A 31141)

Eine 64jährige Hausfrau aus Korschenbroich war seit zwei Monaten linksseitig gelähmt. Verschiedene Medikamente brachten keine Besserung. 1993 ließ sie die Geistheilerin Hildegard M. aus Mönchengladbach für sich beten und sich die Hände auflegen. Nach Angaben der Heilerin war die linke Hand nach acht Tagen beweglich, die Frau konnte wieder gehen. Bis zu ihrem Tod 1994 soll diese Genesung angehalten haben. (A 41189)

Ein schwerer Autounfall 1984, den sie drei Tage zuvor "detailliert vorausgeträumt" haben will, veränderte das Leben der Geistheilerin Magdalene B. von Grund auf. Ärzte prophezeiten ihr ein Leben im Rollstuhl - doch "ich heilte mich aus eigener Kraft, mit geistiger Energie und ärztlicher Hilfe". Nach einem Jahr konnte sie wieder laufen. (A 71739)

- Arm

Der dreißigjährige Gas- und Wasserinstallateur Oliver B. aus Berlin-Schöneberg etwa schwärmt über den Geistheiler Aron D.: "Dieser Mann hat Wunderkräfte. Er heilte meine Lähmung und gab mir den Spaß am Leben zurück. Nach einem Hexenschuss konnte ich meinen Arm nicht mehr bewegen. Ich war arbeitsunfähig. Bestrahlungen und Spritzen halfen nicht. Aron D. hat mich nur ein einziges Mal behandelt. Er hielt seine Hände über meinen Arm. Hitze stieg plötzlich hoch, dann kam ein Kribbeln. Als ich nach fünfzehn Minuten von ihm wegging, war alles wieder gut. Ich arbeite jetzt im Tiefbau, da muß ich schwer heben und tragen. Die Schmerzen sind nie wiedergekommen. Ich kann sogar wieder mein Krafttraining aufnehmen." (A 10717)

Einem 54jährigen Elektronikmeister aus Oldenburg, der seit zehn Jahren seinen rechten Arm nicht mehr bewegen konnte, legte die Geistheilerin Annelie W. im Herbst 1995 während einer Gruppenmeditation fünf Minuten lang ihre Hände auf die Schultern. Daraufhin "konnte er spontan den Arm wieder bewegen. Der Arzt, der den Arm bereits operieren wollte, bestätigte den Erfolg, ohne ihn erklären zu können." (A 26316)

Infolge eines Unfalls, der zu einer Hirnverletzung geführt hatte, war eine 51jährige Sekretärin aus Horn seit 28 Jahren im rechten Arm spastisch gelähmt. Die üblichen Reha-Maßnahmen blieben ohne Erfolg. Im Juli 1995 versuchte es die Geistheilerin Sigrid D. bei der Patientin mit einer "Seelenrückholung" und lehrte sie weitere schamanische Techniken. Seither ist es zu einer deutlichen Entkrampfung des Arms und der Hand gekommen. Die Patientin kann ihren Arm, wenn auch nur mit größter Kraftanstrengung, jetzt willentlich anheben. (A 32805)

- Augenlid

Auf die Fähigkeiten der Hamburger Geistheilerin Elisabeth F. schwört ein Mathematikdozent aus Hannover. Nach einem schweren Unfall war er auf dem rechten Auge nahezu erblindet, der Augendruck war auf ein Minimum gesunken, das Augenlid hing herunter. Kurz vor einer Operation wandte er sich 1987 verzweifelt an Frau F., suchte sie daraufhin ein Jahr lang jede Woche auf. Bereits nach der allerersten Sitzung, so versichert er, habe er auf dem geschädigten Auge wieder klarer sehen können. Mittlerweile sei sein Augendruck deutlich gestiegen, das Augenlid habe sich normalisiert. (A 20099)

- Beine 79235

Geistiges Heilen half offenbar einer 66jährigen Frau, die nach mehreren Schlaganfällen an beiden Beinen gelähmt war. Als auch noch hohes Fieber sie packte, dessen Ursache ungeklärt blieb, wurde sie in die Intensivstation eines Krankenhauses eingeliefert. Dort erklärten Ärzte, sie könnten für die Frau nichts mehr tun. Nachdem sich eine Freundin der Todkranken an die Heilerin Margarete R. aus Wuppertal wandte, "schloss ich die Patientin in meine Gebete ein; meine Gedanken waren dann immer völlig auf sie konzentriert." Ein halbes Jahr später war die Frau nicht nur wieder wohlauf - sondern imstande, ohne Gehhilfe zulaufen; nur ihr rechter Arm blieb gelähmt. (A 42279)

Selbst bei schweren organischen und funktionellen Störungen hat die Geistheilerin Shakti A. anscheinend schon helfen können: so etwa einem fünfjährigen Kind aus Offenburg, das von Geburt an in beiden Beinen gelähmt war. Frau A.

versuchte ihn fernzubehandeln. Inzwischen läuft das Kind "ohne Behinderung", wie sie versichert. Ärzte sollen diese Entwicklung "unerklärlich" gefunden haben. (A 79235)

- Finger

Ein Selbständiger Mitte 30 aus Bitterfeld hatte vor einem Jahr mit einem Teppichmesser tief in einen Finger geschnitten, der seitdem gelähmt war. Eine einzige geistige Behandlung, die nicht länger als zehn Minuten dauerte, brachte nach Angaben der Heilerin Dörte H. aus Gera "eine sofortige Besserung: Die Beweglichkeit des Fingers war wiederhergestellt." (A 07545)

- **Gesicht**

Ein 16jähriges Mädchen aus Damme behielt nach einer akuten Leukämie, die erfolgreich chemotherapiert worden war, seit Anfang 1993 schwere Gesichtslähmungen zurück. Nachdem Behandlungen mit Reizstrom nicht halfen, wurde sie von dem behandelnden Arzt mit den Worten entlassen: Aus medizinischer Sicht sei nichts mehr daran zu ändern, ihr könne nur noch ein "Wunderheiler" helfen. Und dieser Heiler fand sich: Ab Mitte 1994 behandelte Gudrun E. das Mädchen sechs Monate lang durch Handauflegen und Edelsteinmeditation, zunächst alle zwei Tage, danach zweimal wöchentlich, während der letzten beiden Monate einmal pro Woche. "In der ersten Zeit, nach etwa zehn Behandlungen, empfand das Kind noch lediglich ein Kribbeln im Gesicht", berichtet die Heilerin. "Danach kehrte Gefühl in einzelne Gesichtspartien zurück. Nach drei Monaten war das Gesicht wieder teilweise beweglich, und nach einem halben Jahr war eine vollständige Heilung erreicht, die seither anhält. Vom Arzt wurde dieser Erfolg ohne Kommentar staunend zur Kenntnis genommen." (A 49451)

- spastische s. o. Lähmung im Arm (A 32805) sowie auch Cerebralparese, Kinderlähmung, Little-Krankheit, Parese

Nach mehreren Schlaganfällen war eine 66jährige Frau beidseitig gelähmt. Von Wuppertal aus schloss Margarete R., Heilerin und Künstlerin, sie ein halbes Jahr lang in ihre Gebete ein. Danach war die Patientin imstande, ohne Gehhilfe zu laufen; nur ihr rechter Arm blieb gelähmt. (A; R S. 322.)

Ein 16jähriges Mädchen aus Damme behielt nach einer akuten Leukämie, die erfolgreich chemotherapiert worden war, seit Anfang 1993 schwere Gesichtslähmungen zurück. Nachdem Behandlungen mit Reizstrom nicht halfen, wurde sie von dem behandelnden Arzt mit den Worten entlassen, dass aus medizinischer Sicht nichts mehr daran zu ändern sei, ihr könne nur noch ein "Wunderheiler" helfen. Und dieser Heiler fand sich: Ab Mitte 1994 behandelte Frau Gudrun E. das Mädchen sechs Monate lang durch Handauflegen und Edelsteinmeditation, zunächst alle zwei Tage, danach zweimal wöchentlich, während der letzten beiden Monate einmal pro Woche. "In der ersten Zeit, nach etwa zehn Behandlungen, empfand das Kind noch lediglich ein Kribbeln im Gesicht", berichtet die Heilerin. "Danach kehrte Gefühl in einzelne Gesichtspartien zurück. Nach drei Monaten war das Gesicht wieder teilweise beweglich, und nach einem halben Jahr war eine vollständige Heilung erreicht, die seither anhält. Vom Arzt wurde dieser Erfolg ohne Kommentar staunend zur Kenntnis genommen." (A

49451.)

Eine 76jährige Witwe aus Regensburg litt seit etwa zehn Jahren an progredienten atrophischen Paresen - fortschreitenden, mit der Rückbildung von Muskelgewebe verbundenen Lähmungen -, mit einem völligen Verlust des Wärmeempfindens. Mehrere Ärzte und Universitätskliniken hatten in diesem Fall bereits kapituliert. Daraufhin wandte sie sich an Armin B., der ihr zweimal wöchentlich mit Handauflegen und energetischer Medizin zu helfen versuchte. Daraufhin kamen die Lähmungen zum Stillstand; das Wärme- und Kälteempfinden der Haut kehrte zurück, die "innere Kälte" verschwand. (A 93047 und R S. 322)

Selbst bei schweren organischen und funktionellen Störungen hat die Heilerin S. A. schon helfen können: so etwa einem fünfjährigen Kind aus Offenburg, das von Geburt an in beiden Beinen gelähmt war. Frau A. versuchte ihn fernzubehandeln. Inzwischen läuft das Kind "ohne Behinderung". Ärzte fanden diese Entwicklung "unerklärlich". (A 79235)

Patientin: Corinna S. (13), Schülerin, 76744 Wörth, Teilnehmerin am "Fernheil-Test" 1998

Diagnose: infantile Cerebralparese (spastischer Typ), Tetraparese (Lähmung an allen vier Extremitäten), Hirnatrophie (Schrumpfung), Microcephalie (pathologisch verkleinerter Umfang des Schädels, im Vergleich zu altersentsprechenden Größenverhältnissen der übrigen Körperteile); Sprachstörungen; ausgeprägte Skoliose (Verkrümmung der Wirbelsäule)

Dauer: von Geburt an.

Stand bei Testende: Von der ersten Behandlungswoche an berichtet die Familie über erstaunliche Veränderungen bei dem schwerstbehinderten Mädchen: Corinna sei "aufgeschlossener" geworden, "macht in der Schule alles besser, ist am Unterricht interessierter und sehr aufmerksam. Sie redet mehr und macht verbale Äußerungen. Die Aussprache ist besser geworden", manche Sätze spricht Corinna bereits "laut und deutlich". Insgesamt wirkt sie "vitaler" und fröhlicher, zwischendurch ist ihr Gesichtsausdruck "ruhig und strahlend". "Sie zeigt sehr viel mehr Interesse für alles, früher wäre es ihr egal gewesen, was ist. Man kann mit ihr sprechen, und sie gibt die passenden Antworten darauf." Zeitgleich mit Fernbehandlungen, von deren Terminen sie nichts wissen konnte, reagierte das schwerstbehinderte Mädchen wiederholt mit "einem mehrmaligen Zucken der Arme und Beine". Besonders stark spricht Corinna auf die Bemühungen des Heilers an, wenn sie zu ihm gebracht wird. Während eines Besuchs bei ihm am 1. September, so berichtet die sie begleitende Großmutter, "blieb sie etwa zwei Minuten auf ihren Beinchen stehen. So lange hat sie es noch nie ausgehalten." Gegen ihre Krampfbereitschaft musste Corinna seit ihrem ersten Lebensjahr schon 12.000 Tabletten (Phenemaletten) schlucken, wie ihre Oma ausgerechnet hat. Ende Juni konnten die krampfhemmenden Medikamente abgesetzt werden. In einem Kontroll-EEG am 7. August "war nicht mehr Krampfbereitschaft zu sehen als zu der Zeit, als sie noch Medikamente nehmen musste".

Seit Jahren verunstalteten großflächige rote Flecken Corinnas Gesicht - der Hautarzt hatte nichts dagegen tun können. Anfang Juni traten die gleichen Flecken auch an beiden Händen auf - anfangs hellrot, dann tiefbraun. Bis Anfang August waren die Handflecken wieder weg - und die Flecken im Gesicht "fast verschwunden".

Medizinische Beurteilung: "Weitgehend gebessert: Allgemeinzustand, Wachsamkeit, Kooperationsbereitschaft. Antikonvulsiva konnten abgesetzt werden, seit drei Monaten keine Krampfanfälle (nach Angaben der Angehörigen)." (Dr. med. Margarethe Weinlich) (HoG S. 99-100.)

Einem 54jährigen Elektronikmeister aus Oldenburg, der seit zehn Jahren seinen rechten Arm nicht mehr bewegen konnte, legte die Heilerin Annelie W. im Herbst 1995 während einer Gruppenmeditation fünf Minuten lang ihre Hände auf die Schultern. Daraufhin "konnte er spontan den Arm wieder bewegen. Der Arzt, der den Arm bereits operieren wollte, bestätigte den Erfolg, ohne ihn erklären zu können." (A 26316.)

Besonders eindrucksvoll findet der österreichische Arzt und Geistheiler D. den Fall einer 22jährigen Frau aus Hilgertshausen, Bayern. Seit ihrer Kindheit litt sie an schwerster spastischer Parese (Lähmung) mit Epilepsie, die erfolglos medikamentös behandelt wurde. Der Hüftkopf am linken Bein war aus der Pfanne getreten und lag in den Muskeln oberhalb. "Als die junge Frau im September 1997 zum ersten Mal zu mir in Behandlung kam, sollte dieser Hüftkopf operativ entfernt werden, da er immer heftige Schmerzen verursachte". D. "behandelte sie, indem ich ihr Energiefeld ordnete, mehrere Blockaden löste und sie von zwei Besetzungen befreite". Innerhalb von zwei Tagen, so versichert er, "ließen die Schmerzen derart nach und klangen anschließend so weit ab, dass von einer Operation Abstand genommen wurde." Durch Fernbehandlungen, in Abständen von ein bis drei Monaten, "konnte dieser Zustand aufrechterhalten werden. Jedesmal, wenn die Schmerzen wieder einsetzten, konnte ich sie durch eine Fernheilung wieder für Wochen beseitigen. Durch weitere Fernheilungen – vor allem durch Fürbitten und Schutz vor weiteren Besetzungen – wurde erreicht, dass das Mädchen sich geistig deutlich aufhellte" und mit ihrer Mutter sowie ihren anderen Therapeuten viel besser kommunizierte. Zuvor hatte es ausgeprägte Kontaktschwierigkeiten gegenüber Fremden. "Das EEG war in den letzten zwei Jahren so stabil, daß wir die Antiepileptika absetzen konnten." (A A-6236)

Seit 1996 entwickelte sich bei der 47jährigen Rosemarie R. eine fortschreitende Gangstörung, die als "spastische beinbetonte Tetraparese" diagnostiziert wurde – eine vermutlich erbliche Erkrankung, da sie auch beim jüngeren Bruder der Patientin aufgetreten ist. Ab 1999 musste Frau R. immer häufiger zum Gehstock greifen, und inzwischen ist sie auf den Rollstuhl angewiesen. Da "die Ätiologie ungeklärt" sei, "bietet sich keine kausale Behandlungsmöglichkeit an", befand ein Neurologe nach eingehenden Untersuchungen. - Nach zwei Tagen Geistheilung durch den Engländer B. beim Fünften Weltkongress für Geistiges Heilen 2001 in Basel ging Frau R., unter dem Applaus von über tausend Augenzeugen, die Treppe hinauf zur Bühne des Großen Festsaals im Basler Kongresszentrum – zum ersten Mal seit Monaten ohne Krückstöcke, ohne den stützenden Arm eines Begleiters. "Sie verzeichnete die insgesamt beste Heilreaktion", bestätigt der betreuende Arzt, Dr. Horst Schöll. "Die Beweglichkeit der Beine war nicht nur für sie selbst, sondern für uns alle sichtlich besser und lockerer. Sie stand und ging sehr viel sicherer und leichter. Ihre Füsse konnte sie gerade nach vorne setzen und nicht bloß, wie sonst immer, bogenförmig nach vorne bringen. Am letzten Behandlungstag fühlte sie sich sicher genug, das Foyer des Kongresshauses ohne Stöcke zu durchschreiten."

Eine Woche später hielten die Fortschritte noch immer an: "Meinen rechten Fuß kann ich wieder fast wie normal hinstellen und abrollen." Auch seien ihre Füße seither "besser durchblutet und wärmer", berichtet Frau R. An ihrem Heiler beeindruckte sie "die Güte und Liebenswürdigkeit, die von ihm ausging".

Nach Auskunft ihres Vaters "benötigt sie die Gehstöcke zwar hie und da wieder" – aber zweifellos "hat sich etwas bewegt, und es besteht wieder Grund zur Hoffnung". (PSI-INFOS, 48-Stunden-Test.)

Im November 1995 traten bei Georg R. (47) plötzlich Schwindelattacken und eine Schwäche im linken Arm auf. Daraufhin entwickelte sich auf der linken Körperhälfte eine zunehmende Hemiparese (= halbseitige Lähmung), die vor allem den Arm betraf, sowie eine Dysarthrie (Sprechstörung), Übelkeit und Erbrechen. Als Ursache wurde eine Encephalitis festgestellt, eine Entzündung des Gehirns. Bis November 2001 bestand die teilweise linksseitige Lähmung fort. - Nach zwei Tagen Geistheilung durch den Engländer B. beim Fünften Weltkongress für Geistiges Heilen 2001 in Basel räumte Georg R. im Gespräch mit dem betreuenden Arzt "eine langsame Besserung" ein; sein linkes Bein könne er deutlich sicherer kontrollieren. Als Haupteffekt der Geistheilung bewertete er, dass er erheblich mehr Vertrauen in seine Genesung bekommen habe – und innerlich viel harmonischer und zufriedener geworden sei. (PSI-INFOS, 48-Stunden-Test.)

Seit Oktober 2000 leidet die 73jährige Elfriede S. an einer Bulbärparalyse, einer seltenen Muskelkrankheit, die zu fortschreitender Lähmung der unteren Gesichtsmuskulatur führt. Betroffen sind insbesondere die Zunge und der Schluckmuskel. Beim Sprechen, Essen und Trinken fühlt sich Frau S. immer stärker behindert. Drei Ärzte sowie die Neurologische Universitätsklinik des Kantonsspitals Basel konnten der Frau keinerlei Hoffnung machen: Die Krankheit, die wohl einen neurologischen Ursprung habe, sei nach heutigem schulmedizinischem Kenntnisstand nicht therapierbar, und "mit der Möglichkeit einer weiteren Verschlechterung ist zu rechnen", wie ein Oberarzt des Basler Kantonsspirals im Juli 2001 befand. Verschiedene alternativmedizinische Therapien, darunter Akupunktur, linderten die Symptome teils gar nicht, teils nur schwach und vorübergehend. - Doch zwei Tagen Geistheilung durch den Engländer B.

beim Fünften Weltkongress für Geistiges Heilen 2001 in Basel gaben Anlass zur Hoffnung: "24 Stunden nach der ersten Behandlung", so stellte der Arzt Dr. Horst Schöll fest, "sammelte sich weniger Speichel im Mund, und damit war die Gefahr geringer, daß sich die Patientin verschluckte." Bei Testende fiel ihm auf, dass "die vorher stark eingeschränkte Zungenbeweglichkeit besser geworden war, Frau S. hat mehr Gewalt über die Zunge". Insgesamt fühlte sie sich kräftiger. - Eine Woche später erklärte Elfriede S. allerdings, weder ihre Beschwerden noch ihr Allgemeinbefinden hätten sich im geringsten verändert. Immerhin aber habe sie neue Hoffnung geschöpft. Von ihrem Heiler war sie ausgesprochen angetan: "sehr gut, einfühlsam, ‚berührend'". (PSI-INFOS, 48-Stunden-Test.)

Nach einem ärztlichen Kunstfehler war Edith H. beidseitig gelähmt. Fortschritte machte sie offenkundig erst, als ein Geistheiler sie fernzubehandeln begann.

Anfang August 1992: Bei der 46jährigen Edith H., einer kaufmännischen Angestellten aus Schwelm, setzen Schmerzen im Nacken und Hinterkopf ein. Sie halten an, werden heftiger.

Ende August 1992: Edith H. sucht einen Facharzt für Orthopädie auf. Nachdem Lokalanästhetika (örtliche Betäubungsmittel nicht anschlagen, entschließt sich der Arzt zu einer chiropraktischen Maßnahme:

9. September 1992: Mit einem kräftigen Ruck versucht er den Halswirbel einzurenken. Im selben Augenblick wird Edith H. schwindlig und übel. In plötzlicher Atemnot ringt sie keuchend nach Luft. Augenzittern (Nystagmus) und Sehstörungen setzen ein. In ihren Händen kribbelt es, dann treten erste Lähmungen auf. Mit dem Notarztwagen wird sie ins Marienhospital Schwelm transportiert.

12. September 1992: Eine halbseitige Lähmung setzt ein, verbunden mit Streckkrämpfen. In der Wuppertaler Klinik für Neurologie und Psychiatrie wird eine "Paralyse (vollständige Lähmung) der rechten Körperhälfte" sowie eine "mittelgradige Parese (teilweise Lähmung) der linken Körperhälfte" diagnostiziert. Weil Kopf- und Halsregion mitbetroffen sind, kann Edith H. nicht mehr sprechen, nicht mehr schlucken, ihren Mund nicht mehr öffnen; sie wird künstlich ernährt. Ihr rechtes Augenlid schließt nicht mehr, beide Augäpfel bewegen sich nur noch ruckartig auf und ab. Blasen- und Darminhalt kann sie nicht mehr halten. Ihr Gleichgewichtssinn ist gestört. Weil der Schließreflex ihres Kehldeckels versagt, besteht akute Erstickungsgefahr. Wochenlang muss sie maschinell beatmet werden. Ein Luftröhrenschnitt ist unumgänglich.

6. Oktober 1992: Eine Kernspintomographie belegt einen "Pons-Insult", eine ausgedehnte Verletzung im Bereich des Stammhirns, die allem Anschein nach von dem chiropraktischen Kunstfehler herrührt. Ein Leben im Rollstuhl droht.

Ende November 1992: Nach zehn Wochen stationärer Behandlung - unter anderem mit Krankengymnastik, Logo- und Ergotherapie - sind nicht die geringsten Fortschritte erkennbar. Daraufhin greift der Ehemann "nach dem letzten Strohhalm": Er bittet den Frankfurter Geistheiler Christos D. um Hilfe.

Anfang Dezember 1992: Der Heiler nimmt eine erste Fernbehandlung vor. "Noch am selben Tag", so Edith H., "konnte ich zum ersten Mal wieder meine linke Hand und mein linkes Bein bewegen. Auch in der rechten Körperhälfte begannen die Lähmungen nachzulassen. Alle Gliedmaßen kamen mir plötzlich viel leichter vor." Sie spricht erste Worte. Von nun an sendet ihr Christos D.wöchentlich "Heilströme" auf Distanz zu.

16. April 1993: "In deutlich gebessertem Zustand" kann Edith H. aus der Klinik entlassen werden.

30. November 1993: Die Hausärztin bescheinigt, zur Vorlage bei der Krankenkasse: "Die Patientin hat erhebliche Fortschritte gemacht. Sie spricht flüssiger, mit normaler Satzmelodie. Sie ist in der Lage, in der Wohnung einige Schritte ohne Gehhilfe zu tun. Die Versteifungen in beiden Schultergelenken sind erheblich rückläufig."

24. Juni 1994: "Sämtliche Symptome sind verschwunden", berichtet Edith H. - in klarer, flüssiger Aussprache, der keine Behinderung mehr anzumerken ist. "Alle Teile meines Körpers kann ich wieder uneingeschränkt bewegen, alle spüre ich wieder voll und ganz. Ich kann den Haushalt allein versorgen und Spaziergänge unternehmen. Bloß ein wenig Kraft fehlt mir noch." Dass ihre Ärzte diese Fortschritte auf die Rehabilitationsmaßnahmen zurückführen, ist für Edith H. "ein schlechter Witz: Ehe sich Christos D. einschaltete, tat sich rein gar nichts." (FH1)

Lähmung

- Kinder- s. Kinderlähmung

Weiteres Fallbeispiel s. Hirnhautentzündung (GHÄP S. 86) sowie A 71711

Lateralsklerose s. Amyotrophische Lateralsklerose, Sklerose

Leberkrebs s. auch Krebs, Tumor

Bei einer 48jährigen Reisebürokauffrau aus Bonn, an deren Leber seit 1992 ein hühnereigroßer Tumor wucherte, hatte eine Chemotherapie zu einer zeitweiligen Besserung geführt - dann kam es zu Rückfällen. 1994 versuchte die Geistheilerin Christina J. ihr mit "Psychotherapie, Bach-Blüten, Meditationen und sieben geistigen Heilbehandlungen" zu helfen: "Nach jedem Termin verbesserte sich ihr seelischer und Allgemeinzustand. Sie hatte wieder mehr Lebensmut. 'Jedesmal gehe ich aus Ihrer Praxis wie auf Wolken', sagte sie einmal." Eine anschließende Computertomographie an der Uniklinik Hannover ergab: Der Tumor war auf einen kleinen Rest in Nagelgröße geschrumpft. (A 53105)

Leberriss

Ein 26jähriger Maurer aus Oberachern war sechs Meter tief von einem Gerüst gefallen. Dabei hatte er sich einen lebensbedrohlichen Leberriss zugezogen. Kurz nach dem Unfall nahm der Geistheiler Karl W. einige Fernheilungen vor - danach soll der Riss verheilt gewesen sein. (A 79244)

Leberzirrhose

Seit zwei Jahren litt ein 35jähriger Arbeitsloser aus Werdohl an einer Leberzirrhose. Ärztlicherseits war er bereits aufgegeben: Ihm würden noch drei Monate bleiben, so lautete die Prognose. Im Oktober 1996 vertraute er sich dem Heiler Dietmar K. an. Sechs Monate lang, zweimal wöchentlich, fand eine "Energieübertragung" per Handauflegen statt, unterstützt durch Bach-Blüten. "Nach der ersten Behandlung waren der Leberfoetor (lat. Gestank, übler Geruch), das Brennen sowie der Druck weg", berichtet K. "Ab der dritten Behandlung verbesserte sich der Allgemeinzustand zusehends. Nach einem halben Jahr waren die Leberwerte wieder normal! Und dieser Erfolg hält an!" Ein Arzt bestätigte ihn, erklärte ihn aber mit dem "starken Willen" des Patienten. (A 58809)

Eine 50jährige Selbständige aus Essen litt seit Jahren an einer Leberzirrhose mit starken Schmerzen. Nachdem der Heiler Bran H. ihr 1994 zweimal die Hände auflegte, normalisierten sich ihre Blut- und Leberwerte, wie laut Auskunft von H. Laboruntersuchungen belegen. (A 77978)

Leistenbruch

Der 55jährige Paco litt an einem Leistenbruch, der wegen eines Herz-infarkts nicht operiert werden konnte. Die Heilerin Erika H. berichtet: "Ich behandelte den Mann sieben Tage hintereinander, danach alle zwei bis drei Tage. Die Bruchstelle heilte zu." (A 94315; s. auch 63755)

Lendenwirbelsyndrom (LWS)

s. Rückenschmerzen, Wirbelsäulenschaden (GHÄP 2. Aufl. S. 119)

Weitere Fallbeispiele s. Makuladegeneration (A 32108) und Morbus Sudeck (BG S. 36)

Leptospirose

Im Oktober 1994 schickte eine Mainzer Klinik einen Mann zum Sterben nach Hause, der an Leptospirose und Toxoplasmose litt, zwei heimtückischen, durch Bakterien herrvorgerufenen Erkrankungen. "Der Patient konnte kaum mehr laufen und nichts essen", erinnert sich die Heilerin Hannelore K.. "Nach vierzehntägiger Therapie bei mir hatte er wieder zwei Kilo zugenommen. Seine Blutwerte besserten sich sofort. Bei einer Kontrolluntersuchung ein Vierteljahr später erklärte ihn die Mainzer Klinik für geheilt." (A 71131)

Lernschwierigkeiten

Seit ihrer Geburt war die elfjährige Miriam aus Minden ein Sorgenkind gewesen: Sie war kurzsichtig, litt unter Gleichgewichtsstörungen und hatte erhebliche Lernschwierigkeiten. Die Psychopharmaka vom Rezeptblock eines Arztes halfen ebensowenig wie eine Ergotherapie. Dann nahm sich die Geistheilerin Christine D. des Mädchens an: Sechs Monate lang betreute sie Miriam einmal wöchentlich. Danach waren die Störungen verschwunden, die Brille überflüssig; die Ergotherapie konnte abgebrochen werden, wie die Heilerin versichert. (A 31707)

Leukämie s. auch Krebs, Osteomyelofibrose

Ein dreijähriger Junge war an Leukämie erkrankt. Ein paar Stunden, nachdem ihn die Heilerin Irmgard C. zum dritten Mal behandelt hatte, bekam das Kind plötzlich 41 Grad Fieber. "Die Mutter rief mich aufgeregt an und meinte, dass ihr Kind das nicht überstehen werde. Ich sagte der Mutter nur, dass ich ihren Kleinen gleich fernbehandeln werde. Am nächsten Tag sagte mir die Mutter, dass der Junge ruhig eingeschlafen sei, als ich den Hörer aufgelegt hatte. Das Kind schlief etwa zwei Stunden, wurde dann wach, und das Fieber war weg. Das wiederholte sich ein paarmal, und die Mutter hatte jedesmal Todesangst um ihr Kind. Ich habe ihr immer gesagt: 'Sie brauchen keine Angst zu haben, der liebe Gott schickt das Fieber. Nach dem Fieber wird das Kind gesund.' Nach drei Tagen war der Junge dann geheilt. Das wurde später von einem Arzt bestätigt." (A 79424; R S.309.)

Zu ihren beachtlichsten Heilerfolgen rechnet Angelika F. die Genesung eines 70jährigen Rentners aus Hauteroda in Thüringen, dem im Herbst 1993 Leukämie diagnostiziert worden war. Eine Heilung sei unmöglich, erklärten seine Ärzte. Im Oktober 1993 wandte sich der Mann an Angelika F. Eine einzige Direktbehandlung per Handauflegen fand statt, daran schlossen sich zwei Fernbehandlungen per Foto an. "Nach sechs Tagen war der Mann geheilt", erklärt Angelika F, "die Ärzte standen vor einem Rätsel." Bis heute trat kein Rückfall auf. (A 06571)

Ein 29jähriger Hamburger, der seit drei Jahren an Leukämie litt, hatte sich erfolglos einer Chemotherapie unterzogen. 1986 fand er zu Barbara S., die ihn zwei Wochen lang jeden Tag mit Reiki behandelte. Seither "ist er völlig gesund", versichert die Heilerin, "und dieser Erfolg hielt an, ohne Rückfälle." Anhand des Blutbilds stellten Ärzte die Genesung fest - und standen vor einem Rätsel. (A 22607.)

Seit 1985 leidet eine 63jährige Hausfrau aus St. Louis, Frankreich, an chronischer Leukämie. Auf Empfehlung von Bekannten fand sie zu der Heilerin Fridlind S., die sie bis heute ein- bis zweimal jährlich behandelt. “Seither hat sich ihr Zustand stetig verbessert und ist stabil geblieben, wie regelmäßige ärztliche Tests zeigen”, erklärt die Heilerin. Bis auf einen Rückfall 1989 habe dieser Erfolg bislang angehalten. (A 79553)

Auf die Fähigkeiten des Heilers G. schwört Anton H. aus Zürich, bei dem im

Juli 1993 eine beginnende Osteomyelofibrose festgestellt worden war: eine Form von Leukämie, die aus schulmedizinischer Sicht als unheilbar gilt. Ärzte rieten ihm, alle drei bis vier Monate sein Blut testen zu lassen, "um so die Entwicklung abschätzen zu können", berichtet der Patient. "In der Folge wurde das Blutbild immer schlechter. Zu schaffen macht mir aber der niedrige Hämoglobinwert und die um das Dreifache vergrößerte Milz. Diese drückt auf den Magen, die Blase und die Nieren. Dies alles verursacht ein ständiges Kneifen und Stechen im Bauch. Seit September 1997 bin ich zu hundert Prozent invalid." Im Sommer 1998 fand er zu G.: "Mein Bluttest vom 28. September 1998 war in fast allen Punkten besser als der vorletzte vom 16. Juni", so schrieb Anton H. im August 1998. "Psychisch fühle ich mich heiterer und aktiver. Das Klemmen im Bauch vergeht manchmal ganz, kommt dann aber wieder. Ich denke, dass durch das Geistige Heilen etwas eingeleitet wurde, das nun eine kontinuierliche Besserung bringen kann." Der behandelnde Arzt aus Winterthur äußerte sich in einem Attest vom 12. Oktober 1998 "sehr beeindruckt über die Besserung nicht nur des subjektiven Befindens, sondern auch der objektiven Laborwerte. Für mich als schulmedizinisch ausgebildeten Arzt bedeutet der Umstand, dass der Patient ohne weitere gezielte medikamentöse Behandlungen bei einer als unheilbar geltenden Krankheit sich auf dem Weg der Besserung befindet, eine erfreuliche Herausforderung. Angesichts des Ernstes der Krankheit", so der Arzt weiter, "empfehle ich unbedingt, mit Geistigem Heilen, wie durch Herrn G. angewandt, fortzufahren." (A CH-8032)

Fallbeispiel für eine Geistheilung von Folgeschäden konventioneller Leukämiebehandlung s. Lähmung, Gesicht- (A 49451)

Liebesunfähigkeit

s. auch Beziehungsunfähigkeit, Partnerschaftsprobleme

Trotz einer abgeschlossenen klassischen Psychoanalyse litt eine 37jährige aus Hannover, studierte Philosophin, unvermindert an Einsamkeit: Nach siebzehn Jahren voller "zerstörerischer Beziehungen" fühlte sich liebesunfähig, ihre Kinderlosigkeit belastete sie zunehmend. Drei Tage nach einer schamanischen Heilzeremonie in einer Höhle fand sie 1992 einen Lebenspartner, heiratete ihn und bekam ein Kind. (A 19406)

Little-Syndrom siehe auch Kinderlähmung, Lähmung, Parese

An den Heiler Christos D. wandte sich die französische Zahnärztin Dr. Sylvie J. aus Laval. Im Juni 1987 war ihre Tochter Marion zur Welt gekommen. Neun Monate später traten bei dem Kind erste Symptome der Little-Krankheit auf - so benannt nach dem Londoner Chirurgen William Little (1810-1894) -, eine Kinderlähmung aufgrund eines Hirnschadens. "Im Alter von zwei Jahren", berichtet die Ärztin, "konnte sich Marion kaum allein umdrehen; sie krabbelte auf dem Bauch mit Hilfe der Arme, während sie die Beine nachzog. Als sie vier war, wußten wir nicht, ob Marion jemals sprechen würde: Ihr Vokabular umfasste nicht mehr als zehn Wörter, die meisten verstümmelt. Ihre Beine konnten sie nicht tragen, Muskeln und Sehnen hatten sich zurückgebildet." Das Gutachten eines Arztes aus Nantes stellte darüber hinaus "psychische und emotionale Störungen" fest, unberechenbare Aufmerksamkeits- und Stimmungsschwankungen. Ab April 1992 begann sich der Heiler um das Mädchen zu kümmern. "Seit dieser Zeit", erklärt die Ärztin, "ist eine bemerkenswerte Änderung in der allgemeinen Entwicklung eingetreten. Marion macht beschleunigte Fortschritte. Sie beginnt allein an Krücken zu gehen, sie lernt zu schreiben, und die verbale Kommunikation kommt in Gang. Nach jeder Heilsitzung bemerken wir, daß sie dynamischer, ruhiger und beharrlicher ist bei allem, was sie unternimmt. Sie versteht alles, sie lacht auf Scherze, sie stellt Überlegungen an. Wir haben wieder Hoffnung geschöpft." (GHNZ S. 152-153; A 65929)

Lumbago ("Hexenschuss")

Bei der Gartenarbeit hatte sich ein 60jähriger Rentner aus Fuldabrück eine Lumbago ("Hexenschuss") zugezogen. Drei Wochen lang versuchte es sein Arzt mit Massagen, Spritzen und Tabletten. Als nichts davon half, wandte sich der Mann an die Geistheilerin Doris S., die dreimal, im Abstand von jeweils drei Tagen, Chakraheilen anwandte. Die Schmerzen verschwanden, berichtet Frau S. (A 37242)

Lumboischialgie, chronische

Einen 36jährigen Kieler quälte seit 1987 eine Lumboischialgie - Rückenschmerzen mit Beteiligung des Ischiasnervs -, außerdem traten seit 1980 immer wieder Zahnfleischentzündungen auf. Spritzen und Salben verschafften ihm nur leichte Linderung. Beide Leiden verschwanden 1992, als er zur örtlichen Gröning-Gemeinschaft fand, die für ihn "den göttlichen Heilstrom" aufnahm; seine Rückenschmerzen flogen im selben Augenblick, als er in Grönings Lehre eingeführt wurde. (BG S. 21; zum "Bruno Gröning-Freundeskreis" s. FH1 und GB.)

Die Ärztin und Heilerin Dr. Susanne Kessner berichtet aus ihrer Praxis über eine 62-jährige Frau "mit chronischer Lumboischialgie, Reizmagen und rezidivierenden schweren depressiven Schüben: Die Patientin wird seit mehreren Jahren orthopädisch, internistisch und psychotherapeutisch sowie mit Psychopharmaka behandelt. Im Zeitraum von September 2002 bis November 2003 wurden 16 Behandlungen durchgeführt. Die Schmerzsymptomatik war anfangs schwer zu beeinflussen, da die Patientin nur ca. alle vier Wochen behandelt werden konnte. Die Stimmung dagegen stabilisierte sich bereits nach vier bis fünf Behandlungen. Heute bestehen keine Magenbeschwerden mehr, und die Patientin ist im Lumbalbereich dauerhaft schmerzfrei. Aufgrund der stabilen Stimmungslage wurde seit April 2003 allmählich mit der Reduktion von Psychopharmaka begonnen. Heute ist die Stimmungslage ausgesprochen positiv bei einer minimalen antidepressiven Medikation." (GHÄP 2. Aufl. S. 115-116)

Weiteres Fallbeispiel s. A 26954

Lungenemphysem

Der Autor Wolfgang Lüdke berichtet: "Der 54jährige Harald Sch. aus Offenbach hat als Weißbinder und Vorputzer gearbeitet. Dieser Beruf ist vermutlich durch die jahrelang eingeatmeten chemischen Farbausdünstungen zu seinem – gesundheitlichen – Schicksal geworden. Harald Sch. erinnert sich: "Vor zwanzig Jahren begann meine Krankheit mit schweren Atembeschwerden. Ich gab sofort das Rauchen auf. Seit drei Jahren hat sich mein Gesundheitszustand dermaßen verschlechtert, daß ich nicht mehr arbeiten kann. Ich bin ständig in ärztlicher Behandlung, ohne Erfolg. So ist der Geistheiler Christos D. meine letzte Hoffnung." - Worauf Harald Sch. so sehnlichst hofft, das kann nur verstehen, wer einmal die Qual seiner schweren asthmatischen Beschwerden – Folgen einer "chronisch obstruktiven Bronchitis und eines Lungenemphysems" – erlebt und gehört hat. Was lapidar mit "Arbeitsunfähigkeit" umschrieben wird, bedeutete für Harald Sch., dass er tagelang die Wohnung nicht verlassen konnte, weil ihm die (Atem-)Kraft dazu fehlte. Seine Lungenfunktion ist auf dreißig Prozent der normalen Leistungsfähigkeit gesunken.

Beim ersten Besuch im Haus des Heilers brauchte Harald Sch. eine Dreiviertelstunde, um die vier halben Treppenabschnitte in den zweiten Stock zu bewältigen. Für einen Gesunden ein Weg von knapp zwei Minuten. Dann, nach sechsmaligem Handauflegen durch D., schafft er dieselbe Treppe innerhalb von einigen Minuten und kann heute wieder selbständig aus dem Haus gehen." (GHNZ S. 79-80; A 65929.)

Lungenentzündung s. Entzündung

Lungenkrebs s. auch Krebs, Tumor

Bei einem 67jährigen Möbelfabrikanten aus Norddeutschland war 1994 Lungenkrebs diagnostiziert worden, der medizinisch unbehandelt blieb. Im Juni 1994 vertraute er sich Uwe G. an, der ihm zwei- bis dreimal wöchentlich die Hand auflegte. Nach zwei Monaten war kein Krebs mehr feststellbar, wie der Heiler versichert. (A 10439)

Seit fünf Jahren litt ein 64jähriger Steinhauer aus Waldulm an Lungenkrebs. Zwei Wochen vor einer vorgesehenen Operation in einem Offenburger Krankenhaus führte der Heiler Karl W. 1988 vier Fernbehandlungen durch, keine länger als drei Minuten. Beim OP-Termin wurde per Ultraschall festgestellt, daß der Tumor von der Größe eines Fünf-Mark-Stücks sich vollständig zurückgebildet hatte, wie der Heiler versichert: "Die Ärzte sprachen von einem Wunder." (A 79244)

Anfang 1996 wurde einer 47jährigen Freiberuflerin aus Hamburg Lungenkrebs diagnostiziert. Ihr wurde dringend zu einer Operation geraten. Vor einer Entscheidung ließ sich die Frau zwischen dem 15. August und dem 23. Oktober 1996 fünfmal von Olaf H. geistig behandeln. Seither sind alle Metastasen nicht weiter gewachsen und haben sich verkapselt, wie eine Computertomographie im Oktober 1996 ergab. Operation und Chemotherapie wurden dadurch überflüssig. Die Patientin lebt bis heute, unter Beobachtung von staunenden Ärzten. (A 25337.)

Als seinen bislang "größten Erfolg" bewertet der Heiler Wolfgang B. den Fall eines 65jährigen Rentners aus Hamburg, der seit einem Jahr an Lungenkrebs litt. Der Tumor hatte bereits ekne Größe von acht Zentimetern erreiht und war nicht mehr operabel. "Der Patient hatte schon mehrere Chemotherapien hinter sich - ohne Erfolg", so berichtet der Heiler. "Während seiner letzten Chemotherapie behandelte ich ihn, ungefähr vier Monate lang, einmal pro Woche. Bei der nächsten ärztlichen Untersuchung war der Tumor auf sechs Zentimeter geschrumpft. Um seine Heilungschancen zu erhöhen, suchte der Mann noch einen anderen Krebsspezialisten auf. Dieser konnte ihm aber keine sonstige Therapie anbieten; er wunderte sich nur, warum der Tumor geschrumpft war - das komme bei dieser Art von Chemotherapie niemals vor." (A 23774)

Bei einer 46jährigen Aarauerin war Lungenkrebs festgestellt worden. Nachdem eine Chemotherapie nicht anschlug, wandte sie sich ein halbes Jahr nach der Schreckensdiagnose an die Geistheilerin Verena F., die sie daraufhin drei Monate lang fernbehandelte, während schulmedizinische Massnahmen fortgesetzt wurden. Schon nach acht Wochen ergab eine Kontrolluntersuchung in der Klinik, dass sich der Tumor deutlich verkleinert hatte und die Blutwerte erheblich besser waren. "Dieser Erfolg hielt an", versichert die Heilerin. (A CH-5213)

Lupus erythematodes

Eine 26jährige Studentin aus Bielefeld litt seit 1985 an SLE, einem "systemischen Lupus erythematodes" (von lat. *lupus*: Wolf), einer Autoimmunerkrankung, bei der die befallene Haut scheinbar "zerfressen" wird. Hinzu kamen Ödeme, Durchfall, Schmerzen nach Zahnentfernung und psychosomatische Beschwerden. Nachdem ihr immunsuppressive Medikamente, Antibiotika und Schmerzmittel kaum Linderung verschafft hatten, wandte sich die junge Frau im Dezember 1997 an die Heilerin Theresa W. Noch im selben Monat, nach nur zwei Sitzungen, klangen die Schmerzen ab. Ab der vierten Sitzung besserten sich die Laborwerte erheblich, die Durchfälle verschwanden. Der behandelnde Arzt sprach von einer "Spontanremission" rätselhafter Ursache. (A 33689.)

LWS-Syndrom s. Lendenwirbelsäulensyndrom

Lyme-Borreliose s. Borreliose

Fallbeispiel s. 84137

Lymphangiektasie, intestinale

Als Christel S. aus Kassel im September 1983 ihren Sohn Raimund zur Welt brachte, schien er kerngesund. «Ab dem fünften Monat aber fing es an», erzählte sie. «Die Augenlider waren voll Wasser, er hatte zuviel und übelriechenden weißen Stuhl.» Ärzte stellten eine angeborene Mißbildung des Lymphgefäßsystems im Darm fest. Ihre Diagnose lautete auf «intestinale Lymphangiektasie»: ein Krankheitsbild, bei dem es zu einem ausgeprägten Eiweißverlust durch den Darm kommt. Zudem verringert sich der Eiweißblutspiegel, Wasser lagert sich im Gewebe ein (Ödeme). Im Blut verringern sich Lymphozyten und Immunglobuline, wichtige Eiweißstoffe, die bei der Infektabwehr mitspielen. Wie die Universitätsklinik Göttingen in ihrem düsteren Abschlussbericht vom 6. Mai 1984 festhielt, verlor Raimund innerhalb von vier Tagen 52 Prozent des Eiweißes Albumin, das ihm (im sogenannten Chrom-51-A1bumintest) intravenös verabreicht worden war; der Normalwert liegt unter einem Prozent. Der verzweifelten Mutter wurde beschieden: «Ihr Kind wird nie gesund werden können.» Sein Leben schien für immer von einer strengen Diät abzuhängen. Nur dann habe er eine Chance, weitgehend symptomfrei zu bleiben, so hieß es. Zwei Jahre später war die düstere Prognose widerlegt; wenige Tage nach Heilsitzungen in einer Gröning-Gemeinschaft, in der für den Jungen "der göttliche Heilstrom aufgenommen" wurde. Seither hält Raimunds Heilung an - ohne besondere Speisepläne. Heute isst der Junge, was ihm der ärztliche Diätplan einst streng verboten hat. «Auch bei nicht konsequenter Einhaltung der Diät», schrieb der nachbehandelnde Kinderarzt im Anschluss an eine ambulante Kontrolle im Januar 1987, «ist es nicht zum Verlust von Immunglobulin oder Lymphozyten gekommen.» (GB S. 75; zum Gröning-Freundeskreis s. auch FH1)

Lymph(drüsen)krebs s. auch Morbus Hodgkin, Krebs

Bei einem 47jährigen Lehrer aus Donzdorf war mittels Computertomographie ein Tumor im Bereich der Achselhöhle festgestellt worden. Er sollte sofort operiert werden. Zwei Tage nach der Diagnosestellung fand eine einzige Sitzung bei der Geistheilerin Gudrun I. statt, in der Handauflegen, Akupressur, Fußreflexzonenmassage und Chiropraktik zur Anwendung kamen. Als der Klient vier Tage später operiert werden sollte, war der Tumor unauffindbar, wie die Heilerin berichtet. (A 73072)

Lymphogranulomatose s. Lymphkrebs, Morbus Hodgkin

Lymphom, Non-Hodgkin-:

s. Lymph(drüsen)krebs, Non-Hodgkin-Lymphom

Mit bösartigem Lymphdrüsenkrebs - einem hochmalignen Non-Hodgkin-Lymphom -, ausgehend von einem Primärtumor im Magen, wandte sich eine 79jährige Rentnerin aus Bremerhaven 1992 an die örtliche Gröning-Gemeinschaft. Die fürchterliche Diagnose war ihr im August 1991 gestellt worden. Eine Chemotherapie hatte sie verweigert. Noch ehe sie in Grönings Lehre "eingeführt" wurde, versuchte eine Bekannte ohne ihr Wissen, die "göttliche" Heilkraft für sie aufzunehmen. Kurz darauf bildeten sich die Krankheitssymptome zurück, die alte Frau ist seitdem beschwerdefrei. (BG S. 27; zum "Bruno Gröning-Freundeskreis" s. FH1 und GB.)

M

Magenbeschwerden 50939, 51375, 59229, 73072, 73640, 86381, 90480

Fallbeispiel s. Lumboischialgie (GHÄP 2. Aufl. S. 115)

Magenblutung

Bei einem 45jährigen Mann mit ständigen Magenblutungen hatten Ärzte bereits das Handtuch geworfen. "Ich legte ihm meine Hände auf", so erinnert sich die Geistheilerin Margarete R. aus Wuppertal, "und sprach ein Gebet. Schon am Abend desselben Tages fühlte sich dieser Mann wohler. Seine Kräfte kamen langsam zurück, und das Magenbluten hörte auf. Nach einem halben Jahr hatte er seine Krankheit fast vergessen." (A 42279)

Magengeschwür s. auch Geschwür

Zu ihren überzeugendsten Behandlungserfolgen rechnet Barbara S. den Fall der Hamburger Hausfrau C.S., die seit einem halben Jahr an einem Magengeschwür litt. Sie sollte operiert werden. Drei Wochen vor dem festgelegten Operationstermin, im Jahr 1990, begann Frau S. sie fernzubehandeln. Als sie zehn Tage später ärztlich untersucht wurde, war das Geschwür verschwunden. (A 22607.)

Eine 43jährige Hausfrau aus München litt seit Jahren an einem Magengeschwür, das nun kurz vor dem Durchbruch stand. Ärztlich verordnete Medikamente halfen ihr nicht. Als sie sich 1989 an die Heilerin Angelika von F. wandte, versuchte diese, "den Solar Plexus zu harmonisieren". In einer "Lichtmeditation" visualisierte die Patientin, "dass Licht die kranke Magenschleimhaut heilt". In ihrer Vorstellung "reiste sie in das Innere ihres eigenen Körpers, schaute sich die Situation im Magen an und brachte Heilpaste auf die wunden Stellen. Dabei spürte sie einen starken Berührungsschmerz." Danach war sie schmerzfrei - bis heute. "Ihr Arzt konnte keine Erklärung finden." (A 82057)

Seit Frühjahr 1998 machten einer 50jährigen Liegenschaftsleiterin aus Nürnberg Magengeschwüre zu schaffen; ein lästiges Sodbrennen dehnte sich bis in den Brustbereich aus. Tabletten halfen nicht. Bei einer Geburtstagsfeier im März 1999 lernte sie den Geistheiler Klaus M. kennen, der sie spontan darauf ansprach, ob sie Schmerzen im Magen-/Brustbereich habe. ("Was Kranken fehlt, spüre ich oft intuitiv am eigenen Leib", sagt der Heiler. "Manchmal ‚sehe' ich auch entsprechende Bilder.") Ein einziges Mal, 20 Minuten lang, sprach der Heiler ein Gebet für sie – und "nach vier Tagen waren die Beschwerden weg", wie die Patientin erklärt. Bis heute" – ihr Bericht datiert vom 5. Februar 2000 – "habe ich keinerlei Beschwerden mehr." Bemerkenswert: Schon seit Herbst 1988 war die Frau nicht mehr in ärztlicher Behandlung. (A 90537)

Weiteres Fallbeispiel s. A 91413

Magenkrebs s. Krebs, Tumor

Fallbeispiel s. Darmkrebs (A 68623)

Magenschmerzen s. auch Schmerzen

Jahrelang litt ein Mann aus Affalterbach unter starken Essstörungen und Magenschmerzen. Kein Arzt konnte ihm helfen, da keine organische Ursache diagnostiziert wurde. Beides verschwand, nachdem er sich im April 1996 dem Heiler Karl-Heinz I. anvertraute - ebenso wie eine hartnäckige Pollenallergie. "Heute benötige ich keine Medikamente mehr, um meinen Heuschnupfen einzudämmen." (A 73640)

Magenschleimhautentzündung

Fallbeispiel s. unter dem Stichwort Zyste (A 35510)

Magenübersäuerung

Fallbeispiel s. Darmkrebs (A 37603)

Magersucht s. auch Essstörung

Eine 37jährige Sekretärin aus München war seit ihrer Jugend magersüchtig - und blieb es auch nach zehn Jahren Psychotherapie sowie je einem Jahr Rebirthing und Reinkarnationstherapie. Drei Wochen lang, in acht Sitzungen, versuchte ihr der Heiler Adolf B. aus Herrsching durch "Chakrenaufbau" und "Aurabehandlung" zu helfen - danach war ihr Leiden "total" verschwunden, wie er versichert. (A 82211, R S. 56.)

Weiteres Fallbeispiel s. A 82031

Makuladegeneration s. auch Augenleiden

Ein "wahres Wunder", wie sie schwärmt, erlebte bei dem Geistheiler Günther W. die Berlinerin Käthe S. Bei einem Autounfall 1984 hatte sie sich einen schweren Wirbelsäulenschaden (Hals- und Lendenwirbelsyndrom) zugezogen, der heftige Schmerzen verursachte. Nachdem sie daraufhin von Ärzten täglich gespritzt wurde, zog sie sich eine Leberentzündung zu. Aufgrund einer Herz-Kreislaufschwäche musste sie zudem seit Jahren mehrere Medikamente einnehmen. Außerdem litt sie an einer Makuladegeneration: einer Erkrankung der *Macula lutea*, des gelben Flecks der Augennetzhaut, der zunehmend austrocknete. "Die Augenärzte sagten mir, dass sich das niemals ändern würde und ich nie mehr mit dem rechten Auge fernsehen, lesen oder Farben unterscheiden könne." In dieser Verfassung fand die Patientin 1991 zu Günther W.: "Ich konnte weder laufen noch Treppen steigen noch aufstehen. Ich konnte mich kaum bewegen. Nach der ersten Behandlung konnte ich es kaum fassen, dass ich wie abgehoben zu meinem Wagen lief. Ich fühlte mich innerlich ruhig und irgendwie befreit. Im Laufe der nächsten zwei Wochen ging es mir mit jeder Behandlung besser." Die Schmerzen ließen nach, die Leberwerte gingen in den Normalbereich. Bereits nach 14 Tagen konnte die Patientin sämtliche Herz-Kreislauf-Medikamente absetzen. "Nach gründlichsten Untersuchungen sagte mir meine Hausärztin in Berlin, dass mein Herz vollkommen gesund sei, was ihr unerklärlich war." Bis zum Frühjahr 1993 war auch ihre Sehkraft "wieder voll da, wie bei einem gesunden Auge". (A 32108)

Mandelentzündung, chronische s. auch Entzündung

Seit sieben Jahren plagte eine chronische Mandelentzündung eine 35jährige Erzieherin aus Donaueschingen. ("Ihre Mandeln glichen einer Kraterlandschaft.") Ihr Arzt schlug eine Operation vor und verschrieb Antibiotika. Doch die Frau verschob den Eingriff und vertraute sich stattdessen der Heilerin Barbara P. an. "Ich gab ihr drei Reiki-Direktbehandlungen", berichtet Frau P. "Dann fuhr sie in Urlaub, nahm keine Medikamente und bekam jeden Tag Fernreiki von mir. Nach ihrer Rückkehr befand der Arzt ihre Mandeln für gesund, die Operation wurde überflüssig." (A 78073)

Medikamentensucht s. auch Sucht

Ein einziges schamanisches Heilritual an einem alten Heiligtum soll eine 37jährige Krankenschwester aus Zwickau von zehnjähriger Tablettensucht (Valium) befreit haben, berichtet der Schamane Bernhard K. (A 19406)

Megakolon s. Obstipation, Verstopfung, chronische

An einem Megakolon, einer mit chronischer Verstopfung einhergehenden Erweiterung des Dickdarms, litt ein Manager seit anderthalb Jahren. Im Herbst 1996 suchte er die Geistheilerin Sibylle V. auf, die ihm anfangs dreimal pro Woche, danach seltener mit Pranaheilen zu helfen versuchte. "Immer öfter konnte er wieder Stuhlgang machen, ohne große Schmerzen. Auch benötigte er immer weniger Laxanzien (Abführmittel)", erinnert sich Frau V. Und dieser Erfolg soll angehalten, der. behandelnde Arzt keine Erklärung dafür gefunden haben. (A 73207)

Meningeom s. auch Krebs, Tumor

Eine 25jährige Frau war auf dem linken Auge völlig blind, seit ihr Anfang November 1994 ein dort sitzendes Meningeom - ein langsam wachsender, gutartiger Tumor - operativ entfernt worden war; "das Auge fühlte sich wie 'tot' an." Zudem hatte sie, seit einem Umfall in ihrer Kindheit, keinerlei Gefühl mehr im

Bereich links des Beckens sowie der Lendenwirbelsäule. Zwischen Dezember 1994 und März 1995 versuchte die Münchner Geistheilerin Freya S. ihr in insgesamt 25 Sitzungen zu helfen. "Daraufhin begann eine Sensibilisierung der 'tauben' Körperstellen und eine Durchblutung des Auges, die anfangs teilweise mit Schmerzen einherging", so berichtet die Heilerin. "Subjektiv begann die Sehkraft auf dem linken Auge zuzunehmen, das Gesichtsfeld weitete sich. Zeitweilig nahm die Patientin wieder Umrisse, Schatten und zum Teil auch Farben wahr." (A 81667)

Menstruationsbeschwerden 28203, 41462, 73110
s. auch Amenorrhoe, Dysmenorrhoe

Metastasen 22523, 38102, 45663, 85591, 86381, 97947 s. auch Krebs, Tumor

Der Autor Wolfgang Lüdke berichtet: "Bei der 52 Jahre alten Hannelore F. wurden Anfang November 1995 – nach der Behandlung eines Mammakarzinoms seit 1991 – Metastasen im gesamten linken Becken festgestellt. Damit war sie "verurteilt zur Unbeweglichkeit", zu einem Leben mit Krücken und Rollstuhl, denn es sollte verhindert werden, daß die Metastasen durchbrachen.

Inzwischen hat Hannelore F. nicht nur die Schmerzen im Lendenbereich verloren, sondern auch die Angst vor dem Krebs. Vor allem aber haben sich die Tumorwerte teilweise dramatisch verbessert, seit sie den Geistheiler Christos D. erstmals aufsuchte." (GHNZ S. 81; A 65929.)

Die Ärztin Dr. Dorothea W., 42, war im März 1992 an einem Mammakarzinom operiert und anschließend chemotherapiert worden. Über ein Jahr lang schien die Behandlung erfolgreich - doch im Juli 1993 wies eine Szintigraphie drei Metastasen im Sklettsystem nach. Erneute Chemotherapien konnten nicht verhindern, dass sich bis Juli 1994 weitere bösartige Tochtergeschwülste bildeten: sechs entlang der Wirbelsäule sowie je eine am Brustbein und am Unterarmknochen zeigte eine Kernspintomographie am 5. Juli 1994. Bestrahlungen der betroffenen Abschnitte wurden kurz nach Beginn des Heilertests abgeschlossen. "Daß die Metastasen dadurch vollständig verschwinden, ist aus medizinischer Sicht nicht zu erwarten", erklärte die betroffene Ärztin. "Bestenfalls werden sie inaktiv." Für den Herbst hatte sie bereits einen Flug zu philippinischen "Psychochirurgen" geplant - doch dann erfuhr sie von unserem Test.

Nach acht Wochen Handauflegen durch den Frankfurter Geistheiler Christos D.: Heftige Metastasenschmerzen verschwanden nach der allerersten Behandlung, woraufhin die Patientin schmerzstillende Medikamente absetzen konnte. Eine durch die Strahlentherapie bedingte Hautverbrennung über dem Brustbein war einen Tag nach der ersten Sitzung abgeklungen. Zeitweise verbesserten sich die Blutparameter deutlich, u.a. stiegen die weißen Blutkörperchen (Leukozyten) auf Werte an, die sie seit fünf Jahren nicht mehr erreicht hatten. Das Allgemeinbefinden und die psychische Verfassung der Ärztin hatten sich deutlich gebessert. Ende 1994, ein Vierteljahr nach Testende, ergab eine Tomographie, dass die Metastasen inaktiv geworden waren. (A 65929)

Migräne s. auch Kopfschmerzen

Bei einer über 40jährigen Juristin verschwindet nach Geistigem Heilen eine jahrzehntelange Migräne, die mehrfach neurologisch abgeklärt und medikamentös behandelt wurde und die auch auf eine sechsjährige Psychotherapie keine Besserung gezeigt hatte. (GHNZ S. 258.)

Bei einer etwa 40jährigen Frau klingt eine Migräne ebenfalls nach Behandlung durch die Heilerin G. ab. "In diesem Fall waren x-fache neurologische Abklärungen und Behandlungen sowie zwölf Jahre Psychotherapie vorausgegangen", berichtet ein Arzt. (GHNZ S. 258.)

Der Arzt und Geistheiler Dr. med. K. berichtet: "Eine Mutter steht abends um 19.30 Uhr vor meiner Praxis - mit ihrem fünfjährigen Jungen, der wieder einmal einen akuten Migräneanfall hat. Weinend hält er sich die Hand auf die rechte Kopfhälfte. Nach zwanzig Minuten "Geistheilung" (bzw. Reiki) ist der Migräneanfall wie weggeblasen, und der Junge will wieder zu seinem Spielplatz zurückkehren. Nach einer weiteren, späteren Behandlung - diesmal zusätzlich mit Laserakupunktur - ist der Junge, der seit zwei Jahren etwa zweimal pro Woche unter Migräneanfällen gelitten hatte, jetzt seit vier Monaten beschwerdefrei." (GHNZ S. 201-202.)

Selbst Beta-Blocker kamen nicht der Migräne bei, an der eine 21jährige Bankangestellte aus Visselhövede seit ihrer Pubertät litt. Anfang 1994 legte ihr der Heiler Reinhard W. die Hände auf und setzte eine Klangmassage ein, zunächst einmal pro Woche, dann alle vierzehn Tage bis Ostern 1994. Die Migräneattacken traten daraufhin in immer größeren Abständen auf; seit Abschluss der Behandlung kehrten sie nur noch selten und weniger heftig wieder. (A 28217.)

Eine 30jährige Arbeitskollegin der Heilerin Sylvia U., eine Schreibkraft aus München, litt seit ihrer Pubertät an Migräne. Schmerztabletten halfen nicht. Viermal nahm sich Frau U. der Patientin an: dreimal direkt, einmal per Fernbehandlung. "Nach jeder Behandlung wurden die Intervalle zwischen den Schmerzattacken länger. Seit dem letzten Termin ist die Migräne verschwunden." (A 81543)

Ein bis zwei Migräneanfälle pro Woche plagten einen 54jährigen Kfz-Meister aus Bad Tölz seit 1986. Obwohl er deswegen in ärztlicher Behandlung war und ständig Tabletten schluckte, fand er keine Linderung. Im März 1997 entschloß sich der Mann, den Heiler Peter H. aufzusuchen. Dreimal wöchentlich legte dieser ihm die Hände auf, anschließend fanden täglich drei Wochen lang Fernbehandlungen statt. "Die Anfälle wurden daraufhin leichter", berichtet H. "Nach vier Wochen gingen Häufigkeit und Heftigkeit deutlich zurück. Von da an traten nur noch gelegentlich normale Kopfschmerzen auf." Rückfälle blieben seither aus. (A 81737)

Seit ihrem zehnten Lebensjahr wurde eine 52jährige Geschäftsfrau aus Lüdenscheid alle zwei Wochen von Migräne mit Erbrechen gequält. Kein Arzt, kein Medikament half dagegen. Seit 1988 lässt sie sich von dem Heiler Maximilian K. betreuen - heute nur noch alle drei Monate. Daraufhin vergrößerten sich die Abstände zwischen den Migräneanfällen stetig: zunächst auf sechs Wochen, dann auf acht, auf zwölf Wochen, auf sechs Monate. Inzwischen kommt es nur noch "ganz, ganz selten" zu Schmerzattacken. (A 58540)

Fünf Jahre lang hatte ein 20jähriger Angestellter an Migräne gelitten, ehe er sich im Mai 1994 dem Heiler Rolf K. anvertraute. Fünf viertelstündige Heilsitzungen fanden statt; drei Wochen nach ihrem Beginn trat der letzte Migräneanfall auf - bis heute. (A 49186.)

Seit 1980 quälten einen 60jährigen Mitarbeiter beim TÜV Hannover tägliche Migräneanfälle. Selbst längere Aufenthalte in einer Schmerzklinik beachten keine Besserung. Der Heiler Gerhard R. legte ihm achtmal die Hände auf, jeweils im Wochenabstand. Seitdem ist der Mann frei von Kopfschmerz - bis heute. (A 37574.)

Seit zehn Jahren litt eine 28jährige Sachbearbeiterin aus Ellwangen an Migräne. Weil sie sich andauernd krankschreiben lassen musste, stand sie vor der Kündigung. Nachdem ärztliche Verordnungen nichts halfen, wandte sie sich im Dezember 1996 an die Heilerin Doris S. Nach drei Reiki-Sitzungen kehrten die Migräneanfälle nicht wieder. (A 87645)

Seit über zehn Jahren litt eine 65jährige Hausfrau an schweren Gelenkentzündungen, Bluthochdruck, Diabetes und Migräne. "Sie müssen damit leben", hörte sie von ihren Ärzten, nachdem schulmedizinische Maßnahmen weitgehend wirkungslos geblieben waren. 1992 fanden, über fünf Wochen verteilt, zehn Sitzungen bei Karin H. statt, bei denen Reiki und Fußreflexzonenmassage zur Anwendung kamen. Die Migräne verschwand, die Gelenkschmerzen besserten sich erheblich, der Blutdruck ging in den Normalbereich zurück, und auch der Blutzuckerspiegel sank. Nur "bei Ärger und Stress" kommt es gelegentlich noch zu Rückfällen. (A 64747)

Seit 25 Jahren litt ein 40jähriger Computerfachmann an starker Migräne. 1994 versuchte es die Heilerin Karin H. mit Reiki, Chakratherapie, Mentaltraining, Fußreflexzonenmassage u.a. Seither treten bei dem Patienten nur noch gelegentlich leichte Kopfschmerzen auf. (A 64747)

Seit ihrem 28. Lebensjahr litt eine 52jährige Pharmawerkerin aus Ingelheim an chronischer Migräne, der medikamentös trotz ständig erhöhter Dosierungen nicht beizukommen war; hinzu kamen im Laufe der Jahre Rückenschmerzen, ständige kalte Füße und mehrmals im Jahr ein starker Herpesbefall an den Lippen. Am 25. November 1996 fand die erste von insgesamt 19 Heilsitzungen bei Brigitte B. statt. Nach dem zwölften Termin begannen sich die Beschwerden aufzulösen, seit Anfang Januar 1997 sind sie vollständig verschwunden. (A 55218)

Bei einem 45jährigen Winzer aus Vogtsburg, der seit zehn Jahren an Migräne litt, verschwanden die Symptome bereits nach der allerersten geistigen

Behandlung durch die Heilerin S. A. immerhin für drei Wochen. Seit der dritten Behandlung sind die Schmerzattacken nicht wiedergekehrt. (A 79235)

Eine 50jährige kaufmännische Angestellte aus Breslau hatte 25 Jahre lang dreimal wöchentlich an Migräneanfällen gelitten. Die konventionelle Medizin war dagegen machtlos. Auf Empfehlung von Bekannten wandte sie sich an den Heiler Stefan B. Im Laufe von zwei Wochen legte er ihr fünfmal die Hände auf und suchte das intensive Gespräch mit ihr. Seither ist sie beschwerdefrei. (A 22041.)

Seit ihrer Kindheit litt eine 65jährige Frau aus Beckingen in Migräne, gegen die ärztliche Kunst machtlos war. Am 20. Oktober 1997 suchte sie erstmals den Heiler Ewald E. auf. Es kam zu drei Sitzungen von jeweils 90 Minuten, "mit Gesprächen, Massage und Gebet", wie sich der Heiler erinnert. Schon nach der zweiten Sitzung verschwanden die Schmerzen. Von einem einzigen Rückfall abgesehen, traten sie seither nicht mehr auf. (A 66701)

Ein 33jähriger Maurer aus Bad Münstereifel litt seit mehreren Jahren unter Migräne. Wie der Heiler Jürgen B. berichtet, war der Patient "bei verschiedenen Ärzten und auch in der Bonner Uniklinik in teilweise stationärer Behandlung gewesen - ohne Erfolg. Bei einer Chakra-Diagnose-Sitzung Anfang Juli 2003 zeigten sich die Ursachen in erster Linie als selbstauferlegter Erfolgs- und Leistungsdruck. Nach der energetischen Harmonisierung und der aus der Diagnose gewonnen Selbsterkenntnis war der Klient in der Lage, ein neues Selbstbild ohne Erfolgsdruck zu entwickeln. Die Schmerzen legten sich innerhalb von drei Tagen nach der Harmonisierung und sind seitdem nicht mehr aufgetreten." (A 53359)

Patientin: Adelheid H. (62), pensionierte Sekretärin, CH-4125 Riehen, Teilnehmerin am "Fernheil-Test" 1998

Diagnose: chronische Migräne

Beschwerden: ca. einmal wöchentlich Schmerzanfall, z.T. 12-14 Stunden andauernd; muß dann im Bett bleiben und Zimmer abdunkeln.

Dauer: seit über 20 Jahren.

Persönliche Testbilanz: Im gesamten Testzeitraum traten nur noch zweimal Migräneattacken jener Heftigkeit auf, die Adelheid H. zuvor regelmäßig geplagt hatten (am 20. Juni sowie am 26./27. August). Ansonsten hat sie meist "nur noch alle 14 Tage einen Anfall - vor Beginn der Behandlung jede Woche. Auch sind sie nicht mehr so intensiv."

Medizinische Beurteilung: Beachtliche Verbesserung des Krankheitsbilds, der Symptomatik, der Leistungsparameter sowie der subjektiven Beschwerden - jeweils +3 auf einer bipolaren Skala von -5 (erheblich verschlechtert) über 0 (unverändert) bis +5 (erheblich gebessert). (Dr. med. Jakob Bösch) (HoG S. 119-120.)

Seit drei Jahren litt ein neunjähriger Schüler aus Hamburg an Migräne. Zunächst traten die Schmerzanfälle nur etwa alle zwei Monate auf, "oft verbunden mit Stressfaktoren wie Urlaub, Geburtstag, Weihnachten etc.", wie die Heilerin schildert. "Im letzten Jahr wurden die Abstände immer kürzer, zum Schluss kam es alle zwei Wochen zu einem Anfall, verbunden mit Übelkeit und ein bis zwei Tagen Bettruhe. Ab November 1995 behandelte die Heilerin Claudia W. den Jungen fünf Wochen lang einmal wöchentlich, "vorwiegend mit Handauflegen, Chakrenarbeit, Entspannungs- und Visualisierungsübungen, Gesprächen mit ihm und seinen Eltern. (Die reine Behandlung dauerte jeweils nur 15 bis 20 Minuten.) In dieser Zeit wurde er ausgeglichener und vertrauensvoller. Auf Anforderungen reagierte er zwar mit einer gewissen Spannung bzw. Nervosität, aber sie entlud sich nie mehr in einem Migräneanfall. Bis heute ist kein Rückfall aufgetreten. Die Eltern, beide Ärzte, bestätigten den Erfolg, ohne ihn erklären zu können." (A 20144)

Der Internist und Reiki-Meister Dr. med. Ulrich Klettner, der seine Ehefrau Christa - erfahrene Heilerin und Medium - in seine Praxis einbezieht, berichtet: "Eine Mutter steht abends um 19.30 Uhr vor meiner Praxis - mit ihrem fünfjährigen Jungen, der wieder einmal einen akuten Migräneanfall hat. Weinend hält er sich die Hand auf die rechte Kopfhälfte. Nach zwanzig Minuten "Geistheilung" (bzw. Reiki) ist der Migräneanfall wie weggeblasen, und der Junge will wieder zu seinem Spielplatz zurückkehren. Nach einer weiteren, späteren Behandlung - diesmal zusätzlich mit Laserakupunktur - ist der Junge, der seit zwei Jahren etwa zweimal pro Woche unter Migräneanfällen gelitten hatte, jetzt seit fünf Jahren beschwerdefrei." (GHÄP 2. Aufl. S. 119)

Weitere Fallbeispiele s. A 10789, 21682, 22041, 22767, 26345, 28217, 34119, 37574, 49186, 49755, 51375, 55218, 55566, 58540, 60599, 64546, 64747, 66701, 70176, 72160, 78073, 79235, 81543, 81737, 82211, 84405, 87645, 93466, 95448

Milz, Funktionsstörung der

Bei einer 57jährigen Schneidermeisterin aus Königsbach war, wegen einer Funktionsstörung der Milz, der Abbau der Thrombozyten krankhaft erhöht: Die Anzahl der sog. "Blutplättchen", deren Hauptfunktion in der Aufrechterhaltung der Hämostase (Blutgerinung und -stillung) liegt, nahm seit 1990 besorgniserregend ab. Schulmedizinische Maßnahmen blieben ohne Erfolg. Mitte Dezember 1992 begann sich der Heiler Wolfgang S. um die Patientin zu kümmern - und von da ab nahm die Thrombozytenzahl pro Milliliter Blut ständig zu: von 20.000 am 9. Januar 1993 über 31.000 (3. Februar) und 34.000 (12. Februar) bis 66.000 (2. Juni). Damit galt sie als geheilt. "Ärzte in einer Spezialklinik hatten keine Erklärung dafür. Sie fragten, ob die Frau denn noch andere Medikamente einnehmen würde." (A 67435)

Mittelohrentzündung s. auch Entzündung

Der achtjährige Sohn eines Arztes aus Mainz hatte sich eine *Otitis media* zugezogen, eine Entzündung des Mittelohrs. Der Hausarzt verschrieb ein Antibiotikum. Doch das Kind klagte weiterhin unter so starken Schmerzen, dass es nachts nicht mehr schlafen konnte. Ein Heilpraktiker aus Hildesheim daraufhin begann eine Fernbehandlung. Schon während des ersten Versuchs schlief der Junge ein, am nächsten Tag waren die Schmerzen verschwunden. (A 31141; R S. 307.)

Ein 60jähriger Geschäftsführer aus dem Raum Frankfurt litt seit einigen Wochen an einer Mittelohrentzündung, die auf hochdosierte Antibiotika nicht reagierte. Eine Operation am Ohr war bereits geplant, als die Heilerin Ingrid P. von Kiel aus den Mann innerhalb von zehn Tagen dreimal am Telefon fernbehandelte (beim erstenmal eine halbe Stunde lang, dann zweimal zehn Minuten). Spontan trat daraufhin eine subjektive Besserung ein; der Druck im Ohr ließ nach, der Schmerz verschwand, und die Entzündung klang vollständig ab. Der behandelnde Arzt sagte den OP-Termin ab und sprach von einem "Wunder". (A 24143.)

Morbus Bechterew

Seit 1978 litt ein 36jähriger Arbeiter aus Bremen an Morbus Bechterew, einer chronisch-entzündlichen, rheumaähnlichen Erkrankung der Wirbelsäule. Trotz schulmedizinischer Behandlung verschlechterten sich Symptomatik und Allgemeinbefinden zunehmend, immer wieder bildete sich Wasser in den Kniegelenken. Ab Mai 1993 suchte er einmal wöchentlich den Heiler Reinhard W. auf, der Handauflegen und Klangmassage anwandte; sechs weitere Monate lang fanden nur noch sporadisch Sitzungen statt. Bereits nach der allerersten Sitzung "bildete sich das Wasser in den Knien zurück, der Allgemeinzustand wurde von Woche zu Woche besser, ebenso die Beweglichkeit. Die Schmerzen ließen nach, ärztlich verordnete Mittel konnten auf ein Minimum reduziert werden", berichtet der Heiler. "Die BSG (Blutkörperchensenkungsgeschwindigkeit) hat sich verbessert." Der Erfolg hält bis heute an. (A 28217.)

Eine 31jährige Arzthelferin aus Wülfrath litt seit 1990 an schwerem Morbus Bechterew, der qualvolle Schmerzen verursachte. Als sie ein Jahr später schwanger wurde, durfte sie keine Medikamente mehr einnehmen. In ihrer Verzweiflung wandte sie sich im Januar 1992 an die Heilerin Christa H., die ihr zunächst viermal, dann einmal pro Woche zu helfen versuchte. Innerhalb einer Woche ließen die Beschwerden bereits deutlich nach. Bis heute braucht die Patientin keine Medikamente mehr, die Schmerzen treten nur noch leicht und sporadisch auf. (A 42489.)

Verblüffend rasche Hilfe fand bei ihr ein 48jähriger Laborant aus Bad Sooden, der seit seinem 30. Lebensjahr an der Bechterewschen Krankheit litt. Ärzte hatten ihn erfolglos zu behandeln versucht. Als sich der Mann 1986 an die Heilerin Dagmar O. wandte, legte sie ihm die Hände auf - und schon nach zwei Sitzungen "war er fast ohne Schmerzen", wie sie versichert. "Nach drei weiteren Sitzungen konnte er seine Cortisontabletten absetzen." Dieser Erfolg soll bis zum heutigen Tag anhalten. "Ich stehe vor einem Rätsel", äußerte der behandelnde Arzt. (A 65929)

Eine 53jährige ehemalige Arzthelferin aus Köln litt seit Jahren unter Morbus

Bechterew, mit schubweise auftretenden starken Schmerzen im Bereich der Brustwirbelsäule und Auswirkungen auf den gesamten Bewegungsapparat. Trotz medikamentöser Behandlung hatten sich die Beschwerden im Laufe der Jahre eher verschlimmert. Wegen dieser Erkrankung wurde sie 1988 berufsunfähig, ist auch heute unter ärztlicher Aufsicht und nimmt im Bedarfsfall Medikamente vor allem gegen die starken Schmerzen. Im Oktober 2001 kam sie zum ersten Mal in die Praxis des Geistheilers Jürgen B. nach Rheinbach, der sich erinnert: "Die erste Chakra-Diagnose-Sitzung hatte eine völlige Schmerzfreiheit und Auflösung jeglicher Bewegungseinschränkung zur Folge. Leider war dieses Ergebnis nur von kurzer Dauer. In der Folgezeit gab es bis heute etwa in zweimonatigen Abständen regelmäßig Sitzungen mit dem Ergebnis, dass die Krankheitsschübe seltener und weniger schmerzhaft geworden sind. Bewegungseinschränkungen sind geringer geworden. Mittlerweile hat die Frau die Chakra-Diagnose und Harmonisierung zur Selbstanwendung gelernt und harmonisiert sich regelmäßig mit gutem Erfolg. Insgesamt ist eine deutliche subjektive Linderung mit zeitweise völliger Beschwerdefreiheit über mehrere Wochen zu verzeichnen. Die Verwendung von Medikamenten hat sie auf ein Minimum reduzieren können. Allerdings konnte die Krankheit nicht völlig aufgelöst werden. In besonders heftigen akuten Fällen war bei ihr auch eine Linderung über Fernheilung möglich. Dies erfolgte selbstverständlich unentgeltlich." (A 53359)

Morbus Hodgkin

Bei einem dreijährigen Kind aus Ahrensburg hatte sich an der linken Halsseite ein faustgroßer Lymphknotentumor gebildet (Morbus Hodgkin). Zwei Wochen, nachdem er festgestellt worden war, schlugen Ärzte eine Operation mit anschließender Chemotherapie vor. Dreimaliges Besprechen durch Peter S. erübrigte diese Tortur: Vier Wochen später war der Tumor verschwunden, berichtet der Heiler. (A 23562.)

Seit 1992 litt eine 56jährige Frau aus Meran/Tirol an Morbus Hodgkin (Lymphogranulomatose), einem bösartigen Krebs, der von den Lymphknoten ausgeht. Operation, Bestrahlung und Chemotherapie vermochten die Krankheit nicht aufzuhalten. Ab 1993 betreute der Ettlinger Geistheiler Klaus R. sie ein Jahr lang, durchschnittlich dreimal pro Monat. "Anfangs", so erinnert er sich, "lag der Leukozytenwert bei 400, nach drei Sitzungen stieg er auf 1200 und verbesserte sich weiter - bis zur vollständigen Genesung. Eine Nachuntersuchung blieb ohne Befund." (A 76275)

Eine 73jährige Hausfrau aus Plankstadt litt seit 1992 an Morbus Hodgkin im vierten Stadium; eine Chemotherapie sowie eine Operation in der Heidelberger Thorax-Klinik hatte sie bereits hinter sich. Im Jahre 1993, nachdem Ärzte ihre verbleibende Lebenserwartung auf drei Wochen schätzten, fanden sechs Geistheilungen bei Roswitha B. statt, im Laufe von zwei Wochen. "Nach der letzten Behandlung", so erinnert sich die Heilerin, "wusste ich, dass sich etwas verändert hatte." Trotzdem ging es der Patientin vorübergehend noch schlechter; schon wurde der Pfarrer gerufen. "Doch nach drei Tagen besserte sich ihr Zustand von Tag zu Tag. Zwei Monate später wurde sie aus dem Krankenhaus entlassen." (1994 kam es allerdings zu einem Rückfall, wie Frau B. im nachhinein erfuhr.) (A 22941)

An den "Besprecher" Peter S. in Lübeck wandte sich die Eltern eines dreijährigen Kinds aus Ahrensburg (Schleswig-Holstein), an dessen linker Halsseite ein faustgroßer Lymphknotentumor (Morbus Hodgkin) wucherte. Zwei Wochen nach der Diagnose schlugen die behandelnden Ärzte eine Operation mit anschließender Chemotherapie vor. Dreimaliges Besprechen erübrigte diese Tortur: Nach vier Wochen war der Tumor nicht mehr feststellbar. (GB S. 194)

Morbus Recklinghausen s. Recklinghausen-Krankheit; auch Krebs, Tumor

Morbus Sudeck

Schon im amerikanischen Bürgerkrieg 1864, als sich Yankees und Südstaatler erbitterte Schlachten lieferten, wurde bei manchen Soldaten mit Schussverletzungen eine rätselhafte Krankheit beschrieben, die Mediziner heute als "Morbus-Sudeck" oder „Sudeck-Syndrom" bezeichnen. Betroffene leiden unter lang anhaltenden heftigen Schmerzen in Arm oder Bein, meistens infolge einer Verletzung. Ihren Namen gab dieser Krankheit um 1900 der Hamburger Chirurg Paul Sudeck. Heftig schmerzen können dabei Hände und Arme, aber auch Beine. Was dieses Schmerzsyndrom verursacht, ist bis heute ungeklärt. Auslösend scheint in vielen Fällen eine Verletzung, Prellung oder ein Knochenbruch. Zunächst kommt es zu deutlich sichtbaren Veränderungen an der schmerzenden Extremität. Im ersten Stadium schwillt die Haut leicht an, verfärbt sich blau-rötlich und fühlt sich warm an. An dieser Stelle schwitzen die Patienten stark. Ist die Hand betroffen, so wird sie kraftlos; der Patient kann sie kaum noch oder überhaupt nicht mehr bewegen. In einem späteren Stadium wird der betroffene Körperbereich kalt, die Schwellung geht zurück, die Haut wird dünn, die Knochen entkalken und werden spröde. Als besonders heimtückisch gilt dieses Leiden deshalb, weil die Schmerzen heftiger sind, als es die Verletzung rechtfertigen würde. Der Heilungsprozess nach einer Verletzung ist im Grunde ein entzündlicher Prozess. Das verletzte Gebiet schwillt an, wird rot und ist stärker durchblutet. Wenn dieser Prozess über sein Ziel hinausschießt und nicht mehr abklingt, sondern immer stärker wird, werden auch Schmerzen immer stärker wahrgenommen. Daher sprach Sudeck von einer „entgleisten Heilentzündung".

Beim "Sudeck-Syndrom" kann die Schulmedizin bisher günstigstenfalls Symptome lindern. Je nach Krankheitsstadium werden durchgeführt: eine Schmerztherapie mit Medikamenten, Physikalischer Therapie mit Kühlung, Massage, Elektrotherapie und Krankengymnastik, um betroffene Gliedmaßen einigermaßen beweglich und funktionstüchtig zu halten.

An dieser gefürchteten Krankheit litt seit Juni 1990 eine 50jährige Kassiererin aus Papenburg, seit sie sich eine Sehnenscheidenentzündung zugezogen hatte. Dadurch war ihre Hand krallenförmig versteift und schmerzte sehr. Seit 1995 plagte sie obendrein ein Hals- und Lendenwirbelsyndrom. Ärztliche Maßnahmen blieben weitgehend erfolglos. Daraufhin wandte sie sich im September 1992 an eine örtliche Gröning-Gemeinschaft, die für sie “den göttlichen Heilstrom” aufnahm. Von da an wurde die betroffene Hand immer beweglicher; zugleich ließen die Schmerzen nach. Monate später konnte die Frau ihre Hand wieder nahezu frei bewegen, die Schmerzen verschwanden. Bis Dezember 1992 wurde sie auch ihre Beschwerden in der Halswirbelsäule vollständig in der Lendenwirbelsäule weitgehend. (BG S. 36; zum Gröning-Freundeskreis s. FH1 und GB.)

Morsier-Syndrom

Im März 2003 vertraute mir Holger K. aus Schwäbisch Gmünd an, was Tom, seinem kleinen Sohn, widerfahren war. Im Juli 2000 war Tom völlig blind zur Welt gekommen. Die Diagnose lautete auf "De Morsier-Syndrom" - auch als "olfaktogenitales Syndrom" bekannt -, eine überaus seltene Missbildung in bestimmten Gehirnabschnitten. Es entsteht, wenn Zellen im Hypothalamus, die ein Hormon produzieren (das GnRH, *Gonadotropin Releasing Hormone*), frühzeitig degenerieren. Dies kann zu einem Minderwuchs der Geschlechtsorgane, zu Störungen der Spermienproduktion und zu Unfruchtbarkeit führen, weil es an einer Stimulation der Keimdrüsen durch männliche Sexualhormone - dem Luteinisierungshormon LH und und dem Follikel stimulierenden Hormon FSH (Follitropin) - fehlt. Zu den schlimmen weiteren Folgen zählen geistige Behinderung, fehlender Geruchsvermögen und Epilepsie - und eben, wie bei Tom, angeborene Blindheit. Allerdings schien seine geistige Entwicklung im ersten Lebensjahr völlig normal.

Tom war etwa ein Dreivierteljahr alt, als seine Eltern mit ihm einen Urlaub in Namibia verbrachten, dem Heimatland der Mutter. "Dort", berichtete mir Holger K., "suchten wir einen Geistheiler auf und ließen ihn für Tom beten." Was brachte das Schamanengebet? "Als Tom etwa ein Jahr alt war, konnte er mit dem linken Auge zum ersten Mal Licht wahrnehmen. Das rechte Auge folgte einen Monast später. Inzwischen ist er zweidreiviertel Jahre alt und kann mit dem rechten Auge alle Farben sehen, seine Eltern erkennen und sich recht gut orientieren. Wir sind alle überglücklich über dieses Wunder, da man uns von Seiten der Ärzte keine Hoffnung machen wollte, dass sich Toms Befund verbessert." Die einzige Therapie, die ansonsten begleitend stattfand, bestand im Verabreichen eines Präparats mit Rinderhirnextrakten. (FH1)

Müdigkeit, chronische siehe Erschöpfung, chronische (*Chronic Fatigue Syndrome*, CFS)

Mukoviszidose

Ein neun Monate altes Baby aus Fellbach litt seit Mitte Januar 1991 an Mukoviszidose: einer erblichen Erkrankung, die auf einer angeborenen Enzymstörung beruht. In deren Folge bildet sich zähflüssiger Schleim, besonders in der Bauchspeicheldrüse und den Bronchien, aber auch sonst in exokrinen (nach außen absondernden) Drüsen. Die betreffenden Ausführungsgänge verstopfen und weiten sich aus. Dies macht sich an Symptomen bemerkbar, an denen das Baby heftig litt: Verdauungsstörungen, Durchfall, vor allem aber häufige Hustenanfälle, bei denen sie öfters beinahe zu ersticken drohte. Am 19. März 1991 begann die Geistheilerin Irmgard C. mit einer "Reinigung der Aura und der Bronchien". Der Mutter des Kindes brachte sie bei, auf diese Weise täglich an ihrer Tochter zu arbeiten. Ein Jahr später konnten bei ärztlichen Tests keinerlei Anzeichen von Mukoviszidose mehr festgestellt werden, wie Irmgard C. versichert. (A 74924)

Multiple Sklerose

Mit Multipler Sklerose suchte der Berliner Lutz M. die Geistheilerin Eva-Maria K. erstmals im Dezember 1992 auf. "Nach vier Behandlungen innerhalb einer Woche fühlte er sich gekräftigt und konnte vorübergehend wieder sicherer stehen", berichtet seine Frau. Im April 1993 behandelte ihn dieselbe Geistheilerin erneut, diesmal eine Woche lang täglich zweimal. Zunächst "reagierte er mit großer Müdigkeit, er schlief viel und lang. Danach war er psychisch sehr gefestigt und unternehmungslustig. Plötzlich konnte er wieder selbständig ins Auto einsteigen, ohne daß ich ihm die Beine anheben mußte." Anfang 1994 fanden weitere sieben Behandlungen statt, verteilt auf zwei Wochen. "Wiederum war mein Mann energiegeladener", so Anna M., "und imstande, alltägliche Verrichtungen viel selbständiger als zuvor auszuführen." Auch wenn es in Zeiten großen Stresses immer wieder zu Verschlechterungen kam, "kann ich doch bestätigen, dass Frau K.s Behandlung sehr zur Stabilisierung der MS beigetragen hat". (A 25764)

Multiple Sklerose machte eine 28jährige Mitarbeiterin einer Nürnberger Druckerei seit einem Jahr zunehmend gehunfähig. Im Juli 1994 suchte sie vier Tage lang die Geistheilerin Elisabeth W. auf - seither kann sie wieder erheblich besser laufen, "bis zum heutigen Tag". (A 88348)

Seit drei Jahren litt eine 47jährige Köchin aus Iffezheim an Multipler Sklerose. Trotz ständiger ärztlicher Betreuung und hochdosierten Kortisongaben verschlimmerte sich die MS stetig. Als sie 1995 zu dem Geistheiler Wilhelm H. fand, war sie nahezu gehunfähig. "Ich legte ihr die Hände auf", berichtet der Heiler. "Nach dem ersten und zweiten Mal ging es ihr schon deutlich besser. Nach einem halben Jahr konnte sie wieder ohne Schwierigkeiten laufen", und dieser Erfolg hält seither an. Ein Arzt soll die Fortschritte bestätigt und von einem "Wunder" gesprochen haben. (A 77743)

Seit 1993 litt eine 47 Jahre alte Rechtsanwältin aus San José, Kalifornien, an Multipler Sklerose, die sie inzwischen an den Rollstuhl fesselte. Die Schulmedizin war dagegen machtlos. 1995 versuchte ihr die Stuttgarter Geistheilerin Waltraud R. vier Monate lang durch eine wöchentliche Fernbehandlung zu helfen. Heute braucht die Anwältin ihren Rollstuhl nicht mehr, "alle Bewegungen sind normal, sie treibt wieder Sport und übt uneingeschränkt ihren Beruf aus", berichtet die Heilerin. (A 70374)

Multiple Sklerose hatte eine 55jährige Hausfrau aus Celle seit fünf Jahren an den Rollstuhl gefesselt. 1993 betreute die Geistheilerin Charlotte L. die Patientin drei Wochen lang jeden Tag. Schließlich "konnte sich die Frau an einer Stange aus dem Rollstuhl ziehen und die Füße ca. fünf Zentimeter anheben." (A 29221)

Eine 28jährige Hausfrau litt seit acht Jahren unter Schüben von multipler Sklerose. Trotz Cortison kamen und gingen sie unberechenbar. Im Januar 1996 nahm sich die Heilerin Veronika L. der Patientin an: Eine Woche lang - mitten in einem erneuten Schub, der die Patientin gehunfähig machte - legte die Heilerin ihr täglich die Hände auf, behandelte sie auf Distanz und führte eingehende Gespräche mit ihr. "Danach konnte sie sofort wieder laufen", versichert Veronika L. "Seither ist sie beschwerdefrei und fühlt sich völlig gesund. Mittlerweile ist sie mir eine liebe Freundin geworden." Die behandelnde Neurologin führte die verblüffende "Spontanheilung" auf die Kortisongaben zurück. (A 12099)

An MS litt eine 31jährige Hausfrau aus Rottach-Egern seit Anfang 1992. Cortisonbehandlungen brachten nur zeitweise Besserung. Im Frühjahr 1994 begann Ursula P. mit Reiki-Sitzungen, Yoga und "Metamorphose"; pro Woche fanden drei bis vier Sitzungen statt. "Nach etwa zwei Monaten ließen die Symptome erheblich nach. Nach fünf Monaten konnte die Patientin bereits wieder Auto fahren und ohne Beschwerden ihren Alltag bewältigen", versichert die Heilerin. Seit zweieinhalb Jahren halte diese inzwischen auch ärztlich bestätigte Genesung an, ohne Rückfälle. (A 83700)

Seit drei Jahren litt eine 47jährige Köchin aus Iffezheim an Multipler Sklerose. Trotz ständiger ärztlicher Betreuung und hochdosierten Kortisongaben verschlimmerte sich die MS stetig. Als sie 1995 zu dem Heiler Wilhelm H. fand, war sie nahezu gehunfähig. "Ich legte ihr die Hände auf", berichtet der Heiler. "Nach dem ersten und zweiten Mal ging es ihr schon deutlich besser. Nach einem halben Jahr konnte sie wieder ohne Schwierigkeiten laufen", und dieser Erfolg hält seither an. Ein Arzt bestätigte die Fortschritte und sprach von einem "Wunder". (A 76287)

Seit 1986 litt eine 54jährige Hausfrau aus Buxtehude an Multipler Sklerose. Obwohl sie in ständiger ärztlicher Behandlung war, war der Krankheitsprozeß anscheinend nicht aufzuhalten. 1994 fand sie zu der Heilerin Barbara S. aus Stade, die sie innerhalb von zwei Tagen in den Ersten Reiki-Grad einweihte. Am ersten Tag stellten sich heftige Symptome einer "Erstverschlimmerung" ein (Gröning sprach von "Regelungen"): Durchfall, Schweißausbrüche, übermäßiges Wasserlassen, Schlaflosigkeit. Am zweiten Tag legte die Patientin ihren Gehstock beiseite - und hat ihn seither nie mehr benötigt. Inzwischen kann sie wieder alle anfallenden Arbeiten im Haus und Garten erledigen. (A 21682.)

Seit 1993 betreute Romy L. anderthalb Jahre lang per Fernbehandlung einen 30jährigen Patienten, bei dem 1989 Multiple Sklerose aufgetreten war. "Seit 1994 ist es zu keinem Schub mehr gekommen." (A 85283)

Unter dramatischen Symptomen einer Multiplen Sklerose litt Hausfrau und Mutter aus Füssen seit vielen Jahren. Trotz vielerlei Medikamente, Kuren und Spezialbehandlungen in Kliniken verschlimmerte sich ihr Zustand; sie konnte sich nicht mehr alleine fortbewegen und war ständig auf fremde Hilfe angewiesen. Da erfuhr sie im August 1995 von einem "Ort der Kraft Maria Anna", den der Heiler Lothar M. entdeckt hatte. Ihr Ehemann fuhr sie dorthin, begleitet von ihrem siebenjährigen Sohn. Kurze Zeit später konnte sich die Patientin wieder aus eigener Kraft bewegen: "Ich fühlte mich wie verwandelt. Neue, bisher unbekannte Kräfte durchströmten mich. Ich war völlig überrascht und konnte es kaum glauben. Aber es war geschehen. Ich konnte plötzlich wieder alleine laufen und sogar wieder Auto fahren. Für mich war es ein Wunder." (A 87437)

Eine 32jährige Pharmazeutin aus Claashorn litt seit 1990 an Multipler Sklerose. Ihre linke Körperhälfte war wie taub, massive Müdigkeit machte ihr zu schaffen, und auch Sehstörungen traten auf. Ab März 1995 fanden ein halbes Jahr lang jeweils zweimal wöchentlich 20minütige Sitzungen bei der Geistheilerin Erika N. statt. Daraufhin verringerte sich das Taubheitsgefühl erheblich, und die Sehstörungen verschwanden. Bei einer Kernspintomographie in einem Pinneberger Krankenhaus wurden keine Entzündungsherde mehr entdeckt. (A 24576.)

Eine fortschreitende Multiple Sklerose, die bereits im achten Lebensjahr einsetzte, hatte eine 38jährige Bürokauffrau an den Rollstuhl gefesselt; rund zwanzig Operationen hatten eine Verschlimmerung nicht abwenden können. Doch seit Februar 1992 ist die Erkrankung zum Stillstand gekommen, die psychische Verfassung der Patientin hat sich stabilisiert, sie kann wieder besser sprechen - nach Beginn der Behandlung bei der Heilerin Gudrun I., die ihr alle zwei bis vier Wochen jeweils eine Stunde lang durch Handauflegen, Fußreflexzonenmassage, Chiropraktik und einer Ernährungsumstellung zu helfen versuchte. (A 73072)

Der Autor Wolfgang Lüdke berichtet: "Bei Kathrin K. aus Gera wurde 1994 Multiple Sklerose diagnostiziert, mit plötzlicher Taubheit auf dem linken Ohr, Tinnitus-Geräuschen und Gleichgewichtsstörungen bis hin zur zeitweisen Unfähigkeit, sich selbständig fortzubewegen. Im rechten Ohr traten stechende Schmerzen auf. Über ihre persönlichen Testerfahrungen führte sie stichwortartig Protokoll: "Nach der zweiten Behandlung keine Schmerzen mehr auf dem rechten Ohr! (Vorher Angst vor totaler Taubheit.) Nach der dritten Behandlung: Laufe ohne Ermüdung kräftig zwei bis drei Kilometer. (Vorher Erschöpfung nach einem Kilometer.) Allgemein Zuversicht und Wohlbefinden nach siebter Behandlung." (GHNZ S. 80; A 65929.)

Eine ältere Dame aus Bayern, Anfang 60, die an Multipler Sklerose litt, besuchte übers Wochenende ihre Tochter in einem Nachbarort von Heiligenhafen, wo der Heiler Wolfgang B. praktiziert. "Sie saß im Rollstuhl und hatte sehr starke Schmerzen", berichtet der Heiler. "Jede Nacht, so erzählte mir die Tochter, müsse sie alle zwei Stunden aus dem Bett, weil sie nicht mehr liegen könne. Ich behandelte sie einmal, wobei ich Handauflegen und Besprechen kombinierte. Am nächsten Morgen rief mich ihre Tochter an und erzählte mir, dass ihre Mutter die ganze Nacht durchgeschlafen habe, ohne Schmerzen. Ein paar Monate später machte die Patientin Urlaub bei ihrer Tochter. Ich behandelte sie zehn Tage hintereinander, wieder in der gleichen Kombination. Seitdem braucht sie keine Schmerzspritzen mehr. Als sie ihrem Arzt von mir erzählte, war er sehr erstaunt." (A 23774)

An Multipler Sklerose litt die gelernte Zahntechnikerin Martina F., 38, aus Köln seit 17 Jahren. Sie konnte zwar noch laufen, "aber mein Zustand hat sich seit zwei Jahren sehr verschlechtert, weil ich unter einem Dauerschwindel leide, der bei Anstrengung noch verstärkt wird und meine Koordination stark bereinträchtigt". Weil die Sehkraft ihres linken Auges nur noch bei 20 Prozent lag, konnte sie ihren früheren Beruf nicht mehr ausüben. Auch Harninkontinenz und starke Verdauungsbeschwerden (Obstipation: Darmträgheit, chronische Stuhlverstopfung) machten ihr zu schaffen. Sie ermüdete schnell: "Ich kann kaum mehr als 20 Minuten gehen oder im Haushalt arbeiten. An schlechten Tagen sind bereits 500 Meter für mich unvorstellbar weit." Cortisonbehandlungen halfen Martina F. ebensowenig wie unkonventionelle Therapien, darunter Eigenblutbehandlung, hochdosierte Vitamingaben und Ozontherapie. Bereits im Frühjahr 1987 hatte sie sich einer Geistheilerin aus London anvertraut: "Dies brachte mir eine erhebliche Besserung ein", leider bloß "für ein halbes Jahr".

Acht Wochen lang ließ sich Martina F. im Rahmen eines ärztlich kontrollierten Tests von dem Frankfurter Geistheiler Christos D. per Handauflegen behandeln. "Beeindruckend", so fasste der ärztliche Versuchsleiter anschließend zusammen, "ist vor allem die erhöhte Belastbarkeit in jeglicher Hinsicht. Statt früher 200 Meter kann sie heute bis zu fünf Kilometer problemlos laufen. Ihre Koordinationsschwierigkeiten haben sich gebessert, und die Verdauung klappt besser. Die fachärztlichen neurologischen und augenärztlichen Untersuchungen ergaben leider keine objektiv signifikanten Parameter. Davon abgesehen ist die Patientin wesentlich optimistischer als zu Testbeginn. Sie macht einen viel wacheren, klareren und lebensfroheren Eindruck." (PSI-INFOS, "Handauflegen im Test 1"; A 65929)

Seit 1968 litt eine Frau aus Norddeutschland an Multipler Sklerose - mit fortschreitenden Lähmungen, die sie bereits an den Rollstuhl fesselten, Sprachstörungen und unsäglichen Schmerzen. Hinzu kamen schwerste Depressionen, denn ihr Fall schien aussichtslos. Entsprechend gehemmt, geradezu blockiert wirkte sie in ihrem Verhalten. Im Juli 1991 lernte sie den österreichischen Psi-Diagnostiker und Geistheiler Georg R. kennen. (Zur Psi-Diagnose siehe R und FH2.) Nur ein paar Sekunden lang konzentrierte er sich schweigend auf sie - dann behauptete er, das Rückenmark sei noch nicht so weit geschädigt, dass eine Behandlung aussichtslos wäre. Daraufhin schöpfte die MS-Kranke neue Zuversicht. Abermals ließ sie sich ärztlich untersuchen. Doch ihre Neurologen konnten ihr nach wie vor nicht die geringste Hoffnung machen. Am 10. September 1991 bescheinigten sie ihr: "Nach dem bisherigen Verlauf der Erkrankung ist eine Besserung oder Beseitigung der (durch die MS ausgelösten) Beschwerden nach ärztlicher Erkenntnis und Erfahrung nicht mehr abzusehen."

Doch die Frau gab nicht auf. Im Juli 1992 ließ sie sich von Freunden nach Österreich transportieren. Einen Monat lang legte ihr Georg R. nahezu täglich die Hände auf. Und das scheinbar Unmögliche trat ein. Am 24. August 1992 stellten ihr dieselben Neurologen folgendes Attest aus: "Die Symptomatik auf nervenärztlichem Gebiet hat sich deutlich gebessert. So sind zuvor vorhandene

Sprachstörungen vollständig abgeklungen, auch eine erhebliche Gangataxie ist weitestgehend zurückgegangen. Die Patientin ist wieder imstande, ohne fremde Hilfe zu laufen. Es ist somit zu einer deutlichen Besserung des bekannten Krankheitsbildes gekommen." (GB S. 269-270)

Mundfäule

Durch Fernbehandlung konnte eine Heilerin aus Neckarbischofsheim anscheinend einem zweijährigen Jungen helfen, der an Mundfäule litt. Nach einem telefonischen Hilferuf der Mutter "habe ich den Astralkörper des Kindes zu mir geholt und ihn behandelt, indem ich mir vorstellte, ich trüge das Kind auf den Armen. Dabei konnte ich den Körper ganz genau fühlen. Nach etwa drei Wochen kam die Mutter voller Dankbarkeit zu mir. Die Mundfäule war seit jenem Telefongespräch allmählich abgeklungen und schließlich verschwunden." (A 74924; R S. 309.)

Muskelkrämpfe

Fallbeispiel s. Schwindel (GHÄP S. 61)

Mykose

Seit drei Jahren litt eine 40jährige Sozialarbeiterin aus Bremen an Dysmenorrhoe (schmerzhafte Menstruation), an Koliken und einer Candida-(Pilz-)belastung. Schulmedizinisch wurde sie ohne nennenswerten Erfolg behandelt. Nach dreimaliger Auratherapie bei der Geistheilerin Erika B. war die Patientin angeblich beschwerdefrei - und blieb es bis heute. (A 28203)

An einer Amalgamvergiftung sowie Pilzen im Darm litt eine 28jährige Apothekenhelferin seit Herbst 1995. Nachdem Ärzte ihr klarmachten, beides sei nicht zu heilen, wandte sie sich im Oktober 1995 an den Geistheiler Max J. Er hielt seine Hände an vier aufeinanderfolgenden Tagen jeweils eine Stunde lang über ihren Kopf sowie den Darmbereich. "Danach trat eine deutliche Besserung ein", berichtet er. "Eine ärztliche Untersuchung bestätigte, dass die Frau unerklärlicherweise ausgeheilt ist." (A 67715)

Myocarditis s. auch Herzleiden

Die Ärztin und Heilerin Dr. Susanne Kessner berichtet aus ihrer Praxis über einen 36jährigen Patienten mit Myocarditis: "Nach einer schweren Grippe im Februar 2002 klagt der Mann über extreme Erschöpfung, Kraftlosigkeit und Gangunsicherheit. Der Patient ist normalerweise sehr gut trainiert durch Langstreckenradfahren und Laufen. Internistisch wurde im Mai 2002 eine Myocarditis diagnostiziert (Herzvolumen vergrößert auf 1,3 Liter). Es erfolgte keine medikamentöse Therapie seitens des Internisten. Eine sportliche Betätigung ist zu Therapiebeginn bei mir nicht möglich und internistisch verboten. Es wurden sieben Behandlungen von Mai bis Juli 2002 durchgeführt. Nach der vierten

Behandlung Mitte Juni war der Patient wieder arbeitsfähig und moderates Radfahren möglich. Das Herzvolumen war auf den Normalwert von 1.1 Liter zurückgegangen. Subjektiv hat der Patient im Juli 2002 seine alte Belastbarkeit wieder fast erreicht." (GHÄP 2. Aufl. S. 115)

Die Allgemeinmedizinerin Dr. Barbara S. aus Berlin ist seit 1991 als niedergelassene Hausärztin tätig ist. Nachdem sie eine Zeitlang "fasziniert die unerwarteten Genesungen verfolgte, die viele Kranke in den Gemeinschaften des 'Bruno Gröning-Freundeskreises' erlebten", schloss sie sich 1995 dessen medizinisch-wissenschaftlicher Fachgruppe an. Anhaltspunkte dafür, dass der "göttliche Heilstrom" durchaus auch auf Distanz wirkt, fand sie reichlich in ihrer eigenen Praxis. In Geistiges Heilen für eine neue Zeit schildert sie ein Beispiel:

"Im Januar 1996 rief mich der Ehemann einer Patientin an und bat um einen Hausbesuch, da seine Frau 39o bis 40o C Fieber habe und an Schwindel leide. Ich erinnerte mich, dass die junge Frau drei Wochen zuvor schon einen fieberhaften Infekt gehabt hatte. Mir kam der Gedanke, dass es besser wäre, die Patientin in meiner Praxis zu untersuchen, um eine Komplikation der Virusgrippe auszuschließen, und dachte an eine Myokarditis (Entzündung des Herzmuskels). Diesem ersten Verdacht ging ich nach. Das EKG zeigte deutliche ST-Veränderungen in den Brustwandableitungen. Am gleichen Nachmittag habe ich die Patientin in die Klinik eingewiesen, wo sie dann auch unter der Diagnose "Myocarditis" aufgenommen wurde.

Als die Frau ins Krankenhaus eingeliefert worden war, nahm ich nach der Sprechstunde für sie den Heilstrom auf.

Ihr stationärer Aufenthalt war, in Anbetracht einer solchen Erkrankung, relativ kurz. Wie mir die Frau berichtete, war der Oberarzt über den raschen, guten Verlauf verwundert, denn nach zwei Tagen normalisierte sich das EKG, auch fand man im Blut keinen Nachweis von Erregern. Zwar war die Patientin durch die Bettruhe noch etwas geschwächt, doch ihr Gesundheitszustand hatte sich wieder normalisiert. Ein Belastungs-EKG nach vier Wochen ergab völlig normale Befunde und eine gute körperliche Ausbelastung." (GHNZ S. 197 ff.)

Myom

Eine 37jährige Zahnmedizinerin aus Stuttgart litt seit Jahren an Myomen - gutartigen Tumoren, die überwiegend aus Muskelfasern bestehen - und Zysten im Unterleib. Fünfmal war sie deswegen operiert worden. Doch immer wieder bildeten sich die Geschwulste erneut. Kurz vor Weihnachten 1994 suchte sie ein einziges Mal eine Stunde lang die Heilerin Daniela W. auf. Beim sechsten Operationstermin in der ersten Januarwoche 1995 zeigte das Röntgenbild ein völlig "sauberen" Unterleib. Zu Rückfällen kam es seither nicht mehr. (A 70193)

Seit mehreren Jahren litt eine 30jährige Angestellte aus München an Myomen und Zysten im Uterus. 1995, kurz vor einer Operation, ließ sie sich zwei Monate lang zweimal wöchentlich von der Heilerin Kaja G.-T. Reiki geben. Daraufhin bildeten sich die Geschwulste nach und nach ganz zurück, wie ein Arzt bestätigt haben soll. (A 85276)

In der Gebärmutter einer 40jährigen Frau hatten sich mehrere Myome gebildet. Der behandelnde Arzt riet zur Operation. Um sie zu vermeiden, wandte sich die Patientin an die 200 km entfernte Heilerin Iris M., die daraufhin eine "Fernheilung" versuchte: "Bei der ersten Behandlung löste ich die kleineren Myome, woraufhin die Frau in der folgenden Nacht wehenartige Schmerzen bekam, die wieder verschwanden. Eine weitere Behandlung folgte. Kurz darauf rief mich die Frau mitten in der Nacht an und sagte, sie hätte fürchterliche Schmerzen. Sofort habe ich sie behandelt. Ihre Schmerzen verschwanden augenblicklich. Ich riet ihr, sogleich zum Arzt zu gehen, falls sie noch einmal Probleme bekommen sollte; doch das war nicht der Fall. Zwei Tage später ging sie zum Arzt. Er konnte keine Myome mehr finden. Eine Operation hielt er nun für überflüssig." (A 56347)

Bei einer 28jährigen Bankangestellten aus Minsk hatte sich vor einem Jahr ein Myom gebildet, das inzwischen auf "die Größe eines Fötus in der dreizehnten Woche" gewachsen war und dringend operiert werden sollte, nachdem eine ärztliche Hormontherapie fehlgeschlagen war. Kurz vor dem OP-Termin vertraute sich die Frau dem Heiler Jziaslav A. an, der sie im Abstand von jeweils zwei Wochen sieben Mal behandelte. "Nach einem Monat", versichert A., "entsprach die Größe des Myoms nur noch einem Fötus von acht Wochen. Die Operation wurde überflüssig. Das Myom bereitete der Frau keine Beschwerden mehr."" Ein Arzt tat den Erfolg als "Zufall" ab. (A 81827)

Myxosarkom s. auch Hirntumor, Krebs, Tumor (im Gehirn)

Seit 1988 litt eine 45jährige Lehrerin aus Koblenz an rezidivierenden (immer wiederkehrenden) Hirntumoren, sog. Myxosarkomen. Chemotherapie und Bestrahlung hatten immer nur vorübergehende Besserung gebracht. Im Jahre 1992, in den vierzehn Tagen zwischen zwei Klinikaufenthalten, entschloss sich die Patientin zu vier Heilbehandlungen bei der Bonner Geistheilerin Christina J. - "ohne Psychotherapie, da zuwenig Zeit dafür war". Als Chirurgen der Uniklinik Mainz einen Tag nach der letzten Sitzung erneut ihren Schädel öffneten, fanden sie, nach Angaben der Heilerin, statt des Tumors nur noch eine Kruste - und hatten keine Erklärung dafür. (A 53105)

N

Nahrungsmittelallergie s. auch Allergie

Eine 70jährige Rentnerin wurde bei dem Heiler N. 1991 innerhalb von sieben Monaten eine Nahrungsmittelallergie los, die ihr zwanzig Jahre lang zu schaffen gemacht hatte. In beiden Fällen hatte N. mit Handauflegen gearbeitet, teilweise auch mit Laser- bzw. Bioresonanztherapie. (A 22309)

Bei dem elfjährigen Arztsohn Jérémie S. stellte das Kantonsspital Basel "eine breite Sensibilisierung auf verschiedenste Nahrungsmittel" fest, unter anderem auf Erdnuß, Haselnuss, Sellerie und Apfel. Kleinste Mengen von Alkohol sowie der Genuss von Käse sorgten seit dem dritten Lebensjahr für heftige Kopfschmerzanfälle. (Erst Ende 1999 stieß der behandelnde Arzt auf ein Medikament dagegen.) Immer wenn er beispielsweise Nüsse aß, erstickte er fast, wie sein Vater, der Internist Dr. med. Beat S. aus Binningen bei Basel berichtet. "Seine Symptome waren sehr stark. Die Allergie war lebensbedrohend. Bei Kindergeburtstagen musste Jérémie seinen eigenen Kuchen mitbringen. Seine Notfall-Medikamente trug er immer bei sich." Darüber hinaus leidet der Junge an einer Konjunktivitis (Augenbindehautentzündung) und Asthma bronchiale.

Nach zwei Tagen Geistheilung durch den deutschen Heiler Horst K. während des Basler Weltkongresses für Geistiges Heilen 2001 aß der Junge, vor den Augen von über tausend Kongressbesuchern, ein Stück Marzipan – ohne jegliche allergischen Reaktionen. Vorausgegangen war eine Behandlung, bei welcher der Heiler den Jungen zunächst nach seinen Ängsten fragte. Dann legte er ihm eine Hand auf die Brust, die andere auf den Rücken. Nach etwa einer Minute meinte er: "Nun ist die Allergie gelöscht." (PSI-INFOS, 48-Stunden-Test; A 63225.) Bis Frühjahr 2004 waren die Symptome nach wie vor verschwunden.

Neben einem Heuschnupfen, der dem 31jährigen Marc R. seit seinem 14. Lebensjahr zu schaffen machte, lag eine Allergie gegen Curry, Mandeln, Haselnüsse und Erbsen vor, deren Verzehr starken Juckreiz am Gaumen und im Rachen auslöste. Besonders heftig reagierte er auf Erdnüsse: Nach vier bis fünf Stunden kam es zu starken Verdauungsbeschwerden und Erbrechen. - Nach zwei Tagen Geistheilung durch den deutschen Geistheiler Horst K. während des Basler Weltkongresses für Geistiges Heilen 2001 probierte Marc R., vor versammeltem Kongresspublikum, eine Erdnuss und Curry – zum eigenen Erstaunen "passierte nichts, ich musste nicht erbrechen". Ansonsten "haben sich meine Beschwerden nicht grundlegend verändert", berichtete er zehn Tage später. "Mein Nesselfieberausschlag ist nach wie vor sehr stark vorhanden." (PSI-INFOS, 48-Stunden-Test; A 63225.)

Weiteres Fallbeispiel s. unter Gelenkrheuma (A 45966)

Nasenbluten, chronisches

Geradezu prompte Fernheilungen ohne Wissen des Behandelten sind äußerst selten, aber auch sie kommen vor - zum Beispiel bei einer 25jährigen Arbeitskollegin von Mira Nentwig (ein Pseudonym) aus Frankfurt am Main. Seit ihrer Kindheit litt die junge Frau an heftigem Nasenbluten. Beinahe jeden Monat trat es spontan auf, hielt dann mit kurzen Unterbrechungen jeweils zehn Tage lang an. Im Büro, kurz vor Feierabend, wurde Frau Nentwig Zeugin eines solchen Anfalls: "Ich war sehr erschrocken." Betroffen ließ sie sich von der Frau erzählen, "dass sie nichts dagegen tun konnte." Am selben Abend, gegen 21 Uhr, "stellte sich" Frau Nentwig mit ihrer Familie "auf den Heilstrom ein" und bat um Hilfe für die geplagte Kollegin. Bei der nächsten Begegnung zwei Tage später erzählte diese: Das Nasenbluten habe vorgestern schlagartig aufgehört. Um welche Zeit ungefähr? "Gegen 21 Uhr." Seither soll keine einzige Blutung dieser Art mehr aufgetreten sein. (FH1)

Nasennebenhöhlenvereiterung, chronische

Eine Hausfrau aus Varrel litt jahrelang an chronischer Stirn- und Nasennebenhöhlenvereiterung. Eine Operation blieb erfolglos. 1992 behandelte die Geistheilerin Marlies V. sie durch Handauflegen und Aromatherapie. Nach einem halben Jahr "waren die Höhlen frei, und die Frau konnte wieder frei atmen", versichert die Heilerin. Dieser Erfolg soll seither angehalten haben, ohne Rückfälle. (A 26345)

Ein 50 Jahre alter Psychologe aus Köln litt seit mehreren Jahren unter einer chronischen linksseitigen Nasennebenhöhlenvereiterung. Er war deswegen nicht mehr in ärztlicher Behandlung, da ihm die verabreichten Nasentropfen keine Linderung gebracht hatten. Im Mai 2002 fand er zu dem Geistheiler Jürgen B.: "Ich habe mit ihm eine Sitzung mit Chakra-Diagnose und Harmonisierung gemacht. Die Nasennebenhöhlenvereiterung war am nächsten Morgen für ungefähr drei Monate verschwunden, während denen er völlig frei durch die Nase atmen konnte; es gab keinerlei Druckgefühl im Bereich der Nebenhöhlen und auch sonst keine Beschwerden. Dann ist das Symptom wegen eines neuen Stressfaktors, der ihm auch sehr bewusst war, wieder aufgetaucht, allerdings in abgeschwächter Form, die er nach eigenem Bekunden ‚so akzeptieren kann'." (A 53359)

Eine 39jährige Hausfrau aus Sörgenloch plagte sich seit Jahren mit chronischen Beschwerden im Stirn- und Nasennebenhöhlenbereich herum. Medikamentöse Behandlungen waren ohne Erfolg geblieben. Im Jahre 1991 versuchte der Geistheiler Reinhard B. der Frau mit Handauflegen zu helfen. In einer einzigen Sitzung "verflüssigte sich der Schleim und ging ab. Nach etwa zwanzig Minuten war die Frau beschwerdefrei", berichtet der Heiler. (A 55270)

Weiteres Fallbeispiel s. Neuralgie, Glossopharyngeus-

Nerv, durchtrennter s. Taubheitsgefühl in Gliedmaßen

Nervosität

Seit 1992 litt ein 55jähriger Beamter a.D. aus Eutin an ständiger innerer Unruhe und Nervosität, begleitet von heftigen Kopfschmerzen. Medikamente, Krankengymnastik und Chiropraktik hatten ihm keine Linderung verschafft. Ab Februar 1996 vertraute er sich dem Heiler Peter D. an, einem gelernten Maschinenschlosser, der Kranken durch Handauflegen, Gebete, Reiki und "Besprechen" zu helfen versucht. Bereits nach drei Sitzungen kam der Patient anhaltend innerlich zur Ruhe; seine Kopfschmerzen traten nur noch gelegentlich und erheblich leichter auf. (A 23701; R S. 55-56.)

Neuralgie s. auch Trigeminusneuralgie

Die Heilerin Ingrid B. aus Rosenheim wurde von einer Freundin, einer 60jährigen Krankenschwester aus München, im Dezember 1999 um Hilfe gebeten: In der Kapsel eines kleinen Zehs sowie im Knie hatte diese seit über einem Monat heftige Schmerzen unklarer Herkunft. Außerdem plagte sie eine Neuralgie (Nervenschmerzen) in einer Schulter. Schon nach dem allerersten Handauflegen verschwanden die Schulterschmerzen sofort; nach der dritten Sitzung waren auch alle übrigen Beschwerden wie weggeblasen, so berichtet die Heilerin. Auf ärztliche Behandlung hatte die Freundin von Anfang an verzichtet. (A 83022)

Neurodermitis und eine Gesichtsneuralgie plagten seit 1992 eine 82jährige Hausfrau aus Bad Cannstatt. Ärzte therapierten sie erfolglos. 1994 ließ sie sich zwei Monate lang jeweils einmal wöchentlich von der Heilerin Waltraud R. behandeln. "Schon nach vier Sitzungen", berichtet die Heilerin, "stellte sich eine erste Besserung ein. Nach acht Wochen war die Frau schmerzfrei und nicht mehr verunstaltet." Nach sechs Monaten kam es zu einem Rückfall, doch seither ist ihr Zustand stabil. (A 70374, R S. 323.)

- Glossopharyngeus-

Sechs Jahre lang litt Lotte W. aus Berlin Glossopharyngeus-Neuralgie, einer Entzündung des Zungenschlundnervs (neunter Hirnnerv), hervorgerufen durch eine Nasennebenhöhlenvereiterung. Trotz mehrerer Krankenhausaufenthalte und täglicher Medikation in hoher Dosis quälten sie höllische Schmerzen. "1992, kurz bevor ich wieder einmal ins Krankenhaus eingewiesen werden sollte, hörte ich von der Geistheilerin Eva-Marie K. und ging zu ihr. Schon beim ersten Termin spürte ich ein leichtes Ziehen in der Nase; kurz darauf lief mir der Eiter aus den Nebenhöhlen in den Rachen. Nach vier, fünf Behandlungen war ich meine Schmerzen los." (A 25764)

- des Sehnervs

Seit Januar 1995 war der Sehnerv eines achtjährigen Jungen aus Osnabrück entzündet. Cortisonsalbe und Tropfen führten zu keiner Linderung, wohl aber zu einem Hautausschlag. Im Mai 1995 behandelte der Geistheiler Andreas K. das Kind fünfmal, wobei er Licht-, Edelstein- und Farbtherapie mit Heilkräutern kombinierte. Die anschließende Untersuchung des Augenarztes ergab: Die Sehstärke hatte sich von 20 auf 100 Prozent gebessert, der Junge war geheilt. (A 37603)

Neurodermitis

Zwei 15jährige Zwillinge, Kinder eines Arztes, litten seit ihrem vierten Lebensjahr an Neurodermitis. Ständige ärztliche Behandlung brachte ihnen immer nur leichte und bloß vorübergehende Linderung. In einer einzigen Augustwoche 1995 wurden beide Kinder viermal von Erika S. behandelt, jeweils anderthalb bis zwei Stunden lang. Schon "nach einer Woche besserte sich das Leiden", erinnert sich die Heilerin. Und dieser Erfolg hielt bis heute an: "Lediglich bei einem der beiden Mädchen kam es einmal zu einem leichten Rückfall. Doch dagegen genügte eine einzige weitere Behandlung." Seither schickt der Vater regelmäßig Neurodermitis-Patienten zu der Heilerin. (A 44805.)

Enkelsohn Alex, inzwischen sechs Jahre alt, ist Anna F.´s Ein und Alles. Um so betroffener musste sie mitansehen, was der Kleine durchmachte: "Von Geburt an litt er an Neurodermitis, besonders am Kopf, an den Knie- und Armbeugen. Die Haut war schuppig, trocken und stark entzündet." Der behandelnde Arzt hatte eine milchfreie Diät verordnet, doch obwohl diese strikt eingehalten wurde, trat keine Besserung ein. Im November 1998 erbat die Großmutter in einer Gemeinschaftsstunde des Bruno-Gröning-Freundeskreises den "göttlichen Heilstrom" für Alex, der damals vierzehn Monate alt war, zu jung, um über Evidenzen für die Heilslehre eines verstorbenen Wundermanns zu spekulieren oder irgendwelche Hypothesen bezüglich der medizinischen Erfolgsaussichten der großmütterlichen Bemühungen zu erwägen. "Noch in derselben Woche", versichert Anna F., "war Alex von seiner rauhen, geröteten und wunden Haut befreit. Bis auf den heutigen Tag ist sie glatt und zart", bestätigte sie im Februar 1999 in einem schriftlichen Bericht. (FH1)

Von Geburt an litt ein siebenjähriger Schüler aus St. Georgen an Asthma und Neurodermitis. Ärzte verordneten Cortison, Antibiotika und Thymusspritzen – ohne Erfolg. Ab August 1999 kümmerte sich der Geistheiler F. um das Kind. 17 Sitzungen fanden statt, mit jeweils 30 bis 40 Minuten Handauflegen. "Es besserte sich von Tag zu Tag", berichtet F. Schließlich verschwanden beide Leiden vollständig. Bis heute kam es zu keinem Rückfall. (A 78056)

Neurodermitis und eine Gesichtsneuralgie plagten seit 1992 eine 82jährige Hausfrau aus Bad Cannstatt. Ärzte therapierten sie erfolglos. 1994 ließ sie sich zwei Monate lang jeweils einmal wöchentlich von der Heilerin Waltraud R. behandeln. "Schon nach vier Sitzungen", berichtet die Heilerin, "stellte sich eine erste Besserung ein. Nach acht Wochen war die Frau schmerzfrei und nicht mehr verunstaltet." Nach sechs Monaten kam es zu einem Rückfall, doch seither ist ihr Zustand stabil. (A 70374)

Neurodermitis quälte Manfred J. aus Gundelfingen schon seit 17 Jahren. Nachdem die Schulmedizin nichts dagegen ausrichten konnte, vertraute er sich 1996 der Heilerin Anny G. an, die ihm zweimal die Hände auflegte und für ihn betete. Danach verschwand die Hauterkrankung. (Ein Jahr später kam es allerdings zu einem Rückfall.) (A 89441)

Die achtjährige Saskia aus Dortmund kam Ende 1993 in Begleitung ihres Vaters zu dem Heiler Herbert H. Seit ihrem vierten Lebensjahr litt sie an schwerer Neurodermitis. Ärzte behandelten sie erfolglos mit Cortison. "Nach dem allerersten Besuch war der quälende Hautausschlag weg und ist seither nicht mehr aufgetreten", berichtet der Vater. "Inzwischen kann Saskia sogar zweimal in der Woche schwimmen gehen. Das war vorher überhaupt nicht möglich." (A 45731.)

Seit ihrem zweiten Lebensjahr litt eine 32jährige Angestellte aus Stuttgart an Neurodermitis. Zuletzt war sie sechs Jahre lang mit Cortisonsalben behandelt worden - erfolglos. 1993 kam es zu sechs Sitzungen bei dem Geistheiler Eberhard

J. aus Neustadt/Aisch. "Nach dem vierten Termin war die Frau bereits beschwerdefrei", so berichtet er. (A 91413)

Seit 1993 wurde eine 25jährige Fremdsprachenkorrespondentin aus Taunusstein von Neurodermitis an den Händen geplagt, mit mehreren offenen Stellen. Nachdem kortisonhaltige Salben nichts halfen, vertraute sie sich dem Geistheiler Thorsten B. an. Innerhalb von drei Wochen fanden drei Sitzungen statt. Nach dem ersten Termin, so berichtet der Heiler, verschwand der Juckreiz; nach der dritten Woche waren die offenen Hautstellen abgeheilt, und die Schuppenbildung hörte auf. Bis heute hält diese Heilung angeblich ohne Rückfälle an. (A 84405)

Eine schwere Neurodermitis, mit roten Flecken im Gesicht, am Hals und auf den Händen, entstellte eine 35jährige Krankenschwester und Arzthelferin aus München seit ihrer Kindheit; ebenso lange kämpfte sie bereits mit Asthma bronchiale. Nicht einmal mehrere wochenlange Aufenthalte in Spezialkliniken hatten ihr Linderung verschaffen können. Im Jahre 1990 betreute der bulgarische Geistheiler Mintcho K. - er arbeitet mit einer Ärztin für Allgemeinmedizin zusammen - die Patientin zwölfmal je eine halbe Stunde lang. Nach der dritten Sitzung hellten sich die Hautflecken auf, nach der fünften ließ der Juckreiz nach; nach der achten Sitzung verschwand das Asthma, am Ende der Behandlung war auch die Neurodermitis verschwunden, wie die Ärztin berichtet. (A 81677).

Nahezu symptomfrei soll seit 1993, nach einer Kontaktbehandlung bei der Geistheilerin Barbara S., eine Kosmetikerin aus Hamburg sein, die dreizehn Jahre lang an Neurodermitis litt. (A 22607)

Neurodermitis machte einer 25jährigen Laborantin aus Limburg seit ihrem fünften Lebensjahr zu schaffen. Strenge Diät und Kortison halfen nicht. Im Juni 2002 suchte die junge Frau die Heilerin Helga S. zu jeweils zwei Sitzungen pro Woche auf - und "alle Symptome verschwanden", so versichert Frau S. Schon nach der ersten Sitzung hatte das Jucken an mehreren Hautstellen aufgehört. "Nach der dritten Sitzung - nach zwei Wochen - war die Frau frei von Neurodermitis." Dieser Erfolg wiegt umso schwerer, als die Patientin zum Zeitpunkt der Geistheilung bereits keinerlei Medikamente mehr einnahm, denn sie galt als austherapiert. (A 65594)

Seit über vier Jahren litt eine 60jährige Hausfrau aus Stuttgart an Neurodermitis, Schuppenflechte und einer Allergie. Längere Aufenthalte in einer Hautklinik, zwei Sanatorien und Solebädern halfen ihr nicht, mit Cortison und anderen Medikamenten hielt sie sich "mehr schlecht als recht über Wasser". Im Mai 1994 begann der Geistheiler Gerald B. sie zu behandeln: mit Handauflegen und Gebeten, "Erlösung von Besetzungen", Kinesiologie, Chiropraktik und Biofeedback. In der ersten Woche verschlimmerte sich ihr Zustand - doch danach besserte er sich kontinuierlich. "Seit August 1994 ist die Frau geheilt." (A 70597)

Eine einschneidende Veränderung erfuhr Anne R.-H.´s Leben, als 1981 ihr drittes Kind schwer an Neurodermitis erkrankte. "Als unsere Tochter mit etwa einem Jahr einen kleinen Ausschlag am Handgelenk bekam", so erinnert sich

Frau R., "glaubten wir zunächst, wir müssten nur mit ihr zum Arzt gehen, ihr eine Creme verschreiben lassen und damit wäre die Sache erledigt. Damals ahnten wir noch nicht, was es bedeutet, ein Kind mit Neurodermitis zu haben. Als sie zweieinhalb Jahre alt war, hatte der Ausschlag bereits ihren ganzen Körper bedeckt. Wir hatten sie in einer Allergieklinik testen lassen, und dort war man zu dem Ergebnis gekommen, dass sie auf fast alle Lebensmittel allergisch reagierte. Es war allerdings nicht genug gesunde Haut vorhanden gewesen, um sämtliche Tests durchzuführen. Und helfen konnte man uns auch nicht. Um zu verhindern, dass unsere Tochter sich nachts aufkratzte, musste ich ihr jeden Abend Arme und Beine verbinden. Die Wärme der Bettdecke löste den schrecklichen Juckreiz aus. Irgendwann zog ich mit ihr in ein Zimmer, damit ich sie nachts trösten und am Kratzen hindern konnte." Die Eltern versuchten es mit Homöopathie, mit Ernährungsumstellung - "nichts half. Im Gegenteil, es wurde immer schlimmer. Unsere Tochter war natürlich gereizt, und wir Eltern waren es auch. Die schlaflosen Nächte und die Kontroversen um verschiedene Therapiemethoden belasteten das ganze Familienleben."Schließlich entschloss sich Anne R.-H., in ihrer Heimat England nach einem spirituellen Heiler zu suchen. "Allerdings kannte ich niemanden, der mir einen Heiler empfehlen konnte" - deshalb fasste sie den Mut zur Selbsthilfe. "Und so begann ich damit, unserer Tochter die Hand aufzulegen und für sie zu beten. Schon in der zweiten Nacht schlief sie durch. Es war das erste Mal seit einem Jahr. Ich horchte, ob sie überhaupt noch atmete, und dann verspürte ich ein gewaltiges Gefühl der Erleichterung und Dankbarkeit." Neun Monate später war das Mädchen nahezu symptomfrei: "Die Haut erholte sich. Die roten Flecken wurden blasser, die gesunden Hautflächen größer. Es war für mich ein Wunder zu beobachten, wie an die Stelle der kaputten, trockenen, harten Haut die zarte Haut eines kleinen Kindes trat." (R S. 313.)

Neurodermitis und eine Gesichtsneuralgie belasteten seit 1992 eine 82jährige Hausfrau aus Bad Cannstatt. Ärzte therapierten sie erfolglos. 1994 ließ sie sich zwei Monate lang jeweils einmal wöchentlich von der Stuttgarter Heilerin Waltraud R. behandeln. "Schon nach vier Sitzungen", berichtet die Handauflegerin, "stellte sich eine erste Besserung ein. Nach acht Wochen war die Frau schmerzfrei und nicht mehr verunstaltet." Nach sechs Monaten kam es zu einem vorübergehenden Rückfall - doch seither ist der Zustand stabil geblieben. (A; R S. 323.)

Von Geburt an litt ein siebenjähriger Schüler aus St. Georgen an Asthma und Neurodermitis. Ärzte verordneten Cortison, Antibiotika und Thymusspritzen – ohne Erfolg. Ab August 1999 kümmerte sich ein Villinger Heiler um das Kind. 17 Sitzungen fanden statt, mit jeweils 30 bis 40 Minuten Handauflegen. "Es besserte sich von Tag zu Tag", berichtet Faller. Schließlich verschwanden beide Leiden vollständig. Bis heute kam es zu keinem Rückfall. (A 78056)

Seit dem Säuglingsalter litt eine 42jährige Kauffrau aus Menden an Neurodermitis. Zahlreiche Krankenhausaufenthalte, Kuren und Medikamente machten sie nie beschwerdefrei. Um 1990 fand sie zu dem Heiler Maximilian K., der sie anfangs zweimal, dann einmal pro Woche behandelte. Die Neurodermitis verschwand - und "zum ersten Mal in ihrem Leben traute sich die Frau mit einem Bikini ins Schwimmbad". (A 58540)

Besonders eindrucksvoll ist der Fall einer 27jährigen Sachbearbeiterin aus der Nähe von Bingen. Von Geburt an wurde sie am ganzen Körper von Neurodermitis in schlimmster Form gequält: "Nachts musste ich mitunter mehrmals heiß duschen, weil der Juckreiz schier unerträglich war", erzählt sie. Cortisonsalben, Spritzen und mehrere Kuraufenthalte brachten immer nur eine vorübergehende Linderung. Im Laufe der Jahre kamen Asthma bronchiale, Heuschnupfen und Rheuma hinzu; beinahe wöchentlich bildeten sich Geschwüre in den Ohren. "Zwei- bis dreimal pro Jahr gab es einen regelrechten Krankheitsschub", so die Patientin. "Mein ganzer Körper schwoll an, die Neurodermitis brach voll auf. Innerhalb einer Viertelstunde musste ich dann eine Spritze bekommen; ich musste sogar schon reanimiert werden." Seit ihrem 16. Lebensjahr traten in ihrer linken Brust verdächtige Knoten auf, die regelmäßig per Ultraschall kontrolliert wurden, um bösartige Wucherungen frühzeitig zu erkennen. Ab Januar 1996 begann sich die Heilerin Brigitte B. aus Ingelheim um die Patientin zu kümmern: zunächst fand an fünf aufeinanderfolgenden Tagen je eine Heilsitzung statt, anschließend ein bis drei Behandlungen pro Woche. Insgesamt gab es dreißig Termine, der letzte im Oktober 1996. "Schon nach der ersten Behandlung", so berichtet die Heilerin, "konnte die Frau nach eigenen Angaben zum ersten Mal in ihrem Leben eine Nacht durchschlafen. Ihre Haut reagierte sofort sehr positiv; sie heilte zusehends ab, und der ständige Juckreiz hörte auf. Nach der fünften Behandlung war die Haut schon soweit abgeheilt, dass sich die Frau zum ersten Mal seit Jahren ins Schwimmbad wagte. Wenn die Haut in den darauffolgenden Monaten überhaupt reagierte, dann immer nur an einzelnen Stellen und bloß ein bis drei Tage lang." Ähnlich entwickelte sich die übrige Symptomatik: Rheuma, Heuschnupfen, Asthma und Ohrenschmerzen traten nur noch ein bis zwei Tage auf, und das deutlich abgeschwächt. Im Juni 1996, beim letzten Allergieschub, kamen alle Symptome überfallartig in einer einzigen Nacht – seither sind sie völlig verschwunden. Und was wurde aus dem Knoten in der linken Brust? Bis September 1996 war er derart gewachsen, dass er von außen tastbar war. Der Arzt riet zur sofortigen Operation – die Frau lehnte ab; er verschrieb ihr Tabletten – die Frau nahm sie nicht ein. Sie vertraute auf die Heilerin. Bis Anfang November war der Knoten vollständig verschwunden. Daraufhin informierte sie den Arzt von der Geistheilung. Seine ungehaltene Reaktion: "Wenn Sie mit diesem Blödsinn nicht sofort aufhören, verweise ich Sie aus meiner Praxis!" (A 55218)

Der Autor Wolfgang Lüdke berichtet: "Die 45jährige Brigitte K. aus Bad Homburg leidet seit ihrem 14. Lebensjahr unter Asthma bronchiale und in der Folge unter multipler Allergie und einer schleichenden Neurodermitis. Ihr Asthma hatte seit 1986 stark zugenommen, sie war ständig abhängig vom Spray-Einsatz. Sie konnte keine öffentlichen Verkehrsmittel mehr benutzen, weil allein schon die Ausdünstung eines Parfums einen allergischen Schub bei ihr auslöste. Nach achtmaligem Handauflegen durch den Geistheiler Christos D. ist die Neurodermitis verschwunden. Brigitte K. braucht kein Cortison mehr. Auch den Einsatz des Asthma-Sprays konnte sie stark reduzieren. Die Angst vor den nächtlichen Asthmaanfällen schwindet, weil es solche Anfälle nun nicht mehr gegeben hat. Das Leben, das sie zuvor zeitweise als "Hölle" empfunden hat, bekommt für sie wieder einen Wert." (GHNZ S. 80; A 65929; PSI-INFOS, Handauflegen im Test 1996.)

Wolfgang Lüdke berichtet über einen weiteren Fall: "Der acht Jahre alte Marvin F. aus Ludwigsburg leidet seit dem Säuglingsalter unter schweren Erkrankungen aus dem atopischen Formenkreis, die wiederum zu weiteren Folgekrankheiten führten" (aus einem ärztlichen Bericht). Das heißt unter anderem: drei Blutvergiftungen, schwere Neurodermitis, schwerstes Asthma bronchiale, schwere Asthma- und Erstickungsanfälle, multiple Nahrungsmittelallergie, Wachstumsstörungen, schwere Zahnschmelzdefekte. Nach sieben Besuchen bei dem Heiler Christos D. berichtet die Mutter: "Seit etwa vierzehn Tagen ist Marvin, nach schrittweisem Absetzen von Sultanol, ohne Inhalation mit bronchienerweiternden Mitteln. Dies ist für ihn ungewöhnlich, zumal er sich, beim Spielen mit anderen Kindern draußen, anstrengen kann. Er kann mitlaufen, Ball spielen ohne Atemprobleme! Auch ist er nicht verschleimt, es sind keinerlei Geräusche an den Bronchien und Lungen zu hören. Die Hautrötungen an Ellenbogen und Beinen sind verblasst. Der Juckreiz in der Nacht ist auch verschwunden, Marvin kann schlafen. Sein psychischer Allgemeinzustand ist auffallend ruhiger und ausgeglichener geworden. Marvin freut sich jedesmal auf die Behandlung und sagt selbst, es gehe ihm hinterher immer besser." (GHNZ S. 80-81; A 65929; s. auch PSI-INFOS, Handauflegen im Test 1996.)

Weiteres Fallbeispiel s. unter dem Stichwort Vitiligo (A 35510)

Neurofibromatose s. Recklinghausen-Krankheit

Neuropathie

Seit frühester Kindheit leidet die neunjährige Christine S. aus Adelboden an einer Neuropathie (HSN Typ II), einem Nervenleiden, das langsam, bisher aber unaufhaltsam voranschreitet. "Das Gangbild ist unsicher", so stellte das Universitätsspital Bern fest", "es kommt zu häufigen seitlichen Abweichungen und gelegentlichen Stürzen. Christine holt sich häufig Prellungen, bleibt an Treppenstufen hängen. Feinmotorische Tätigkeiten wie Schreiben oder Schuhebinden sind verlangsamt. Christine verschluckt sich häufig." Im Schulsport ist das Mädchen zunehmend behindert. "Ein Jahr Bewegungstherapie hat nichts gebracht", berichtet die verzweifelte Mutter. "Und die noch laufende Ergotherapie ist eigentlich nur dazu da, meiner Tochter den Umgang mit der Krankheit zu erleichtern. Die Ärzte können nichts tun." Das Universitätsspital Bern bestätigt: "Bis jetzt ist keine kausale Therapie des Leidens bekannt."

Nach zwei Tagen Geistheilung durch den Engländer Geoffrey B. beim Fünften Weltkongress für Geistiges Heilen 2001 in Basel ging das Kind deutlich sicherer. Seine Beine fühlte es wieder mehr, und es "hatte mehr Gewalt über die Füße", wie der begleitende Arzt konstatierte. "Christine kann die Höhe der Treppenstufen besser einschätzen. An beiden Behandlungstagen ging sie 30 bis 45 Minuten, ohne zu stolpern oder zu stürzen, was ihr sonst eigentlich immer passierte".

Eine Woche später hielt dieser Effekt noch immer an. "Die Beschwerden haben sich gebessert!", berichtet die Mutter. "Christine fällt nicht mehr so viel um!" Jedoch seien "die Bewegungen gleich geblieben". Besonders beeindruckt sie die "Veränderung im seelischen Bereich": Seit dem Basler Test sehe Christine "vieles positiver und traut sich mehr als vorher." Vom Heiler gewann die Mutter einen "sehr, sehr positiven Eindruck. Auf Fragen hatte er immer ein offenes Ohr." Innerhalb von nur einem Tag habe er das Vertrauen des anfangs recht skeptischen Mädchens gewonnen. Nach Abschluss des Tests "sind wir mit tiefer, inniger Hoffnung, positiven Gedanken und neuer Kraft wieder nach Hause gereist – etwas müde, doch zufrieden und dankbar, diese Tage in Basel erleben zu dürfen." (PSI-INFOS, 48-Stunden-Test.)

Niereninsuffizienz

Ein 35 Jahre alter Arbeiter aus Tirgoviste, Rumänien, litt jahrelang an einer chronischen Niereninsuffizienz im Stadium II B, in dem Harnstoff und Kreatinin im Serum bereits konstant erhöht sind. (Insgesamt unterscheidet die Medizin fünf Stadien.) Eine medikamentöse Behandlung blieb erfolglos. Deshalb versuchte es der Arzt und Heiler Dr. M. 1994 drei Wochen lang mit einer täglichen Fernbehandlung. Danach war der Patient völlig genesen, wie anschließende klinische Untersuchungen bestätigten. Seitdem hält dieser Erfolg an, ohne Rückfälle. (A 28865.)

An schwerer Niereninsuffizienz litt ein 15jähriger Schüler seit seiner Geburt: Sein GFR-Wert lag bei 25 Prozent des Normalwerts. (GFR = glomeruläre Filtrationsrate, ein wichtiges Maß in der Nierendiagnostik. Die Glomeruli - von lat. *glomus*: Knäuel -, winzige Kapillarschlingen der sogenannten "Malpighi-Körperchen" in der Nierenrinde, filtern aus dem Blut den Primärharn heraus.) Schulmedizinische Therapien blieben erfolglos. Von November 1994 bis Januar 1995 kam der Junge sechzehnmal zu dem Heiler Viktor P. nach Leverkusen. Bereits nach neun Behandlungen hatte sich die GFR so erheblich verbessert, dass eine bevorstehende Nierentransplantation abgesagt wurde. Zudem hatten den Schüler seit dem Kleinkindalter Alpträume, Konzentrationsstörungen und Angstzustände belastet; diese psychische Symptomatik war bereits nach der dritten Behandlung verschwunden. Zu Rückfällen ist es seither nicht gekommen. (A 51375.)

Patient: Reinhard G. (52), Diplom-Ingenieur, 35625 Hüttenberg, Teilnehmer am "Fernheil-Test" 1998

Diagnose:terminale dialysepflichtige Niereninsuffizienz; renale Anämie, intermittierende Herzrhythmusstörungen, nachlassende Hörfähigkeit.

Beschwerden: Anurie (kein Wasserlassen möglich), Schmerzen in Gelenken und Knochen (bei Belastungen), eingeschränkte körperliche Leistungsfähigkeit;

Dyspnoe (Atemlosigkeit) bei Belastung.

Dauer: seit 19 bis 21 Jahren.

Persönliche Testbilanz: Seit der sechsten Behandlungswoche anhaltend "beschwerdefrei, bis auf mein Nierenversagen". Spürt während der Geistheilung "starke Wärme im Körper und Kribbeln im unteren Rumpfbereich", häufig auch ein "starkes Druckgefühl in der Blase". Danach konnte er ein paar Tropfen Urin lassen - "zum ersten Mal seit 20 Jahren". Auch Gelenkschmerzen verschwanden.

Medizinische Beurteilung: "Herr G. konnte nach einer geistigen Heilbehandlung wenige Tropfen Urin lassen. Dieser Effekt ließ sich zwar nicht mehr wiederholen, aber er erstaunt trotzdem, da aufgrund der Niereninsuffizienz seit 1978 eine Anurie besteht. Die von ihm im Zusammenhang mit der Niereninsuffizienz und den intermittierenden Herzrhythmusstörungen geklagte eingeschränkte körperliche Leistungsfähigkeit hat sich gebessert, außerdem nimmt er die Herzrhythmusstörungen subjektiv weniger deutlich wahr. Der klinische Befund (Echokardiographie) ist gegenüber 1988 unverändert, das EKG zeigt weiterhin ein Vorhofflimmern.Bestehende Gelenkschmerzen haben sich gebessert. Der Patient wirkt aufgrund der subjektiven Verbesserung fröhlicher und zuversichtlicher als im Mai 1988." (Hp Dirk-Rüdiger Noschinski) (HoG, S. 99)

Nierenkolik

Kolikartige Gallen- und Nierenbeschwerden, deren Ursache Ärzte nicht finden konnten, sollen bei einem 43jährigen Krankenpfleger innerhalb eines Tages verschwunden sein, nachdem er sich dem Geistheiler Christian-Michael R. aus Waldshut-Tiengen anvertraut hatte. Der behandelnde Arzt sprach von einer "Spontanremission", wir R. berichtet. (A 79761)

Nierenleiden s. auch Niereninsuffizienz, Nierenschmerzen, Nierensteine, Schrumpfnieren

Besonders stolz ist die Geistheilerin Marica H. aus Kassel darauf, wie sie einem 35jährigen Heilpraktiker aus St. Michael in Österreich helfen konnte. Ihn hatte ein schweres Nierenleiden zum Dialysepatienten gemacht; regelmäßig musste er Cortison einnehmen. Als sie ihn im November 1992 auf einem Esoterik-Kongress in Innsbruck kennenlernte, behandelte sie ihn "geistig" zweimal. Seither braucht der Mann angeblich kein Cortison mehr. "Etwa nach einer Woche arbeiteten seine Nieren wieder normal." (A 34117)

Nierenschmerzen s. auch Schmerzen

Einen 55jährigen Leiter einer Baufirma aus Leipzig belasteten scheinbar grundlose Schuldgefühle, Unruhe, Sexualprobleme - und rätselhafte Schmerzen in der Nierengegend. Im Januar 1997 suchte er bei Maria Adamski Rat und Hilfe. Seine Schwierigkeiten führte die Heilerin auf eine "dreifache Besetzung" zurück, unter anderem durch ein mittelalterliches Vorleben als Kardinal, der in der Inquisition große Schuld auf sich geladen hatte. "Während er sich diese Inkarnation vergegenwärtigte, nahm ich eine Akupressur am Kopf vor. Dann legte ich ihm eine Viertelstunde lang die Hände auf. Seither geht es dem Mann anhaltend gut. "Die Angstenergie musste raus. Und er musste sich selbst verzeihen." Daraufhin sollen sich sämtliche Beschwerden verflüchtigt haben. (A 12351)

Nierensenkung

Hilfe bei dem Heiler David C. fand 1985 eine Frau aus Kronberg, die seit zwanzig Jahren Abführpillen einnehmen musste: "Seit der Behandung durch David kann ich problemlos auf die Toilette." Wegen einer Nierensenkung konnte sie außerdem "seit Jahren nur tropfenweise Urin lassen. Seit David mich behandelt hat, habe ich dabei keinerlei Beschwerden mehr." (A 64546)

Nierensteine

Ein bedrohlicher, inoperabler Nierenstein hatte sich 1992 bei einer 65jährigen Hausfrau aus Schenkenhorst/Altmark gebildet. Drei Monate später sandte ihr eine Fernheilerin von Kassel aus fünfmal "göttliches Licht", jeweils zwanzig Minuten lang. Innerhalb der nächsten zwei Wochen soll sich der Nierenstein aufgelöst haben. (A 34119; R S. 321.)

Eine 18jährige Schülerin aus Breslau litt ein Jahr lang an Nierensteinen, denen herkömmliche ärztliche Maßnahmen nicht beikamen. Nach drei halbstündigen Sitzungen bei dem Hamburger Geistheiler Stefan B., mit Handauflegen und Ratschlägen zur Ernäherungsumstellung, gingen die Steine angeblich spontan ab. (A 22041)

Eine 65jährige Hausfrau aus Eppstein/Taunus litt seit zehn Jahren an Nierensteinen. Sie lag bereits im Krankenhaus, um am nächsten Tag operiert zu werden, als die Frankfurter Geistheilerin Dagmar O. sie "bei einem Besuch in der Klinik 'bestrahlte'. Anderntags waren die Steine verschwunden, die Operation war überflüssig - nach Aussage der Ärzte 'unerklärlich'", so berichtet die Heilerin. (A 65929)

Einer 20jährigen Frau hatten drei Jahre lang Nierensteine zu schaffen gemacht; sie sollte operiert werden. Zweimal legte ihr der Heiler Stefan S. aus Saarbrücken jeweils zehn Minuten lang die Hände auf. Unmittelbar nach der zweiten Sitzung gingen die Steine ab, wie der Heiler berichtet. Der behandelnde Arzt soll dies als "Zufall" abgetan haben. (A 66133)

Nierenversagen

Nach einem akuten Nierenversagen lag ein 52jähriger Lehrer aus Villingen 1992 in einer Freiburger Klinik drei Monate lang im Koma. Von Angehörigen zu Hilfe gerufen, versuchte die Geistheilerin Hildegard S. von Lindauam Bodensee aus eine "Fernheilung". Drei Tage später kam der Mann wieder zu Bewusstsein. Nach 14 Tagen konnte er aus dem Krankenhaus entlassen werden. "Die Ärzte waren ratlos, sie konnten es nicht begreifen", erklärt die Heilerin. (A 88131)

Nikotinsucht s. Rauchersucht, Sucht

Non-Hodgkin-Lymphom s. Lymphom

Ende 1994 wandte sich an den Heiler Peter S. eine 50jährige Frau mit einem Non-Hodgkin-Lymphom (Lymphknotenkrebs) und dem niederschmetternden Befund, dass aus ärztlicher Sicht alle Therapiemöglichkeiten erschöpft seien. Nach mehreren Sitzungen mit Besprechen ergab Ende 1995 eine Computertomographie: Ein Tumor ist nicht mehr feststellbar. (A 23562.)

O

Obstipation, chronische

Von einer chronischen Obstipation (Stuhlverstopfung) wurde ein zweijähriges Kind aus Stuttgart gequält. Ärzte konnten ihm nur mit ständigen Klistieren helfen. Im November 1993 besuchte der Geistheiler Gerald B. die Mutter des Kleinen, legte ihm die Hände auf und betete. Nach Angaben des Heilers trat bereits einen Tag später eine Besserung ein, kurz darauf war das Problem verschwunden. (A 70597)

Weitere Fallbeispiele s. Nierensenkung (A 64546) und Megakolon (A 73207) sowie A 32257

Ödem

Einer 62jährigen Hausfrau aus Haaren machten seit Jahren Diabetes und Ödeme (Wasseransammlungen) in den Beinen zu schaffen. Medikamente halfen kaum. Ab Juli 1996 betreute die Heilerin Dragi A. die Dame mit einer Kombination von "Chakrenharmonisierung", Bach-Blüten, Harmopathie und Edelsteintherapie. Daraufhin wurde der Blutzuckerspiegel immerhin konstanter; die Beschwerden in den Beinen ließen so deutlich nach, dass die Patientin keine Wassertabletten mehr benötigte. (A 52525)

Weitere Fallbeispiele s. A 24226, 33689

Offenes Bein

Eine 35jährige Hausfrau aus Peiting/Oberbayern litt seit acht Jahren an einem offenen Bein. Trotz Salben und Verbänden blieb eine tiefe, äußerst schmerzhafte Wunde. Auf Empfehlung ihres Frauenarztes wandte sich die Patientin an den Heiler Erich B. in Kaufbeuren. Bereits nach einer Woche Handauflegen und Fernbehandeln begann sich die Wunde zu schließen, die Schmerzen verschwanden - und "der behandelnde Arzt wunderte sich". (A 87600)

Wegen ihres offenen Beins (*ulcus cruris venosum*) war die 57jährige Gerda S. aus Trier seit 1985 in nahezu ständiger ärztlicher Behandlung gewesen - erfolglos. Wiederholt lag sie monatelang in Fachkliniken. Dabei "wurden mehrere Operationen vorgenommen, zwei Hauttransplantationen, Laser-, Akupunktur-, Eigenblutbehandlung, Infusionen, eben alles, was möglich war", berichtet Frau S. "Nun ist man aber am Ende mit der Schulweisheit und meinte, ich müsse mich damit abfinden. Da ich erst 57 Jahre alt bin, kann ich das nicht!" Bei Beginn eines ärztlich kontrollierten Heiler-Tests 1994 zog sich die Wunde über 20 Zentimeter den Unterschenkel entlang, blutete, nässte, stellenweise schimmerte der Knochen durch. Zudem plagten Gerda S. starke Rückenschmerzen.

Nach acht Wochen Handauflegen durch den Frankfurter Geistheiler Christos D. bestand endlich wieder Grund zur Hoffnung. "Die Wunde am Bein", so stellte der ärztliche Versuchsleiter fest, "hat sich im Laufe des Tests kontinuierlich verkleinert: von 11 x 3 cm auf 9,9 x 2,2 cm. (Dies bestätigte der behandelnde Arzt für Chirurgie, Dr. med. N. Frings aus Bad Bergzabern, in seinem Attest vom 26. Oktober 1994.) "Zudem zeigt sich eine deutlich verbesserte Wundheilungstendenz. Dieser Fortschritt ist vor dem Hintergrund einer annähernd zehnjährigen Krankengeschichte zu sehen." Die Patientin konnte wieder mühelos Treppen steigen und im Garten arbeiten. Ihre Rückenschmerzen waren verschwunden.Bis Mitte Februar 1995 hatte sich die offene Wunde am Bein vollständig geschlossen. (PSI-INFOS, "Handauflegen im Test 1"; und A 65929)

Seit sechseinhalb Jahren litt eine 56jährige Frau aus Aalen an offenen Beinen. Behandlungen bei zahlreichen Hautärzten, Aufenthalte in Krankenhäusern und Spezialkliniken sowie mehrere Kuren waren vergeblich gewesen. Auch ihre Hausärztin, die viermal pro Woche zu ihr kam, wusste nicht mehr weiter. Nun sollte ihr linkes Bein amputiert werden: "Es war ohne jegliche Durchblutung", erinnert sich die Patientin. "Dreizehn Wunden klafften an ihm, so tief bis zu den Knochen. Alles war total vereitert, und das Gewebewasser lief und lief wie ein Bächlein heraus. Am rechten Bein hatte ich eine Operationsnarbe, die schon seit einem Jahr offen war und nicht heilen wollte. Außerdem war mein linkes Auge von Grauem Star befallen; im linken Auge hatte sich nach einem Sturz ein Bluterguss gebildet, der in einer Ulmer Augenklinik abgesaugt werden sollte." Mit einem Bein zu leben, "war für mich unvorstellbar, und ich war völlig am Boden zerstört. Die Schmerzen waren kaum mehr auszuhalten, und an Schlafen war kaum noch zu denken. Monatelang saß ich, während meine Familie schlief, im Wohnzimmer auf der Couch, vollgepumpt mit Morphium, nur um für zwei Stunden mal keine Schmerzen zu haben." Am 1. Juni 1995 kam es bei ihr zu einem Atem- und Herzstillstand. "Nach dem Frühstück wurde mir plötzlich übel, und ich fiel zu Boden. Der herbeigerufene Notarzt brachte mich ins Krankenhaus, wo ich zwei Wochen ohne Bewusstsein lag, angeschlossenen an lebenserhaltende Apparate. Als ich nach fünf Wochen entlassen wurde, konnte ich mich noch immer nicht erinnern, vergaß alles gleich wieder und redete viel wirres Zeug." In diesem Zustand kam die Frau zu dem Heiler Karl-Heinz I., um sich zweimal wöchentlich von ihm behandeln zu lassen, in Begleitung einer Bekannten, die an Schuppenflechte litt - und bald darauf geheilt war. Ihr selbst "ging es bei jedem Handauflegen besser. "Die Wunden an meinen Beinen heilten völlig zu, die Durchblutung kam wieder, die Schmerzen ließen nach, und ich konnte nachts wieder schlafen. Es ist für mich unfassbar. Heute, nach sechs Monaten, kann ich wieder schmerzfrei gehen, habe wieder Selbstvertrauen und Freude am Leben. Ich kann ohne Schmerzmittel leben und bin ein völlig neuer Mensch. Die Ärzteschaft im Krankenhaus sowie meine Hausärztin können kaum glauben, dass meine Beine wieder geheilt sind. Auch meine Augen sind wieder in Ordnung - ohne Absaugen geheilt; wie eine augenärztliche Untersuchung inzwischen ergeben hat, ist der Graue Star verschwunden. Auch meine Diabetes, an der ich seit 29 Jahren litt, ist nun stabiler geworden; statt zwei Insulinspritzen pro Tag benötige ich nur noch eine. Mein Gedächtnis ist wieder voll da. (A 73640)

Patientin: Gerda K. (56), Hausfrau, 94315 Straubing, Teilnehmerin am "Fernheil-Test" 1998

Diagnosen: Neurogenes Ulcus cruris ("offenes Bein") mit Osteomyelitis (Knochenmarkentzündung, betroffen ist das Fersenbein). Außerdem: Thrombophlebitis rechts (Entzündung der Venenwand, die mit einer Thrombose - der Bildung eines Blutpropfs - in diesem Bereich einhergeht); kompensierte Niereninsuffizienz; labiler Hypertonus (Bluthochdruck); diabetische Stoffwechsellage; erhebliche Spinalstenose (Verengung der Wirbelsäule) L3/L4 bzw. L4/L5; Karpaltunnelsyndrom li. (durch Druck auf Mittelarmnerv).

Beschwerden: Ruhe- und Belastungsschmerz, entzündliches Ödem, kann nur an Krücken gehen (maximal 300 Meter); Wunde von der Größe eines Fünfmarkstücks; Schmerzen im Lendenbereich, Taubheitsgefühle; Gefühl, dass Daumen, erster und zweiter Finger "pelzig" werden und "einschlafen".

Dauer: 1 bis 19 Jahre.

Persönliche Testbilanz: Von dem Heiler Christos D. aus Frankfurt Höchst erhielt Gerda K. ein Amulett, von dem er behauptete, es "mit heilender Energie aufgeladen" zu haben; fortan trug sie es Tag und Nacht am Körper. Von der ersten Testwoche an erlebte die Hausfrau eine zunehmende Besserung, wenngleich das Tragen des Amuletts bei ihr zunächst keinerlei besondere Empfindungen auslöste. In ihren Wochenprotokollen berichtete sie zunächst "nicht mehr so starke Schmerzen, nur bei stärkerer Belastung", sowie eine "bessere Belastbarkeit des Beines". "Auch psychisch geht es mir besser." Seit Anfang Juni 1998 macht sie rapide Fortschritte: Erstmals seit 14 Jahren kann sie wieder tagelang ohne Krücken gehen. Sie ist vollkommen "schmerzfrei". Die klaffende Wunde des offenen Beins hat sich nach fünf Behandlungsmonaten bereits halb geschlossen und ist deutlich weniger tief; ihre Fläche schrumpfte von Fünfmarkstück- auf Pfenniggröße. Insgesamt, so schätzt die Patientin, "ist eine 70prozentige Besserung eingetreten, ohne jegliche Tabletten". Ihre Schwellungen am Bein gingen kontinuierlich zurück: "an den Waden um fast zehn Zentimeter, am Knöchel um sechs Zentimeter." Den Eindruck, die Wirkung des Amuletts zu spüren, hat die Patientin "meistens nachts"; es löst bei ihr inzwischen intensive Empfindungen aus, die sie auf einer Skala von 1 ("kaum merklich") bis 10 ("sehr stark") Woche für Woche durchweg mit Werten zwischen 7 und 8 einschätzt. Auch Depressionen sind verschwunden. Ein merkwürdiger Nebeneffekt: Zu manchen Terminen in Frankfurt ließ sich Gerda Kühn von ihrer Tochter chauffieren, deren Ehe seit vielen Jahren ungewollt kinderlos geblieben war, trotz intensiver Hormonbehandlung. Der Heiler legte ihr ein einziges Mal eine Minute lang die Hand auf - und noch im selben Monat wurde sie schwanger.

Medizinische Beurteilung: "Das seit 1979 bestehende Ulcus cruris bzw. die seit 1984/85 bestehende neurogene Osteomyelitis haben sich zum ersten Mal gebessert. Die Patientin, die bei unserem ersten Gespräch im Mai 1998 noch zwei Gehhilfen benötigte und starke Schmerzen hatte, erschien im September ohne Gehhilfen und mit überaus deutlicher Schmerzreduktion. Das vorher verwendete Analgetikum konnte abgesetzt werden. Das Knochenszintigramm vom 1. September 1998 befundet einen leichten Rückgang der Osteomyelitis mit radiologisch vermehrter Sklerosierung.Die Ulcuswunde hat sich verkleinert. Parallel zum Geistigen Heilen wurde ein Enzymgemisch (Wobenzym, zwei- bis dreimal täglich zwei Dragees) eingesetzt. Die Thrombophlebitis rechts hat sich hinsichtlich der Schwellung und der maximalen Gehstrecke ebenfalls verbessert, wobei das Enzymgemisch sicherlich mitbeteiligt war. Die Schmerzen und die Parästhesien, die durch die Spinalstenose hervorgerufen wurden, haben sich ebenfalls subjektiv verbessert. Das Karpaltunnelsyndrom besserte sich nicht. Bezüglich einer möglichen Veränderung der kompensierten Niereninsuffizienz und der diabetischen Stoffwechsellage stehen noch Laborwerte aus (z.B. Kreatinin, Kreatinin-Clearence, Nüchtern-BZ bzw. oraler Glucosetoleranztest). Zur Beurteilung der labilen Hypertonie fehlen regelmäßig durchgeführte und dokumentierte Blutdruckkontrollen." (Hp Dirk-Rüdiger Noschinski) (HoG S. 108.)

Der Berliner Arzt Manfred Engel, der zwei Geistheiler in seiner Praxis mitarbeiten lässt, berichtet: "Jahrelange offene Beine, meist nach postthrombotischem Syndrom, lassen sich auf geistigem Weg gut behandeln. In den Jahren 1996 bis 2002 gab es (in meiner Praxis) keinen einzigen Fall, in dem das Bein nicht zugeheilt werden konnte." (GHÄP S. 86)

Weitere Fallbeispiele s. A 56412, 70176

Ohrgeräusche s. Tinnitus

Osteomyelitis

Seit ihrem zwölften Lebensjahr leidet Katrin J., 28, aus Vorpommern, Mutter zweier Kinder, immer wieder an heftigen Schmerzen in verschiedenen Teilen des Skelettsystems, verbunden mit Schwellungen, teilweise auch mit Wucherungen, die mehrfach operativ entfernt wurden. Diagnostiziert wurde ihr eine chronische Osteomyelitis: eine durch bakterielle Infektion ausgelöste Entzündung des Knochenmarks, die zu örtlichen Schmerzen und schließlich zu einer Schwellung der angrenzenden Weichteile führt. Zunächst war Frau J.´s linker

Unterarm betroffen; daraufhin wurde ihr der befallene Abschnitt durch einen Knochen aus ihrem eigenen Wadenbein ersetzt. Doch die Wucherungen traten immer wieder aufs neue auf: Im Oktober 1991 musste ihr ein Weichteiltumor vom linken Handrücken geschnitten werden; die beiden letzten chirurgischen Eingriffe vor Testbeginn, im Juni 1993, betrafen Arm und Hand. Inzwischen litt die Frau täglich unter anhaltenden starken Schmerzen - und der ständigen Angst vor neuen Wucherungen.

Nach acht Wochen Handauflegen durch den Frankfurter Geistheiler Christos D.: "Die Schwellung am Arm ist geringfügig zurückgegangen, der Hautturgor hat sich deutlich gebessert", stellte der ärztliche Versuchsleiter fest. "Der Faustschluss der Betroffenen ist zwar noch inkomplett, aber eher möglich als zu Testbeginn. Schmerzen treten seltener auf, der Tumor fühlt sich weicher an als bei der ersten Untersuchung." Die Finger der linken Hand sind beweglicher geworden. (PSI-INFOS,"Handauflegen im Test 1"; A 65929)

Osteomyelofibrose s. auch Leukämie, Lähmung, Little-Syndrom, Parese

Auf die Fähigkeiten des Heilers G. schwört Anton H. aus Zürich, bei dem im Juli 1993 eine beginnende Osteomyelofibrose festgestellt worden war: eine Form von Leukämie, die aus schulmedizinischer Sicht als unheilbar gilt. Ärzte rieten ihm, alle drei bis vier Monate sein Blut testen zu lassen, "um so die Entwicklung abschätzen zu können", berichtet der Patient. "In der Folge wurde das Blutbild immer schlechter. Zu schaffen macht mir aber der niedrige Hämoglobinwert und die um das Dreifache vergrößerte Milz. Diese drückt auf den Magen, die Blase und die Nieren. Dies alles verursacht ein ständiges Kneifen und Stechen im Bauch. Seit September 1997 bin ich zu hundert Prozent invalid." Im Sommer 1998 fand er zu G.: "Mein Bluttest vom 28. September 1998 war in fast allen Punkten besser als der vorletzte vom 16. Juni", so schrieb Anton H. im August 1998. "Psychisch fühle ich mich heiterer und aktiver. Das Klemmen im Bauch vergeht manchmal ganz, kommt dann aber wieder. Ich denke, dass durch das Geistige Heilen etwas eingeleitet wurde, das nun eine kontinuierliche Besserung bringen kann." Der behandelnde Arzt aus Winterthur äußerte sich in einem Attest vom 12. Oktober 1998 "sehr beeindruckt über die Besserung nicht nur des subjektiven Befindens, sondern auch der objektiven Laborwerte. Für mich als schulmedizinisch ausgebildeten Arzt bedeutet der Umstand, dass der Patient ohne weitere gezielte medikamentöse Behandlungen bei einer als unheilbar geltenden Krankheit sich auf dem Weg der Besserung befindet, eine erfreuliche Herausforderung. Angesichts des Ernstes der Krankheit", so der Arzt weiter, "empfehle ich unbedingt, mit geistigem Heilen, wie durch Herrn G. angewandt, fortzufahren." (A CH-8032)

Osteoporose

Erstaunliche Fortschritte macht seit 1990 eine 75jährige Rentnerin aus Varel, die seit dreißig Jahren an Arthrose und Osteoporose leidet. In jenem Jahr legte ihr die Geistheilerin Anke H. mehrmals einmal wöchentlich jeweils eine Stunde die Hände auf, in Verbindung mit Fußreflexzonenmassage. In den ersten drei Wochen danach kam es zu einer "Erstverschlimmerung", die Beschwerden nahmen vorübergehend zu - doch danach besserte sich der Zustand der Patientin erheblich, wie bei anschließenden Kuraufenthalten auch Ärzte festgestellt haben sollen. (A 26316)

Patientin: Rena K. (76), Astrologin, Rentnerin, CH-8134 Adliswil, Teilnehmerin am "Fernheil-Test" 1998

Diagnosen: Osteoporose, obstruktive Bronchitis

Beschwerden: Rückenschmerzen; Atemnot, chronischer Husten

Dauer: seit 1992 bzw. 1995

Persönliche Testbilanz: Vermutlich der größte Pechvogel der gesamten Patientenstichprobe. Nicht nur erfuhr sie, von tageweisen subjektiven Linderungen der Atembeschwerden und Schmerzen abgesehen, monatelang keine anhaltende Linderung - es häuften sich im Testzeitraum Rückschläge, wie sie in ihren Wochenprotokollen vermerkt. Eine strapaziöse Auslandsreise Anfang Juni belastete Atmung und Herz. Am 20. Juni zog sie sich eine tiefe, kaum verheilende Schnittwunde am linken Bein zu, als sie versehentlich gegen eine Metallkante ihres Schreibtisches stieß. Am 1. Juli musste sie einen Chirurgen aufsuchen, der sie auf einen Leistenbruch hinwies, welcher schleunigst operiert werden sollte. Mitte Juli zog sie sich an beiden Füßen eine allergische Infektion zu, die einen juckenden, brennenden Ausschlag hervorrief. Die schwülwarme erste Augusthälfte sorgte für "eine denkbar ungünstige Wetterlage, derentwegen ich mich öfter an die Sauerstofflasche anschließen oder das Atemspray benutzen mußte". Zu allem Überfluß rutschte sie, während eines Gewitters, auf der nassen Terrasse aus - und stürzte so schwer, dass sie mit mehreren Knochenbrüchen ins Krankenhaus eingeliefert werden musste. "Ich frage mich verzweifelt: Warum?", notiert Rena K. in einem ihrer letzten Wochenprotokolle. "Was will das Schicksal mir sagen? Was habe ich noch immer nicht begriffen? Welche Lehre sollte ich daraus ziehen?" - Nachdem die Brüche erstaunlich rasch verheilt waren, schlug die Niedergeschlagenheit zum Zeitpunkt des Testendes dann in Euphorie um.

Medizinische Beurteilung: "In der Testphase stürzte Frau K. in ihrer Küche so schwer, dass sie sich einen Becken- und mehrere Rippenbrüche zuzog. Sie lag im Krankenhaus und weilt zur Zeit (bei Testende) zur Erholung in der ‚Sonnmatt' in Luzern. Die Frakturen sind relativ schnell verheilt. Die Patientin gibt an, dass es ihr nie besser gegangen sei als jetzt. Sie macht Bergwanderungen, bei denen sie auch nie Atembeschwerden verspürt, was früher wegen ihrer obstruktiven Bronchitis sicher der Fall gewesen wäre. Sie gibt also eine deutliche Besserung sowohl der Osteoporosebeschwerden als auch der obstruktiven Bronchitis an. Die Patientin betont ihren eisernen Genesungswillen und weiß nicht, ob nun dieser oder eher die Fernheilbemühungen an ihrer Besserung schuld sind. Jedenfalls hört sie sich nach ihrer ‚Genesung' fast euphorisch an." (Dr. med. Pierre Bovet) (HoG S. 120-121.)

Otitis media s. Mittelohrentzündung

P

Pankreatitis s. Entzündung

Parästhesie s. Taubheitsgefühl in Gliedmaßen

Parkinson-Krankheit

Seit zehn Jahren litt eine 75jährige Hausfrau aus Dudweiler/Saar an der Parkinson´schen Krankheit. Medikamentös war ihr nicht zu helfen, ihr Zustand verschlechterte sich stetig. Ohne ihr Wissen wurde sie 1995 von einer Heilerin aus Saarlouis fernbehandelt und in Gebete einbezogen. Daraufhin "besserte sich ihr Zustand spontan innerhalb weniger Stunden", versichert die Heilerin. "Zu einem Rückfall ist es seither nicht gekommen. Die Ärzte konnten keine Erklärung dafür finden."" (A 66740; R S. 323.)

Ein Geschäftsmann aus dem Allgäu war seit zehn Jahren wegen Parkinson-Krankheit erfolglos in ärztlicher Behandlung. Erst 1994, nach mehrmaligem Handauflegen durch Hildegard S., "konnte er wieder ohne fremde Hilfe aufstehen und zu Bett. Erstmals seit vielen Jahren begleitete er seine Frau wieder zum Einkaufen und ging spazieren. Er hatte wieder Energie und neuen Lebensmut. Der behandelnde Arzt sah aber nur die Blutwerte, die sich anscheinend nicht gebessert hatten." (A 88131)

Helfen konnte der Münchner Heiler Peter G. anscheinend einem 52jährigen Unternehmer aus der Nähe von Fürth, der an voll entwickelter Parkinson´scher Schüttellähmung litt. 1991 behandelte G. ihn per Handauflegen, außerdem "habe ich sein Haus magisch harmonisiert". Daraufhin konnte der Patient angeblich "sofort normal sprechen und sich wieder normal bewegen, sogar Autofahren". Als G. ihn ein Jahr später wiedertraf, "war der Mann immer noch in bester Verfassung". (A 80634)

Partnerschaftsprobleme

s. Beziehungsunfähigkeit, Liebesunfähigkeit

Phantomschmerzen s. Schmerzen

Phobie s. auch Angst

Die vierjährige Sabrina aus Duisburg-Rheinhausen litt seit ihrem zweiten Lebensjahr an rätselhaften Angstzuständen, wenn sie Puppen sah, aber auch in

Anwesenheit von kleinen Kindern, selbst wenn diese jünger waren als sie selbst. Kein Arzt fand die Ursache dafür, keiner konnte dem Mädchen helfen. 1995 versuchte es die Geistheilerin Angelika N. ein halbes Jahr lang mit Reiki, in Verbindung mit selbst hergestellten, reinen Bach-Blüten, die im Unterschied zu den handelsüblichen Essenzen keinen zusätzlichen Alkohol enthielten. Ein Vierteljahr später, im Februar 1996, hatten sich Sabrinas Ängste weitgehend gelegt: Sie konnte den Kindergarten besuchen, wo sie zumindest jene Kinder, die ihr bereits vertraut waren, problemlos akzeptierte. Nur dunkelhäutige Kinder waren ihr nach wie vor unheimlich. Nach weiteren drei Monaten begann sie sogar, von sich aus zaghaft auf andere Kinder zuzugehen. Weil die Eltern umzogen, verlor die Heilerin dann leider den Kontakt. (A 26434)

Seit fünf Jahren belasteten starke Ängste und Phobien eine 35jährige Krankenschwester aus Völklingen/Saar. Verordnete Medikamente brachten keine wesentliche Besserung. Doch nach einer Fernbehandlung im Juni 1996 waren innerhalb von sieben Tagen "die Ängste größtenteils beseitigt, und der Allgemeinzustand verbesserte sich erheblich", erklärt die Heilerin Vera G. aus Saarlouis. "Dieser Erfolg hält an." (A 66740)

- **Flug-**

Die panische Flugangst eines 52jährigen Tanzlehrers aus Stuttgart war im Sommer 1994 schlagartig behoben - nach einer einzigen anderthalbstündigen Sitzung bei der Heilerin Daniela W.: "Einen Tag danach stieg er ohne Angst ins Flugzeug", berichtet sie. (R S. 55.)

Dr. med. Dorothea F. - Ärztin für Allgemeinmedizin, Psychotherapie und Homöopathie und zugleich Geistheilerin - schildert aus ihrer Praxis den Fall eines 23jährigen Studenten, der "seit seiner frühen Jugend an einer sehr einschränkenden Phobie litt: es nicht rechtzeitig zum Pinkeln auf eine Toilette zu schaffen. Er konnte dadurch bei keiner Klausur oder Prüfung mitmachen bzw. musste sie abbrechen. Weder tiefenpsychologisch fundierte Psychotherapie noch Körper- und Hypnotherapie konnten ihm die Phobie nehmen. Wegen eines Studienortwechsels musste er die Behandlung bei mir beenden. Die reaktive depressive Verstimmung war aufgelöst, die Phobie nicht. In einer nachgeschobenen spirituellen Heilungssitzung wurde er zurückgeführt zur Wurzel dieses Problems und erlebte spontan seine Geburt. Es war eine sehr schnelle Frühgeburt im siebten Monat, wie mir die Mutter berichtete. Erst einige Wochen nach dieser Heilungssitzung fühlte er sich frei von seiner Phobie und konnte Klausuren schreiben." (GHÄP S. 103)

- **Kontakt-** s. Beziehungsunfähigkeit

- **Tier-** 22089

Pickel s. Akne, Hautleiden

Pilzerkrankung s. Mykose

Plasmocytom s. Knochenmarkkrebs, Krebs

Platzangst s. Angst

Polyarthritis s. auch Arthritis, Arthrose, Rheumatisches Leiden

"Besonders eindrucksvoll", so berichtet die Ärztin und Heilerin Dr. med. S., "finde ich, was die 51jährige Ehefrau eines Chefarztes in meiner Praxis erlebte. Seit vier Jahren litt sie an Polyarthritis, ausgelöst durch eine Lyme-Borreliose. Antibiotika-Infusionen in der Münchner Poliklinik blieben ohne anhaltenden Erfolg; oft musste die Patientin sogar an Krücken gehen. Am 13. Juni 1997 fand bei mir eine einzige einstündige Heilsitzung statt, nur mit Reiki, ohne Homöopathie. Während der Behandlung fing die Frau am ganzen Körper zu beben und zu zittern an. Danach stand sie völlig beschwerdefrei auf. Sie hatte keinerlei schmerzhafte Bewegungseinschränkungen mehr! In der darauffolgenden Nacht kam es noch zu heftigen Schweißausbrüchen – seither sind keinerlei arthritische Beschwerden mehr aufgetreten." (GHNZ S. 188.)

Die Ärztin und Heilerrin Dr. med. Verena S. findet "besonders eindrucksvoll, was die 51jährige Ehefrau eines Chefarztes in meiner Praxis erlebte. Seit vier Jahren litt sie an Polyarthritis, ausgelöst durch eine Lyme-Borreliose. Antibiotika-Infusionen in der Münchner Poliklinik blieben ohne anhaltenden Erfolg; oft musste die Patientin sogar an Krücken gehen. Am 13. Juni 1997 fand bei mir eine einzige einstündige Heilsitzung statt, nur mit Reiki, ohne Homöopathie. Während der Behandlung fing die Frau am ganzen Körper zu beben und zu zittern an. Danach stand sie völlig beschwerdefrei auf. Sie hatte keinerlei schmerzhafte Bewegungseinschränkungen mehr! In der darauffolgenden Nacht kam es noch zu heftigen Schweißausbrüchen - seither sind keinerlei arthritische Beschwerden mehr aufgetreten." (GHÄP 2. Aufl. S. 137)

Im Frühjahr 1988 traten bei der Kölner Hausfrau Dagmar Mertens (ein Pseudonym), Mutter von fünf Kindern, erste Anzeichen einer rheumatischen Erkrankung auf, die sich rapide verschlimmerte. Zunächst taten nur ihre Fußgelenke weh, dann auch Finger, Hand- und Kniegelenke, die immer mehr anschwollen. "Seit Januar 1989", so erinnert sich Dagmar, "konnte ich die Hände nicht mehr gerade gestreckt auf den Tisch legen. Ich hatte Schwierigkeiten, etwas zu heben, Wäsche oder Gardinen aufzuhängen. Etwas aus dem unteren Teil des Küchenschranks zu holen, bereitete mir große Mühe, weil ich mich hierzu bücken musste. Auch die Wohnung zu putzen, war mir nicht mehr möglich. Längere Strecken zu laufen, fiel mir schwer, ich war schnell erschöpft, selbst das Einkaufen wurde mir zuviel." Bis Frühjahr 1989 waren Gelenke in Händen, Knien und Füßen dick angeschwollen, taten höllisch weh, versteiften immer mehr. Am Steißbein und an beiden Ellenbogen bildeten sich erste Rheumaknoten.

An der niederschmetternden Diagnose bestand ärztlicherseits von Anfang an kein Zweifel: Dagmar Mertens litt an "chronischer Polyarthritis mit schwerem

Verlauf, Gelenkschwellungen, Gelenkdeformitäten", wie ein Attest des behandelnden Internisten bestätigt. "Der Nachweis erfolgte durch den erheblichen klinischen Befund sowie laborchemisch." Wie schlimm es um die Frau stand, bestätigt ein Bericht ihres Ehemanns Raimund, der das Elend Tag für Tag hilflos mitansehen musste: "Das Rheuma trat bei meiner Frau in einer ganz starken Form auf. Sie klagte, dass die Schmerzen von Tag zu Tag schlimmer würden. Die Finger schwollen an, sie bekam dicke Füße, dicke Hände und Handgelenke, richtige Knubbel an den Ellenbogen. Den Kopf konnte sie nicht mehr frei bewegen. Selbst beim Kauen hatte sie Schmerzen." Allmählich sei es "für sie unmöglich geworden, den Haushalt zu versorgen. Unter der Woche kam meine Schwiegermutter. Am Wochenende habe ich, so gut es ging, den Haushalt versorgt. Obwohl sie starke Rheumamittel nahm, wurden die Schmerzen immer stärker."

Frau Mertens müsse "unbedingt etwas unternehmen, sonst werden Sie Ihre fünf Kinder bald nicht mehr versorgen können", warnte der Arzt. Er riet zu einer Therapie mit Goldsalzen. Doch die Patientin wollte nicht, weil ihr vor möglichen Nebenwirkungen graute: Entzündungen der Haut und Mundschleimhaut, schwere Schädigungen von Nieren und Knochenmark hätten ihr blühen können. Auch einen dreiwöchigen Krankenhausaufenthalt lehnte sie ab.

Doch Mitte April 1989 gingen die Schwellungen schlagartig zurück, und die Schmerzen verschwanden - ohne dass die bisherige medikamentöse Therapie im geringsten verändert worden wäre. "Meine Finger, die dick angeschwollen gewesen waren, wurden plötzlich schlank, und ich konnte meine Arbeit besser verrichten. Es war mir wieder möglich, die Hände ausgestreckt auf den Tisch zu legen." Was war geschehen? Eine Nachbarin vertraute Dagmar Mertens an: Seit dem 9. April "sende" sie ihr "Heilströme von Bruno Gröning".

Seither ist bei Dagmar Mertens kein einziger Rheumaschub mehr aufgetreten, die Schmerzen sind weg - ohne jegliche Medikamente. "Heute versorgt sie den Haushalt wieder alleine", bestätigt Ehemann Raimund. "Sie ist schmerzfrei und wieder glücklich geworden." Der behandelnde Arzt gab Anfang 1996 schriftlich: "Frau Mertens´ rheumatoide Arthritis mit sehr starker Symptomatik (...) heilte spontan aus, ohne Zugabe meinerseits von antirheumatischen Medikamenten. Laborkontrollen 1994 und 1996 ergaben negative Rheumawerte und jeweils keine Hinweise auf Entzündungsgeschehen. Ein Rezidiv ist seit 1988 nicht aufgetreten." (FH1)

Präkanzerose s. Krebs, Vorstadium von; Knoten, “kalte”

Ende Mai 2003 stellte bei Ruth ein Gynäkologe einen Knoten in der rechten Brust fest. "Nach Ansicht des Arztes", so berichtet sie, "handelte es sich um eine ‚tickende Zeitbombe', eine sofortige Operation sei notwendig. Mit einem OP-Termin und den Unterlagen für den Narkosearzt verließ ich die Praxis. Doch statt mich gleich operieren zu lassen, befasste ich mich erst einmal mit medizinischer und alternativer Literatur zum Thema. Seither gehören für mich Körper, Geist und Seele zusammen. Trotzdem machte ich mich etwas skeptisch auf den Weg zu Herrn A.", einem moslemischen Gebetsheiler aus Essen. "Während der ersten Sitzung lösten seine Gebete meine gigantische innere Anspannung. Meine Gedanken konnten zur Ruhe kommen, es war ein Gefühl, als ob ein großer Druck von mir genommen wurde. Ich fühlte mich gelöster, freier und zuversichtlicher. In der darauffolgenden Sitzung spürte ich ganz unvermittelt tief in der Brust einen starken Stich. In den Tagen danach hatte ich immer wieder das Gefühl, dass der Knoten 'arbeitete'. Zu Beginn des ersten Gesprächs wies Herr A. nachdrücklich darauf hin, dass er kein Mediziner sei und dass spätestens nach drei Wochen eine Verbesserung meiner gesundheitlichen Situation nachweisbar sein sollte - ansonsten könne er nicht weiter helfen. Herr A. hat mich nie untersucht oder meinen Körper berührt. Er hat für mich gebetet und mir ein Wasser zum Einreiben gegeben. Zur weiteren Untersuchung in einem Brustzentrum hat er mich regelrecht gedrängt. Dorthin habe ich mich auch begeben. Eine Operation in einer guten Klinik stand für mich im Falle einer Vergrößerung des Knotens fest. Dort konnte der leitende Arzt aber keinen Knoten mehr finden." (A 45115)

Prellung

Bei einem Autounfall 1992 hatte sich eine 42jährige Verwandte der Berliner Geistheilerin Melitta A. starke Prellungen am linken Knie zugezogen. Sie hatte so heftige Schmerzen, dass sie nicht mehr laufen konnte. Eine Stunde lang legte ihr Melitta A. die Hände auf die betroffene Stelle - danach sollen die Schmerzen wie weggeblasen gewesen sein. (A 10997)

Prostataleiden

Wegen eines Prostataleidens, das bereits seit vier Jahren bestand, sollte ein 60jähriger Mann in Kürze operiert werden. Im Mai 1994 vertraute er sich viermal den heilenden Händen von Stefan S. an. Seither sind seine Beschwerden, nach Angaben des Heilers, vollständig verschwunden, insbesondere Probleme mit dem Wasserlassen. Eine ärztliche Bestätigung steht allerdings aus. (A 66133)

Einen 56jährigen Manager aus dem Rheinland quälte seit fünf Jahren ein Prostataleiden. Nachdem ihm die Geistheilerin Hildegard S. aus Lindau am Bodensee 1992 ein einziges Mal die Hände auflegte, konnte er angeblich sofort wieder beschwerdefrei Wasser lassen. Seither lässt er sich einmal wöchentlich von ihr behandeln; "es geht ihm sehr gut". (A 88131)

Prostatakrebs s. auch Krebs, Tumor

Durch Empfehlungen fand 1944 ein etwa 60jähriger Mann aus Staucha bei Riesa zu der Heilerin Brigitte G.; bei ihm war Prostatakrebs festgestellt worden. Weil der Tumor zu nah an der Blase saß, entschieden sich die behandelnden Ärzte gegen eine Operation, stattdessen wurde eine Chemotherapie durchgeführt - ohne Erfolg. Zwölfmal, in einem Zeitraum von zwei bis drei Wochen, kam der Patient zu Frau G. - und "dabei wurde der Tumor weicher, dann kleiner, und schließlich war er weg", wie die Heilerin versichert; da der Mann alle vier bis sechs Wochen ärztlich untersucht wurde, ist diese Genesung medizinisch dokumentiert. Bis heute traten keine Rückfälle auf. (A 04720)

Ein 70jähriger Chirurg aus Koblenz litt seit drei Jahren an zu spät erkanntem, inoperablem Prostatakrebs. 1988 wandte sich seine Frau an die Luzerner Heilerin Elvi B. mit der Bitte, ihn fernzubehandeln. Der Arzt wusste nichts davon. Kaum hatte die Fernheilung begonnen, da besserte sich sein Zustand zusehends. Schließlich löste sich der Tumor vollständig auf. "Später wurde der Arzt dann von seiner Frau eingeweiht", berichtet die Heilerin. "Daraufhin wollte er mich unbedingt sehen. Er kam und war zutiefst dankbar." (GHNZ S. 153.)

Im November 1991 wird Heinrich Z., 62, aus dem Mannheimer Diakonissenkrankenhaus zum Sterben nach Hause geschickt: mit Prostatakrebs im Endstadium, Metastasen von Kopf bis Fuß. "Ihm bleiben höchstens noch ein paar Tage", muss sein Sohn Frank hören. Doch bis Anfang Februar 1992 leidet sein Vater qualvoll weiter, schreit und weint täglich stundenlang vor Schmerz. Verzweifelt wendet sich Frank an die Geistheilerin Helga A. "Ich schicke Ihnen einen Heilstrahl durchs Telefon", verspricht sie. "Legen Sie Ihre Hand dann auf den Unterleib Ihres Vaters. Das wird helfen." Im nächsten Augenblick beginnt Franks rechte Hand "höllisch zu brennen, so als hätte ich ein heißes Bügeleisen angefasst". Fassungslos befolgt er die Anweisung. Und das Unglaubliche geschieht: Nach fünf Minuten ist der Krebskranke schmerzfrei. Vierzehn Tage später traut der Hausarzt seinen Augen nicht: Blut- und Urinproben von Heinrich Z. zeigen keinerlei tumorverdächtige Werte mehr. (GB 49, nach einer persönlichen Mitteilung des Sohnes Ende März 1992.)

Psoriasis s. Schuppenflechte

psychosomatische Störungen

Mit einem ganzen Bündel seelischer und psychosomatischer Beschwerden, die in Arztpraxen und Kliniken erfolglos behandelt wirden waren, fand eine 43jährige Frau zu der Geistheilerin Hiltrud F. in Leipzig. "Seit zwei Jahren litt sie unter massiven Essstörungen, begleitet von einer irrationalen Angst, sich zu verschlucken. Ständig hatte sie das Gefühl, einen Kloß im Hals zu haben. Weil sie nur noch flüssige Nahrung zu sich nehmen konnte, war sie stark abgemagert. Magenschmerzen quälten sie. Schlafstörungen, Angstzustände bis hin zu Panikattacken, Depressionen, mangelndes Selbstbewusstsein machten ihr zu schaffen." Wenige Sitzungen bei Hiltrud Z. genügten offenbar, um dieses Elend zu beseitigen: "Nach der ersten Behandlung war das 'Kloßgefühl' im Hals verschwunden. Auch machte die Patientin endlich wieder einen gelösten Eindruck. Nach der zweiten Behandlung konnte sie zum ersten Mal seit langem wieder durchschlafen. Nach der vierten Behandlung hatte sie kaum noch Magenschmerzen, und jetzt konnte sie wieder feste Nahrung zu sich nehmen, ohne Angst, daran zu ersticken; erstmals nahm sie wieder drei Mahlzeiten pro Tag zu sich. Von der siebten Behandlung an waren ihre Depressionen nahezu verschwunden, ihr Selbstbewusstsein ist seither erheblich gewachsen. Auf ihre allgemeine Veränderung zum Positiven reagierte ihre Umwelt erstaunt." (A 04347)

Seit Jahren quälte einen 57jährigen Kraftfahrer ein Tinnitus; hinzu kamen eine Lumbago-Ischialgie, Hüft- und Kniegelenksarthrosen sowie eine Reihe psychosomatischer Beschwerden. Die Schulmedizin erreichte in allen Fällen immer nur kurzfristige Besserungen. Ab Februar 1993 behandelte ihn der Geistheiler Otto R. über ein Jahr lang mit Handauflegen, Edelstein-, Orgon- und Aromatherapie. Seit Mai 1994 ist der Tinnitus vollständig verschwunden, die übrigen Beschwerden besserten sich zumindest erheblich, so berichtet Otto R.: "Der Klient war sehr schwierig. Heute hat er zu einer positiven Lebenseinstellung gefunden." (A 26954)

Psychose

- schizophrene s. auch Schizophrenie

Seit ihrer Jugend litt eine 42 Jahre alte Hausfrau aus Paderborn an manischer Depression und Psychosen. Mehrfache Aufenthalte in der Psychiatrie halfen nicht, im Gegenteil: Sie hinterließen bei der Frau eine starke Apathie, heftige Angstzustände und körperliches Zittern; hochdosierte Psychopharmaka bewirkten keine Heilung, sondern nur eine zeitweilige Ruhigstellung. Ab Dezember 1998 versuchte die Heilerin Andrea M. der Frau mit Clearing, Chakra- und Gesprächstherapie zu helfen. Innerhalb von drei Wochen ließen die Symptome nach, und nach drei bis sechs Monaten "hatte sich die Frau wieder gefangen", so berichtet die Heilerin. Allerdings wurde sie dabei "von ihrem behandelnden Psychiater durch Gesprächstherapie begleitet", und auch "die allmähliche Loslösung der Patientin von ihrer dominanten Familie hat zur Linderung der Symptome beigetragen", wie die Heilerin einräumt. (A 33106)

Wegen einer schizophrenen Psychose war eine 24 Jahre alte angehende Krankengymnastin aus Marburg mehrfach in einer psychiatrischen Klinik in Gießen gewesen, hatte außerdem die üblichen Psychopharmaka geschluckt - ohne Erfolg. Vier Jahre nach Ausbruch ihrer Erkrankung. Ab Anfang 1994, betreute die Geistheilerin Annegret F. sie ein Dreivierteljahr lang einmal wöchentlich. Daraufhin traten bis heute keine psychotischen Schübe mehr auf., wie die Heilerin berichtet. Nach ihren Angaben konnte die Patientin im Juli 1994 ihre Ausbildung wieder aufnehmen. (A 35091)

Dr. med. Dorothea Fuckert - Ärztin für Allgemeinmedizin, Psychotherapie und Homöopathie und zugleich Geistheilerin - schildert den Fall einer 26jährigen psychotischen Patientin, der sie eine "posttraumatische Belastungsstörung mit dissoziativer Struktur" diagnostizierte. Die Fraui, verheiratet und Mutter eines vierjährigen Sohnes, "fühlte sich seit ihrer Kindheit von fremden Energien besetzt. Sie wuchs in einer neuchristlichen Sekte auf; ihr Vater war dort eine Art Priester. Jahre zuvor war sie mit Psychose-Verdacht in der Psychiatrie, erhielt Psychopharmaka und Angst lösende Mittel. In der Therapie bei mir tauchten schmerzhafte Erinnerungen auf an Missbrauch, Doppelmoral, Scheinheiligkeit, Unterdrückung von jeglicher Autonomie und ihrer emotionalen Lebendigkeit. Durch Körperpsychotherapie konnte sie sehr viel verarbeiten, einen Beruf erlernen und ihr Leben gut in den Griff bekommen. Nur die wiederkehrenden Angstzustände mit dem Gefühl des Besetztseins von Fremdenergie wollten nicht weichen. Der in diesem Fall hinzugezogene Heiler fühlte und entfernte mit seinen Händen in einer einzigen Sitzung "eine Menge Fremdenergie" aus ihrem Organismus, hauptsächlich aus dem Rücken. Er wusste weder etwas über dieses Symptom, noch etwas über ihre Geschichte. Seitdem tauchte dieses Symptom nicht mehr auf." (GHÄP S. 102-103)

Pusteln s. auch Hautleiden

Die Haut eines 25jährigen Mannes aus Schwerin war seit einem Monat mit Pusteln übersät, die schmerzten und heftig juckten. Salben halfen nicht. Im Februar 1994 nahm die Heilerin Christel F. sechs Fernbehandlungen vor: dreimal 20 Minuten, dann dreimal fünf Minuten. Schon nach der ersten Behandlung waren die Schmerzen weg, nach der zweiten auch der Juckreiz. (A 19230.)

R

Raucherbein

Einem 63jährigen Rentner sollte wegen eines Raucherbeins, an dem er seit einem Jahr litt, ein Fuß amputiert werden. Dreimal legte ihm der Geistheiler Jan H. die Hände auf und "besprach" das Bein. "Nach einer Woche ging der Mann geheilt nach Hause", so versichert er. (A 49828)

Rauchersucht s. auch Sucht

In einer einzigen Sitzung, so berichtet die Heilerin H.-W., wurde eine 30jährige Kauffrau im Jahr 2000 ihre jahrelange Nikotinsucht los: "Seit einem Jahr ist sie Nichtraucherin, und das ohne Rückfälle." (A 59199)

Recklinghausen-Krankheit

Patientin: Tanja S. (25), Zahnarzthelferin, 34626 Neukirchen, Teilnehmerin am "Fernheil-Test" 1998

Diagnose: Morbus Recklinghausen (Neurofibromatose): gutartige Tumore von Nervenfaserzellen, auch im Kopf sowie am Arm. Z. n. Thornkotomie bei Neurofibromentfernung 1986 sowie Exzision eines Neurofibroms am rechten Pectoralismuskel 1988, bilaterale Akustikusneurinome sowie Herd im Bereich der Zisterna interpeducullaris.

Beschwerden: Taubheit auf beiden Ohren, Schwellungen und Sehschwäche auf dem rechten Auge, Gleichgewichtsstörungen, Tremor (Zittern) der linken Hand beim Heben.

Dauer: seit 1990.

Persönliche Testbilanz: Vor Testbeginn "hatte ich bereits meine Beerdigung vorbereitet", berichtet die Patientin. Doch von der ersten Woche an "ging es seelisch wieder aufwärts. Die gesamte Woche über ist so, als ob ich ständig von irgendwoher Energie bekomme." Ein ausgeprägtes Neurofibrom, das sich ca. 15 cm lang den linken Unterarm entlangzog und als bläulichbraun verfärbte, extrem druckschmerzempfindliche Beule die Haut wölbte, ist seit der achten Testwoche vollständig verschwunden - eine aus schulmedizinischer Sicht "unerklärliche Spontanremission", wie ein Chirurg eines Frankfurter Krankenhauses kommentierte. Auch die Sehkraft hat sich deutlich verbessert, ebenso der Gleichgewichtssinn: Seit Ende August traut sich Tanja S. zu, mit ihrem Hund alleine, ohne die ständige Aufsicht von Verwandten, Spaziergänge zu unternehmen. "Es ist ein tolles Gefühl, wieder selbständiger zu sein!" Vor der Studie schmerzte ihr linkes Bein und wurde zunehmend schwächer; doch seit dem vierten Testmonat sind die Schmerzen weg, und "mein Bein fühlt sich nicht mehr so schwach an." Die Kopftumore sind zwar noch vorhanden, wie eine Computertomographie am 21. August 1998 ergeben hat - allerdings ist der größte deutlich geschrumpft, wie ein Vergleich mit Aufnahmen vom Dezember 1996 und November 1993 zeigt. "Ich habe das Gefühl, nun alles zu schaffen und gesund zu werden", schreibt sie in ihrem letzten Wochenprotokoll. "Seelisch geht es mir total gut - so gut wie noch nie! Wer weiß, wie alles geworden wäre, ohne so eine tolle ‚Kraft'. Ich will nicht daran denken, was mir hätte passieren können. Ich denke nur, was noch alles passieren kann, im positiven Sinne. Wenn es mir jetzt schon, nach fünf Monaten, so gut geht, wird es bald noch besser sein! Ich habe das Gefühl, daß es nun stetig bergauf geht. Ich plane auch wieder meine Zukunft. Dazu hatte ich oft nur wenig Lust, denn mir ging es ja so schlecht. Nun sehe ich meine Zukunft in einem positiven Licht, und ich plane wieder!"

Medizinische Beurteilung: "Interessant ist der Vergleich zwischen den radiologischen Befunden vom 31. Januar 1997 und 21. August 1998, zumal sich ersterer vergleichend auf einen früheren radiologischen Befund vom 10. Dezember 1996 bezieht. Allerdings wurde bei den Untersuchungen kein Kontrastmittel verwendet (KM-Allergie), und es lagen dem Radiologen bei der Auswertung keine Vor-MRT-Befunde zum direkten Vergleich vor. Trotzdem ist auffällig, dass bei den intrakraniellen Tumoren ein Wachstumsstillstand bzw. eine Wachstumsverlangsamung eingetreten ist. Noch auffälliger ist die spontane Totalremission eines großen Neurofibroms am Unterarm der Patientin. Frau S. ist zum Zeitpunkt des zweiten Interviews - im September 1998 - in der Lage, eine Gehstrecke von etwa einem Kilometer ohne fremde Hilfe zu bewältigen. Auch die Motorik hat sich insgesamt etwas verbessert. Alle diese Verbesserungen entwickelten sich entgegen der üblichen Prognose bei Neurofibromatose! Noch auffälliger ist die Verbesserung des psychischen Allgemeinzustands, der mit "sehr gut" bezeichnet werden kann. Die Probandin ist zuversichtlich, sie schreibt an einem Buch über ihre Erkrankung und die damit verbundenen Erlebnisse." (Hp Dirk-Rüdiger Noschinski) (HoG S. 104)

Rhabdomyosarkom s. auch Krebs, Sarkom, Tumor

Dem Tod geweiht schien ein 15jähriges Mädchen aus Ibbenbüren, an dessen Kopf sieben Rhabdomyosarkome wucherten: bösartige Muskelgewebstumore einer äußerst seltenen Art. Nur zwei davon konnten Chirurgen operativ entfernen. Den übrigen fünf versuchte die Geistheilerin Hannelore K. am 12. und 13. April 1991 unkonventionell beizukommen: durch eine 24stündige Fernbehandlung, die sie nur einmal für zwei Stunden unterbrach. Und tatsächlich: Nach ihren Angaben lösten sich die Tumore auf; zwei Wochen später soll die Patientin von Ärzten für gesund erklärt worden sein. Sie lebt heute noch, studiert Architektur und schreibt ihrer Heilerin zweimal jährlich. (A - 7. Aufl. 2000 - 71131)

Rheumatisches Leiden s. auch Arthritis, Arthrose, Gelenkrheumatismus, Gicht, Morbus Bechterew

Ein 65jähriger Landwirt aus Hoppecke litt seit 1979 an einer rheumatischen Erkrankung sämtlicher Gelenke, die ihn weitgehend bewegungsunfähig machte. Trotz mehrerer Krankenhausaufenthalte verschlechterte sich sein Zustand zunehmend. Ab April 1994 nahm sich der Paderborner Geistheiler Axel-Joachim S. des Mannes an, legte ihm zweimal wöchentlich die Hände auf, setzte ergänzend Eigenblut- und Phytotherapie ein und führte intensive psychotherapeutische Gespräche mit dem Patienten. Zunächst verschlimmerte sich das Leiden - doch dann, nach etwa dreieinhalb Monaten, ging es rapide aufwärts. "Die Schwellungen an den Gelenken gingen zurück, die Beweglichkeit nahm zu. Alle Laborwerte normalisierten sich, Harnsäure- und Cholesterinwerte fielen. Aber am meisten spielte sich die Genesung im Kopf ab", berichtet der Heiler. "Der Patient war ungeheuer motiviert. Heute bewegt er sich mit einem Stock sehr gut vorwärts. Bis auf kleine Gelenkschmerzattacken geht es ihm stetig besser." (A 33102)

Eine 46jährige Versicherungsangestellte aus Balingen litt seit zehn Jahren an Rheuma. Nachdem ärztliche Maßnahmen nichts ausrichteten, ließ sie sich auf eine geistige Fernbehandlung ein, kombiniert mit Homöopathie. Nach zwei bis drei Tagen verschwanden die Rheumaschmerzen - "anhaltend", wie ihre Heilerin Evelyne I. versichert. (A 72160)

Einem 40jährigen Selbständigen aus Herford machte seit fünf Jahren zunehmend Rheuma zu schaffen. Cortisonpräparate und Kuren halfen nicht. Im März 1997 wandte er sich deshalb an die Heilerin Christine D., die ihn seither alle zwei bis vier Wochen zu sich kommen ließ. Ein Vierteljahr später legte er seine Krücken weg, benötigte fast kein Kortison mehr und fand neuen Lebensmut. Seine körperliche Beweglichkeit ist nach Aussage des Arztes um achtzig Prozent gestiegen. (A 31707.)

Im September 1993 konnte die Geistheilerin Ilsedore W. anscheinend einem 37jährigen Computerfachmann aus Wilhelmshaven helfen, der seit fünf Jahren an schmerzhaftem Rheuma in den Händen litt. Die vom Arzt verschriebenen Salben verschafften ihm nur kurzfristig etwas Linderung, und im Laufe der Zeit nahmen seine Schmerzen eher noch zu. "Schon während der ersten Behandlung", so berichtet die Heilerin, "gingen die Schmerzen deutlich zurück. Nach sechs Wochen hatte er keine Beschwerden mehr." (A 49757)

Seit über zehn Jahren kümmert sich der Geistheiler Maximilian K. um eine rheumakranke Hausfrau. Die etwa Fünfzigjährige ist heute weitgehend beschwerdefrei - "wenn sie ihre kleinen 'Hausaufgaben' macht, die in einer täglichen 15minütigen Übung bestehen. Stimmungen spielten und spielen bei ihr eine wichtige Rolle", erklärt der Heiler. (A 58540)

Seit 1979 litt eine 59jährige Hausfrau aus Eckernförde an Rheuma, weswegen sie in ständiger ärztlicher Behandlung war. Ab 1995 betreute die Geistheilerin Andrea N. sie anderthalb Jahre lang. Zwei- bis dreimal pro Woche legte sie ihr die Hände auf, betete für sie und gab ihr gesegnetes Wasser. "Die Schmerzen wurden sofort besser", berichtet die Heilerin. "Es dauerte etwa ein Dreivierteljahr, dann kam es zu einer Verdickung im Fußgelenk, die operativ entfernt wurde. Danach ging es der Frau so gut, dass sie ihre Medikamente, unter Aufsicht des Arztes, auf ein Minimum reduzieren konnte." (A 24367)

Eine 42jährige Bürokauffrau litt seit 1992 an Rheuma sowie einer vergrößerten Schilddrüse. Medikamentös war ihr nicht zu helfen. Deshalb vertraute sie sich im März 1996 der Geistheilerin Erika N.-K. an und ließ sich einmal wöchentlich jeweils eine halbe Stunde lang von ihr behandeln. Bei der nächsten Untersuchung staunte ein Itzehoer Internist: Rheumafaktoren waren nicht mehr nachweisbar, und auch die Schilddrüsenvergrößerung war erheblich zurückgegangen. (A 24576)

An chronischem Gelenkrheumatismus litt ein 55jähriger Frührentner aus Bergisch-Gladbach seit drei Jahren. Verordnete Medikamente musste er wegen Nebenwirkungen absetzen. Bei der Heilerin Petra P. versuchte er es ab Dezember 1991 mit Reiki: zunächst an vier Tagen hintereinander, anschließend zwei Monate lang jeden zweiten oder dritten Tag, dann ein halbes Jahr lang einmal pro Woche - jeweils für eine Stunde. Während der Sitzungen erlebte er teilweise heftige Heilreaktionen ("Erstverschlimmerung") - doch zwischen den Terminen war er beschwerdefrei. Um sich selbst zu helfen, erlernte er Reiki. Im Sommer 1993 stellten zwei Ärzte per Bluttest fest: Es waren keine Rheumawerte mehr vorhanden. (A 51467.)

Seit einem Jahr machte einer 60jährigen Rentnerin aus Villingen-Schwenningen Rheuma zu schaffen, gegen das ärztliche Maßnahmen wenig ausrichteten. 1993 machten Freunde sie auf den Heiler Wolfgang F. aufmerksam, der sie drei Monate lang täglich eine Viertelstunde lang fernbehandelte; zusätzlich legte er ihr hin und wieder die Hände auf. "Von Woche zu Woche besserte sich ihr Zustand merklich", versichert der Heiler. "Nach drei Monaten war sie restlos gesund." Der behandelnde Arzt führte diesen Fortschritt auf die verordneten Medikamente zurück. (A 78056)

Eine 48jährige Verkäuferin wurde seit 15 Jahren von rheumatischen Beschwerden geplagt, vor allem im Rückenbereich. Nachdem ihr klassische Massagen, Kortisonkuren und andere schulmedizinische Maßnahmen nicht geholfen hatten, wurde sie Frührentnerin. In einer Märzwoche 2003 fanden vier Sitzungen bei der Geistheilerin Helga S. statt. "Von Sitzung zu Sitzung", so erinnert sich die Heilerin, "zeigte sich eine rasche Besserung. Die Schmerzen verschwanden, und die Frau wurde beweglicher, so dass sie sich wieder bücken und drehen konnte." (A 65594)

Einer 83jährigen Hausfrau aus Salzburg, die seit rund zehn Jahren an schwerem Rheuma litt, konnte die Hamburger Heilerin Frauke B. - eine studierte Pädagogin - Ende 1991 helfen. Ärztlich verordnete Medikamente hatten nicht angeschlagen, die Krankheit verschlimmerte sich. Schließlich wurde die Patientin stark depressiv und tablettensüchtig. Erst dreimonatiges Handauflegen und Fernbehandeln brachten die Wende: Die Schmerzschübe traten immer seltener und schwächer auf, die Frau benötigte fast keine Medikamente mehr. Dieser Erfolg hielt an. Der behandelnde Arzt tat ihn als "Zufall" ab. (A; R S. 323.)

Ein 65jähriger Landwirt aus Hoppecke litt seit 1979 an einer rheumatischen Erkrankung sämtlicher Gelenke, die ihn weitgehend bewegungsunfähig machte. Trotz mehrerer Krankenhausaufenthalte verschlechterte sich sein Zustand zunehmend. Ab April 1994 nahm sich der Heiler Axel S. des Mannes an, legte ihm zweimal wöchentlich die Hände auf, setzte ergänzend Eigenblut- und Phytotherapie ein und führte intensive psychotherapeutische Gespräche mit dem Patienten. Zunächst verschlimmerte sich das Leiden - doch dann, nach etwa dreieinhalb Monaten, ging es rapide aufwärts. "Die Schwellungen an den Gelenken gingen zurück, die Beweglichkeit nahm zu. Alle Laborwerte normalisierten sich, Harnsäure- und Cholesterinwerte fielen. Aber am meisten spielte sich die Genesung im Kopf ab", berichtet der Heiler. "Der Patient war ungeheuer motiviert. Heute bewegt er sich mit einem Stock sehr gut vorwärts. Bis auf kleine Gelenkschmerzattacken geht es ihm stetig besser." (A 33102.)

Bei einer 40jährigen Industrienäherin aus Gladbeck war im August 1991 Gelenkrheuma aufgetreten, das sich seither stetig verschlimmerte, trotz Cortisonpräparaten, Heilgymnastik, Eisbehandlungen und Massagen. Am 25. September 1997 suchte die Patientin erstmals den Heiler Frank K. auf – und schon nach dreiminütigem Handauflegen, aus etwa zehn Zentimetern Abstand, verschwand sofort eine Nackenstarre, derentwegen die Frau zuvor immer den ganzen Oberkörper drehen mußte, um zur Seite zu schauen. Nach zwei weiteren Sitzungen gingen Schwellungen in den Knien und Beinen zurück, Schmerzen ließen nach, die Gelenke wurden beweglicher. Zwischen dem 10. Oktober und dem 30. November 1997 kümmerte sich K. daraufhin täglich um die Rheumapatientin. "In dieser Zeit", so dokumentierte eine Ärztin, "reduzierten sich Knoten an den Handgelenken, die vorher pflaumengroß gewesen waren, auf Erbsen- bis Haselnussgröße. Weiche Schwellungen an Händen, Unterarmen, Beinen und Knien gingen ganz zurück. Ein Taubheitsgefühl der Haut an Armen, Beinen und Hüften verschwand. Das Körpergewicht reduzierte sich um zehn Kilogramm, ohne dass die Frau ihre Essgewohnheiten geändert hatte. Die deformierten Füße fanden wieder ihre natürliche Ausrichtung, so dass sich wieder ein normales Gangbild einstellte. Schwindelanfälle und Kreislaufstörungen verschwanden." Alles in allem, so die begutachtende Ärztin weiter, sei "die Beweglichkeit erheblich gestiegen. Die Arme können wieder über den Kopf gehoben werden, Gegenstände fallen nicht mehr aus den Händen; zum Fensterputzen kann die Frau wieder einen Stuhl besteigen, Treppen normal begehen. Ihre

Schlafgewohnheiten haben sich radikal geändert: Vorher schlief sie pro Nacht allenfalls zwei bis vier Stunden – in Rückenlage, mit Nackenrollen und drei Kissen im Rücken; wenn sie morgens aufstand, war ihr Körper nahezu völlig steif. Um sich anzuziehen, musste die Patientin erst eine Schmerztablette einnehmen und zwei Stunden wirken lassen. Heute benötigt sie fürs Aufstehen und Anziehen gerade noch zehn Minuten – ohne Schmerzmittel; nachts schläft sie acht Stunden: in Seitenlage, ohne Kissen oder sonstige Hilfsmittel." Auch Nahrungsmittelallergien sind verschwunden. Inzwischen benötigt die Frau keinerlei Rheumamittel mehr. Ehe sie zu dem Geistheiler fand, hatte sie täglich vier- bis fünfmal schmerzstillende Medikamente einnehmen müssen – inzwischen sind es maximal zwei pro Woche, und auch diese nimmt sie nur noch vorsorglich ein, wenn längere Ausflüge oder Feste anstehen. Rheumaschübe sind nicht mehr aufgetreten. An ihre einstige schwere Erkrankung erinnern nur noch gelegentliche Sehnenschmerzen und Muskelkater bei Überanstrengung. (A 45966.)

Ein weiterer Fall wird unter dem Stichwort "Neurodermitis" vorgestellt. Siehe ferner A 55218, 68199, 73033

Rose s. Gürtelrose, Wundrose

Rückenschmerzen s. auch Schmerzen

Seit November 1996 plagten heftige Rückenschmerzen eine 33jährige Hausfrau aus Manubach. "Im Januar 1997", so berichtet die Patientin, "wurden sie extrem schlimm. Ich hatte sie anhaltend, Tag und Nacht. Von einem Arzt bekam ich Tabletten und eine Salbe; das half aber nur kurzzeitig. Bei einem Orthopäden erhielt ich sechs Behandlungen auf der Streckbank und sechs weitere mit Infrarotlicht und Elektromassage – doch es wurde immer schlimmer." Im Mai 1997 lernte sie den Heiler Rudy D. kennen. Eine einzige "Energiesitzung" fand statt. "Seitdem bin ich schmerzfrei", versichert die Patientin, "bis zum heutigen Tag." (A 55413)

Im Jahr 2000 fand zu der Heilerin Martina K. eine 49jährige Büroangestellte aus Meitingen, die seit 13 Jahren an Rückenschmerzen im Bereich der Lendenwirbel 4 und 5 litt. "Ärztlicherseits", so berichtet die Heilerin, "war alles unternommen worden, von Wärmebehandlung über Massagen und Fango bis hin zu Krankengymnastik. Doch nichts half langfristig." In der ersten Sitzung "löschte" die Heilerin den "unerlösten seelischen Konflikt", die sie hinter der Symptomatik vermutete, und legte die Hände auf. Anschließend war die Patientin eine Woche lang schmerzfrei - und blieb es nach der zweiten Sitzung dauerhaft. (A 86480)

Seit zehn Jahren litt eine 43jährige Einzelhandelskauffrau aus Düsseldorf, aufgrund einer Fehlstellung der Halswirbelsäule, an Schmerzen im Rücken- und Schulterbereich; zudem machten ihr schwere Depressionen zu schaffen. Spritzen und Elektromassagen brachten ihr nie eine dauerhafte Besserung. Ab April 1994 versuchte die Heilerin Monika F. der Frau ein Jahr lang durch ein- bis zwei Stunden Kontaktbehandlung pro Woche zu helfen, in Verbindung mit einer Gesprächstherapie. Diese Hilfe, so erklärt die Heilerin, "verschaffte der Klientin einen Zugang zu sich selbst. Die Trauer wurde gelöst, die Depressionen besserten sich zusehends und verschwanden schließlich ganz. Bereits in den ersten zwei Monaten hörten die Schmerzen auf, ohne seither wiederzukehren. "Geistiges Heilen war mir neu", sagt die Patientin selbst. "Ich empfand es als sehr angenehm. Nach der ersten Sitzung sagte ich: 'So zu sterben, muss schön sein.' Und das, obwohl ich doch so eine Angst vor all diesen Themen hatte. Zum ersten Mal wurde ich damit konfrontiert und hatte keine Angst mehr. Außerdem wurde sofort so viel in mir freigesetzt, meine Tränen rannen unaufhaltsam. Ich bin sonst ein Mensch, der sich 'zusammenreißt' und keine Gefühle so schnell zeigt. Aber hier war das ganz anders. Frau Folwaczny erklärte mir genau, was Chakren sind und dass die Bilder und Farben, die ich während der Behandlung vor meinem geistigen Auge sah, direkt etwas mit meinem Heilungsprozess zu tun haben. Ich begann mich fortan damit zu beschäftigen. Es war eine völlig neue Welt für mich. Die Zusammenarbeit ging über einen langen Zeitraum, und ich sage bewusst 'Zusammenarbeit', denn ich wurde an diesem Prozess intensiv mitbeteiligt." (A 40235)

Der Internist und Reiki-Meister Dr. med. Ulrich K., der seine Ehefrau Christa - erfahrene Heilerin und Medium - in seine Praxis einbezieht, berichtet: "Ein 68 Jahre alter Patient klagte seit längerer Zeit über Beschwerden im Lendenwirbelsäulenbereich (LWS-Syndrom). Auch sechs Akupunkturbehandlungen konnten in diesem außergewöhnlichen Fall die Schmerzsymptomatik nicht wesentlich bessern, so dass ich bei der siebten Behandlung meine Hände auf den schmerzenden LWS-Bereich legte und Geistiges Heilen praktizierte, was der Patient als sehr angenehm empfand (Wärme und Entspannungsgefühl), verbunden mit einer deutlichen Schmerzlinderung. Bei der achten Behandlung bat mich der Patient von sich aus um "Handauflegen", da ihm das bisher am besten geholfen hätte. Danach war der Patient schmerzfrei." (GHÄP 2. Aufl. S. 119)

Der Arzt und Heiler Dr. Wolf S. schildert den Fall einer 28jährigen Patienten: "Seit Jahren HWS-Syndrom und starke Kopfschmerzen, sich verstärkende Symptomatik mit Spastik der Halsmuskulatur bei psychischer Belastung, besonders Streitigkeiten im familiären Rahmen oder Freundeskreis. - Die Diagnostik ergibt eine Belastung in der Aura aus einem vorherigen Leben mit "Opferproblematik" und "Henkersknoten" im Nacken. Dieser wird mittels Aurachirurgie entfernt. Zur psychischen Stabilisierung wird eine bioenergetische Meditation durchgeführt. - Am nächsten Tag erhalte ich von ihr, von ihrem Urlaubsort aus (sie hatte sich spontan für eine *last-minute*-Reise entschieden), eine E-Mail, in der sie voller Begeisterung berichtet, sie sei absolut beschwerdefrei. - Nach drei Monaten treffe ich diese Patientin zufällig wieder. Eine weitere Behandlung sei nicht mehr notwendig, so erklärt sie mir; es gehe ihr gut, die Beschwerden hätten sich vollständig aufgelöst. Sie schwört auf "Geistiges Heilen" und empfiehlt die Methode weiter, auch wenn ihr doch zweifelndes Staunen entgegengebracht wird." (GHÄP 2. Aufl. S. 160)

Weitere Fallbeispiele s. A 30519, 55218, 55566, 70192, 80796, 84489, 88131, 93413

Rückgratverkrümmung

Seit seinem 28. Lebensjahr litt ein 35jähriger EDV-Fachmann aus Mannheim an einer Rückgratverkrümmung, die sich schleichend immer weiter verstärkte und mittlerweile starke Schmerzen verursachte. Deswegen war er in ständiger ärztlicher Behandlung, bekam u.a. Rückenmassagen mit Heißluft. "Als er zu mir kam", berichtet der Geistheiler Eugen M., "war er von seinem Arzt arbeitsunfähig geschrieben. Mit meinen Händen brachte ich in seiner Aura Wirbel für Wirbel wieder in die richtige statische Form." Nach zwei Sitzungen soll der Mann, zur Verwunderung des behandelnden Arztes, völlig beschwerdefrei gewesen sein. (A 68789)

S

Sarkom s. Myxosarkom, Rhabdomyosarkom

Schädel-Hirn-Trauma

Bei einem Unfall hatte ein 50jähriger Geschäftsmann aus Reutlingen ein Schädel-Hirn-Trauma erlitten; seitdem plagten ihn Schmerzen im ganzen Körper, insbesondere andauerndes Kopfweh. Zudem litt er an Rheuma. Nachdem ärztliche Maßnahmen keinerlei Besserung brachten, wandte er sich 1994 verzweifelt an die Geistheilerin Elisabeth P. Neun Monate lang behandelte sie ihn mit Körperarbeit, Homöopathie, Craniosacral-Therapie und Fußreflexzonenmassage, empfahl ihm eine Diät und führte eingehende Gespräche mit ihm. Danach "waren die Kopfschmerzen weg, das Rheuma hat sich erheblich gebessert". (A 73033)

Schiefhals

Eine besonders erstaunliche Genesung erlebte bei der Heilerin Annelie V. eine 50jährige Hausfrau aus Winkelsheide, die seit zehn Jahren an einem Schiefhals litt. Ärztliche Maßnahmen blieben "ohne Ergebnis", deshalb sollte operiert werden. Nachdem sich die Frau 1991 an Frau V. wandte, legte diese ihr die Hände auf und behandelte sie mit Edelsteinen. Knapp ein Jahr später konnte die Patientin ihren Kopf wieder gerade halten; Rückfälle treten nur noch zeitweise auf, in nervösen Zuständen. Ein Arzt erachtete diese Genesung für "nicht erklärbar", so berichtet Frau V. (A 26345.)

Schielen s. auch Augenleiden

Ein achtjähriges Mädchen schielte seit seinem zweiten Lebensjahr, war deshalb unter ständiger ärztlicher Kontrolle, doch eine verordnete Brille und weitere medizinische Maßnahmen schlugen nicht an. Ab Mai 1995 legte ihr der Geistheiler Klaus S. viermal die Hände auf und entspannte "vitalogistisch" ihren Nacken. ("Vitalogie", ein von dem Schweizer Naturheiler Dr. Peter Huggler Anfang der achtziger Jahre begründetes Verfahren, versucht durch leichte

Berührungen eine "geknickte" Wirbelsäule und damit das Zentrale Nervensystem zu entlasten, den Energiefluss im Körper zu fördern und dadurch Selbstheilungskräfte zu aktivieren.) Nach zwei weiteren Monaten sprach der behandelnde Augenarzt von einer "Spontanremission". (A 09509)

Weitere Fallbeispiele s. A 53639, 87439

Schilddrüse

- Unterfunktion der 50678, 76287 s. Hypothyreose

- Überfunktion der; vergrößerte 26340, 73207 s. Hyperthyreose

Weiteres Fallbeispiel s. Rheumatisches Leiden (A 24576)

Schilddrüsenkrebs s. auch Krebs, Tumor

Bei einer 43jährigen Logopädin aus Regensburg war 1990 ein papilläres Schilddrüsen-Karzinom festgestellt worden, das bereits metastasiert war, unter anderem in die Lunge. Die schulmedizinische Behandlung hatte eine Strumaresektion, eine Lymphadenektomie, Bestrahlung und Radiojodtherapie eingeschlossen - doch die Metastasierung hielt unverändert an. Im Juni 1991 fand die Patientin zu der Ärztin und Geistheilerin Dr. Karin K., die zunächst auf Cranio-Sacraltherapie setzte, später ergänzt durch Homöopathie, Lumatron, Nosoden, Kristalle und Rinden. Vor allem versuchte sie, der Kranken "Lebenszuversicht und Vertrauen in die eigenen Selbstheilungskräfte zu vermitteln, Angst abzubauen, Selbstvertrauen und Selbstliebe zu stärken". Seit Juni 1995 ist die Frau vollständig tumor- und metastasenfrei, wie ein Facharzt für Radiologie bestätigte. (A 85591)

Bei einem 38jährigen Sozialarbeiter aus Heidelberg war im August 1994 ein Schilddrüsenkarzinom festgestellt worden. Nach zwei Operationen im August und Dezember stand nun eine dritte an. Aus Angst vor dem erneuten Eingriff wandte sich der Mann im April 1995 an die Geistheilerin Helga M. aus Heidelberg. "Ich habe versucht, psychische Probleme aufzudecken und sie in Zusammenhang mit der Erkrankung zu sehen", berichtet die Heilerin. "Auch ging es mir darum, Selbstverantwortung zu erklären, Vertrauen zum eigenen Körper zu wecken, um Selbstheilungskräfte zu stärken und durch Reiki zu unterstützen." Im Dezember 1995 lautete der ärztliche Befund: Eine Operation ist vorerst unnötig. (A 69120)

An der Schilddrüse einer 65jährigen Hausfrau aus München hatten sich vor einem halben Jahr kalte Knoten gebildet. 1996 fanden, über zwei Wochen verteilt, sechs Sitzungen mit Handauflegen bei Erdmute M. statt - und die Knoten verschwanden. Der behandelnde Arzt sprach verblüfft von einer "Spontanremission", wie die Heilerin berichtet. (A 81735)

Schizophrenie s. auch Psychose, schizophrene

Wegen einer schizophrenen Psychose war eine 24 Jahre alte angehende Krankengymnastin aus Marburg mehrfach in einer psychiatrischen Klinik in Gießen gewesen, hatte außerdem die üblichen Psychopharmaka geschluckt - ohne Erfolg. Vier Jahre nach Ausbruch ihrer Erkrankung, ab Anfang 1994, wurde sie von der Heilerin Annegret F. ein Dreivierteljahr lang einmal wöchentlich betreut. Daraufhin traten bis heute keine weiteren psychotischen Schübe mehr auf. Schon im Juli 1994 konnte die Patientin ihre unterbrochene Ausbildung wieder aufnehmen. (R S. 56.)

Seit seinem 18. Lebensjahr litt ein 37jähriger aus Lindau/Bodensee an Schizophrenie. Psychiater versuchten ihn mit hoher Tablettendosis ruhigzustellen, womit sie seine Symptomatik aber nur unterdrückten, nicht auflösten. Anfang 1995 versuchte es Dieter N. mit einer Geistheilung, mit jeweils einer Sitzung pro Monat. "Im ersten halben Jahr", so berichtet er, "kam es zu einer Beruhigung der Schübe. Dann trat eine stetige Verbesserung ein, die Tablettendosis konnte immer weiter verringert werden." Als der Patient 1999 eigenmächtig sämtliche Medikamente absetzte, kam es zu einem Rückfall; "doch jetzt kann er mit Tabletten ein normales Leben führen, was vorher nicht möglich war". (A 88048)

Ein 33jähriger Hilfsarbeiter aus Erlangen litt an Schizophrenie, deren erste Anzeichen im Alter von sechzehn Jahren aufgetreten waren. Starke Psychopharmaka und mehrmalige psychiatrische Verwahrung hatten sein Krankheitsbild in keiner Weise verbessert - im Gegenteil. Nachdem die Geistheilerin Sabine G.-H. ihn an seinem Arbeitsplatz kennengelernt hatte, versuchte sie ihm durch gemeinsame Meditationen, Voodoo-Getränke, (hawaiianisches) Loa-Heilen, Bach-Blüten und vielen Gesprächen zu helfen. Von da an ging es, nach Angaben der Heilerin, aufwärts mit ihm - ohne weitere Rückfälle, erstaunlicherweise auch ohne jegliche Entzugserscheinungen, nachdem er die Psychopharmaka absetzte, die er siebzehn Jahre lang in immer höherer Dosis eingenommen hatte. (A 91052)

"Ein 21jähriger Mann", so berichtet der Schweizer Psychiater Dr. Jakob B., "wurde fünf Jahre lang an einer psychiatrischen Universitätsklinik wegen chronischer Schizophrenie behandelt. Viele Medikamente wurden ausprobiert, ohne dass sich ein Erfolg zeigte. Schließlich verweigerte der junge Mann jegliche Medikamente, schloss sich mehr oder weniger dauernd in seinem Zimmer ein, sprach kaum mehr ein Wort mit den Eltern und verbrachte die meiste Zeit im Bett. Nachts schrie er meistens laut, anstatt zu schlafen, da er sich von Stimmen beschimpft und mit dem Tod bedroht wähnte, so dass die Eltern jede Nacht aufstehen mussten, um ihn zu beruhigen. Ein schwerer Waschzwang, an dem der Patient außerdem litt, hatte auf Verhaltenstherapie nach Aussagen der Eltern insofern angesprochen, als er nach Ende der Therapie nicht mehr 70- bis 80mal pro Tag, sondern nur noch 30- bis 40mal die Hände waschen musste. - Bei der Behandlung durch die Heilerin Graziella S. fing er schon in der ersten Sitzung an, mit ihr zu sprechen. Nach zwei Behandlungen war sein schwerer Waschzwang auf einen Schlag verschwunden. Ebenfalls waren die Vergiftungs-Ideen weg, er aß wieder zusammen mit den Eltern. Er fing spontan an, sein Bett selber zu machen und dem Vater bei der Arbeit zu helfen. Sein Aussehen veränderte sich auffallend: Während er vorher fast wie ein Debiler aussah, wirkte sein Gesicht nun deutlich wacher, und er ging aufrechter. Obwohl die Stimmen nicht weg waren, hörte das nächtliche Schreien auf, da er die Angst, umgebracht zu werden, verloren hatte. Er schlief ohne Schlafmittel. Weiterhin sprach er wenig mit den Eltern, jedoch bei den Behandlungen mit der Heilerin. Nach den Sitzungen berichtete er über blaues Licht und Engelwesen, die er bei der Behandlung gesehen habe." (GHÄP S. 58)

Schlafstörungen

Seit über vierzig Jahren litt ein 63jähriger Kaufmann aus Aachen an Schlafstörungen, Magenbeschwerden und Schmerzen im Arm. Kein Arzt konnte ihm helfen. Ab April 1996 behandelte ihn Faruk D., ein von der Türkei 1962 nach Deutschland übergesiedelter Heiler aus Köln, einmal monatlich etwa eine halbe Stunde lang über das Telefon. Die Beschwerden verschwanden. (A; R S. 55.)

Trotz hochdosierter Schlaftabletten und Antidepressiva konnte der 48jährige Verwaltungschef eines Krankenhauses in Bad Salzuflen kaum eine Nacht mehr durchschlafen. Zehnmal legte ihm die Heilerin Hedda L., zuvor als Innenarchitektin und Unternehmensberaterin in derselben Stadt tätig, ihre Hände auf - seither ist die Nachtruhe des Mannes ungestört. (A; R S. 55.)

Einen 40jährigen Gastwirt aus Berlin belasteten seit sechs Monaten Herzrhythmusstörungen, Schlaflosigkeit und massive Angstzustände. EKG und Blutuntersuchungen blieben ohne Befund, mehr als Rezepte für Schlafmittel bekam er von seinem Arzt nicht. Nun begann er eine Psychotherapie. Nachdem sich die Panikattacken dennoch weiter verstärkten, wandte sich der Mann an die Berliner Heilerin Elke H. - und nach vier Reiki-Sitzungen, alle innerhalb einer Woche, klangen die Angstzustände vollständig ab. "Binnen zwei Monaten war mein Klient in der Lage, seine Lebens- und Arbeitssituation neu zu ordnen, und er übernahm eine neue, verantwortungsvolle Tätigkeit. Seit nunmehr anderthalb Jahren ist er beschwerdefrei, ohne weitere ärztliche und psychotherapeutische Behandlung." Er hat "das Gefühl, dass die Last meiner Kindheit von der Seele genommen ist". (A 10777; R S. 54.)

Weiteres Fallbeispiel s. Depression (A 50939)

Schlaganfall siehe auch Lähmung (nach Schlaganfall)

Einen 70jährigen, der im Laufe von fünfzehn Jahren fünf Schlaganfälle erlitten hatte, betreute die Heilerin Annelie W. aus Varel, Schleswig-Holstein, im Herbst 1995. Seither "lacht er wieder und wirkt wie neu zum Leben erweckt. Er ist wieder ein vitaler und frühlicher Mensch geworden", auch wenn seine Lähmungen nicht wesentlich zurückgegangen sind. (A 26316; R S. 324.)

Dass sie heilen kann, entdeckte Brigitte B. 1983, als ein damals 61jähriger Mann aus ihrem Wohnort einen Schlaganfall erlitt. Die Hausärztin war unabkömmlich. So "habe ich Gott gebeten, er möge mir doch helfen", erinnert sich Brigitte B. "Kurz darauf habe ich Energie in meinen Händen gespürt." Aus einer plötzlichen Eingebung heraus "habe ich ihm eine Hand vor den Mund und die andere Hand auf den Hinterkopf gehalten. Nach einer halben Stunde konnte er wieder sprechen. Als dann endlich die Hausärztin kam, ging es ihm bereits so gut, dass er am anderen Tag wieder Auto fahren konnte." Nach einer Woche konnte er wieder normal sprechen. (A 55481; die dort präsentierte Heilerin ist mittlerweile unbekannt verzogen.)

Als besonders erstaunlichen Behandlungserfolg wertet der Mannheimer Geistheiler Willi K. den Fall einer 45jährigen Hausfrau aus Bielefeld, die ihn erstmals 1989 aufsuchte, nachdem sie jahrelang an heftigen Magenschmerzen litt. Diese Beschwerden "waren nach einer einzigen Behandlung weg", versichert Keller. 1992 wandte sich die Frau erneut an ihn, diesmal nach zwei Schlaganfällen. Keller bezog sie in Gebete und Fernbehandlungen ein - und "innerhalb von vier Monaten" waren alle Folgesymptome verschwunden - bis heute ohne Rückfälle, sagt Willi K. (A 68163)

Weitere Fallbeispiele s. Kraftlosigkeit (A 30161) und psychosomatische Beschwerden (A 04547) sowie A 34119, 45128, 50939, 60599, 67435, 80796, 84489

Schleimbeutelentzündung s. Entzündung

Schleudertrauma

Bei einem Auffahrunfall hatte eine 28jährige Büroangestellte aus Kassel ein Schleudertrauma erlitten, das seit drei Monaten starke Beschwerden verursachte. Halskrause, Krankengymnastik und entkrampfende Injektionen brachten keine Besserung. Nach einmaligem Chakraheilen trat zunächst über Nacht eine Verschlimmerung ein - dann klangen die Symptome anhaltend ab. (A 37242.)

Schleimhautentzündung s. auch Entzündung

Seit Anfang der siebziger Jahre machte der 55jährigen Nürnbergerin Inge S. eine chronische Schleimhautentzündung (erosiver *Lichen ruber mucosae*) zu schaffen, vor allem im Mund- und Genitalbereich. Aber auch die Ohren waren befallen - mit der Folge einer ausgeprägten Stenose (Verengung) des Gehörgangs -, ferner der Nabel, die Nasenschleimhäute und, in Abständen, immer wieder die Darmschleimhaut. Seit Juni 1994 traten Rötung und Druckschmerz der Augen auf, die "meine Verzweiflung deutlich erhohen", wie die Patientin kurz vor Beginn eines achtwöchigen Heiler-Tests erklärte. Führende deutsche Schleimhautspezialisten der Universitätskliniken Erlangen, München, Regensburg und Nürnberg behandelten Frau S. "mit den stärksten und jeweils neuesten Medikamenten - jedoch ohne jeden Stillstand der Erkrankung, geschweige denn einer Besserung oder Heilung".Nach acht Wochen Handauflegen durch den Frankfurter Geistheiler D.: Wie ein Attest der Hautärztin bestätigt, treten die offenen Stellen im Mundbereich seltener auf. Die Patientin kann wieder häufiger ohne Schmerzen essen, ohne Schmerzen auf die Toilette gehen. "Während der Behandlungszeit", so notierte Frau S. am 23.10.1994 in ihr Tagebuch, "trat zwar immer wieder eine offene Stelle der Schleimhaut auf, aber in der ganzen Zeit nicht einmal so aggressiv und anhaltend wie vorher". Insgesamt hat sich ihr

Gesundheitszustand im Verlauf des Tests etwas stabilisiert. "Die Patientin hat wieder Hoffnung, ihrer Krankheit wirksam entgegentreten zu können", bemerkt der ärztliche Versuchsleiter. (PSI-INFOS, "Handauflegen im Test 1"; A 65929)

Schmerzen, akute

An den 11. Juni 1996, einen Dienstag, kann sich Rosa Lutz (ein Pseudonym) aus Murnau in Oberbayern noch gut erinnern: "Es war so um 19.45 Uhr, als meine Mutter ganz aufgelöst nach Hause kam und mit den Tränen kämpfte: Unsere Tante, ihre Schwester, habe ganz schlimme Schmerzen, schon seit Stunden, im ganzen Bauchbereich und das linke Bein hinunter. Sie könne nicht liegen, nicht stehen, nicht sitzen." Um 18 Uhr habe ihr der Hausarzt eine Spritze gegeben, die "nach zehn Minuten, spätestens nach einer halben Stunde" hätte wirken sollen - aber es war nicht die geringste Besserung eingetreten. Gegen 19.45 Uhr erbat Rosa Lutz "aus ganzem Herzen" den "Heilstrom" für ihre Tante, die von dieser versuchten Fernbehandlung nichts wusste. Als sie einige Tage später die Gepeinigte traf, war sie offenkundig völlig schmerzfrei. Wie das denn gekommen sei, erkundigte sich Rosa Lutz. Und die Tante berichtete: "Die Schmerzen waren auf einmal weg, als ob nichts gewesen wäre." Wann genau geschah das? "Das muss so um Viertel vor Acht gewesen sein", antwortete die Tante. Denn als der Arzt um 20 Uhr nochmals nach ihr sah, war sie schon beschwerdefrei. "Er konnte sich das überhaupt nicht erklären." (FH1)

Schmerzen, chronische

s. auch Entzündung, Ischialgie, Kopfschmerzen, Morbus Sudeck, Wirbelsäulenschaden sowie Krebs (Folgeschäden konventioneller Therapien)

Eine Freundin der Heilerin B. aus Rosenheim, eine 60jährige Münchner Krankenschwester, bat sie im Dezember 1999 um Hilfe: In der Kapsel eines kleinen Zehs sowie im Knie hatte sie seit über einem Monat heftige Schmerzen unklarer Herkunft. Außerdem plagte sie eine Neuralgie (Nervenschmerzen) in einer Schulter. Schon nach dem allerersten Handauflegen verschwanden die Schulterschmerzen sofort; nach der dritten Sitzung waren auch alle übrigen Beschwerden wie weggeblasen, so berichtet die Heilerin. Auf ärztliche Behandlung hatte die Freundin von Anfang an verzichtet. (A 83022)

- im Arm

Seit anderthalb Jahren litt ein Handwerker unter heftigen Schmerzen im rechten Arm. Nachdem Medikamente ud Spritzkuren nicht halfen, verordnete ein Arzt, den Arm mehrere Wochen ruhigzustellen - doch auch diese Maßnahme schlug nicht an. Daraufhin riet er, "den Arm total gefühllos zu machen, um die Schmerzen auszuschalten" - doch dies hätte für den Mann das Ende seiner beruflichen Tätigkeit bedeutet, womit er sich keinesfalls abfinden wollte. Und so wandte er sich im Januar 2003 an die Geistheilerin Hiltrud F., die ihn "vorwiegend durch Handauflegen und Handreflexzonen-Massage behandelte", jeweils eine Stunde lang. Bereits "nach der zweiten Sitzung war der Mann anderthalb Tage lang schmerzfrei. Mit jeder weiteren Behandlung besserten sich seine

Beschwerden weiter. Nach der sechsten Sitzung waren die Schmerzen völlig verschwunden, und der Mann konnte wieder unbeschwert seiner Arbeit nachgehen." (A 04347)

Weitere Fallbeispiele s. A 50939, 97702

- im Bauch

Im August 1995 schrieb dem Oberhausener Heiler Bernd S. eine dankbare Patientin, eine Klinikberaterin aus Schwarzerden: "Ich hatte ständige Beschwerden im Bereich der Bauchspeicheldrüse, die sich insbesondere bei starker nervlicher Belastung mit kolikartigen Schmerzen und Krämpfen äußerten. Durch Ihre telefonische Fernbehandlung habe ich regelmäßig, nach einem deutlichen Wärmegefühl in der Schmerzgegend, sofort Linderung bemerkt. Die ärztliche Diagnose sah eine Einweisung ins Krankenhaus vor, vermutet wurde ein Geschwür, das einen operativen Eingriff erforderlich gemacht hätte. Die neuesten Befunde nach Ultraschall zeigen keinerlei Indikationen mehr, ich bin auf dem Weg der Besserung. Insbesondere haben die kolikartigen Beschwerden fast komplett nachgelassen. Mein Halswirbelsäulensyndrom, das ich nach einem Autounfall jahrelang mit zeitweise starken Kopfschmerzen hatte, ist weg! Hier ließ der Schmerz nach Ihrer Behandlung sofort nach. Da Sie eine materielle Anerkennung kategorisch ablehnen, ist es mir ein besonderes Anliegen, Ihnen auf diesem Weg meinen herzlichen Dank auszusprechen!" (A 46145.)

Weitere Fallbeispiele s. A 50678, 93466

- im Fuß

Ein 71jähriger Psychiater aus Basel hatte sich im Dezember 1992 eine komplizierte Fußfraktur zugezogen. Seither litt er an heftigen Schmerzen; weder Bandagen noch Medikamente machten sie erträglich. Am 6. Februar 1993 suchte er die Basler Heilerin D. auf: "Ich hielt seinen Fuß mit beiden Händen und schickte geistige Heilkraft hinein", berichtet sie. Nach 24 Stunden war der Fuß schmerzfrei; wenige Tage später belegte eine Röntgenaufnahme, dass der Bruch verheilt war. Nun vertraute sich der Arzt der Heilerin auch wegen seiner arthritisch entzündeten Hand an, die ihn seit acht Monaten heftig schmerzte. Vom 20. Februar 1993 an ließ er sich einmal wöchentlich, zweieinhalb Monate lang, die Hände auflegen. Die Schmerzen verschwanden, die Entzündung klang ab, die Deformation bildete sich zurück. Der behandelnde Arzt fand diese Veränderung "unerklärlich". (GHNZ S. 153-154.)

- in den Beinen

Seit über fünfzehn Jahren quälten eine 69jährige Hausfrau Schmerzen in den Beinen, gegen die Bäder, Massagen und Medikamente nichts ausrichteten. 1995 ließ sie sich regelmäßig von dem Geistheiler Peter D. aus Eutin/Schleswig-Holstein behandeln. "Von Mal zu Mal wurden die Schmerzen geringer. Schließlich benötigte die Patientin keine Medikamente mehr", versichert Peter D. (A 23701)

- im Gesicht

Am 18. Februar 2004 wurde der Geistheiler Dieter N. aus Wetzlar von einer

Mutter mit ihrer 13jährigen Tochter aufgesucht, die dreizehn Tage zuvor einen folgenschweren Sportunfall erlitten hatte: Seit sie damals von einem hart geschossenen Ball an der rechten Wange getroffen worden war, litt sie unter heftigen Schmerzen. Der aufgesuchte Hausarzt verordnete Schmerzmittel und überwies das Mädchen zur näheren Abklärung ins Kreiskrankenhaus, wo Unregelmäßigkeiten im EEG festgestellt, aber keine Therapie angeboten wurde. Dreißig Minuten lang legte Neumann der Schülerin die Hand auf die schmerzende Stelle, was die Behandelte als "wie mit einem Draht hin- und herziehend, stromführend, aber angenehm" erlebte. Umgehend ließen die Schmerzen nach, danach traten sie "unvergleichlich schwächer" auf, so berichtet der Heiler. "Seit dieser Behandlung hat das Mädchen keine Schmerzmittel mehr eingenommen, wie sonst täglich seit dem Vorfall." (A 35576)

- in den Hüften

Ende 1995 wandte sich an den Schwenninger Geistheiler F. ein 81jähriger Rentner aus Bad Dürrheim, der wegen Dauerschmerzen in der Hüftgegend seit Monaten gehbehindert war. Ärztlicherseits war er mit Injektionen, Massagen und Salben behandelt worden – ohne Erfolg. Daraufhin ließ er sich achtmal von Faller die Hand auflegen. "Nach der dritten Sitzung", so versichert der Heiler, "waren die Schmerzen verschwunden. Der Erfolg hielt bis heute an, ohne Rückfall. Er war nie mehr in ärztlicher Behandlung." (A 78056)

Weitere Fallbeispiele s. A 25767, 51069, 63755, 91054

- Ischias- 71093 s. auch Ischiasbeschwerden

- im Kiefer 79189

- im Knie 85591

- im Kreuz 28203, 68199, 95448

- in den Leisten 68199

- im Magen

Fallbeispiel s. Schlaganfall (A 68163) und psychosomatische Beschwerden (A 04547) sowie A 63110

- im Nacken 63110

- an Narben 13593

- im Rücken s. Rückenschmerzen

- in den Schultern 40235, 55566, 63110, 72202, 81735

- Phantom- 77978

- postoperative 60439

Nach zwei Operationen an der Wirbelsäule konnte eine 68jährige Berlinerin seit 1990 nur noch am Stock gehen. Sie litt unter höllischen Schmerzen. Hinzu kamen hohe Blutfettwerte: "Mein Cholesterin war um das Fünffache erhöht", sagt sie. "Ich hatte deshalb schon vier Herzanfälle. Die Ärzte gaben mir eimerweise Medikamente. Zum Schluss musste ich dreizehn verschiedene Pillen einnehmen. Und trotzdem blieb ich ein kranker Mensch, der sich wie ein Krüppel fühlte." Da stieß sie auf Dr. Krassen J., einen promovierten Humanmediziner aus Bulgarien, der sich nicht scheut, seinen Patienten die Hände aufzulegen. Schon nach der zweiten Behandlung durch Jordanow "stellte ich meinen Stock in die Ecke. Ich konnte endlich wieder unbehindert laufen. Das war aber nicht der einzige Erfolg. Die Blutfettwerte gingen auf Normalniveau zurück. Das ist durch Untersuchungen in meinem Patientenheft vermerkt. Ich bin wahnsinnig glücklich." (A; R S. 321-322.)

Wegen starker Hüftschmerzen, die seit sieben Monaten andauerten, sollte eine 78jährige Rentnerin aus Bad Dürrheim 1992 operiert werden. Kurz vor dem OP-Termin ließ sie sich drei Tage hintereinander jeweils eine Stunde lang von dem Heiler Wolfgang F. aus Villingen die Hände auflegen. Bei der ersten Behandlung nahmen die Schmerzen merkwürdigerweise fast unerträglich zu - doch nach der zweiten ließen sie nach. Beim dritten Termin schlief der Klient ein; danach war er vollkommen beschwerdefrei und blieb es bis heute. (A; R S. 322.)

Für Schlagzeilen in der Heilbronner Lokalpresse sorgte die Heilerin Marie J. Mitte 1992, als der 64jährige Leiter einer "Schule für orientalische Tänze" sich öffentlich zu seiner Geistheilung durch sie bekannte. Bis dahin hatte der Mann aufgrund eines Bandscheibenleidens jahrelang an heftigen Schmerzen gelitten; er konnte sich deswegen kaum noch aufrecht halten. Als die Heilerin zufällig seine Schule besuchte, will sie intuitiv gespürt haben, was ihm fehlte. In seinem Büro ließ sie den Mann auf einem Stuhl Platz nehmen. "Sie wies mich an, die Augen zu schließen, mich zu entspannen und an nichts zu denken. Dann stellte sie sich hinter mich und hielt ihre Hände etwa in fünf Zentimetern Abstand über die schmerzende Stelle." Dabei wurde dem Behandelten "plötzlich sehr warm, und die betreffende Stelle begann zu ‚arbeiten'. Es war, als wenn sie elektrisiert worden wäre. Vielleicht haben Sie schon einmal versehentlich einen Weidezaun angefaßt, der unter Strom stand. Wenn man einen Schlag bekommt, surrt es ganz merkwürdig im Körper und kribbelt ..." Als er aufstand, war der Schmerz fort. Bis heute hat der Mann keine Beschwerden mehr. (A; R S. 322.)

Seit einer Operation 1988 litt eine 82jährige Rentnerin aus Weil am Rhein an heftigen Schmerzen im Oberkiefer. Ihr Hausarzt, ein Zahnarzt, ein Kieferorthopäde und weitere Ärzte konnten nichts für sie tun. 1992 fand die Frau zu der Heilerin Helga M. aus Bad Krozingen, die eine "Handabstrahlung auf den Oberkiefer" vornahm. Schlagartig verschwanden daraufhin die Schmerzen, kehrten aber acht Tage später wieder. Immer wenn sich die Frau seither geistig behandeln lässt, verflüchtigen sich die Beschwerden erneut für ein bis zwei Wochen. (A; R S. 323-324.)

Heftige Kreuzschmerzen im Bereich der Lendenwirbelsäule, mit Taubheit im ganzen linken Bein, quälten einen 33jährigen Schlosser aus Ubstadt seit einem halben Jahr. Erfolglos wurde er in einer Spezialklinik untersucht und behandelt. 1993 versuchte es die Heilerin Monika C. aus Mannheim mit einer "Wirbelsäulenregulierung über den Ätherkörper und einer Behandlung der gesamten Aura, mit anschließendem Handauflegen auf das taube Bein". Sie versichert: "Nach etwa acht Minuten war die Taubheit verschwunden, die Schmerzen im Rücken ebenfalls. Bis heute hält diese Heilung an, ohne Rückfälle. Die Ärzte können sie sich nicht erklären." (A 68199)

Eine 19jährige Studentin aus Mannheim litt seit drei Wochen an starken Schmerzen in beiden Leisten, die ihr das Gehen unmöglich machten. Da der behandelnde Arzt die Ursachen der Beschwerden zunächst nicht finden konnte, untersuchte er das Blut auf Rheumawerte - ein Verdacht, der sich später bestätigte. Einen Tag nach der Blutentnahme suchte die Studentin die Heilerin Monika C. auf. Es fand eine einzige Heilsitzung mit zwei jeweils halbstündigen Behandlungen statt: "mit einer ganzheitlichen Wirbelsäulenregulierung, welche die Voraussetzung dafür schafft, daß die Wirbelkörper in ihrem Bett liegen und nicht auf umliegende Nerven drücken, was den Betroffenen sowohl körperlich als auch seelisch aus dem Gleichgewicht bringen kann." Der Effekt stellte sich geradezu augenblicklich ein: "Unmittelbar danach", berichtet die Heilerin, "waren die Schmerzen in den Leisten verschwunden. Zum Erstaunen ihrer anwesenden Angehörigen konnte die Studentin alleine, ohne Hilfe, zum Auto gehen und nach Hause fahren." Als sie ihrem Arzt mitteilte, dass sie keinerlei Medikamente mehr benötigte, schüttelte der ungläubig den Kopf. Alle Symptome waren verschwunden. (A 68199)

Patientin: Roswitha P. (38), Zahnarzthelferin, 95028 Hof, Teilnehmerin am "Fernheil-Test" 1998

Diagnose: Sequestrotomie und Diskotomie L4/5 und L5/S1, nach Bandscheibenvorfall; Skoliosen; Bluthochdruck (schwere essentielle arterielle Hypertonie)

Beschwerden: Rückenschmerzen, phasenweise unerträglich bei jeder Bewegung; zunehmende Bewegungseinschränkungen.

Dauer: seit 1995.

Persönliche Testbilanz: Zeitweilig gingen die Beschwerden erheblich, beinahe schlagartig zurück. Schon "nach dem zweiten Termin war ich für einige Stunden schmerzfrei; in der Nacht kam es dann zu einem fürchterlichen Rückfall, ähnlich einer hoöopathischen Erstverschlimmerung". Zahlreiche Symptome sind abgeklungen: Der überhöhte Blutdruck sank wieder auf Normalwerte, so dass sämtliche blutdrucksenkenden Mittel abgesetzt werden konnten; ein Kropf am Hals (vergrößerte Schilddrüse, Struma Grad II) bildete sich zurück, ein prämenstruelles Syndrom und Rückenbeschwerden klangen ab, Gesichtsfalten glätteten sich. Am linken Arm und Bein klang eine Zyanose ab: eine blau-rote Färbung der Haut, hervorgerufen durch verringerten Sauerstoffgehalt im Blut. Es verschwanden weiße Flecken auf den Unterarmen und Händen. Der labile Kreislauf der Arztfrau hat sich stabilisiert - so die Wochenprotokolle bis Mitte Juni 1998. Seit Testbeginn musste keinerlei Schmerzbehandlung mit Injektionen und Tabletten mehr erfolgen. Ein Insulinschock am 21. Juni, der Roswitha P. zu einem einwöchigen Klinikaufenthalt zwang, führte zu einem zeitweiligen Rückschlag - doch seither ging es wieder bergauf. "Mein ganzes Leben hat sich zum Positiven verändert. Das Geistheilen vermittelt mir eine Tiefenentspannung, die ich noch nie erlebt habe. Auch meine Umwelt registriert meine Wandlung."Ihr Heiler ist für sie während der fünf Testmonate zu "einem Vater" geworden, "der mir Wärme gibt; einem Bruder, der einem beim Lernen hilft; einem Freund, der es gut mit einem meint".

Medizinische Beurteilung: "Die Patientin war sehr geplagt durch die Rückenschmerzen, die manchmal kaum auszuhalten waren. Am Ende der Versuchsphase sind die Beschwerden ganz deutlich zurückgegangen. Die Patientin bewegt sich normal und lebhaft. Sie macht einen glücklichen Eindruck. Medikamente nimmt sie schon lange keine mehr. Als sinnvolle ,Therapie' übt sich Frau P. im Krafttraining. Sonstige Physiotherapie, die in solchen Fällen ohnehin zweifelhaft ist, braucht sie keine mehr." (Dr. med. Pierre Bovet). (HoG S. 103.)

Patient: Werner S. (51), Vermögensberater, 71544 Weissach, Teilnehmer am "Fernheil-Test" 1998

Diagnose: Beschwerden der rechten Wade unklarer Herkunft. (Der Patient muss deswegen ständig einen Kompressionsstrumpf tragen, weil die Wade sonst stark anschwillt und schmerzt.) Schmerzen in der linken Schulter (bei Bewegung, Belastung). Paroxysmale (in Anfällen auftretende) heftige Schmerzen im Anusbereich, mit unklarer Genese; Coxarthrose infolge einer angeborenen Hüftgelenksdysplasie.

Beschwerden: starke Schwellungen und Schmerzen der rechten Wade (s.o. Diagnose). Belastungsschmerzen in der rechten Schulter (s.o. Diagnose). Die etwa monatlich auftretenden Schmerzanfälle im Anusbereich sind manchmal so heftig, daß der Patient ohnmächtig wird. Die Coxarthrose führt zu einem dumpfen Schmerz und Steifigkeit im Bereich der Lendenwirbelsäule, vor allem bei langem Bücken, Tragen und Sport (Wandern, Tennis).

Dauer: seit 3 bis 8 Jahren, Coxarthrose seit Geburt.

Persönliche Testbilanz: In der ersten Testwoche hatte der Vermögensberater ein unbestimmtes "Gefühl, dass sich an meinem Bein etwas änderte"; in der zweiten Woche "konnte ich zeitweise schon ohne Kompressionsstrumpf gehen", in der dritten bereits "drei Tage lang"; ab der vierten Woche zog er "den Strumpf nur noch bei langen Autofahrten an". Selbst bei Sommerhitze nahmen Umfang, Spannung und Schmerz nicht, wie in all den Jahren zuvor, deutlich zu. Seit Mitte Juli "fühlt sich das Bein normal an", seither treten "nur noch geringe Schmerzen auf, und das bloß noch zeitweise". Bei Testbeginn befand sich an der Innenseite des Beins, unterhalb der Wade, ein dunkelbrauner Fleck von fünf Zentimetern Durchmesser. Bis zur sechsten Woche hatte er sich deutlich aufgehellt und auf drei Zentimeter Durchmesser verkleinert - und war bis zur achten Woche verblasst. Die Fernbehandlungen glaubt der Vermögensberater in nahezu jeder Woche intensiv zu spüren: Machmal "bekam ich eine warme Dusche durch den ganzen Körper", sagt er. "Trotz Stress fühle ich mich recht wohl." Medizinische Beurteilung: "Bereits nach der ersten Testwoche benötigte Herr S. keinerlei Kompressionsstrümpfe mehr. Alles in allem ging es mit der Symptomatik zunächst noch ein wenig auf und ab, aber bis September 1998 trat dann insgesamt eine wesentliche Verbesserung hinsichtlich der Schmerzen und der

Schwellung der rechten Wade ein. Auch die deutliche Verfärbung und Schwellung des rechten Fußes ist erheblich abgeklungen. Die unspezifischen Schmerzen in der linken Schulter sind etwas besser geworden. Die paroxysmalen Analschmerzen und die Coxarthrose sind im Vergleich zum Mai 1998 unverändert." (Hp Dirk-Rüdiger Noschinski) (HoG S. 104.)

Seit zehn Jahren litt eine 43jährige Einzelhandelskauffrau aus Düsseldorf, aufgrund einer Fehlstellung der Halswirbelsäule, an Schmerzen im Rücken- und Schulterbereich; zudem machten ihr schwere Depressionen zu schaffen. Spritzen und Elektromassagen brachten ihr nie eine dauerhafte Besserung. Ab April 1994 versuchte die Heilerin Monika F. der Frau ein Jahr lang durch ein- bis zwei Stunden Geistheilung pro Woche zu helfen, in Verbindung mit einer Gesprächstherapie. Diese Hilfe, so erklärt die Heilerin, "verschaffte der Klientin einen Zugang zu sich selbst. Die Trauer wurde gelöst, die Depressionen besserten sich zusehends und verschwanden schließlich ganz. Bereits in den ersten zwei Monaten hörten die Schmerzen auf, ohne seither wiederzukehren. "Geistiges Heilen war mir neu", sagt die Patientin selbst. "Ich empfand es als sehr angenehm. Nach der ersten Sitzung sagte ich: 'So zu sterben, muss schön sein.' Und das, obwohl ich doch so eine Angst vor all diesen Themen hatte. Zum ersten Mal wurde ich damit konfrontiert und hatte keine Angst mehr. Außerdem wurde sofort so viel in mir freigesetzt, meine Tränen rannen unaufhaltsam. Ich bin sonst ein Mensch, der sich 'zusammenreißt' und keine Gefühle so schnell zeigt. Aber hier war das ganz anders. Frau F. erklärte mir genau, was Chakren sind und dass die Bilder und Farben, die ich während der Behandlung vor meinem geistigen Auge sah, direkt etwas mit meinem Heilungsprozess zu tun haben. Ich begann mich fortan damit zu beschäftigen. Es war eine völlig neue Welt für mich. Die Zusammenarbeit ging über einen langen Zeitraum, und ich sage bewusst 'Zusammenarbeit', denn ich wurde an diesem Prozess intensiv mitbeteiligt." (A 40235.)

Seit einer Operation 1988 litt eine 82jährige Rentnerin aus Weil am Rhein an heftigen Schmerzen im Oberkiefer. Ihr Hausarzt, ein Zahnarzt, ein Kieferorthopäde und weitere Ärzte konnten ihr nicht helfen. 1992 fand die Frau zu der Heilerin Helga M., die eine "Handabstrahlung" auf den Oberkiefer vornahm. Daraufhin waren die Schmerzen schlagartig verschwunden, kehrten aber acht Tage später wieder. Immer wenn sich die Frau seither geistig behandeln lässt, verflüchtigen sich die Schmerzen erneut für acht bis vierzehn Tage. (A 79189)

Ende 1995 wandte sich an einen Villinger Heiler ein 81jähriger Rentner aus Bad Dürrheim, der wegen Dauerschmerzen in der Hüftgegend seit Monaten gehbehindert war. Ärztlicherseits war er mit Injektionen, Massagen und Salben behandelt worden – ohne Erfolg. Daraufhin ließ er sich achtmal von F. die Hand auflegen. "Nach der dritten Sitzung", so versichert der Heiler, "waren die Schmerzen verschwunden. Der Erfolg hielt bis heute an, ohne Rückfall. Er war nie mehr in ärztlicher Behandlung." (A 78056)

Nach einem Skiunfall litt ein 35jähriger Hamburger seit anderthalb Jahren an heftigen Schmetzen in der Hüfte. Ärztlicherseits wurde er wöchentlich behandelt - ergebnislos. Daraufhin suchte er im Jahre 1992 Hilfe bei der Geistheilerin Astrid K. Es fanden zwei Sitzungen statt, bei der Frau K. traditionelles Handauflegen, Gebetsheilen, Besprechen und Fernbehandlungen mit eingehenden Gesprächen verband. Von Anfang an, so berichtet sie, seien "die Schmerzen weniger geworden, und nach der zweiten Sitzung war alles wieder normal." (A 23568)

Im August 1995 schrieb dem Geistheiler Bernd S. aus Oberhausen eine dankbare Patientin, eine Klinikberaterin aus Schwarzerden: "Ich hatte ständige Beschwerden im Bereich der Bauchspeicheldrüse, die sich insbesondere bei starker nervlicher Belastung mit kolikartigen Schmerzen und Krämpfen äußerten. Durch Ihre telefonische Fernbehandlung habe ich regelmäßig, nach einem deutlichen Wärmegefühl in der Schmerzgegend, sofort Linderung bemerkt. Die ärztliche Diagnose sah eine Einweisung ins Krankenhaus vor, vermutet wurde ein Geschwür, das einen operativen Eingriff erforderlich gemacht hätte. Die neuesten Befunde nach Ultraschall zeigen keinerlei Indikationen mehr, ich bin auf dem Weg der Besserung. Insbesondere haben die kolikartigen Beschwerden fast komplett nachgelassen. Mein Halswirbelsäulensyndrom, das ich nach einem Autounfall jahrelang mit zeitweise starken Kopfschmerzen hatte, ist weg! Hier ließ der Schmerz nach Ihrer Behandlung sofort nach. Da Sie eine materielle Anerkennung kategorisch ablehnen, ist es mir ein besonderes Anliegen, Ihnen auf diesem Weg meinen herzlichen Dank auszusprechen!" (A 46145)

Patientin: Lucia W. (32), Verkäuferin, CH-6020 Emmenbrücke, Teilnehmerin am "Fernheil-Test" 1998

Diagnose: chronische Kopfschmerzen, Schmerzen im Kieferbereich

Beschwerden: "Richtiges Kauen auf einer Seite des Gebisses ist mir nicht mehr möglich, da es im Kiefer und ausstrahlend in die betreffende Kopfseite zu schmerzen beginnt. Dann habe ich auch Schwierigkeiten beim Sprechen."

Dauer: seit einer Zahnsanierung im November 1995.

Persönliche Testbilanz: Von der ersten Testwoche an ließen die ausstrahlenden Kopfschmerzen deutlich nach; seit Ende des ersten Monats sind sie vollständig verschwunden, bis auf einen schwächeren Rückfall Ende Juni/Anfang Juli. "Auch im Kiefer treten keine wesentlichen Schmerzen mehr auf." In der dritten Testwoche "ist ein braunes Muttermal im Gesicht plötzlich fast verschwunden. Es wurde sehr hell. Vor ein paar Wochen war es noch ganz dunkelbraun!"

Medizinische Beurteilung: "Die Patientin litt seit Jahren an Kopfschmerzen, besonders auch im Zahn-Kieferbereich. Bei Testende berichtet sie, das Kauen falle ihr nun viel leichter. Insgesamt bewertet sie die Veränderungen als gut bis sehr gut. - Allerdings klagt sie über neue Beschwerden: eine starke Verstopfung, die sich nicht gebessert habe." (Dr. med. Ulrich Hasler) (HoG S. 115.)

Die Heilerin Ingrid B. aus Rosenheim wurde von einer Freundin, einer 60jährigen Krankenschwester aus München, im Dezember 1999 um Hilfe gebeten: In der Kapsel eines kleinen Zehs sowie im Knie hatte diese seit über einem Monat heftige Schmerzen unklarer Herkunft. Außerdem plagte sie eine Neuralgie (Nervenschmerzen) in einer Schulter. Schon nach dem allerersten Handauflegen verschwanden die Schulterschmerzen sofort; nach der dritten Sitzung waren auch alle übrigen Beschwerden wie weggeblasen, so berichtet die Heilerin. Auf ärztliche Behandlung hatte die Freundin von Anfang an verzichtet. (A 83022)

Bei einem Autounfall 1992 hatte sich eine 42jährige Verwandte der Heilerin Melitta A. starke Prellungen am linken Knie zugezogen. Sie hatte so starke Schmerzen, dass sie nicht mehr laufen konnte. Eine Stunde lang legte ihr Frau A. die Hände auf die betroffene Stelle - danach waren die Schmerzen wie weggeblasen. (A 10997.)

Wegen starker Hüftbeschwerden, die sie seit sieben Monaten plagten, sollte eine 78jährige Rentnerin aus Bad Dürrheim 1992 operiert werden. Kurz vor dem OP-Termin ließ sie sich drei Tage hintereinander jeweils eine Stunde lang von Wolfgang F. die Hände auflegen. Bei der ersten Behandlung nahmen die Schmerzen fast unerträglich zu - doch nach der zweiten ließen sie nach. Beim dritten Termin schlief der Klient ein; danach war er vollkommen schmerzfrei und blieb es bis heute. Ein Arzt bezeichnete diesen Erfolg als "Wunder". (A 78056)

In der orthopädischen Praxis, in der sie mitarbeitet, begegnete die Heilerin Regina L. 1995 einer Serviererin Mitte vierzig aus Bad Homburg, die nach zwei Bandscheibenoperationen seit einem halben Jahr an heftigen Schmerzen litt. Spritzen, Schmerzzäpfchen und andere schulmedizinische Maßnahmen hatten ihr immer nur kurzfristig Linderung verschafft. Ein einziges Mal suchte sie die Patientin in deren Wohnung auf, sprach lange mit ihr und versuchte ihr anderthalb Stunden lang mit Huna-Heilen, Handauflegen, Reiki, Gebeten und "Lichteinlassen in den Körper" zu helfen. Dabei spürte die Patientin "ein starkes Kribbeln und einen Energiestrom, der von mir zu ihr floß." Seit jenem Tag "ist die Patientin ein ganz anderer Mensch geworden. Morgens kann sie wieder ohne Schmerzen aufstehen. Nur wenn sie sich übernimmt, kommen leichte Schmerzen zurück." (A 60439)

Der Orthopäde und Geistheiler Dr. med. Wolfgang B. berichtet: "Donnerstag, 17.30 Uhr. In meinem Sprechzimmer sitzt vor mir eine Unternehmensberaterin - nicht als Patientin, sondern wir wollen ein gemeinsames Projekt besprechen. Sie ist circa 45 Jahre alt, attraktiv, Erfolgstyp, erfasst schnell das Wesentliche.- Unser Gespräch dauert etwa eine halbe Stunde, als sie plötzlich den Kopf in den Nacken legt. Sie dreht ihn nach rechts und links. Ob sie etwa Nackenschmerzen habe, frage ich. "Ja", sagt sie, "wenn ich mich konzentriere, geht´s nach etwa 30 Minuten los. Seit meinem Unfall damals vor zehn Jahren. Und jede Nacht wecken mich meine Kopfschmerzen."

Ich war seit 25 Jahren Schulmediziner, seit 20 Jahren Arzt für Orthopädie, Chirotherapie und physikalische Medizin, und hatte gerade mein zweites Wochenende einer Ausbildung zum Heiler hinter mir. Wie konnte ich dieser Frau auf die Schnelle helfen? In einer weiteren halben Stunde würde ein Taxi sie zum Flughafen bringen, zur Maschine zurück nach Berlin.

Ich stand auf, trat hinter sie und legte meine Hände auf ihre Schultern. "Entspannen Sie sich. Schließen Sie die Augen. Lassen Sie einfach die Gedanken los." Sollte es stimmen, dass ich heilende kosmische Energie mit meiner Konzentration und meinen Händen steuern und auf meine Patienten übertragen konnte? Ich spürte ein starkes Wärmegefühl in meinen Händen. Nach zwanzig Minuten atmete die Patientin tief durch, bewegte ihre Schultern, ihren Nacken, den Kopf. "Es ist wie weggeblasen", sagte sie leise. "machen Sie Erste Hilfe immer so, Doktor?"

Es klingelte, das Taxi war da. "Sie hören von mir", sagte sie, "und fürs erste vielen Dank!". Am nächsten Vormittag rief sie mich an: "Die erste Nacht seit zehn Jahren, in der ich durchgeschlafen habe. Wunderbar. Ich möchte bald wiederkommen." (GHÄP S. 47-48)

Der Arzt und Heiler Dr. med. Wolf S. berichtet über folgenden Fall: "35jährige Patientin, seit 10 Jahren Dauerschmerzen nach Verkehrsunfall mit Osteosynthese am Fuß, Nervenläsionen und Schmerzmittelabusus ohne echte Linderung oder Besserung der Symptomatik. Geschwollener Unterschenkel und Fuß, eingeschränkte/aufgehobene Nervenleitfähigkeit, Taubheitsgefühl im Fuß. Patientin geht nur an Unterarmgehstützen.

Procedere: Absetzen aller Schmerzmittel. Schröpfen im betroffenen Gebiet, bioenergetische Meditation, Verordnung eines speziellen Trainingsschuhs (MBT).

Anwendung der Verfahren im Wechsel, zum Teil zweimal wöchentlich bioenergetische Meditation", eine von dem Heiler Viktor Philippi entwickelte geistige Heilweise.

"Ergebnis: Kein Bedarf von Schmerzmitteln seit Therapiebeginn.

Nach zwei Monaten kann bereits auf die Unterarmgehstützen verzichtet werden.

Nach 6 Monaten ist die Patientin beschwerdefrei, Unterschenkel und Fuß sind schlank und gut durchblutet, sie läuft problemlos, kann mit Leichtigkeit "Roll-Traben" (gemäß MBT- Training) durchführen." (GHÄP 2. Aufl. S. 159-160)

Weiteres Fallbeispiel s. Schwindel (GHÄP S. 61) sowie A 10997, 12621, 23743, 32108, 34119, 46145, 54597, 55457, 60528, 63110, 66871, 67269, 73033, 74638, 78056, 83022, 87437

Schnupfen, chronischer

Helfen konnte die Lindauer Geistheilerin Hildegard S. anscheinend einem 35jährigen Obstbauern aus Wasserburg, den seit zehn Jahren ein chronischer Schnupfen plagte. Der Erfolg ärztlicher Maßnahmen war, nach Angaben der Heilerin, "gleich Null" gewesen. 1991 legte ihm Hildegard S. ihre Hände auf -

drei Tage später "war sein Kopf wieder klar, der Schnupfen weg". Bis heute sind die Beschwerden nicht wiedergekehrt, sagt sie. (A 88131)

Schrumpfnieren

Von Kindheit an litt eine Freundin der Heilerin Petra P., eine 32jährige Hausfrau aus Bergisch-Gladbach, an Schrumpfnieren. Die Schulmedizin war dagegen machtlos. Ein Vierteljahr lang gab ihr Frau P. einmal wöchentlich Reiki. Schon bald fühlte sich die Patientin "energievoller und stabiler". Der Schrumpfungsprozess ist zum Stillstand gekommen, die Nieren sind sogar wieder ein Stück gewachsen, wie im Krankenhaus festgestellt wurde. (A 51467.)

Auf die Fähigkeiten des Heilers Reinhard F. schwört ein 40jähriger Mann aus Sangerhausen, der wegen Schrumpfnieren kurz vor einer Dialyse stand. Ab August 1994 ließ er sich von dem Heiler sechsmal die Hände auflegen - und die Schrumpfung hörte angeblich auf, die Nieren erholten sich. (A 06571)

Schuldkomplex

Dr. med. Dorothea F. - Ärztin für Allgemeinmedizin, Psychotherapie und Homöopathie und zugleich Geistheilerin - schildert den Fall eines 55jährigen Patienten, der "noch Jahre nach einer sehr langdauernden Körperpsychotherapie an einem Schuldkomplex litt, der sich in seinem Leben als anhaltende und unüberwindbare finanzielle Zwickmühle manifestierte. Die nachgeschobene spirituelle Heilungssitzung bewirkte eine völlig erlösende Erfahrung, als er sich spontan an eine Spielschuld aus einem früheren Leben erinnerte. Das Kartenspiel war ihm als achtjährigen Jungen von einem Bauern aufgezwungen worden." (GHÄP S. 102)

Weiteres Fallbeispiel s. Nierenschmerzen (A 12351)

Schuppenflechte

Ein 33jähriger Masseur aus Düsseldorf litt seit dreißig Jahren an Schuppenflechte. Ärztliche Maßnahmen halfen nicht. 1994 ließ er sich an vierzehn aufeinanderfolgenden Tagen von Werner M. betreuen. "Schon nach vier Tagen", so berichtet der Heiler, "trat eine deutlich sichtbare Besserung ein. Nach zwei Wochen war der Mann geheilt." Dieser Erfolg hielt zwei Jahre an; dann kam es zu einem leichten Rückfall, offenbar bedingt durch eine extreme Stresssituation. (A 40479.)

Seit 1993 entstellte eine Schuppenflechte eine 33jährige Hausfrau aus Aldingen im Landkreis Ludwigsburg. Cortisonhaltige Salben brachten allenfalls kurzzeitig den Juckreiz zum Verschwinden. Anfang 1995 suchte sie zweimal die Geistheilerin Waltraud R. in Stuttgart. "Nach der ersten Sitzung trat eine vorübergehende Verschlimmerung ein", so erinnert sich die Heilerin. "Doch dann kam es zu einer völligen Heilung", die bis heute anhält. (A 70374)

Seit über zehn Jahren litt ein 24jähriger Mann an Schuppenflechte. Cortison richtete dagegen nichts aus. Acht Wochen lang suchte er die Hamburger Heilerin Elisabeth F. auf, die ihn nicht nur geistig behandelte, sondern auch zu einer Ernährungsumstellung riet - seither ist er geheilt, wie Frau F. berichtet. (A 20099)

Eine 25jährige Masseuse litt seit mehreren Jahren an einer chronischen Psoriasis (Schuppenflechte) beider Hände; sie drohte deswegen ihre Arbeit zu verlieren. Drei Jahre lang war sie von Schulmedizinern erfolglos behandelt worden, zuletzt mit Kortison-Salben. 1989 legte ihr der Frankfurter Heiler Martin R. sechsmal je 40 Minuten lang die Hände auf. Bereits innerhalb einer Woche, nach der dritten Sitzungen, war eine deutliche Besserung festzustellen. Nach Abschluss der Behandlung klang die Psoriasis vollständig ab. (A 60599)

Über einen knapp 30jährigen Mann, der als Versuchsperson an meinem "Fernheil-Test" von 1998 teilgenommen hatte (siehe HoG), berichtet einer der begutachtenden Ärzte, der Schweizer Psychiater Dr. Jakob B.: "Er litt an einer Psoriasis, d.h. einer Schuppenflechte an Ellbogen und Knien, und klagte außerdem über therapieresistente, große Müdigkeit und ein abnormales Schlafbedürfnis. Seinen Schilderungen zufolge verspürte er sehr schnell nach Beginn des Fernheil-Tests ein Schwinden der Müdigkeit, und die Schlafzeit von 12 bis 14 Stunden regulierte sich wieder auf eine normale Zeit von etwa acht Stunden ein. Er spürte wieder Energie, sein Haus weiterzubauen, seine depressive Isolation löste sich auf, und er ging wieder unter die Leute. Er wagte sogar, erstmals im Sommer mit einem T-Shirt unter die Leute zu gehen, trotz seiner großen Psoriasis-Flecken an den Ellbogen. Vergeblich wartete er auf das Verschwinden dieser Hautschuppung. Eine Woche vor der Schlussuntersuchung schickte er die letzten ausgefüllten Protokolle ab und zog für sich selber den Schluss, dass er wohl die Hoffnung aufgeben müsse, dass seine Schuppenflechte verschwinden würde. Auch wenn er auf vielen Ebenen Besserung erfahren hatte, war sein Hauptwunsch nicht in Erfüllung gegangen. Erstaunlicherweise verschwanden in den folgenden Tagen die Krusten sowohl an Ellenbogen wie an den Knien, sodass er beim Schlussinterview völlig psoriasisfrei war. Nur die Haut war noch etwas glatt und glänzend. Vermutlich hat die starke Erwartung und das Sich-Versteifen auf die körperliche Heilung gerade diese Heilung blockiert - erst das innere Loslassen hat doch noch zum Erfolg geführt." (GHÄP S. 62, siehe HoG)

Patientin: Joséphine G. (30), Ingenieurin, CH-2000 Neuchatel, Teilnehmerin am "Fernheil-Test" 1998

Diagnose: Psoriasis

Beschwerden: rote, trockene Flecken an Ellbögen, Armen und Beinen.

Dauer: seit 1975

Persönliche Testbilanz: Vor allem der allerersten Testwoche sowie im Sommer hatte sie den Eindruck einer "zunehmenden Besserung".

Medizinische Beurteilung: "Die Patientin verzeichnete vor allem während ihrer Sommerferien, in denen sie viel an der Sonne lag, eine wesentliche Besserung. Sie schreibt diese vorwiegend der Sonneneinwirkung zu. Zur Zeit geht es ihr sehr gut. Im Winter seien die Hautsymptome jeweils stärker. Man müsste weiter verfolgen, wie sich die Psoriasis im Winter entwickelt." (Dr. med. Pierre Bovet) (HoG S. 114.)

Patient: Martin B. (32), Gärtner, CH-4143 Dornach, Teilnehmer am "Fernheil-Test" 1998

Diagnose: Psoriasis; Schulter-Arm-Syndrom beidseits

Beschwerden: Psoriasis-Ekzem an Knien, Waden, Füßen, gelegentlicher Juckreiz; Schmerzen beim morgendlichen Aufstehen sowie beim Heben der Arme.

Dauer: seit 1991 bzw. 1993

Persönliche Testbilanz: Bis Mitte Juli verschlimmerte sich die Krankheit eher noch: Die Psoriasis breitete sich weiter aus. Allerdings spürte Martin B. schon zu jener Zeit "mehr Energie". "Seit langem gab es wieder Wochen, wo ich nicht müde und schlapp war." Von der zweiten Julihälfte 1998 an begann sich die Schuppenflechte langsam zu bessern: Es bildeten sich keine neuen betroffenen Stellen mehr, manche Psoriasisflecken gingen sogar leicht zurück.

Medizinische Beurteilung: Erhebliche Besserung nicht nur der subjektiven Beschwerden (+5), sondern auch der Symptomatik (+5), von Leistungsparametern (+5), des körperlichen Allgemeinbefindens (+5), der psychischen Verfassung (+5) sowie des Krankheitsbilds (+4). (Auf einer bipolaren Skala von -5 = erheblich verschlechtert über 0 = unverändert bis +5 = erheblich gebessert.) (Dr. med. Jakob Bösch) (HoG S. 119.)

Weiteres Fallbeispiel s. Neurodermitis (A 70597)

Schwächezustände

Fallbeispiel s. Schwindel (GHÄP S. 61)

Schwerhörigkeit

Seit einem Hörsturz litt Jürgen B. aus Hamburg, heute 65, an einer ausgeprägten Schwerhörigkeit des linken Ohrs. Im August 1991 ließ er sich in die Lehre Bruno Grönings einführen und lernte, "den göttlichen Heilstrom aufzunehmen". Ein paar Wochen später konnte er wieder normal hören. Tonschwellen-audiogramme mehrerer HNO-Ärzte vor und nach B.s erstem Kontakt zur Hamburger Gröning-Gemeinschaft belegen die rätselhafte Genesung. Noch am 21. Mai 1991 «lag die Hörschwelle links in den tiefen Frequenzen bis 1000 Hz (Hertz) bei 35 dB (Dezibel) Hörverlust und fiel bis 8000 Hz auf 80 bis 90 dB Hörverlust ab». Zehn Monate später, bei einem weiteren Test am 4. März 1992, lautete der ärztliche Befund: «Die Innenohrleistung liegt beidseits bis 3 kHz bei 10 dB, danach Abfall rechts auf 30 dB bei 6 kHz und links auf 40 dB bei 6 kHz» - ein normales altersgemäßes Hörvermögen. (GB S. 76; zum Gröning-Freundeskreis s. auch FH1)

Schwindel

Zu ihren erstaunlichsten Erfolgen rechnet die Geistheilerin Elli B. die Genesung einer 69jährigen Berlinerin, bei der im Februar 1994 Schwindel, Ohrgeräusche (Tinnitus) und Gehstörungen aufgetreten waren. Ärzte und Heilpraktiker konnten ihr nicht helfen. Daraufhin vertraute sich die Patentin im Juli 1994 Frau B. an, die ihr fünfzehnmal die Hände auflegte. Seither sind, nach Angaben der Heilerin, die Beschwerden verschwunden, zu anfänglichen Rückfällen kam es nach wenigen Wochen nicht mehr. (A 13593)

Die Ärztin und mediale Heilerin Dr. Fela-Maria W. erinnert sich an einen Fall aus ihrer Praxis: "Ein 47jähriger Patient stellte sich mit starkem Schwindel vor, nachdem er gerade aus der Klinik entlassen worden war. Dort konnte eine hirnorganische Veränderung ausgeschlossen werden, und es wurde der Verdacht auf ein Schlafapnoe-Syndrom ausgesprochen. Der Schwindel war so stark ausgeprägt, dass der Patient nicht mehr selbständig gehen konnte ; er wurde von seiner Ehefrau in mein Sprechzimmer geführt. In einem Schlaflabor sollte die Verdachtsdiagnose objektiviert werden. Trotz massiver Bemühungen der Klinik ließ sich in den nächsten fünf Wochen kein Termin für ein Schlaflabor erreichen, und so wurde der Patient in seinem schlechten Allgemeinzustand nach Hause entlassen. - Nach fünf (geistigen) Behandlungen war der Patient beschwerdefrei." (GHÄP 2. Aufl. S. 174)

Der Schweizer Psychiater Dr. Jakob B. berichtet: "Ein Internist Mitte vierzig hatte zunehmend häufig Zustände von leichter Abwesenheit und Schwindel, verbunden mit einer etwas diffusen Halbseiten-Symptomatik rechts mit Schmerzen, Schwächezuständen und Muskelverkrampfungen. Neurologisch wurde eine fokale Epilepsie diagnostiziert und zuerst ursächlich eine Thrombose vermutet. Als die Symptomatik auf die andere Seite überzugreifen begann, vermutete man einen Zustand nach Vaskulitis. Bei der Behandlung sah die Heilerin Graziella S. den Arzt in etwas jüngeren Jahren an einer Art Wasserfall oder Stromschnelle ausrutschen und ins Wasser fallen. Sie realisierte, dass der Mann eine ganz kurze Zeitspanne Todesangst durchlitten hatte. Nach der Behandlung sprach sie den Kollegen darauf an - und er bestätigte ihr erstaunt, dass er zehn Jahre zuvor bei seiner Arbeit für das Internationale Komitee vom Roten Kreuz in Afrika dieses Erlebnis hatte, sich dann allerdings aus eigener Kraft retten konnte und den Vorfall mehr oder weniger vergaß. Erfreulich ist, dass durch die Behandlung die Symptome, die medikamentös nicht unter Kontrolle gebracht werden konnten, praktisch verschwanden. Für den Kollegen war der Zusammenhang mit dem Trauma nicht von vornherein ersichtlich." (GHÄP S. 61)

Sehstörung 84405 s. auch Augenleiden, Kurzsichtigkeit, Makuladegeneration

Weiteres Fallbeispiel s. Hirnhautentzündung (GHÄP S. 86) und Lähmung (A 20099)

Selbstmordgefährdung

Zu den dankbaren Patienten der Geistheilerin Elisabeth P. zählt ein 52jähriger Manager aus Stuttgart, der seit zwei Jahren an Nierenkoliken litt, stark depressiv war und bereits an Selbstmord dachte. Ein Psychotherapeut hatte ihn als "hoffnungslosen Fall" aufgegeben. Im Jahre 1992 wandte er sich an die Göppinger Heilerin, die auf wöchentliche Gespräche, Körperarbeit und Homöopathie setzte. "Nach etwa einem halben Jahr hellte sich seine Stimmung deutlich auf", erinnert sie sich. "Er fasste neuen Lebensmut." Zwar machte er bald darauf eine erneute Krise durch, doch nach einem weiteren Jahr hatte sich sein Zustand anhaltend gefestigt: "Ich spüre so viel Freude wie schon lange nicht mehr", soll er bei einer der letzten Sitzungen gesagt haben. (A 73033)

Weiteres Fallbeispiel s. Depression (A 52525)

Sexualprobleme

"Eine gut dreißigjährige Frau", so berichtet der Schweizer Psychiater Dr. Jakob B., "wurde seit vielen Jahren wegen schwerer sexueller Störungen bei verschiedenen Therapeutinnen mit diversen psychotherapeutischen Methoden erfolglos behandelt. Vor allem ein nach heutiger Erkenntnis besonders wahrscheinlicher sexueller Missbrauch in der Kindheit wurde eingehend, aber ohne Bestätigung und Wirkung erforscht und therapiert. Eine hinzugezogene, sensitiv begabte Heilerin sah die Patientin vor ihrem geistigen Auge als größeres Kind inmitten von Spielkameradinnen in einer die Flucht verhindernden Betonröhre, wo sie, zutiefst beschämt, die Kontrolle über ihre volle Blase verlor und durch die Kleider auf den Boden urinierte. Die Patientin bestätigte sofort das bislang nie erwähnte und bedachte Ereignis und versicherte gleichzeitig, dass sie den Zusammenhang mit ihrer Störung jetzt überdeutlich spüre. Entsprechend machte die Psychotherapie in der Folge Fortschritte." (GHÄP S. 61-62)

Weiteres Fallbeispiel s. Nierenschmerzen (A 12351)

Sklerose s. Amyotrophische Lateralsklerose

Skotom s. Waterhouse-Friderichsen-Syndrom

SLE s. Lupus erythematodes

Sodbrennen

Seit Frühjahr 1998 machten einer 50jährigen Liegenschaftsleiterin aus Nürnberg Magengeschwüre zu schaffen; ein lästiges Sodbrennen dehnte sich bis in den Brustbereich aus. Tabletten halfen nicht. Bei einer Geburtstagsfeier im März 1999 lernte sie den Geistheiler Klaus M. kennen, der sie spontan darauf ansprach, ob sie Schmerzen im Magen-/Brustbereich habe. ("Was Kranken fehlt, spüre ich oft intuitiv am eigenen Leib", sagt der Heiler. "Manchmal ‚sehe' ich auch entsprechende Bilder.") Ein einziges Mal, 20 Minuten lang, sprach der Heiler ein Gebet für sie – und "nach vier Tagen waren die Beschwerden weg", wie die Patientin erklärt. Bis zum 5. Februar 2000, dem Datum ihres schriftlichen Berichts, "habe ich keinerlei Beschwerden mehr." Bemerkenswert: Schon seit Herbst 1988 war die Frau nicht mehr in ärztlicher Behandlung. (A 90537)

Ein weiterer Fall s. Herzrhythmusstörungen (A 53359)

Spastik, bronchiale s. auch Lähmung

Die Ärztin und Heilerin Dr. Susanne K. berichtet aus ihrer Praxis über ein zehnjähriges Mädchen "mit bronchialer Spastik und rezidivierendem juckendem Exanthem. Im Zeitraum von November 2002 bis September 2003 wurden insgesamt 18 (geistige) Behandlungen durchgeführt, anfangs wöchentlich, später ca. alle drei bis vier Wochen. Nach fünf Behandlungen traten spastische Atembeschwerden nur noch abgeschwächt und seltener auf. Juckreiz trat sehr selten und ohne Hautreaktionen auf. Heute ist das Mädchen wochenlang symptomfrei. In Stresssituationen tritt in den Abendstunden eine leichte Spastik auf, die jedoch nicht medikamentös behandlungsbedürftig ist. Die Haut ist normal, sehr selten tritt Juckreiz auf. Insgesamt ist das Mädchen vom Wesen her deutlich offener geworden." (GHÄP 2. Aufl. S. 115)

Speiseröhrenkrebs s. Krebs, Tumor

Speiseröhrenriss

Fallbeispiel s. Herzrhythmusstörungen (A 53359)

Spondylose

Patientin: Hedy B. (51), Lehrerin, CH-4448 Läufelfingen, Teilnehmerin am "Fernheil-Test" 1998

Diagnose: Spondylose (Abnutzungserscheinungen der Wirbelkörper)

Beschwerden: ständige Nacken-, Schulter-, Rückenschmerzen

Dauer: seit 1984.

Persönliche Testbilanz: Ein Auf und Ab. Zeitweise ließen die Schmerzen erheblich nach, in anderen Wochen traten sie verstärkt auf. Immerhin: "Der 26. August - Ende des vierten Testmonats - war der erste Tag seit Jahren, dass ich morgens keine Schmerzen hatte." An manchen anderen Tagen verschwanden sie ganz plötzlich, wenn auch nie für längere Zeit. Am meisten profitiert habe sie vom Test in psychischer Hinsicht, schreibt die Patientin: "Irgendwie kann ich mit den Schmerzen besser umgehen. Ich bin darüber nicht mehr so deprimiert."

Medizinische Beurteilung: "Die Patientin hat deutlich weniger häufig und weniger starke Schmerzschübe. Im allgemeinen spricht sie aber zurückhaltend von ihren Beschwerden bzw. von deren Besserung. Sie ist subjektiv überzeugt, dass eine Veränderung zum Positiven eingetreten ist. Obschon die rein medizinische Prognose bei einer Spondylose nicht besonders gut ist, sieht die Patientin mit Optimismus in die Zukunft." (Dr. med. Pierre Bovet) (HoG S. 119.)

Sprachstörung s. Behinderung

Weiteres Fallbeispiel s. Multiple Sklerose (GB S. 269-270)

Star s. auch Star, Grüner; Glaukom

Star, Grauer

Seit zwei Jahren litt eine 60jährige Sekretärin aus Mannheim an Grauem Star; bereits von ihrem zwölften Lebensjahr an hatte sie mit einer Sehschwäche leben müssen, die inzwischen bei -5,5 bzw. -2,5 Dioptrien angelangt war. Eine ärztlich empfohlene Operation lehnte sie ab. 1996 fand sie zu dem Heiler Jürgen D. aus Braunschweig, der sie zweimal wöchentlich behandelte. Danach war der Graue Star nicht mehr nachweisbar; die Sehschwäche besserte sich auf -2,25 bzw. -1 Dioptrien. (A; R S. 322.)

Seit sechseinhalb Jahren litt eine 56jährige Frau aus Aalen an offenen Beinen. Behandlungen bei zahlreichen Hautärzten, Aufenthalte in Krankenhäusern und Spezialkliniken sowie mehrere Kuren waren vergeblich gewesen. Auch ihre Hausärztin, die viermal pro Woche zu ihr kam, wusste nicht mehr weiter. Nun sollte ihr linkes Bein amputiert werden: "Es war ohne jegliche Durchblutung", erinnert sich die Patientin. "Dreizehn Wunden klafften an ihm, so tief bis zu den Knochen. Alles war total vereitert, und das Gewebewasser lief und lief wie ein Bächlein heraus. Am rechten Bein hatte ich eine Operationsnarbe, die schon seit einem Jahr offen war und nicht heilen wollte. Außerdem war mein linkes Auge von Grauem Star befallen; im linken Auge hatte sich nach einem Sturz ein Bluterguss gebildet, der in einer Ulmer Augenklinik abgesaugt werden sollte." Mit einem Bein zu leben, "war für mich unvorstellbar, und ich war völlig am Boden zerstört. Die Schmerzen waren kaum mehr auszuhalten, und an Schlafen war kaum noch zu denken. Monatelang saß ich, während meine Familie schlief, im Wohnzimmer auf der Couch, vollgepumpt mit Morphium, nur um für zwei Stunden mal keine Schmerzen zu haben." Am 1. Juni 1995 kam es ihr zu einem Atem- und Herzstillstand. "Nach dem Frühstück wurde mir plötzlich übel, und ich fiel zu Boden. Der herbeigerufene Notarzt brachte mich ins Krankenhaus, wo ich zwei Wochen ohne Bewusstsein lag, angeschlossenen an lebenserhaltende Apparate. Als ich nach fünf Wochen entlassen wurde, konnte ich mich noch immer nicht erinnern, vergaß alles gleich wieder und redete viel wirres Zeug." In diesem Zustand kam die Frau zu dem Heiler Karl-Heinz I., um sich zweimal wöchentlich von ihm behandeln zu lassen, in Begleitung einer Bekannten, die an Schuppenflechte litt - und bald darauf geheilt war. Ihr selbst "ging es bei jedem Handauflegen besser. "Die Wunden an meinen Beinen heilten völlig zu, die Durchblutung kam wieder, die Schmerzen ließen nach, und ich konnte nachts wieder schlafen. Es ist für mich unfassbar. Heute, nach sechs Monaten, kann ich wieder schmerzfrei gehen, habe wieder Selbstvertrauen und Freude am Leben. Ich kann ohne Schmerzmittel leben und bin ein völlig neuer Mensch. Die Ärzteschaft im Krankenhaus sowie meine Hausärztin können kaum glauben, dass meine Beine wieder geheilt sind. Auch meine Augen sind wieder in Ordnung - ohne Absaugen geheilt; wie eine augenärztliche Untersuchung inzwischen ergeben hat, ist der Graue Star verschwunden. Auch meine Diabetes, an der ich seit 29 Jahren litt, ist nun stabiler geworden; statt zwei Insulinspritzen pro Tag benötige ich nur noch eine. Mein Gedächtnis ist wieder voll da. (A 73640)

Bei Monika T., einer 89jährigen Altenheimbewohnerin aus Minden, ließ Anfang 1993 die Sehkraft plötzlich stark nach, obwohl sie zuvor nicht einmal eine Lesebrille benötigt hatte. Zwei Augenärzte diagnostizierten "Grauen Star". Mit einem immer dichteren Schleier vor Augen konnte die Hochbetagte nicht mehr lesen, das Fernsehbild verschwamm vor ihr, und sie befürchtete, bald ganz blind zu sein. Eine Bekannte, die sie seit 1992 einmal wöchentlich besuchte, erbat für sie die Hilfe durch den "Heilstrom". Die halbblinde Rentnerin wusste nichts davon. "Nach wenigen Wochen", erinnert sich die Bekannte, "sah ich plötzlich wieder Bücher auf ihrem Tisch liegen. Frau T. konnte wieder lesen, sogar ohne Brille. Mindestens bis 1998, dem Zeitpunkt eines schriftlichen Berichts, hielt diese Genesung an; da war Monika T. bereits 94. (FH1)

Star, Grüner (Glaukom)

Eine ältere Dame aus Bremen sollte wegen Grünem Star operiert werden. (Die Werte lagen auf beiden Augen bei 25 mmHg - normal sind 15, mit tageszeitlichen Schwankungen nicht über 4.) "Nach einmaligem Besuch bei mir", so berichtet der Heiler Willi K. aus Mannheim, "maß ihr Arzt am nächsten Tag auf beiden Augen einen Wert von 19." (A 68163)

Im Jahre 1981 wandte sich an die Heilerin Elfriede R. in Kempten eine 80jährige Rentnerin aus Füssen: Sie litt seit fünf Jahren an Glaukomen ("Grüner Star") in beiden Augen - einem krankhaft erhöhten Augeninnendruck -, deswegen sollte sie operiert werden. Frau R. legte ihr die Hände auf, nichts weiter. Daraufhin "normalisierte sich der Augendruck, die Operation wurde überflüssig", berichtet die Heilerin. Dieser Erfolg hielt an - bis die Patientin aus Altersgründen starb. (A; R S. 324.)

Seit 27 Jahren litt eine 67jährige Rentnerin aus Völklingen an einem Glaukom. Seit zwölf Jahren belastete sie ein rheumatisches Leiden, seit fünf Jahren entwickelte sich Osteoporose ("Knochenschwund"), seit vier Jahren ein Lungenemphysem. Keinem dieser vier Leiden hatten Schulmediziner wesentlich beikommen können. 1991 vertraute sich die Patientin dem Heiler Klaus J. an, der sie ein Dreivierteljahr lang nahezu wöchentlich mit jeweils 35minütigem Handauflegen betreute. Sämtliche Symptome gingen daraufhin allmählich zurück - bis zur völligen Ausheilung aller Beschwerden, die bis heute rückfallfrei anhält. "Die Ärzte staunten", berichtet J. "Eine Augenärztin überprüft einmal jährlich den Augeninnendruck - ohne Befund." (A 66333)

Stimmverlust

Eine international bekannte 47jährige Opernsängerin aus Wiesbaden hatte seit Wochen ihre Stimme verloren. Zurück gab sie ihr ein einziger dreistündiger Termin, bei dem die Geistheilerin Hildegard L. Reiki mit Akupunktur, Mora- und Atemtherapie verband. (A 65207)

Stirnhöhlenvereiterung, chronische

Seit zwanzig Jahren litt ein 65jähriger Polizeikommissar aus Bad Waldsee an Asthma bronchiale und chronischer Stirnhöhlenvereiterung, weshalb er frühpensioniert wurde. 1994 fand er zu der Geistheilerin Hannelore S. Bereits nach der ersten Zusammenkunft "löste sich Schleim in allen Farben aus der Nase und Rachen, über einen längeren Zeitraum floss er unaufhörlich aus. Seither kann der Mann gut durchatmen, ist völlig beschwerdefrei. Der Arzt war verblüfft und wollte daraufhin selbst Reiki erlernen." (A 88138)

Eine 39jährige Hausfrau aus Sörgenloch plagte sich seit Jahren mit chronischen Beschwerden im Stirn- und Nasennebenhöhlenbereich sowie Zahnschmerzen herum. Medikamentöse Behandlungen waren ohne Erfolg geblieben. Im Jahre 1991 versuchte der Geistheiler Reinhard B. der Frau mit Handauflegen zu helfen. In einer einzigen Sitzung "verflüssigte sich der Schleim und ging ab. Nach etwa zwanzig Minuten war die Frau beschwerdefrei", berichtet er. (A 55270)

Weiteres Fallbeispiel s. Nasennebenhöhlenvereiterung, chronische (A 26345)

Stottern

Ein 45jähriger Selbständiger aus Wipperfürth litt seit seiner frühen Kindheit an chronischem Stottern, das ihn während der Schulzeit, hinterher beim Agrarstudium und dann bei der Arbeit in einem Naturkostladen schwer belastete. Eine logopädische Behandlung, als er 15 Jahre alt war, hatte keine Besserung gebracht. Bei dem Heiler Zdravko A. "musste ich mich in eine Metallpyramide setzen, wonach sich allerdings zunächst eine Verschlechterung einstellte. Auf der Couch liegend, wurden mir Edelsteine aufgelegt. Gleichzeitig erfolgte eine Behandlung mit den Händen, wobei sie mich nicht berührten. Ich habe dabei meist geschlafen und fühlte mich total entspannt. Weiterhin trank ich Quellwasser, worin zuvor 24 Stunden lang Edelsteine gelegen hatten, und als Ergänzung unterzog ich mich auch noch einer Fernbehandlung, wozu Zdravko A. ein Foto von mir erhielt, auf das er Edelsteine legte. Meine Symptome besserten sich zusehends, das Stottern wurde geringer. Jetzt kann ich viel leichter sprechen, meine Arbeitsfähigkeit hat sich dadurch ganz enorm gesteigert, ich fühle mich wohler." (A 58566)

Struma s. auch Schilddrüse, vergrößerte

Seit 1975 litt eine Stuttgarter Geschäftsfrau an einem Struma ("Kropf", Schilddrüsenschwellung) und einer Hyperthyreose, einer gesteigerten Produktion und Sekretion von Schilddrüsenhormonen. Schulmedizinische Maßnahmen verschlechterten ihren Zustand eher noch. Ab Januar 1996 ließ sie sich einmal wöchentlich von der Heilerin Sibylle V. geistig behandeln - und das Struma bildete sich zurück. (A 73207)

Sucht

Mit Drogen- und Alkoholsucht, Ängsten und Depressionen, Arbeitsunlust und massiven Konflikten mit seinen Eltern kämpfte ein 23jähriger Kaufmann aus Karlsruhe. Ohne sein Wissen bat seine Mutter die Heilerin Felicita A. um Hilfe. Kaum hatte eine Fernbehandlung per Bild begonnen, da besserte sich der Zustand des jungen Mannes erheblich. "Nach einem Vierteljahr war er wieder ein ordentlicher Arbeiter", sagt die Heilerin. "Alle Erscheinungsformen seiner psychischen Krise waren beseitigt, wie mir die glückliche Mutter bestätigte." (A 75045)

- Alkohol- s. auch Alkoholismus

Ein 48jähriger Frührentner aus Horn in Niedersachsen war fünfzehn Jahre lang Alkoholiker gewesen. Nach einer Entziehungskur war er zwar zwei Jahre lang "trocken"; doch als er Anfang Dezember 1995 die Hilfe der Heilerin und Diplom-Sozialpädagogin Sigrid D. aus seiner Heimatstadt suchte, hatte ihn seine Sucht schon wieder seit anderthalb Jahren im Griff. Die Heilerin legte ihm die Hände auf und versuchte es mit einer schamanischen "Extraktion". Nach drei Wochen hörte der Mann auf, nach der Flasche zu greifen - und hat der Versuchung bis heute konsequent widerstanden.

Ein einziges schamanisches Heilritual an einem alten Heiligtum, durchgeführt von dem Heiler, Bildhauer und Lyriker Bernhard K., befreite eine 37jährige Krankenschwester aus Zwickau von zehnjähriger Tablettensucht (Valium); ein halbes Jahr später, nach weiteren Sitzungen bei K., verschwand auch ihre Frigidität, die der Frau, obgleich Mutter von fünf Kindern, "seit jeher" zu schaffen gemacht hatte. (R S. 55.)

- Drogen- 75045 (s.o.)

- Nikotin- s. auch Rauchersucht

In einer einzigen Sitzung, so berichtet die Heilerin Gisela H. aus Bönen, wurde eine 30jährige Kauffrau im Jahr 2000 ihre jahrelange Nikotinsucht los: "Seit einem Jahr ist sie Nichtraucherin, und das ohne Rückfälle. (A 24558)

- Tabletten-

Ein einziges schamanisches Heilritual an einem alten Heiligtum befreite angeblich eine 37jährige Krankenschwester aus Zwickau von zehnjähriger Tablettensucht (Valium). Ein halbes Jahr später, nach weiteren Sitzungen bei dem Heiler Bernhard K., soll auch ihre Frigidität verschwunden sein, die der Frau, obgleich Mutter von fünf Kindern, "seit jeher" zu schaffen gemacht hatte. (A 19406)

Sudeck-Syndrom s. Morbus Sudeck; Schmerzen, chronische

T

Taubheit s. auch Hörprobleme

Der Autor Wolfgang Lüdke, ehemals stellvertretender Chefredakteur der Zeitschrift *Bio*, berichtet: "Bei Kathrin K. aus Gera wurde 1994 Multiple Sklerose diagnostiziert, mit plötzlicher Taubheit auf dem linken Ohr, Tinnitus-Geräuschen und Gleichgewichtsstörungen bis hin zur zeitweisen Unfähigkeit, sich selbständig fortzubewegen. Im rechten Ohr traten stechende Schmerzen auf. Über ihre persönlichen Testerfahrungen führte sie stichwortartig Protokoll: "Nach der zweiten Behandlung keine Schmerzen mehr auf dem rechten Ohr! (Vorher Angst vor totaler Taubheit.) Nach der dritten Behandlung: Laufe ohne Ermüdung kräftig zwei bis drei Kilometer. (Vorher Erschöpfung nach einem Kilometer.) Allgemein Zuversicht und Wohlbefinden nach siebter Behandlung." (GHNZ S. 80; A 65929.)

Taubheitsgefühl in Gliedmaßen s. auch Parästhesie sowie Krebs, Folgeschäden konventioneller Therapien

Während eines Türkei-Urlaubs 1996 lernte die Heilerin Gerlinde R. einen etwa 35jährigen Einheimischen aus Adapazari kennen, der seit einem Motorradunfall achtzehn Jahre zuvor einen stark deformierten, völlig gefühllosen Unterschenkel hatte. Zwar klagte er über keine unmittelbaren Beschwerden, doch hatte er bei Verletzungen am Unterschenkel keinerlei Empfindungen mehr. Das Bein sollte amputiert werden. Zwanzig Minuten lang legte die Heilerin ihm ihre Hände auf. In den darauffolgenden acht Wochen bildeten sich an mehreren Stellen des Unterschenkels Entzündungen, aus denen Eiter floss, begleitet von heftigen Schmerzen. "Dann war wieder Gefühl im Bein" , versichert die Heilerin. (A 77886)

Bei einem Unfall hatte sich ein Siebzehnjähriger 1995 einen tiefen Schnitt an der Zeigefingerwurzel zugezogen; Nerven waren durchtrennt. Der behandelnde Arzt meinte, der Finger werde vermutlich für immer taub bleiben. Zunächst hielt die Heilerin Kirsten S. an drei aufeinanderfolgenden Tagen jeweils eine halbe Stunde lang ihre Hand über den verletzten Finger, dann fanden, über drei Wochen verteilt, sechs weitere Behandlungen dieser Art statt. "Nach der zweiten Sitzung verschwanden die Schmerzen", so berichtet Frau S. "Der Finger wurde wider Erwarten viel beweglicher. Nach und nach kehrte das Gefühl in den Finger zurück." Die Mutter des Jungen, eine Ärztin, hatte schon immer auf die heilende Kraft "göttlicher" Energien vertraut. (A 24226)

Weitere Fallbeispiele s. Arthrose (BG) sowie A 80796, 81667

"Tennisarm" s. Epicondylitis

Fallbeispiele s. A 24145, 24367, 57629

Tetanie

Mit dreimaligem Besprechen half Peter S. offenbar einem 14jährigen aus Hamburg, der seit seiner Geburt an Tetanie litt und geistig schwer behindert war. Die ärztlich verordneten Medikamente beeinflussten seine starken Krämpfe kaum, brachten nur vorübergehend eine Beruhigung. Nach S.´s Behandlung hörten diese Krämpfe schlagartig auf, Medikamente wurden überflüssig. Die Hirnschädigung erwies sich allerdings als irreparabel. (A 23562.)

Thrombose

Die Allgemeinmedizinerin Dr. Barbara S. aus Berlin, die Patienten gelegentlich auch mit Geistigem Heilen nach Bruno Gröning behandelt, berichtet: "Im Spätdienst, gegen 18 Uhr, stellte sich mir eine Frau vor, die seit zwei Wochen Schmerzen in der rechten Wade hatte; außerdem hatte sich am rechten Unterschenkel eine Schwellung gebildet. Alle Symptome sprachen für eine Unterschenkelthrombose, die schon zwei Wochen alt war. Ich ließ ihr Heparin subkutan (unter die Haut) spritzen, einen Kompressionsverband anlegen und bestellte den Krankenwagen zum Transport in die Notaufnahme des Krankenhauses. Während des Wartens erzählte ich der Frau, dass es sehr hilfreich sein kann, jetzt nicht in Panik zu verfallen, den Krankheitsgedanken nicht aufzunehmen, sondern sich von Herzen zu wünschen, daß sie, wie geplant, in einer Woche in den Urlaub fährt.

Abends stellte ich mich dann ein zweites Mal (geistig) für ihre Heilung ein, dann nochmals am nächsten Tag. Nachmittags rief mich ihr Ehemann an: Er dürfe seine Frau aus der Klinik abholen, gleich danach wolle er mit ihr in meine Praxis kommen. In der Nacht hatte sie nur weiter Heparin-Infusionen bekommen. Am Morgen war ihr Bein nicht mehr geschwollen, und die Schmerzen waren weg. Eine Phlebographie (Röntgenkontrastdarstellung von Venen) ergab keinen Befund, und so wurde sie nach Hause entlassen.

Während meiner bisherigen Tätigkeit habe ich noch nicht erlebt, dass eine schon zwei Wochen alte Thrombose nach einer einzigen Nacht Therapie verschwindet. Selbst wenn es zuvor keine Thrombose gewesen sein sollte - was aufgrund der klaren klinischen Symptomatik äußerst unwahrscheinlich ist -, so bleibt die Rückbildung einer derart lange bestehenden Beinschwellung über Nacht für mich nicht erklärlich." (GHNZ S. 197 ff.)

Bei einem Mann war eine ausgeprägte Thrombose der linken Kniekehlenschlagader festgestellt worden. Für den linken Unterschenkel sowie die linke Fußsohle zeigte das Oszillogramm Nullwerte. (Bei der Oszillographie wird mittels einer Druckmanschette und eines Pulsabnehmers gemessen, wie sich das Volumen von Gliedmaßen synchron zu Pulswellen verändert. An den genannten Körperstellen konnte keinerlei Volumenveränderung mehr festgestellt werden. Als Messwerte wurden im Befundbereich "0 mm" ermittelt.) Bereits nach dem ersten Handauflegen durch die Geistheilerin Krassimira D. schmerzte das betroffene Bein 20 Stunden lang nicht mehr. Ein neues Oszillogramm ergab für den linken Unterschenkel 0,4-0,5 mm, für die linke Sohle 0,2-0,3 mm. Im rechten Unterschenkel waren zuvor 3 mm gemessen worden - nun wurden 6 mm registriert. (GB, Anmerkungsteil zu Kap. III "Kann Geist heilen?", Anm. 9.)

Tinnitus

Einen 26jährigen Kellner aus Düsseldorf trieb seit 1992 ein ständiger Pfeifton in den Ohren schier zur Verzweiflung. Nachdem alle schulmedizinischen Behandlungsversuche versagt hatten, machten ihm Ärzte klar, er müsse damit leben. Im Juli 1995 versuchte es die Heilerin Alma C. sieben Tage lang mit jeweils zehnminütigem Handauflegen. Bereits am fünften Tag war der Ton verschwunden - und blieb es seither, ohne Rückfall. (A 47119.)

Seit zwanzig Jahren quälten Ohrgeräusche eine 52jährige Hausfrau aus Coesfeld. Im Februar 1995 behandelte der Geistheiler Dieter H. aus Herford sie dreimal je eine halbe Stunde lang auf Distanz. Bereits nach der ersten Behandlung trat eine sofortige Besserung ein, nach der dritten Behandlung war der Ton zumindest "nicht mehr störend". (A 32052)

Ohrgeräusche quälten einen 82jährigen Rentner aus Berlin seit zwanzig Jahren. Im Jahre 1992 legte ihm die Geistheilerin Veronika L. ein einziges Mal etwa eine Stunde lang die Hände auf - danach "fühlte er sich frei und hörte ohne Geräusche alles wieder ganz klar", wie sie berichtet. Bis heute halte dieser Erfolg an. In ärztliche Behandlung habe sich der Mann nie begeben. (A 12099)

Im Januar 1995 suchte den Heiler Rolf K. ein 51 Jahre alter Postbeamter auf, der seit einem halben Jahr von Tinnitus (Ohrgeräusche) gequält wurde. Ärzte waren ratlos gewesen; der Heiler behandelte ihn sechsmal eine Viertelstunde lang. Bereits nach dem zweiten Termin klangen die Ohrgeräusche ab, nach dem fünften verschwanden sie. Mehr als die Pseudo-Erklärung "Spontanremission" fiel dem behandelnden Arzt dazu nicht ein. (A 49186.)

Ein 65jähriger Mann aus Baden-Baden litt an Tinnitus. Anfang 1998 nahm sich die Heilerin Irina G. seiner an: An fünf aufeinanderfolgenden Tagen vermittelte sie ihm "bis zu 30 Minuten Energie. Nach sechs Tagen verschwanden die Ohrgeräusche." (A 76532)

Seit einem Jahr machten Ohrgeräusche einer etwa 50jährigen Hausfrau aus Hetzenbach bei Zell zu schaffen. Nachdem Medikamente keinen Erfolg gebracht hatten, wurde der Frau ärztlicherseits eine Operation vorgeschlagen. Stattdessen vertraute sie sich im November 1997 dem Geistlichen und Heiler Helmut G. an. Zweimal legte er ihr die Hände auf. "Danach sagte sie, dass sie das Geräusch kaum noch höre. Nach einem Jahr bestätigte sie mir, dass dieser Erfolg angehalten habe." (A 93413)

Zu ihren erstaunlichsten Behandlungserfolgen rechnet die Heilerin Elli B. die

Genesung einer 69jährigen Berlinerin, bei der im Februar 1994 Schwindel, Ohrgeräusche (Tinnitus) und Gehstörungen aufgetreten waren. Mehrere Ärzte und Heilpraktiker konnten ihr nicht helfen. Daraufhin vertraute sich die Patentin im Juli 1994 Frau B. an, die ihr fünfzehn Mal die Hände auflegte. Nach Angaben der Heilerin sind die Beschwerden seither verschwunden, zu anfänglichen Rückfällen kam es nach wenigen Wochen nicht mehr. (A 13593)

Eine 71jährige Rentnerin aus Eckernförde litt seit elf Jahren an Tinnitus, gegen den herkömmliche Therapien nichts ausgerichtet hatten. Im Dezember 1995 fand eine einzige, zweieinhalbstündige Sitzung bei der Heilerin Ursula B. aus Holzdorf/Schleswig-Holstein statt. In der darauffolgenden Woche gingen die Beschwerden nach und nach zurück - und verschwanden schließlich vollständig. (A 24364; R S. 322.)

Anhaltende Ohrgeräusche quälten einen 82jährigen Rentner aus Berlin seit zwanzig Jahren. 1992 legte ihm die Heilerin Veronika L. ein einziges Mal etwa eine Stunde lang die Hände auf - danach "fühlte er sich frei und hörte, ohne Geräusche, alles wieder ganz klar". (A; R S. 323.)

Seit einem Jahr litt eine 34jährige Hausfrau aus Luxemburg an Angstzuständen, Depressionen und Tinnitus. Nachdem Psychopharmaka wirkungslos blieben, wurde sie ärztlicherseits darauf vorbereitet, dass sie "damit leben" müsse. Damit wollte sie sich aber nicht abfinden. Am 12. März 1996 wandte sie sich schriftlich an Lothar M., der eine "Umsessenheit" durch niedere Geistwesen vermutete. Er betete für sie und "schickte ihr Energie" - seither sind sämtliche Beschwerden verschwunden, wie der Heiler versichert. (A 87437)

Seit Jahren quälte einen 57jährigen Kraftfahrer ein Tinnitus; hinzu kamen eine Lumbago-Ischialgie, Hüft- und Kniegelenksarthrosen sowie eine Reihe psychosomatischer Beschwerden. Die Schulmedizin erreichte in allen Fällen immer nur kurzfristige Besserungen. Ab Februar 1993 behandelte ihn der Geistheiler Otto R. über ein Jahr lang mit Handauflegen, Edelstein-, Orgon- und Aromatherapie. Seit Mai 1994 ist der Tinnitus vollständig verschwunden, die übrigen Beschwerden besserten sich zumindest erheblich. "Der Klient war sehr schwierig", berichtet der Heiler. "Heute hat er zu einer positiven Lebenseinstellung gefunden." (A 26954.)

Patient: Richard O. (43), Diplom-Finanzwirt, 86748 Marktoffingen, Teilnehmer am "Fernheil-Test" 1998

Diagnose: Tinnitus beidseits

Beschwerden: starke Ohrgeräusche, Hypersensibilität gegen Lärm

Dauer: seit 4 Jahren

Persönliche Testbilanz: Zwar ist der Tinnitus nach fünf Behandlungsmonaten keineswegs verschwunden, und "vor allem morgens nach dem Aufwachen sowie abends ist er weiterhin sehr laut". Doch seit Ende des ersten Testmonats sind die Ohrgeräusche (a) "tagsüber durchweg leiser", (b) werden nicht mehr, wie in den Jahren zuvor, durch körperliche Belastung, z.B. Fahrradfahren,

Garten- oder Heimwerkerarbeiten, verstärkt, (c) "sind die allabendlich eintretenden heftigen Ausschläge an einigen Tagen nicht so stark bzw. treten später ein". Einen zeitweiligen Rückschlag in der ersten Junihälfte, als "es intensiv im ganzen Kopf summte", hält der Diplom-Finanzwirt aus eigener Erfahrung für "witterungsbedingt". Von der zweiten Augustwoche 1998 an habe er seine "bisher beste Zeit mit dem Tinnitus gehabt", berichtet Richard O. "Denn er ist zeitweise derart in den Hintergrund getreten, dass ich ihn einfach nicht wahrnehme, bzw. er ist einfach nicht so ‚aufsässig' wie sonst. Ich hoffe, dass diese Besserung anhält und der Tinnitus weiter aus meinem Leben zurückgedrängt werden kann." Ab Anfang September kam es dann wieder zu einer Verschlechterung, wieder vor allem "morgens nach dem Aufwachen. Tagsüber gab es dann meist bessere Phasen."

Medizinische Beurteilung: "Der Tinnitus ist durch einen schwankenden Verlauf gekennzeichnet. Auch dieser Patient hatte schon bessere Phasen, aber auch schlechtere. Während der Fernbehandlung scheinen sich die Beschwerden leicht gebessert zu haben. Es ist schwierig zu beurteilen, ob die Besserung eine normale Plus-Variante darstellt oder ob ein Heileffekt vorliegt. In den kommenden Monaten wird sich zeigen, ob der Erfolg von Dauer ist." (Dr. med. Pierre Bovet) (HoG S. 102-103.)

Patient: Albert R. (55), Maurer/Bauführer, CH-9308 Lömmenschwil, Teilnehmer am "Fernheil-Test" 1998

Diagnose: Tinnitus

Beschwerden: Ohrgeräusche, ausgelöst durch Gehörtrauma (Baulärm)

Dauer: seit 1963

Persönliche Testbilanz: Zwar hält der Pfeifton unvermindert an - doch immerhin hat der Tinnitusgeplagte seit der zehnten Testwoche den Eindruck, dass sich "die Widerstandskraft meines Gehörs gegenüber Lärmeinfluss leicht gebessert hat".

Medizinische Beurteilung: geringfügige Verbesserung der subjektiven Beschwerden (+1 auf einer bipolaren Skala von -5 = erheblich verschlechtert über 0 = unverändert bis + 5 = erheblich gebessert). (Dr. med. Pierre Bovet) (HoG S. 114)

Seit Jahren litt eine 65jährige Pflegerin und Krankenschwester aus Elmshorn an Tinnitus. Ärztliche Maßnahmen blieben ohne Erfolg. Daraufhin entschloss sich die Frau zu zwölf Sitzungen bei dem Heiler Günter G. Eine "Aura-Heilung" fand statt, verbunden mit einer Akrupressur am Ohr. "Der Tinnitus verschwand völlig – ohne Rückfall", versichert der Heiler. (A 22085.)

Der Autor Wolfgang Lüdke berichtet: "Bei Kathrin K. aus Gera wurde 1994 Multiple Sklerose diagnostiziert, mit plötzlicher Taubheit auf dem linken Ohr, Tinnitus-Geräuschen und Gleichgewichtsstörungen bis hin zur zeitweisen Unfähigkeit, sich selbständig fortzubewegen. Im rechten Ohr traten stechende

Schmerzen auf. Über ihre persönlichen Testerfahrungen führte sie stichwortartig Protokoll: "Nach der zweiten Behandlung keine Schmerzen mehr auf dem rechten Ohr! (Vorher Angst vor totaler Taubheit.) Nach der dritten Behandlung: Laufe ohne Ermüdung kräftig zwei bis drei Kilometer. (Vorher Erschöpfung nach einem Kilometer.) Allgemein Zuversicht und Wohlbefinden nach siebter Behandlung." (GHNZ S. 80; A 65929.)

Ein weiteres Fallbeispiel s. Angst (A 45115)

Toxoplasmose

Im Oktober 1994 schickte eine Mainzer Klinik einen Mann zum Sterben nach Hause, der an Leptospirose und Toxoplasmose litt, zwei heimtückischen, durch Bakterien herrvorgerufenen Erkrankungen. "Der Patient konnte kaum mehr laufen und nichts essen", erinnert sich die Heilerin Hannelore K.. "Nach vierzehntägiger Therapie bei mir hatte er wieder zwei Kilo zugenommen. Seine Blutwerte besserten sich sofort. Bei einer Kontrolluntersuchung ein Vierteljahr später erklärte ihn die Mainzer Klinik für geheilt." (A 71131)

Trigeminusneuralgie s. auch Neuralgie

Eine 64jährige Hausfrau aus Mülheim litt seit 1988 an einer Trigeminusneuralgie. "Zuerst mein Arzt", so berichtet die Patientin, "dann ein Heilpraktiker behandelten sie erfolglos. Die Heilerin Marion B. legte seit 1992 die Hände bei mir auf und verwendete auch Heilsteine. Sie massierte außerdem meine Füße an bestimmten Punkten. Seit dieser Zeit sind meine Schmerzen verschwunden, ich habe eine gute Verdauung - die Jahrzehnte nur mit Abführmitteln funktionierte), und auch meine Nervosität legte sich." (A 46047.)

Als schulmedizinisch austherapiert galt eine 62jährige Rentnerin aus Bremen, die seit zwölf Jahren an einer Trigeminusneuralgie litt. Zwei Sitzungen mit "Prana-Heilen" bei dem Arzt und Heiler Detlef B. brachten ihr eine sofortige Linderung. Nach einer Woche spürte sie nur noch einen leichten Druck, danach verschwanden die Beschwerden, wie der Arzt berichtet. (A 7. Aufl. 2000, 28203; der Arzt ist mittlerweile unbekannt verzogen.)

Weiteres Fallbeispiel s. A 82211

Tuberkulose

- Haut-

Einer ihrer verblüffendsten Erfolge will die Geistheilerin Erika P. bei der heute 20jährigen Marianne S. erzielt haben. Im Herbst 1988 war das Mädchen "praktisch tot", wie seine Mutter erzählt. Denn Marianne litt an fortgeschrittener Hauttuberkulose. Kein Arzt, kein Krankenhaus konnte ihr mehr helfen. Sie wurde immer schwächer, magerte beinahe zum Skelett ab. Ihr Bauch war grotesk aufgedunsen. Durch Dauerbehandlung mit hochdosiertem Cortison verlor sie ihre Haare. Zuletzt musste ihr ein künstlicher Darmausgang gelegt werden.

Weil die behandelnden Ärzte ihren Fall ohnehin für hoffnungslos hielten, hatten sie keine Einwände, als die Geistheilerin Erika P. ihre Hilfe anbot. Schon nach wenigen Besuchen am Krankenbett konnte Marianne aufstehen und einige Schritte gehen. Bereits an Weihnachten 1988 war sie wieder zu Hause. Inzwischen hat sie das Abitur bestanden. Nur das leicht gelähmte linke Bein zieht sie noch ein wenig nach. (A 80993)

Tumor s. auch Adenom, Geschwulst, Krebs, Meningeom, Metastasen, Recklinghausen-Krankheit (Neurofibromatose), Sarkom

- am Auge 81667

Nach seinen verblüffendsten Heilerfolgen befragt, nennt der Geistheiler Peter S. unter anderem eine 48jährige Frau aus Hamburg, hinter deren linkem Auge ein Tumor saß. Ein Jahr lang wurde sie deshalb an der Universitätsklinik Hamburg-Eppendorf behandelt; Ärzte hielten eine Operation für unvermeidlich, auch wenn dadurch der Verlust des Auges drohte. Im Oktober 1992 wandte sich die verzweifelte Frau an Peter S. Er behandelte sie dreimal durch Besprechen - und vier Wochen später, so versichert er, sei auf dem Röntgenbild kein Tumor mehr feststellbar gewesen. Dieser Erfolg soll, ohne Rückfall, bis heute angehalten haben. (A 23562.)

- der Bauchspeicheldrüse 21244 s. Bauchspeicheldrüsenkrebs

- im Darm 37603, 49757, 55481

Bei einer 77jährigen Hausfrau aus Neubrandenburg war im Colon transversum, einem Teil des Dickdarms, ein Tumor festgestellt worden. Unmittelbar nach der Diagnose (mittels einer Computertomographie) ließ sich die Patientin sechsmal jeweils anderthalb Stunden mit Reiki behandeln. Anfangs faustgroß, schrumpfte der Tumor bis zum sechsten Tag auf die Größe einer Erbse. Nach drei Monaten war er nicht mehr feststellbar, eine erneute Computertomographie blieb ohne Befund. Der behandelnde Arzt wollte dazu keinerlei Kommentar abgeben. (A 49757.)

- der Gebärmutter 35091 s. Gebärmutterkrebs

- im Gehirn 37574, 38259, 46047, 57629, 76162, 86381, 89284, 89344

Bei einer 19jährigen Studentin aus Hamburg war im April 1995 ein Tumor im Stammhirn festgestellt worden, der in einer Freiburger Klinik als inoperabel und unheilbar eingestuft wurde. Die Mutter, selbst Kinderärztin, bat daraufhin den Heiler Gerhard R. um Hilfe. Viermal innerhalb eines Monats legte er der jungen Frau die Hände auf - danach war der Tumor verschwunden, wie Röntgenbilder belegten. Der behandelnde Professor vermutete daraufhin, er habe ursprünglich eine Fehldiagnose gestellt. (A 37574.)

1990 wurde im Gehirn von Lars, einem zehnjährigen Schüler aus Duisburg, ein Tumor festgestellt. Im Frühjahr desselben Jahres wurde der Junge in den Städtischen Kliniken Duisburg operiert, anschließend bestrahlt und chemotherapiert. Wegen der starken, hochdosierten Medikamente war er in sehr schlechtem körperlichen und seelischen Zustand, als die Heilerin Marion B. sich seiner im Sommer 1990 annahm. Anfangs vier Tage hintereinander, dann in Wochenabständen setzte sie Reiki, Edelsteine, Bach-Blüten und Affirmationen ein. Die Mutter des Jungen berichtet: "Nach der ersten Reiki-Behandlung ging es meinem Sohn sichtbar besser. Nach der zweiten Behandlung sang er auf der Heimfahrt. Nach der dritten und vierten Behandlung kam der Appetit wieder, Lars blühte sichtlich auf. Wir kamen in diesem Jahr noch etwa achtmal zu Frau B., und jedesmal ging es Lars besser. Auch gab Frau B. meinem Sohn während der Reiki-Behandlungen Affirmationen ein, die vorher mit uns abgesprochen wurden. Lars gab sich dann zu Hause über einen langen Zeitraum diese Affirmationen selbst. Außerdem empfahl uns Frau B. einige Edel- bzw. Heilsteine, die Lars regelmäßig unter sein Kopfkissen legte, um die heilende Energie auf sich wirken zu lassen. - Seit 1990 hat sich mein Sohn sehr verändert. Nicht nur, dass er sehr gewachsen ist, sondern er ist auch sehr lebendig und in seinem Temperament kaum zu bremsen. Man könnte meinen, das ist nicht mehr derselbe Junge. Der Tumor ist bis heute nicht mehr nachgewachsen, obwohl die Ärzte in der Klinik gesagt haben, sie hätten den Tumor nicht restlos entfernen können. Computertomographie, Labordiagnostik usw. bestätigen das." (A 46047.)

Seit 1988 litt eine 45jährige Lehrerin aus Koblenz an rezidivierenden (immer wiederkehrenden) Hirntumoren, sog. Myxosarkomen. Chemotherapie und Bestrahlung hatten immer nur vorübergehende Besserung gebracht. Im Jahre 1992, in den vierzehn Tagen zwischen zwei Klinikaufenthalten, entschloss sich die Patientin zu vier Heilbehandlungen bei der Heilerin Christina J. aus Bonn - "ohne Psychotherapie, da zuwenig Zeit dafür war". Als Chirurgen der Uniklinik Mainz einen Tag nach der letzten Sitzung erneut ihren Schädel öffneten, fanden sie statt des Tumors nur noch eine Kruste - und hatten keine Erklärung dafür. (A 53105)

Bei einer 48jährigen Reisebürokauffrau aus Bonn, an deren Leber seit 1992 ein hühnereigroßer Tumor wucherte, hatte eine Chemotherapie zu einer zeitweiligen Besserung geführt - dann kam es zu Rückfällen. 1994 versuchte Christina J. ihr mit "Psychotherapie, Bach-Blüten, Meditationen und sieben geistigen Heilbehandlungen" zu helfen: "Nach jedem Termin verbesserte sich ihr seelischer und Allgemeinzustand. Sie hatte wieder mehr Lebensmut. 'Jedesmal gehe ich aus Ihrer Praxis wie auf Wolken', sagte sie einmal." Eine anschließende Computertomographie an der Uniklinik Hannover ergab: Der Tumor war auf einen kleinen Rest in Nagelgröße geschrumpft. (A 53105)

- im Gehirn s. auch Hirntumor

Ende 1990: Michaela K., im Juni 1984 geboren, beginnt ihren Eltern Sorgen zu machen: Das Mädchen ist auffallend kleiner als seine Zwillingsschwester. Mitte 1993 ist Michaelas Körpergröße mit 1,22 m deutlich hinter dem Altersdurchschnitt zurückgeblieben.

August 1993: In der Hoffnung, eine Behandlung mit Wachstumshormonen könnte helfen, bringt das Ehepaar K. seine Tochter zu der Frankfurter Kinderärztin Dr. R. Thorbeck. Diese hegt einen schlimmen Verdacht: Möglicherweise drückt ein Tumor auf Michaelas Hypophyse (Hirnanhangdrüse), jenes 14 mm lange Organ an der Basis des Zwischenhirns, in dem Wachstumshormone synthetisiert werden.

Um Klarheit zu schaffen, wird Michaela an die Frankfurter "Gemeinschaftspraxis Radiologie und Nuklearmedizin" überwiesen; dort arbeiten sechs Spezialisten mit modernstem diagnostischen Gerät, darunter einem Kernspin(resonanz)tomographen (MRT).

27. August 1993: Ein MRT von Michaelas Schädel bestätigt die Vermutung der Kinderärztin. Ein ausgedehnter Tumor wird entdeckt: 3,3 cm tief, 2,9 cm lang, 2 cm breit. Die Geschwulst hat sich vom Boden der Sella - einer Vertiefung der Schädelhöhlenbasis, in der die Hypophyse liegt - bereits bis oberhalb des Sehnervs ausgebreitet. Die Diagnose lautet auf "Craniopharyngeom" (von lat. *cranium*: Schädel, und griech. *pharynx*: Rachen, Schlund), womit die Lage der Geschwulst bezeichnet wird.

Die Eltern sind fassungslos: Nicht die geringsten Anzeichen in Michaelas Verhalten hatten je auf eine derartige Erkrankung hingedeutet. Die üblichen Symptome eines Gehirntumors - wie Kopfschmerzen, Erbrechen, Ausfälle im Gesichtsfeld, Zittern, gestörte Reflexe, beeinträchtigte Sensibilität, Motorik und Sprache - fehlten völlig.

30. August bis 14. September 1993: Zur eingehenden Untersuchung wird Michaela in das Zentrum der Kinderheilkunde der Frankfurter Universitätsklinik stationär aufgenommen. Eine Computertomographie, für die ihr zuvor ein Kontrastmittel injiziert wird, erhärtet den Tumorbefund.

17. September 1993: Michaela wird operiert, bleibt anschließend zwei Wochen im Krankenhaus. Der Eingriff scheint erfolgreich: Ein zweites Kernspintomogramm, unmittelbar nach der Operation aufgenommen, deutet auf eine "vollständige Tumorentfernung" hin, wie die Stationsärztin Ch. Wedekind protokolliert. (Allerdings räumt sie, eher beiläufig, ein verdächtiges Signal "am Sellaboden rechts" ein.) "Bei gutem Allgemeinzustand" kann Michaela am 1. Oktober nach Hause entlassen werden. Zur Nachbehandlung und Vorbeugung von Rückfällen muss sie fortan täglich bis zu vier verschiedene Medikamente schlucken.

Doch die Zeitbombe in Michaelas Kopf tickt weiter, wie sich bald herausstellt.

6. April 1994: Um sicherzugehen, ziehen Michaelas Eltern den Frankfurter Arzt Dr. K. Hartmann zu Rate, einen Spezialisten für pädiatrische Endokrinologie (Drüsenfunktionen und hormonelle Abläufe bei Kindern). Der stellt eine Störung der Hypophysenfunktion fest. (Die Untersuchung wird für Michaela zur Qual. Die vier Testsubstanzen, die ihr dazu eingespritzt werden, lösen eine heftige allergische Reaktion aus. Eine halbe Stunde lang erbricht sie immer wieder.) Dr. Hartmann vermutet einen Rückfall, befürchtet außerdem ein "intracranielles Aneurysma", ein Blutgerinnsel an einem Gefäß innerhalb des Gehirns, wahrscheinlich infolge des chirurgischen Eingriffs.

11. April 1994: Daraufhin muss Michaela erneut eine Woche lang in die Frankfurter Uniklinik. Eine Angiographie - eine Röntgenuntersuchung von Gefäßen

nach Injektion eines Kontrastmittels - bestätigt Dr. Hartmanns Befürchtung.

26. April 1994: Zum zweiten Mal wird Michaelas Schädeldecke geöffnet. Neurochirurgen versuchen, den Resttumor zu entfernen.

Abermals vergeblich: Bei einer erneuten Kernspintomographie fallen nach wie vor "Unregelmäßigkeiten am Boden und rechts von der Sella auf", wie der Leiter der Abteilung für Pädiatrische Neurologie, Prof. Dr. G. Jacobi, einräumen muss. Die verdächtigen Stellen auf Michaelas Tomogramm sind um so ernster zu nehmen, als vor der Aufnahme versehentlich kein Kontrastmittel verabreicht worden war; trotzdem zeichnen sie sich deutlich sichtbar ab. Die Uniklinik bereitet die entnervten Eltern darauf vor, dass eine dritte Operation unumgänglich sei. (Die beiden ersten Eingriffe schlugen mit jeweils rund 100.000 DM zu Buche.)

Ende April 1994: Das verzweifelte Ehepaar K. wendet sich an den prominenten Geistheiler Christos D. aus Frankfurt, der weit über das Rhein-Main-Gebiet hinaus als "letzte Hoffnung" für die Aussortierten des herkömmlichen Medizinbetriebs gilt. Der Grieche, der seit über zwanzig Jahren hier lebt und arbeitet, legt Michaela die Hände auf. Schon während der allerersten Sitzung beginnen Hände und Füße des Mädchens, die zuvor monatelang andauernd kalt waren, plötzlich heiß zu werden. Hinterher fühlt sich die Kleine "auf einmal ganz leicht", sie wird viel aktiver. Nach und nach verschwinden leichte neurologische Auffälligkeiten, die offenbar von den schweren neurochirurgischen Eingriffen herrühren: darunter eine Schwäche des linken Beins, ein feines Zittern und eine mangelhafte Konvergenz des rechten Auges, das sich nach innen bewegte, wenn Michaela nahe Gegenstände fixierte.

14. Juni 1994: Michaela feiert ihren zehnten Geburtstag, fröhlich wie lange nicht mehr. Die Familie schöpft neue Hoffnung. Doch die bange Frage bleibt: Was ist aus dem Gehirntumor geworden?

18. Juni 1994: Nach zehn Behandlungen bei dem Heiler wollen die Eltern Gewissheit. Auf einem erneuten MRT sind "Tumor-Restformationen nicht mehr nachweisbar", wie der Radiologe Dr. Halbsfurth feststellt. Ebensowenig kann er noch eine "Gefäßmalformation (-fehlbildung), Blutung oder Ischämie (arterielle Durchblutungsstörung) feststellen.

10. Oktober 1994: Eine weitere Tomographie bestätigt: Der Tumor ist verschwunden.

Frühjahr 2004: Bis heute ist Michaela wohlauf.

- am Gesäß

Helfen konnte die Heilerin Felicita A. anscheinend einer 60jährigen Hausfrau aus Ettlingen, an deren Gesäß im April 1992 "ein mandarinengroßer Tumor" festgestellt wurde. Er sollte sofort operiert werden. Da stieß die Frau zufällig auf ein Buch von Frau A. und wandte sich sofort an die Autorin. Die Heilerin behandelte sie mit Reiki direkt und auf Distanz, schloss sie in Gebete ein. "Bald schon ließen die Schmerzen nach", berichtet Frau A., "die Frau konnte wieder schmerzfrei sitzen, gehen und Treppen steigen, ohne Medikamente." Nach Angaben der Heilerin hielt dieser Erfolg seither an, ohne Rückfälle. Als im Oktober 1992 eine Kernspintomographie vorgenommen wurde, zeigte sich, dass sich der Tumor inzwischen nahezu vollständig aufgelöst hatte; "nur noch ein kleiner Punkt war zu sehen". (A 75045)

- am Kiefer

Am Unterkiefer eines 43jährigen Gärtners aus Hamburg wurde im August 1994 ein Tumor festgestellt. Sofort fand eine Chemotherapie statt, die aber nicht anschlug. Im Februar 1995 begann sich die Heilerin Astrid K. um den Mann zu kümmern, "im ersten Monat zweimal pro Woche, danach einmal wöchentlich": teils mit Handauflegen, teils durch Gebetsheilung auf Distanz anhand eines Fotos von ihm. Im April 1995 stellte ein Arzt bei einer Computertomographie fest, dass sich der Tumor verkapselt hatte, also nicht mehr wuchs. Bis zu einer erneuten CT im August 1995 hatte sich der Tumor bereits wesentlich verkleinert. Im November 1995, bei der dritten CT, war der Tumor nicht mehr nachweisbar, und auch im Blutbild gab es keinen verdächtigen Befund mehr. "Der Arzt konnte diese Heilung nicht glauben und sprach von einem "Wunder". Daraufhin klärte ihn der Patient darüber auf, dass er von einer Heilerin betreut wird. Der Arzt quittierte dies mit Schweigen." (A 23568.)

Ebenfalls ein Tumor im Unterkiefer war einem 40jährigen Hamburger im Oktober 1990 diagnostiziert worden. "Die Ärzte wollten operieren", berichtet die Geistheilerin Astrid K., "doch er lehnte ab. Seither fanden nur Kontrolluntersuchungen statt, keine medizinischen Behandlungen." Vom Februar 1991 an, bis Dezember desselben Jahres, betreute ihn ausschließlich die Heilerin: Einmal wöchentlich verband sie dabei traditionelles Handauflegen mit Gebetsheilen, Besprechen und Fernbehandlungen, aber auch mit eingehenden Gesprächen über seine Lebenssituation und die Hintergründe seiner Erkrankung. Zu Beginn der Geistheilung, im Februar 2000, hatte der Tumor nach Angaben der Heilerin einen Durchmesser von vier Zentimetern; bis April hatte er sich auf zwei Zentimeter halbiert, bis August war auf auf 0,7 Zentimeter geschrumpft. Im Dezember 1991, bei einer Computertomographie, war kein Tumor mehr nachweisbar. "Diese Genesung hielt bis heute an", erklärt Astrid K., "ohne Rückfälle". Hat ein Arzt den Erfolg bestätigt? "Ja, mehrere", antwortet die Heilerin. Und wie erklärten sie ihn? "Placebo-Effekt!" (A 23568)

- am Kopf

Dem Tode geweiht schien ein 15jähriges Mädchen aus Ibbenbüren, an dessen Kopf sieben Rhabdomyosarkome wucherten: bösartige Muskelgewebstumore einer äußerst seltenen Art. Nur zwei konnten Chirurgen operativ entfernen. Den übrigen fünf versuchte die Heilerin Hannelore K. am 12. und 13. April 1991 beizukommen: durch eine 24stündige Fernbehandlung, die sie nur einmal für zwei Stunden unterbrach. Und tatsächlich: Die Tumore lösten sich auf; zwei Wochen später wurde die Patientin aus ärztlicher Sicht für gesund erklärt. Sie lebt heute noch, studiert Architektur und schreibt ihrer Heilerin zweimal jährlich. (A 71131)

- Leber 53105, 79822 s. Leberkrebs

- Lungen- s. Lungenkrebs

- am Ohr

Im Jahr 1994 nahm sich die Heilerin Brigitte G. des fünfjährigen Erik aus Beicha an, hinter dessen rechtem Ohr ein deutlich sichtbarer Tumor saß. An derselben Stelle hatte sich schon zwei Jahre zuvor eine Geschwulst gebildet, die operativ entfernt worden war. (Eriks Schwester war an einem Gehirntumor gestorben.) Bis Juni 1994, nach etwa fünf bis sechs Behandlungen in zweiwöchigem Abstand, hatte sich die Wucherung langsam zurückgebildet. (A 04720)

- an der Prostata s. Prostatakrebs

- in der Speiseröhre

1994 war bei einem 51jährigen Geisteswissenschaftler aus Pfaffenhofen ein Tumor in der Speiseröhre festgestellt worden. Kurz vor der geplanten Operation ließ er sich zwei Wochen lang zweimal täglich von Kaja G. Reiki geben. "Von Tag zu Tag besserte sich sein Zustand daraufhin", berichtet die Heilerin, "seine Erstickungsanfälle nahmen ab. Beim OP-Termin war der Tumor nicht mehr nachweisbar. Die Ärzte vermuteten eine Fehldiagnose." (A 85276)

Bei einer 45jährigen Küchenhilfe aus Forbach in Frankreich war erst im Juni 1994 ein Tumor am After festgestellt worden - zuvor waren ihr monatelang Medikamente gegen Darmträgheit verordnet worden. Anfang Juli 1994 nahm sich Claudia K. der Patientin an. Einmal wöchentlich wandte sie jeweils eine Stunde lang Reiki, Handauflegen, Fernheilen und Heilmeditationen an, verbunden mit eingehendem "psychologischen Beistand zur inneren Wandlung". "Nach sechs Wochen", so versichert die Heilerin, "verkleinerte sich der Tumor um die Hälfte. Ende September war er verschwunden. Ein Arzt bestätigte den Erfolg - und reagierte nur mit Erstaunen." (A 66386)

Weitere Fallbeispiele s. A 23560, 25335, 27751, 55270, 66386, 73072, 75045, 76137, 95643

Tumorschmerzen s. Schmerzen

U

Überbein

Bei einem Architekten soll ein altes Überbein am Fuß spurlos verschwunden sein, nachdem sich die Geistheilerin Margarete R. aus Wuppertal vier Wochen zuvor auf ihn konzentriert hatte. (A 42279)

Ulcus cruris s. Geschwür, Offenes Bein

Unruhe, innere s. auch Nervosität

Fallbeispiele s. Nierenschmerzen (A 12351) sowie A 23701, 76287

Uteruskrebs s. Gebärmutterkrebs, Krebs, Tumor

V

Verbrennung

In kochendem Wasser hatte sich ein sieben Monate alter Junge Verbrennungen dritten Grades zugezogen. Einen Tag später, als das Baby bereits im Kreiskrankenhaus Leer lag, schaltete sein Großvater den Geistheiler Wolfgang K. ein. "Noch am selben Abend begann ich, mich auf das Kind einzuschwingen und es fernzubehandeln. Am darauffolgenden Tag benachrichtigten mich die Großeltern, dass die Schmerzen des Kindes so gut wie weg seien. Daraufhin baute ich mehrere Sitzungen zur Regenerierung der Hautzellen auf - mit dem Erfolg, dass eine ärztlicherseits vorgesehene Hauttransplantation nicht mehr nötig war und keinerlei Narben zurückblieben." (A 26789; R S. 308.)

Dass er heilen kann, entdeckte der Diplom-Betriebswirt Klaus-D. R. Anfang der neunziger Jahre "eher zufällig. Nachdem meine Tochter sich mit kochendem Wasser verbrüht hatte, begann ich ohne weitere Überlegung und entgegen meinem Wissen, die Verbrennung mit den Händen zu umschließen. Nach einer Viertelstunde ließen die Schmerzen nach, nach weiteren fünfzehn Minuten schloss ich die ‚Behandlung' ab. Nur noch eine leichte Rötung war zu erkennen - kein Berührungsschmerz, keine Brandblasen, keine Hautablösung." (A 53474)

Vereiterung s. Nasennebenhöhlenvereiterung

Nach einer Armamputation 1994 kam es bei einem 60jährigen Rentner zu starken Vereiterungen und Wundfluss. Die schulmedizinische Wundbehandlung blieb erfolglos. Zwei Wochen nach der Amputation ließ er sich ein einziges Mal von dem Geistheiler Bran H. die Hände auflegen. "Sofort schloss sich die Wunde und heilte ab", so berichtet Bran H. "Die behandelnden Ärzte staunten. Allerdings hielten Phantomschmerzen noch an." (A 77978)

Versagensangst s. Angst

Verschleiß

- **Knie** 68789

Verspannung

Seit einem Jahr litt ein Mann unter äußerst schmerzhaften Verspannungen im Nacken, rechter Schulter und Arm. Tabletten und Spritzen blieben dagegen wirkungslos. "Vor lauter Schmerzen", erinnert sich die Geistheilerin Hiltrud F., "konnte er schon längere Zeit nicht mehr im Bett schlafen, sondern allenfalls noch im Sitzen. Nun wusste er sich keinen Rar mehr. Durch Zufall stieß er auf meine Adresse. Ich behandelte ihn anfangs zunächst eine Viertelstunde lang im Kopfbereich, um seine Psyche ein wenig zu stabilisieren. Anschließend legte ich ihm meine Hände auf die schmerzenden Stellen, teils direkt, teils mit fünf Zentimetern Abstand. Bei der ersten einstündigen Sitzung durchfuhren ihn dabei heftige Schmerzschübe - doch in der darauffolgenden Nacht konnte er zum ersten Mal seit langem wieder im Liegen schlafen. Eine Woche später behandelte ich ihn ein zweites Mal; dabei verband ich Handauflegen diesmal mit einer Handreflexzonen-Massage." Kurz darauf bekam die Heilerin einen Anruf von ihm: Inzwischen gehe es ihm so gut, dass er soeben sogar bei einem Umzug problemlos mit anpacken konnte. Seine erstaunte Ärztin habe daraufhin unbedingt den Namen seiner Heilerin erfahren wollen. (A 04347)

Versteifung

- von Fingern 68789 s. Rheuma

- von Händen 76137 s. Rheuma

Verstopfung, chronische s. auch Obstipation

An einem Megakolon, einer mit chronischer Verstopfung einhergehenden Erweiterung des Dickdarms, litt ein Manager seit anderthalb Jahren. Im Herbst 1996 suchte er die Heilerin Sibylle V. auf, die ihm anfangs dreimal pro Woche, danach seltener mit Pranaheilen zu helfen versuchte. "Immer öfter konnte er wieder Stuhlgang machen, ohne große Schmerzen. Auch benötigte er immer weniger Abführmittel." Und dieser Erfolg hielt an. Der behandelnde Arzt fand keine Erklärung dafür. (A 73207)

Weiteres Fallbeispiel s. A 46047

Virusinfektion

Nach einer Virusinfektion lag ein 25jähriger Elektriker aus Rastatt im August 1991 im Koma. Ärzte gaben ihm allenfalls eine "fünfprozentige Überlebenschance". Durch Bekannte des Patienten alarmiert, versuchte die Heilerin Felicita A. eine "Bildbehandlung": Nur anhand eines Fotos des Mannes "übertrug ich Fernenergie, sprach Gebete und legte Edelsteine auf das Bild". Kurz darauf erwachte der Mann aus dem Koma, zunächst aber nur zeitweilig. Doch nach mehreren Wochen "war er vollständig genesen", versichert die Heilerin. (A 75045)

Vitiligo

Eine Mutter dreier Sorgenkinder berichtet über ihre Erfahrungen mit der Heilerin Gerda P.: "Durch sie hat sich bei uns einiges zum besseren verändert. Mein Kilian ist nicht mehr hyperaktiv, sondern gelassener; er reagiert besonnen auf Eindrücke, die ihn berühren. Meine Tabea, die uns wegen ihrer allgemeinen Immunschwäche Sorgen machte, ist widerstandsfähiger geworden; sie bringt nicht mehr jeden Schnupfen mit nach Hause. Matthias´ neurodermitisches Hautbild hat sich verändert; der Juckreiz lässt nach, er kratzt nicht mehr so oft. Auch ist er weniger streßanfällig. Und bei mir selbst", so schreibt die Mutter weiter, "ist die Weißfleckenkrankheit (Vitiligo) zum Stillstand gekommen." (Bei Vitiligo bilden sich auf der Haut weiße, pigmentfreie Flecken, die langsam größer werden.) "Kleine Flecken verschwinden." (A 35510)

W

Wachstumsstörung s. Zwergwuchs

Warzen

Ein sechsjähriges Mädchen aus einem Ort bei Eckernförde war am ganzen Körper mit rezidivierenden Warzen übersät. Zweimal wurden sie operativ entfernt, doch jedesmal bildeten sie sich erneut. Im November 1994, drei Monate nach der letzten erfolglosen Operation, fand eine einzige einstündige Sitzung bei der Geistheilerin Ursula B. statt. "Am übernächsten Tag begannen die Warzen auszutrocknen und dann zu verschwinden. Seither sind sie nicht wiedergekehrt. (A 24364)

Im Jahre 2003 war der Heiler Ananias F. aus Hagen, ein gebürtiger Grieche, als Sanitärmonteur bei einer Firma in der Schweiz beschäftigt. Der Unternehmensleiter hatte "eine dicke Warze an der Hand, und auch bei seiner Tochter hatten sich mehrere Dornwarzen gebildet". F. "besprach" sie - und die Warzen verschwanden. - Dass es beim "Besprechen" auf den richtigen Zeitpunkt anzukommen scheint, lernte F. aus dem Fall von Patricia B., die sich per eMail Ende November 2003 mit zwei Dornwarzen an ihn wandte. Per Fernbehandlung "habe ich die Warzen besprochen, aber nicht in der richtigen Mondphase. Resultat: Die Warzen waren immer noch da." Im Februar 2004 versuchte er es erneut, diesmal "in der richtigen Mondphase. Resultat: Die Warzen verschwanden." (A 58089)

Das "Besprechen" als eine bei Warzen besonders erfolgreiche geistige Heilweise stelle ich vor in *Das Große Buch vom Geistigen Heilen - Möglichkeiten, Grenzen, Gefahren*, Lea Verlag: Schönbrunn, 4. Aufl. 2004, S. 189 ff.

Waschzwang s. Zwang

Waterhouse-Friderichsen-Syndrom

Eine gut dokumentierte Fernheilung einer Todgeweihten wurde immerhin von Englands angesehener Ärztezeitschrift British Medical Journal 1983 zur Diskussion gestellt. Die Ärztin Jennifer Fendick (ein Pseudonym) infizierte sich 1975 mit Meningokokken-Bakterien. Mit einer schweren Blutvergiftung, die bereits zu einer Meningitis (Hirnhautentzündung) geführt hatte, wurde sie in akut lebensbedrohlichem Zustand ins Krankenhaus eingeliefert. Vier Spezialisten waren sich bezüglich der verheerenden Diagnose einig; sie lautete auf "Waterhouse-Friderichsen-Syndrom": ein geradezu schlagartig einsetzendes Leiden, das fast immer nach wenigen Stunden zum Tod führt. Seinen Namen gab ihm der Arzt Rupert Waterhouse (1873-1958). Im medizinischen Fachjargon gilt es als "perakut" (von lat. *acutus*: zugespitzt; sinngemäß: höchst gefährlich) und "foudroyant" (von frz. *foudroyer*: durch den Blitz erschlagen, sinngemäß: blitzartig einsetzend). Solche Diagnosen sorgen auf Intensivstationen stets für hektische Betriebsamkeit. In rasender Geschwindigkeit werden beim "Waterhouse-Friderichsen-Syndrom" beide Nebennieren irreversibel zersetzt. Schlagartig setzt hohes Fieber ein. Der Infizierte wird leichenblass, erbricht sich, hat Durchfall und zeigt alle Anzeichen eines Kollapses. Am ganzen Körper platzt die Haut auf, und Blut tritt aus - sogenannte "Leichenflecken" bilden sich. "Kein solcher Patient ist je bei uns durchgekommen", so resignierten Jennifers Ärzte von Anfang an.

Am Abend desselben Tages, gegen 20.30 Uhr, richteten Gebetsgruppen in vier Nachbarorten - unabhängig voneinander, aber gleichzeitig - an Gott die Fürbitte, der anscheinend Todgeweihten möge vollständige Heilung zuteil werden, ohne jegliche bleibende Folgeschäden. Und beinahe augenblicklich begann sich Jennifers körperlicher Zustand zu bessern, auch wenn sie noch vier weitere Tage im Koma lag. Eine Röntgenaufnahme ihres Brustkorbs hatte kurz nach ihrer Einlieferung eine ausgedehnte Pneumonie gezeigt, mit Zusammenbruch des Mittellappens der Lunge - 48 Stunden später war sie spurlos verschwunden. Ein Augenarzt hatte an Jennifers linkem Auge ein zentrales Skotom festgestellt und fotografisch belegt: einen Ausfall des Gesichtsfeldes, der von einer Blutung im Augapfel herrührte. Jennifer würde auf diesem Auge für immer blind bleiben, so hatte der Ophthalmologe vorausgesagt - doch nachdem die Ärztin wieder zu Bewusstsein gekommen war, konnte sie vollkommen klar sehen, und an ihrem Auge war keinerlei Schädigung mehr feststellbar. Sie erholte sich vollständig. (FH1)

Weißfleckenkrankheit s. Vitiligo

Wirbelsäulenbeschwerden s. Hals-, Lendenwirbelsäulensyndrom, Rückenleiden, Schmerzen

Fallbeispiele s. Makuladegeneration (A 32108) sowie A 32052, 51375, 66399, 79730

Wirbelsäulenschaden s. auch Hals-, Lendenwirbelsyndrom, Rückgratverkrümmung; Spondylose

Ein "wahres Wunder", wie sie schwärmt, erlebte bei dem Heiler Günther W. die Berlinerin Käthe S. Bei einem Autounfall 1984 hatte sie sich einen schweren Wirbelsäulenschaden (Hals- und Lendenwirbelsyndrom) zugezogen, der heftige Schmerzen verursachte. Nachdem sie daraufhin von Ärzten täglich gespritzt wurde, zog sie sich eine Leberentzündung zu. Aufgrund einer Herz-Kreislaufschwäche musste sie zudem seit Jahren mehrere Medikamente einnehmen. Außerdem litt sie an einer Makuladegeneration: einer Erkrankung der *Macula lutea*, des gelben Flecks der Augennetzhaut, der zunehmend eintrocknete. "Die Augenärzte sagten mir, dass sich das niemals ändern würde und ich nie mehr mit dem rechten Auge fernsehen, lesen oder Farben unterscheiden könne." In dieser Verfassung fand die Patientin 1991 zu Günther W.: "Ich konnte weder laufen noch Treppen steigen noch aufstehen. Ich konnte mich kaum bewegen. Nach der ersten Behandlung konnte ich es kaum fassen, dass ich wie abgehoben zu meinem Wagen lief. Ich fühlte mich innerlich ruhig und irgendwie befreit. Im Laufe der nächsten zwei Wochen ging es mir mit jeder Behandlung besser." Die Schmerzen ließen nach, die Leberwerte gingen in den Normalbereich. Bereits nach 14 Tagen konnte die Patientin sämtliche Herz-Kreislauf-Medikamente absetzen. "Nach gründlichsten Untersuchungen sagte mir meine Hausärztin in Berlin, dass mein Herz vollkommen gesund sei, was ihr unerklärlich war." Bis zum Frühjahr 1993 war auch ihre Sehkraft "wieder voll da, wie bei einem gesunden Auge". (A 32108.)

Eine 36jährige Verlagsassistentin hatte eine angeborene Hüftfehlstellung. "Chirurgen durchsägten mein Becken und brachten es in die richtige Stellung", berichtet sie. "Ärzte, Heilpraktiker, Bewegungstherapeuten - ich hab´alles gemacht. Der nächste Schlag: Bandscheibenvorfall, wieder in den OP, wieder Reha. Jemand hatte mir von dem Geistheiler Franz E. erzählt. Mitten in der Nacht rief ich ihn vom Krankenbett aus an. Er schickte mir übers Telefon geistige Energie, ich fühlte es ganz deutlich in meiner Wirbelsäule. Wie ein Strom von starkem elektrischen Kribbeln und sogar kühle Hände in meinem Körper, die irgend etwas an meinen Wirbeln taten. Es war ein total eigenartiges Gefühl - Angst hatte ich keine, da war eine ganz tiefe Ruhe. Die Schmerzen waren danach fast ganz weg. Ich kam aus dem Krankenhaus und machte wieder Bewegungstherapie, Massagen, Wasseranwendungen in einer Reha-Klinik. Noch war mein Rücken etwas gekrümmt, die linke Schulter ziemlich steif. An einem Wochenende ging ich wieder zu Franz E. Wieder fühlte ich kalte Finger an meiner Wirbelsäule, obwohl er mich nicht berührte, und das Strömen kribbelnder Energie. Als ich aufstand, konnte ich mich plötzlich wieder normal bewegen, nichts tut mehr weh. Bis heute." (A 83254)

Weitere Fallbeispiele s. A 32108, 40479, 44805, 59229, 66399, 68789, 82057

Wunde s. Offenes Bein

Wundfluss s. Vereiterung

Wundrose

Fallbeispiel s. Geschwür (am Bein) (FH1)

Z

Zwang

- Wasch- Fallbeispiel s. Schizophrenie (GHÄP S. 58)

Zwergwuchs

Zu der Schweizer Heilerin Ursula K. brachte eine Zahnärztin ihren dreizehnjährigen Sohn mit. Er litt an Zwergwuchs, seit Jahren stand sein Körperwachstum still; laut ärztlicher Prognose würde er nicht größer als 1,30 Meter werden. Frau K. legte die Hände auf. Schon wenige Wochen später war der Junge um vier Zentimeter gewachsen. (GHNZ S. 152)

Zwölffingerdarmgeschwür s. Geschwür

Zyste s. auch Eierstockzyste

Jasmin W. aus Sermuth in Sachsen kam am 27. Juni 1994 in der Universitätsfrauenklinik von Leipzig zur Welt. Schon sechs Wochen vor der Entbindung wurde bei einer Ultraschall-Untersuchung des Fötus "eine tumoröse Veränderung der linken Niere" festgestellt, "mit großen Zysten bis zwei Zentimeter, Niere insgesamt deutlich vergrößert bis 5,5 Zentimeter". Nachdem dieser Befund auch ein halbes Jahr nach der Geburt fortbestand, brachten die Eltern ihre kleine Tochter zweimal zu einem "Besprecher" nach Lübeck. Bei einer Kontrolluntersuchung kurz darauf waren die Zysten verschwunden. (R S. 308.)

Eine fingerdicke Zyste hatte sich im linken Eierstock einer 23jährigen Studentin aus Münster gebildet. Mit ihrem Ultraschallbefund suchte die junge Frau den Geistheiler Peter L. auf, der ihr an zwei aufeinanderfolgenden Tage die Hände auflegte. Sechs Tage später zeigte, nach Angaben des Heilers, eine weitere Ultraschallaufnahme: Die Zyste war verschwunden. (A 48165)

Seit einem Jahr hatten sich Zysten an den Stimmbändern einer 48jährigen Altenpflegerin aus Neunkirchen gebildet. Eine Operation war vorgesehen. Im April 1995 legte ihr die Geistheilerin Anni A. aus Rheine zweimal die Hände auf. Ein anschließendes Röntgenbild war "sauber", wie die Heilerin berichtet. (A 48431)

Seit mehreren Jahren litt eine 30jährige Angestellte aus München an Myomen und Zysten im Uterus. 1995, kurz vor einer Operation, ließ sie sich zwei Monate lang zweimal wöchentlich von der Heilerin Kaja G.-T. Reiki geben. Daraufhin bildeten sich die Geschwulste nach und nach ganz zurück, wie ein Arzt bestätigt haben soll. (A 85276)

Bei einer 40jährigen Sekretärin aus Neuss hatten sich 1994 seit ein paar Wochen Eierstockzysten gebildet, die operiert werden sollten. Sie verschwanden, sonografisch nachgewiesen, nach einer "Energieübertragung", kombiniert mit Akupunktmassage und klassischer Homöopathie, mit der ihr die Geistheilerin Helga E. zu helfen versuchte. (A 41462)

Bei einer 33jährigen Arbeiterin aus Kierspe war im Bereich der Eierstöcke eine Zyste von der Größe eines Tischtennisballs festgestellt worden, der medikamentös nicht beizukommen war. "Schon nach zwei Behandlungen bei Zdravko A. wurde die Veränderung in meinem Unterleib um zwei Drittel kleiner, das ergaben Ultraschalluntersuchungen", berichtet die Frau. "Jetzt ist alles weg." (A 58566)

Susanne S. schreibt: "Im April 1996 stellte mein Frauenarzt an meinem linken Eierstock eine Zyste fest. Da ich im Dezember 1992 am anderen Eierstock bereits eine apfelgroße Zyste gehabt hatte, die operativ entfernt werden musste, ging ich regelmäßig zur Kontrolle. Die neue Zyste war kirschgroß und wuchs. Während der Fußreflexzonenmassage stellte (die Geistheilerin) Gerda P. diese Zyste am linken Eierstock intuitiv fest, obwohl ich ihr nichts davon erzählt hatte. Dabei sagte sie mir auch, ich hätte ein gutartiges Magengeschwür und würde bestimmt bald eine Magenschleimhautentzündung bekommen, wenn ich so weitermache. Ich ließ mich von ihr behandeln. Im Juli 1996 konnte mein Frauenarzt keine Zyste mehr feststellen. Ende Juli/Anfang August, während ich im Urlaub war, stellte sich dann eine Magenschleimhautentzündung ein. Nach sieben bis acht Wochen Behandlung durch Frau P. war sie abgeheilt." (A 35510)

Weiteres Fallbeispiel s. Myom (A 70193)

Geistheilungen dokumentieren - Fragen an Heiler und Patienten

Wenn Sie mir einen besonders eindrucksvollen, gut belegten Heilerfolg schildern möchten, bitte ich Sie, die folgenden Fragen möglichst präzise und vollständig zu beantworten. Wenn Ihnen ärztliche Unterlagen vorliegen, wäre ich Ihnen für die Zusendung von Kopien dankbar.

Fragen an Heiler

1. Alter, Beruf, Wohnort des Klienten?

2. Woran litt er/sie? (Diagnose)

3. Seit wann?

4. Wurde er/sie zuvor ärztlich behandelt? Wie? Mit welchem Ergebnis?

4. Wann fand der/die Kranke zu ihnen?

5. Wie behandelten sie ihn/sie? (Methode, Dauer, Häufigkeit)

6. Wie besserte sich sein/ihr Leiden daraufhin? (Mit möglichst genauen Zeitangaben.)

7.Hielt dieser Erfolg an? (Kam es zu Rückfällen?)

8. War der Klient in ärztlicher Behandlung, während sie sich um ihn kümmerten? Wenn ja: Welche medizinischen Therapien fanden statt?

9. Hat ein Arzt den Erfolg bestätigt? Wie erklärte er ihn?

Fragen an Patienten

1. Ihr Alter, Beruf, Wohnort?

2. Woran litten Sie? (Diagnose) Welche Symptome/Beschwerden machten Ihnen zu schaffen? In welchen Ausmaß?

3. Seit wann?

4. Wurden Sie zuvor ärztlich behandelt? Wie? Mit welchem Ergebnis?

5. Haben Sie Medikamente eingenommen? Mit welchem Ergebnis?

6. Bei wievielen Ärzten/in wievielen Kliniken waren Sie wegen Ihres Leidens in Behandlung gewesen?

7. Wann fanden Sie zu dem/der Geistheiler/in?

8. Wie wurden Sie von ihm/ihr behandelt? (Methode, Dauer, Häufigkeit)

9. Wie besserte sich Ihr Leiden daraufhin? (Mit möglichst genauen Zeitangaben.)

10.Hielt dieser Erfolg an? (Kam es zu Rückfällen?)

11. Waren Sie während der Geistheilung in ärztlicher Behandlung? Wenn ja: Welche medizinischen Therapien fanden statt? Haben Sie weiterhin Medikamente eingenommen? Welche, in welcher Dosis?

12. Hat ein Arzt den Erfolg bestätigt? Wie erklärte er ihn?

13. Hatten Sie zuvor schon andere Erfahrungen mit Geistigem Heilen gemacht? Welche?

Bitte senden Sie Ihren Bericht an

Heiler-Datenbank
Dr. Harald Wiesendanger
Zollerwaldstr. 28
D - 69436 Schönbrunn
Fax: +49 - (0) 62 71 - 7 21 80
eMail: wiesendanger@t-online.de

"Wenige Könner, allzu viele Möchtegerns" -

Harald Wiesendanger über Geistheiler im ZDF-Interview

Magazin "Mona Lisa", 11. Mai 2003,
Themenschwerpunkt "Geistiges Heilen".
Das vollständige Interview:
Fragen der ZDF-Redaktion +
Wiesendangers Antworten

Ein erster Filmbeitrag zeigt Therapieerfolge, die im schweizerischen Kantonsspital Glarus erzielt wurden, seit der dortige Chefarzt der Inneren Abteilung, Professor Dr. Kaspar Rhyner, der Heilerin A. J. die Chance gab, bei der Behandlung von chronisch Schwerstkranken mitzuarbeiten.

ML: Wie typisch ist das, was da in Glarus passiert, für Geistiges Heilen allgemein?

Wiesendanger: Untypisch sind natürlich die Umstände. Eine Heilerin mitten in einer hochmodernen Klinik, Seite an Seite mit einem Medizinprofessor, der auf ihre Fähigkeiten schwört: Das beeindruckt Patienten, stärkt ihren Glauben an Hilfe und trägt zu den Erfolgen bei.

Untypisch ist auch die Heilerin – sie ist Vollprofi mit jahrzehntelanger Erfahrung, und ihre Methode ist bloß eine von mehreren Dutzend, die man unter der Überschrift "Geistiges Heilen" zusammenfasst.

Durchaus typisch sind dagegen die Probleme, mit denen sie es zu tun bekommt: langwierige, chronische Leiden, die aus schulmedizinischer Sicht als "behandlungsresistent" gelten, wenn nicht als austherapiert.

ML: Gibt es Menschen, die besonders schnell und stark auf Geistheiler ansprechen?

Wiesendanger: Die meisten Vorurteile darüber hat die Forschung nicht bestätigen können. Zwar profitiert ein Patient eher davon, wenn er von vornherein aufgeschlossen ist und an seine Chance glaubt. Aber auch Skeptikern wird geholfen - übrigens auch schwerkranken Ärzten. Es sind ja keineswegs nur eingefleischte Esoteriker, die zu Heilern gehen, sondern Kranke aus allen Bevölkerungsschichten, übrigens auch Ärzte. Über 90 Prozent von ihnen bringen chronische Leiden mit, denen die herkömmliche Medizin seit Monaten, wenn nicht seit Jahren kaum bis gar nicht beikommt. Viele "Aussortierte" des Medizinbetriebs sind darunter, die von ihren Ärzten gehört haben, sie seien "therapieresistent", da sei nichts mehr zu machen, damit müsse man sich abfinden. Der durchschnittliche Heilerklient plagt sich mit seiner Diagnose schon sieben Jahre herum und hat mindestens fünf verschiedene Ärzte konsultiert. Geistiges Heilen ist dann der letzte Strohhalm, nach der Devise: "Was hab´ich schon noch zu verlieren? Probieren kann man´s ja mal."

ML: Was ist "Geistiges Heilen" überhaupt?

Wiesendanger: "Geistiges Heilen" bezeichnet eine ziemlich große Familie von merkwürdigen Außenseitertherapien, die mit denkbar unterschiedlichen Vorgehensweisen, Theorien und kulturellen Hintergründen verbunden sind. Das Spektrum reicht vom Handauflegen, Gebetsheilen und Exorzismus – also Heilweisen, die schon Jesus Christus praktizierte – über das Besprechen und schamanisches Heilen bis hin zu Importen aus Fernost, wie Reiki, Qi Gong, Prana-Heilen oder Chakratherapie. Ihr kleinster gemeinsamer Nenner ist etwas Geistiges, nämlich eine Intention. Die bloße Absicht, einem Anderen zu helfen, scheint manchmal tatsächlich auszureichen, Krankheitsverläufe günstig zu beeinflussen, auch gegen ärztliche Prognosen. Was heilt, scheint insofern "purer Geist".

ML: Woran erkennt man einen Scharlatan?

Wiesendanger: Da gibt es ein paar typische Merkmale, die ich in meinen Büchern zu einem regelrechten "Steckbrief des Scharlatans" zusammengestellt habe:

- Der Scharlatan verspricht zuviel: nämlich eine rasche, vollständige Genesung von jedem Patienten, egal woran er leidet und egal, wie lange schon.

- Er hält Patienten davon ab, zum Arzt zu gehen, und äußert sich pauschal abfällig über "die" Schulmedizin.

- Er bedrängt seine Patienten, laufende ärztliche Behandlungen abzubrechen und Medikamente abzusetzen.

- Er stellt ihnen Diagnosen, angeblich aus außersinnlicher Erkenntnis.

- Er droht Patienten, daß sich ihr Leiden verschlimmern wird, falls sie sich nicht auf ihn einlassen bzw. die Behandlung bei ihm beenden wollen.

Fairerweise muß aber gesagt werden, daß diese Formen von Scharlatanerie weitaus seltener vorkommen, als Kritiker unterstellen. Erheblich verbreiteter ist dagegen Etikettenschwindel: Viele Heiler werben damit, sie seien "geprüft", "anerkannt", "zugelassen", und zum Beweis dafür zeigen sie Urkunden irgendwelcher Institute oder Vereine vor. Kaum einem Patienten ist klar, daß keine Heilerschule, kein Heilerverein irgendein wissenschaftlich abgesichertes Testverfahren einsetzt.

ML: Was zeichnet demgegenüber einen guten Heiler aus?

Wiesendanger: Ja, das ist die Preisfrage. Es ist viel leichter zu sagen, woran man einen guten Heiler nicht erkennt: nicht an seiner Medienpräsenz; nicht an seinen Honoraren; nicht an seinen Titeln; nicht an seiner Zugehörigkeit zu irgendwelchen Vereinen; nicht an seinen Inseraten, Werbezetteln und Broschüren.

Gut ist ein Heiler wohl dann, wenn seine Taten halten, was sein Name verspricht: d.h. wenn er wirklich *heilen* kann. Dazu würden wir erwarten, daß er bei einem beachtlichen Prozentsatz seiner Patienten den Krankheitsverlauf günstig beeinflußt. Darüber hinaus würden wir erwarten, daß ihm dies nicht nur als begabter Laienpsychologe und Suggestivkünstler gelingt, sondern indem er diese "Heilenergie", auf die er sich beruft, auch tatsächlich einsetzt.

Aber um all das zuverlässig festzustellen, bräuchten wir im Grunde ein enorm aufwendiges medizinisches Screening in mehreren tausend

Heilerpraxen allein in Deutschland; und wir bräuchten physikalische Meßtechniken, mit denen wir diese mysteriöse "Energie" zuverlässig nachweisen können. Und darauf müssen wir womöglich noch Jahrzehnte warten.

So viel Zeit hat ein Patient natürlich nicht. Er sucht jetzt Hilfe, und jetzt muß er entscheiden, welchem Heiler er sich anvertraut. Dazu bleibt ihm vorerst - das muß man ehrlicherweise einräumen - nur das Vertrauen in die eigene Intuition und den Mut zum Ausprobieren.

ML: Wie sollte man vorgehen, wenn man einen Geistheiler sucht?

Wiesendanger: Zunächst zwei, drei Heiler in der Nähe des eigenen Wohnorts ausfindig machen – und dabei möglichst viele Vorinformationen über sie einholen. Diese bekommt man aus einer "Heiler-Datenbank", die ich seit 1992 führe. Hier erfahren Hilfesuchende nicht nur Anschriften und Telefonnummern, sondern auch so aufschlußreiche Details wie: Welche Vorbildung hat der Heiler, wie sieht sein beruflicher Werdegang aus? Seit wann heilt er – etwa erst seit ein paar Monaten nach Feierabend, oder vielleicht schon über zehn Jahre hauptberuflich? Wie kam er dazu? Welche Methode wendet er an? Welche Therapien bietet er sonst noch an? Wie lange dauert eine Sitzung bei ihm? Und was kostet sie?

Zweiter Schritt: Die Betreffenden anrufen; sich erläutern lassen, wie sie vorgehen; klare Auskünfte über das Honorar einholen; und möglichst eine kostenlose Probesitzung verabreden.

Dritter Schritt: Beim Heiler der Wahl fünf bis zehn Sitzungen Geduld haben; Symptome aufmerksam beobachten; und gegebenenfalls wieder aussteigen, falls sich am Krankheitsbild nicht einmal ansatzweise etwas zum Besseren verändert.

ML: Bei welchen Leiden ist Geistiges Heilen ratsam – bei allen oder nur ganz bestimmten?

Wiesendanger: Bei nahezu jedem chronischen Leiden, das seit mehr als ein paar Monaten auf ärztliche Maßnahmen zuwenig anspricht. Dann sollte man möglichst früh zum Heiler, nicht erst dann, wenn beinahe schon alles zu spät ist. Auch Geistheiler erreichen in frühen Krankheitsstadien mehr als in fortgeschrittenen. Abraten würde ich bloß bei seelischen Problemen, die mit Ängsten verbunden sind. Denn bei manchen Patienten kann sich die quälende Vorstellung entwickeln, der Heiler sende ihnen "negative" Energien" und schade ihnen womöglich damit. Wer zu solchen Verfolgungsphantasien neigt, läßt von Geistigem Heilen besser die Finger.

In einem zweiten Filmbeitrag stellt die ZDF-Redaktion von "Mona Lisa" nun ein Forschungsprojekt des Schweizer Psychiaters PD Dr. med. Jakob Bösch vor, der die Heilerin Graziella Schmidt ungewollt kinderlose Frauen behandeln läßt.

ML: Ist das überhaupt seriös, was da in Glarus und Basel geschieht?

Wiesendanger: Das sind zwei Fragen. Sind die Hauptbeteiligten seriös – der Chefarzt und die Heilerin? Ich kenne alle Beteiligten und würde deshalb mit einem klaren "Ja" antworten. In Glarus ebenso wie in Basel geht es offenbar darum, Schwerstkranken zu helfen – und dazu keine Heilweise von vornherein auszuschließen. - Ist die Therapie seriös? Sie wäre unseriös, wenn dabei zuviel versprochen würde. Aber das geschieht in Glarus und Basel ja keineswegs. Auch dort werden niemandem Wunder in Aussicht gestellt. Man sagt bloß: Wenn die Schulmedizin mit ihrem Latein am Ende ist, geben wir noch lange nicht auf, sondern probieren es mit etwas Unkonventionellem. Und das hat offenbar Erfolg, zumindest manchmal.

Nebenbei zurückgefragt: Ist es seriös, Krebskranke in fortgeschrittensten Stadien noch zu Chemotherapien oder Bestrahlungen zu drängen, obwohl Statistiken zeigen, daß dadurch weder die Lebenserwartung noch die Lebensqualität der Patienten steigt?

ML: Wo liegen denn allgemein die Grenzen Geistigen Heilens?

Wiesendanger: Die Grenzen liegen dort, wo auch die natürlichen Selbstheilungskräfte des Menschen an Grenzen stoßen – denn diese sind es vermutlich, die durch Geistiges Heilen angeregt werden. Ihr Potential wird von der Schulmedizin offenbar gewaltig unterschätzt. Allerdings ist auch dieses Potential nicht unerschöpflich: Ein amputiertes Bein oder eine herausoperierte Niere ist auch bei einem Geistheiler noch niemandem nachgewachsen. Andererseits kann unter aufgelegten Händen durchaus ein bösartiger Tuor zu wachsen aufhören oder gar schrumpfen - und eben dazu ist das Immunsystem unter besonders günstigen Umständen auch von alleine imstande, wie die Forschung über "Spontanremissionen" zeigt.

ML: Gibt es denn eine Erklärung für die Erfolge Geistigen Heilens?

Wiesendanger: Als das Abendland noch christlich war, schien die Erklärung klar: Da erweist sich die Allmacht und Gnade Gottes, und Heiler sind Seine auserwählten Werkzeuge. Heute herrschen zwei Erklärungen vor, die sich keineswegs ausschließen:

- Die meisten Heiler glauben, dabei sei eine besondere "Energie" im Spiel, die sie Kranken vermitteln.

- Skeptiker meinen hingegen, Geistiges Heilen wirke allenfalls als Placebo: sozusagen als Scheinmedikament, das nur dem hilft, der daran glaubt.

Wer hat recht? Im Heileralltag ist das kaum zu entscheiden. Denn hier spielen immer auch viele psychologische Faktoren mit: die Wahrnehmungen, Überzeugungen und Erwartungen des Patienten; die Suggestionen des Heilers, sein Charisma, die Art und Weise, wie er mit dem Patienten kommuniziert. Und wir wissen, dass all das der Heilung förderlich sein kann ("Placebo-Effekt"). Die spannende Frage lautet: Ist das schon alles, was hinter Geistigem Heilen steckt? Wer den Forschungsstand kennt, muss das inzwischen klar verneinen: Wir wissen aus über hundert Doppelblindstudien, dass Heiler auch dann Wirkungen erzielen, wenn Patienten gar nicht wissen, ob und wann sie behandelt werden.Wir wissen aus Dutzenden von Labortests, dass Heiler auch Tiere und Pflanzen, Pilze und Bakterien, isolierte Zellen und Zellbestandteile, ja sogar Wasser und anderes anorganisches Material beeinflussen können – also Objekte, denen wir schwerlich zutrauen würden, dass sie für Suggestionen anfällig sind und dazu neigen, auf Placebos hereinzufallen. Also scheint beim Geistigen Heilen tatsächlich auch ein physikalischer Faktor mitzuspielen – etwas, das die Heiler selbst "Bioenergie", "Heilkraft", "Heilstrom" u.dgl. nennen.

Aus Patientensicht lautet die wichtigere Frage aber: *Brauchen* wir überhaupt eine Erklärung? Darf man ein Instrument erst dann einsetzen, wenn man vollauf verstanden hat, wie es funktioniert? Dann müssten Homöopathie und Akupunktur bis heute mit einem Anwendungsverbot belegt werden. Und mit der Markteinführung des erfolgreichsten Medikaments der Welt, nämlich "Aspirin", hätte man 85 Jahre warten müssen. So lange dauerte es nämlich, bis die Wirkungsweise des Inhaltsstoffs, Acetylsalicylsäure, vollständig aufgeklärt war.

Patienten denken da am besten an den Neandertaler. Schon der konnte Wurfgeschosse einsetzen, ohne die geringste Ahnung von Ballistik und Gravitation zu haben. Und zumindest was unser Verständnis der physikalischen Gesetzmäßigkeiten betrifft, die Geistigem Heilen zugrunde liegen, befinden wir alle uns noch im Neandertal - was uns aber nicht davon abhalten sollte, zu heilen und uns heilen zu lassen. Ob hinter Geistigem Heilen ein Placebo-Effekt oder ein Psi-Effekt steckt, der Mann im Mond oder Rumpelstilzchen, ist für Hilfesuchende zweitrangig: Hauptsache, es hilft.

ML: Würden Sie sich denn selbst auf einen Geistheiler einlassen?

Wiesendanger. Durchaus, und ich halte es damit so ähnlich wie der Präsident der Bundesärztekammer. Der wurde kürzlich in einem Interview gefragt: Angenommen, *er* hätte eines Tages eine Krankheit, die aus schulmedizinischer Sicht unheilbar ist – und dann käme ein medizinischer Laie auf ihn zu und würde sagen: "Ich probier´s!" Würde er dieses Angebot ausschlagen? Der Ärztekammerpräsident zögerte kurz, dann antwortete er: Also, wenn ich zu der Überzeugung gelangt wäre, dass meine Situation ausweglos ist, dann würde ich nicht ausschließen, dass ich mich darauf einlasse. - Wenn jeder Patient mit Geistigem Heilen ebenso verfahren würde, wäre schon viel gewonnen.

ML: Gibt es vergleichbare Projekte in Deutschland?

Wiesendanger: Leider nein, obwohl das rechtlich kein Problem wäre. Schweizer sind da offenbar liberaler und pragmatischer. Deutsche Chefärzte meinen dagegen offenbar, dass alles, was an Geistigem Heilen seriös sei, auch vom vorhandenen Klinikpersonal zu leisten sei. Und eben das ist ein Irrtum.

ML: Welche Erfahrungen machen denn Patienten im allgemeinen, wenn sie zu Geistheilern gehen? Weiß man darüber Näheres?

Wiesendanger: Ja, schon erfreulich viel. Seit den sechziger Jahren fanden allein im deutschsprachigen Raum schon ein Dutzend Umfragen unter Menschen statt, die schon einmal bei einem Geistheiler waren. Zusammengenommen wurden dabei rund 7000 Patienten erfasst. In den vergangenen vierzig Jahren sind zusammengerechnet über 7000 Patienten befragt worden, die schon bei Geistheilern waren. Zwei Drittel erklären, ihre Beschwerden hätten daraufhin mehr oder weniger deutlich nachgelassen; 5-10 Prozent fühlten sich sogar vollständig geheilt; darüber hinaus versichern über 90 Prozent, die Geistheilung habe ihr Allgemeinbefinden, ihre psychische Verfassung, ihre Lebensqualität verbessert. Sind das nicht Zahlen, die jeder schulmedizinischen Maßnahme alle Ehre machen würden?

Diese Umfrageegebnisse werfen natürlich alle möglichen Krankheitsbilder in einen Topf: von Migräne bis metastasiertem Krebs, von Heuschnupfen bis Arthrose. Je länger die Erkrankung bereits besteht, je mehr schon Organe geschädigt sind, desto schlechter fällt auch die Erfolgsbilanz von Heilern aus.

Davon abgesehen gibt es nicht "die" Geistheiler", ebensowenig wie "die" Fußballer, "die" Künstler, "die" Ärzte. Wie in jedem Beruf finden wir auch unter Heilern wenige herausragende Könner, viel Mittelmaß und etliche Nieten. Erfreulicherweise besteht aber selbst bei einem durchschnittlichen Heiler zumindest eine kleine Chance, Hilfe zu finden. Und jede noch so geringe Chance ist immer noch besser als gar keine mehr.

ML: Wie kamen Sie dazu, sich gerade mit dem Geistigen Heilen so intensiv zu befassen?

Wiesendanger: Das ist eine Mischung aus Neugier, Betroffenheit und Wut. Neugier auf ein Phänomen, an dessen Realität es für mich keine Zweifel mehr gibt, auch wenn ich noch immer nicht recht verstehe, wie es überhaupt möglich sein soll. Betroffenheit über die Schicksale von so vielen Schwerkranken, die zu früh resignieren, statt zumindest die kleine Chance wahrzunehmen, die in Geistigem Heilen steckt. Und Wut über die Situation von Heilern hierzulande, die mit akademischem Spott und juristischer Verfolgung leben müssen, selbst wenn sie nachweislich bisher niemandem geschadet haben, aber vielen genützt.

Stimmen zu AUSWEGE

Pressestimme:

"Eine "Heiler-Datenbank" hilft Patienten, fähige und seriöse Helfer in der Nähe ihres Wohnorts zu finden - und ermöglicht Therapeuten eine umfangreiche, kostenlose Selbstdarstellung.

Zwei von drei Bundesbürgern würden sich, Umfragen zufolge, einem Geistheiler anvertrauen, falls sie schwer erkranken und Ärzte nicht mehr weiterwissen. Doch wo finden sie Hilfe? Seit 1992 führt der Philosoph und Psychologe Dr. Harald Wiesendanger eine laufend aktualisierte und erweiterte "Heiler-Datenbank" mit derzeit rund 500 Anbietern geistiger Heilweisen. Zugrunde liegen mehreren Erhebungen in der "Szene" mittels eines umfangreichen Fragebogens. "Den Anstoß dazu", erklärt der Experte und Autor zahlreicher Sachbücher (u.a. Das große Buch vom Geistigen Heilen, Geistheiler - Der Ratgeber), "gaben mir Eindrücke während der Basler ,Weltkongresse für geistiges Heilen', die ich mitorganisiere. Hier hat mich immer wieder sehr bestürzt, wie orientierungs- und hilflos Kranke nach geistiger Hilfe suchen. Die Verwirrung ist immens."

Über Namen, Adressen und Telefonnummern hinaus bietet Wiesendangers Datenbank zu jedem aufgenommenen Geistheiler detaillierte Porträts, einschließlich eines Lebenslaufs. Damit soll es Patienten erleichtert werden, eine Vorauswahl zu treffen und sich vorweg einen ersten Eindruck zu bilden, ehe sie Kontakt aufnehmen. Erläutert wird unter anderem: Welche Methoden setzt der Betreffende ein - vom traditionellen Handauflegen über Fernheilen, Gesundbeten und Besprechen, Reiki und Qi Gong bis hin zu Schamanismus und Exorzismus? Welche sonstigen Angebote macht er zusätzlich: seien es Bach-Blüten oder Meditation, Astrologie oder Kinesiologie, Reflexzonenmassage oder Reinkarnationstherapie? Welche Ausbildungen kann er vorweisen? Wie lange dauert die durchschnittliche Sitzung bei ihm? Wie teuer ist sie? Mit wieviel Sitzungen muß erfahrungsgemäß für die gesamte Behandlung gerechnet werden? Zu welchen besonders überzeugenden, gut dokumentierten Behandlungserfolgen kam es in seiner Praxis?

Darüber hinaus soll die Datenbank Heilern Gelegenheit bieten, sich und ihre Praxis ausführlich vorzustellen - "insbesondere solchen, die sich keine Inserate oder sonstige Werbung leisten können und auch keinem Verein angehören möchten, der ihnen Kundschaft vermittelt", wie Wiesendanger betont. "Der Eintrag ist gratis."

Aus CONNECTION *Special*:
"Liebe heilt", Aug-Sep 2000, S. 8

So urteilen Hilfesuchende:

"Danke für dieses Adressenverzeichnis, es gibt in der Not Hoffnung."
Mathilda Hortig, Darmstadt

"Auf der Suche nach Heilern ist AUSWEGE für mich eine optimale Orientierungshilfe."
Berta F., Berlin

"Die ausführlichen, präzisen Porträts jedes Heilers machen klar, mit wem man es zu tun bekommen wird."
Friedrich K., Köln

"Ein großes Lob, denn Ihr Verzeichnis war sehr hilfreich für mich."
Hella Kantelberg, Hamburg

"Von Heilerverbänden kriegt man doch nur Adressen - und auch bloß von deren

Mitgliedern. AUSWEGE hingegen verdeutlicht, mit wem man es als Hilfesuchender zu tun bekommen wird."
Dr. med. Marion S., Frankfurt

"Ein Glück, dass es so etwas gibt."
Eva-Maria S., München

"Vor sechs Wochen habe ich in einer Medizin-Zeitschrift über AUSWEGE gelesen. Für mich war es wirklich mein letzter Ausweg. Ich hatte mit meinem Leben fast schon abgeschlossen und wollte noch einen letzten Versuch unternehmen. Dank AUSWEGE fand ich zu dem Heiler F.D.(...) Was er für mich getan hat, kann ich nicht in Worte fassen. (...) In großer Dankbarkeit, dass Sie AUSWEGE geschrieben haben."
Petra O., Leiblfing

"Ich möchte Ihnen meinen Dank und Bewunderung aussprechen, denn die Klienten, welche aufgrund von 'Auswege' den Weg zu mir finden, sind von vornherein sehr offen und sehr gut informiert."
Brigitte Basting (Heilerin), Ingelheim

"Ich möchte mich bei Ihnen für die freundliche Unterstützung auf der Suche nach einem Geistheiler bedanken. Durch "Auswege" habe ich Herrn A. gefunden, der mir durch seine Arbeit sehr geholfen hat."
Simone R., Norrköping (Schweden)

"Im Jahre 1994 habe ich von Ihnen Ihr Adressenverzeichnis von Geistheilern bezogen. Es war für mich sehr hilfreich, denn daraus konnte ich die Adresse von Herrn S. entnehmen, der mir bei meinen damaligen Problemen entscheidend geholfen hat. Heute fühle ich mich wieder vollkommen gesund. Dazu haben Sie einen Beitrag geleistet, und dafür möchte ich Ihnen danken."
J. Richard E., Ulm

"Super, dass es so eine Hilfe gibt. Danke!"
Sandra K., Frankenholz

"Herzlichen Dank für dieses äußerst beeindruckende Kompendium zu geistigen Heilern. Es bleibt allerdings immer noch die 'Qual der Wahl', wobei ich glaube, dass Intuition dabei ein guter Führer ist."
Dr. Elisabeth W.

"Vor kurzem habe ich Ihr Verzeichnis der Heiler erhalten. Ich möchte Ihnen kurz von dem Ergebnis berichten. Ich war jetzt zwei Mal bei Frau P. Ich kann diese Heilerin nur als ein einziges großes "Kraftwerk" bezeichnen. Sie hat meine Energien, die wirklich in alle Winde zerstreut waren, "sortiert" und mir so viel Kraft gegeben, wie ich sie lange nicht gehabt habe."
Brigitte de J., Kiel

"Ich finde es großartig, dass Sie so ein kostbares Verzeichnis herausgegeben haben, und bin froh, darauf hingewiesen worden zu sein."
Claudia J., Berlin

"'Auswege' hat mir in einer schwierigen gesundheitlichen Situation sehr geholfen. Der Heiler, D. C., wohnt sogar bei mir um die Ecke."
Angelika G., Mörfelden-Walldorf

"'Auswege' hat schon vielen Menschen Heilung gebracht! Ich habe nur Gutes gehört!"
Alexander M., Hambuch

"Ich bin sehr froh, dass Sie mir durch diese Datenbank einen Zugang zu heilenden Menschen ermöglichen."
Renate N., Saarbrücken

"Ich bin sehr glücklich, dass es dank Ihnen diesen Ratgeber gibt! Vielleicht ist

das endlich ein Weg, am Ende des Tunnels ein Licht zu sehen!"
Andrea R., Schieder-Schwalenberg

"Vielen Dank für AUSWEGE. Ich war erstaunt, dass es in der Nähe meines Wohnortes so viele Adressen gibt."
Paula S. (D)

"Dass es Ihre Institution gibt, ist ein besonderer Glücksfall, denn seit vielen Jahren bin ich auf der Suche nach einem Geistheiler, dem ich vertrauen kann."
Ulrike Mintz, München

"Ihre Datenbank betrachten wir als Segen für diejenigen, die Hilfe brauchen und nicht wisen, wem sie sich anvertrauen können."
Martina Glocke (Heilpraktikerin), Pulheim

"Ich finde Ihr Engagement wirklich großartig - denn völlig auf sich alleingestellt ist die Suche nach einem Heiler sprichwörtlich wie 'die Suche nach einer Nadel im Heuhaufen'."
Sabine M. Poljak, Nürnberg

So urteilen Experten:

"Ich möchte Sie ermutigen, mit dieser bedeutsamen Arbeit fortzufahren."
Dr. med. Daniel Benor, "Doctor-Healer Network"

"Selbstverständlich unterstütze ich Sie in jeder Form bei Ihrer wertvollen und qualifizierten Arbeit."
George P. Huber, Livitra-Heilzentrum

"Die Arbeit, die Sie sich mit der Erstellung eines 'Heilerverzeichnisses' machen, ist bewundernswert und sehr sinnvoll. Ihre Mühe wird sich lohnen, denn damit können Sie vielen kranken Menschen, die Hilfe suchen, etwas Konkretes anbieten. Haben Sie herzlichen Dank für Ihre Idee und die Ausführung."
Ilse-Marie Struck, Heilpraktikerin

"Es ist in unserer heutigen Zeit eine sehr gute und hilfreiche Idee, ein Adressenverzeichnis mit seriösen Heilern interessierten und hilfsbedürftigen Menschen zugänglich zu machen, und Pionierarbeiten dieser Art begegne ich stets mit großem Interesse. So möchte ich Ihr Vorhaben sehr gerne unterstützen und Ihnen, so gut es geht, behilflich sein."
Pamela Sommer-Dickson, spirituelle Psychotherapeutin, Councillor der "World Federation of Healing" Schweiz

"Ich verstehe Ihre Bestürzung über die Orientierungslosigkeit von Kranken, die nach geistiger Hilfe suchen. Für Sie und Ihre Arbeit alles Gute!"
Hubertus M. Schweizer, Heilpraktiker und Heiler, Councillor der "World Federation of Healing" Deutschland

"Für Ihre Arbeit wünschen wir Ihnen Gottes Segen."
Rosalia Kommol, Vorstandsmitglied der "Gemeinschaft für Geistige Entfaltung"

"Da die Nachfrage nach Heilern immer mehr zunimmt und aufgrund der Gesetzeslage in den meisten Ländern, vornehmlich im deutschsprachigen Raum, die einzelnen Heiler nur über Mundpropaganda zu erfahren sind, hat Dr. Harald Wiesendanger ein umfangreiches Verzeichnis erstellt. Die Arbeit Wiesendangers wurde von mehreren Heilerorganisationen im In- und Ausland unterstützt."
Prof. Dr. Dr. Andreas Resch in *Grenzgebiete der Wissenschaft* 42/1993

Damit Sie mit "Wunderheilern" kein blaues Wunder erleben - Zehn Goldene Regeln für Hilfesuchende

1 **Lassen Sie sich nicht irremachen**: weder durch ärztliche Bedenken, noch durch abfällige Äußerungen seitens Verwandter, Freunde und Kollegen, noch durch Einwände von kirchlicher Seite, noch von angeblichen wissenschaftlichen "Forschungslücken", noch vom Mangel an Erklärungen. Es gibt für Patienten keinen vernünftigen Grund, sich nicht auf Geistiges Heilen einzulassen, egal bei welcher Diagnose: Die Mehrzahl der Behandelten profitiert davon. (Siehe *Geistheiler - Der Ratgeber*, Kap. 1: "Die Statistik des Wunders".) Zwar kommen vollständige Heilungen nur ausnahmsweise vor - doch jede noch so geringe Chance ist immer noch besser als überhaupt keine mehr. Und selbst wenn Geistiges Heilen nichts nützt, richtet es immerhin keinerlei Schaden an.

2 **Schrauben Sie überzogene Erwartungen zurück.** Geistheiler sind keine allmächtigen Wundertäter. Haben Sie Geduld: Je fortgeschrittener Ihr Leiden ist, je länger es bereits andauert, desto schwerer wird ihm Geistiges Heilen beikommen. Oft ist keine vollständige Genesung mehr möglich, immerhin aber eine Linderung - und zumeist eine deutliche, anhaltende Verbesserung des Allgemeinbefindens.

3 **Informieren Sie sich.** Verschaffen Sie sich zumindest einen groben Überblick über die verschiedenen Formen Geistigen Heilens, über Möglichkeiten und Grenzen, über Methoden und theoretische Hintergründe. (Dabei hilft Ihnen hoffentlich *Das Große Buch vom Geistigen Heilen*.) Denn die Vielfalt ist enorm - und nicht jede Heilweise passt zu jedem Patienten bei beliebiger Diagnose.

4 **Werden Sie zum bewussten Selbstheiler.** Machen Sie sich klar, was Sie selbst zu Ihrer Genesung beitragen können. Keine Geistheilung kann gelingen, wenn Sie nicht mithelfen, die inneren und äußeren Umstände zu ändern, unter denen sich Ihre Krankheit entwickelte. (Siehe *Geistheiler - Der Ratgeber*, Kap. 7 und 10.) Geistiges Heilen ist keine "übernatürliche" Strahlentherapie, die Sie passiv über sich ergehen lassen können. Es regt - sowohl mit psychologischen als auch mit vorerst rätselhaften physikalischen Mitteln - Ihre Selbstheilungskräfte an, und deshalb sind letztlich Sie der Heiler.

5 **Sehen Sie in Geistigem Heilen keinesfalls eine Alternative zur Schulmedizin**, sondern bloß eine sinnvolle Ergänzung. Heiler sind keine Ersatzdoktoren. (Siehe das Kapitel "Gefährliche Alternative - Geistheiler ersetzen nicht den Arzt" in *Geistheiler - Der Ratgeber*.)

6 **Fahnden Sie unter Heilern nicht nach "Spezialisten" für Ihr besonderes Krankheitsbild**. Es gibt keine, allem Anschein zum Trotz. (Siehe "Spezialist gesucht - Gibt es auch unter Heilern Fachleute für bestimmte Krankheiten?" in *Geistheiler - Der Ratgeber*.)

7 **Vertrauen Sie auf der Suche nach einem fähigen, seriösen Geistheiler Ihrem persönlichen Eindruck, Ihrer Intuition, Ihrer Menschenkenntnis.** Sie sind verlässlichere Ratgeber als bloßes Hörensagen, als Meldungen in Presse, Funk und Fernsehen, als Anzeigen und Werbebroschüren. Skepsis ist auch gegenüber Empfehlungen durch Heilerverbände angebracht: Sie vermitteln ausschließlich eigene Mitglieder. Manche betätigen sich als Agenturen zur Klientenbeschaffung, wodurch sie besonders attraktiv für Anfänger, Mittelmäßige und Nichtskönner sind, denen Kundschaft fehlt; ein wirklich guter Heiler kann darauf verzichten, allein die Mundpropaganda zufriedener Patienten beschert ihm im allgemeinen mehr Arbeit, als er bewältigen kann. Die Zugehörigkeit zu einem Verein bürgt weder für mehr Charakter, noch für mehr Moral, noch für größere therapeutische Befähigung, wie sogenannte "Ehrenkodices", "Diplome", "Prüfungen" und anderes Wortgeklingel vorgaukeln. Fähige, seriöse Heiler gibt es auch außerhalb von Vereinen. (Siehe *Geistheiler - Der Ratgeber*, Kap. 26, 28)
Beschaffen Sie sich zunächst Anschriften und Telefonnummern von Heilern in der Nähe Ihres Wohnorts. (Über 500 werden in meiner Heiler-Datenbank *Auswege - Wo Kranke geistige Hilfe finden* vorgestellt.) Rufen Sie mehrere an. Vereinbaren Sie einen Termin zum Kennenlernen.

Lassen Sie sich genau erläuten, wie Ihre Behandlung ablaufen soll, bitten Sie um eine kostenlose Probesitzung. Klären Sie vorab die Honorarfrage. Hören Sie auf Ihre innere Stimme: Meint es dieser Mensch gut mit Ihnen? Fühlen Sie sich in seiner Gegenwart wohl, angenommen und aufgehoben? Liegen Sie mit ihm "auf gleicher Wellenlänge"? Treffen Sie erst dann Ihre Wahl.
Brechen Sie eine Behandlung dann ab, wenn sie nicht nach spätestens fünf bis zehn Sitzungen zu einer ersten spürbaren Linderung von Beschwerden geführt hat. Ein anderer Heiler, eine andere geistige Heilmethode kommt bei Ihnen dann möglicherweise weiter.

8 **Achten Sie vom ersten Kontakt an aufmerksam auf Anzeichen, die den Scharlatan verraten**: Er kommt seltener vor, als panikmachende Kritiker ungeprüft unterstellen, aber häufiger, als blauäugige Esoteriker wahrhaben wollen. Vor allem folgende Merkmale sollten Sie stutzig machen (siehe *Geistheiler - Der Ratgeber*, Kap. 30):
- Der Heiler verspricht Ihnen rasche, vollständige Heilung.
- Er stellt Ihnen unüberprüfbare Diagnosen.
- Er hält Sie davon ab, zum Arzt zu gehen, und äußert sich pauschal abfällig über die Medizin.
- Er bedrängt Sie, laufende ärztliche Behandlungen abzubrechen, Medikamente abzusetzen.
- Er droht Ihnen mit einer Verschlimmerung Ihres Leidens, falls Sie sich nicht auf ihn einlassen bzw. sich nicht von ihm weiterbehandeln lassen möchten.
- Er versucht Sie mit angeblichen Gütesiegeln wie "Diplomen", "Anerkennungen", "Zulassungen", "Prüfungen" zu beeindrucken - in der Hoffnung auf Ihre Unkenntnis, dass es gegenwärtig kein einziges auch nur halbwegs wissenschaftlich abgesichertes Prüfverfahren für Geistheiler gibt.
- Er nimmt sich keine Zeit für Sie, lässt Wärme und Anteilnahme vermissen.

Hoffnung darf nicht blind machen. Das Licht am Ende des Tunnels - es könnte immer auch ein entgegenkommender Zug sein.

9 **Lassen Sie sich auf Inserate oder sonstige Werbung gar nicht erst ein**. Meiden Sie Heiler mit dubiosen akademischen Titeln, ebenso wie die vermeintlichen "Stars" der Szene: Meist sind sie zu überlaufen, zu teuer, zu weit weg. (Siehe *Geistheiler - Der Ratgeber*, Kap. 21, 28.)

10 **"Fernbehandlungen" sind fast immer nur die zweitbeste Lösung.** Beim Geistigen Heilen, wie überhaupt in therapeutischen Beziehungen, ist persönlicher Kontakt ein wesentlicher Faktor. (Siehe *Geistheiler - Der Ratgeber*, Kap. 33 und *Fernheilen*, Band 1: Das Phänomen; Band 2: Antworten, Tipps und Warnungen: Was Hilfesuchende wissen sollten)

Über den Autor

Dr. Harald Wiesendanger, Jg. 1956, studierte Philosophie, Psychologie und Soziologie an den Universitäten Basel und Heidelberg; nach der Promotion forschte er als Stipendiat der Deutschen Forschungsgemeinschaft (DFG) zwei Jahre lang über das philosophische Leib/Seele-Problem. Der Publizist gilt als Experte für Geistiges Heilen. Neun seiner 20 Bücher hat er dieser umstrittenen Heilweise gewidmet, mit der er sich seit über fünfzehn Jahren befasst: darunter *Das Große Buch vom Geistigen Heilen* (4. Aufl. 2003), *Geistheiler - Der Ratgeber* (3. Aufl. 2004), *Geistiges Heilen für eine neue Zeit - Vom ‚Wunderheilen' zur ganzheitlichen Medizin* (1999), *Heilen ohne Grenzen* (2. Aufl. 2004), *Geistiges Heilen in der ärztlichen Praxis* (2. Aufl. 2004) und *Fernheilen* (2004, zwei Bände). Er initiierte und leitete eine Dachorganisation für Heilerverbände (1994-98), gab eine Fachzeitschrift für Geistiges Heilen heraus (*Der Heiler* 1996-1998), führt seit 1992 eine "Heiler-Datenbank" und zählt zu den Mitorganisatoren der "Weltkongresse für Geistiges Heilen" im Rahmen der "Basler Psi-Tage" sowie eines Drei-Weiber-Haushalts im südlichen Odenwald. Mehrfach hat er Geistiges Heilen in Umfragen, Tests und Experimenten wissenschaftlich erforscht, gemeinsam mit Ärzten und Naturwissenschaftlern - unter anderem 1998 in einem ärztlich kontrollierten Fernheil-Test mit 120 chronisch Kranken und 50 Heilern -, "in aufgeschlossener Distanz", wie er sagt, denn "einer Geistheilung bedarf zuallererst die Heilerszene selbst". Im Rahmen der europaweiten, EU-geförderten Fernheilstudie EUHEALS, die noch bis Ende 2004 läuft, rekrutiert und koordiniert er rund 500 Heiler aus 21 Ländern, die sich um 400 chronisch Kranke kümmern. Preisträger der Schweizerischen Stiftung für Parapsychologie (1995) sowie des Russischen Forschungszentrums für Traditionelle Volksmedizin in Moskau (1998), Mitglied im Editorial Panel des *International Journal of Healing and Caring*.

Adresse:
Zollerwaldstr. 28, D-69436 Schönbrunn
Fax + 49 - (0) 62 71 - 7 21 80
E-Mail: wiesendanger@t-online.de
Im Internet: www.psi-infos.de

Der Wegweiser

GEISTHEILER - DER RATGEBER.
Was Hilfesuchende wissen sollten -
Ehrliche Antworten
auf 45 spannende Fragen.
3. Aufl. 2004
396 Seiten, A 5, Broschur

Bestellung s. Seite 245 f.

Geistiges Heilen: eine echte Chance für Kranke?

Verblüffend: Immerhin 65 Prozent aller Erwachsenen würden sich, Umfragen zufolge, notfalls "einem medizinischen Laien mit besonderen Heilkräften anvertrauen, wenn Ärzte nicht mehr weiter wissen". Für die rund zehntausend Handaufleger, Gesundbeter, Fernbehandler und anderen Geistheiler im deutschsprachigen Raum bedeutet dies ein gewaltiges Kundenpotential: Über 50 Millionen Menschen könnten sich demnach vorstellen, ihre Hilfe im Falle eines Leidens in Anspruch zu nehmen, bei dem die Schulmedizin an Grenzen stößt.

Doch vor dem Gang zum Heiler stehen eine Fülle von Fragen, Zweifeln und Ängsten. Mit ihnen fühlen sich Hilfesuchende meist alleingelassen - hin- und hergerissen zwischen reißerischen "Wunder"meldungen und hämischen Verrissen, in denen sich die öffentliche Auseinandersetzung mit dem Phänomen des Geistigen Heilens bisher in der Regel erschöpft.

Ausgewogenen Rat, der weder in esoterische Euphorie noch pauschale Skepsis abgleitet, verspricht dieses Buch. Kapitel für Kapitel geht es auf 45 Fragen ein, die von Patienten immer wieder gestellt werden, wenn sie erwägen, sich auf Geistiges Heilen einzulassen. Es zeigt therapeutische Chancen auf, verschweigt aber auch nicht Grenzen und Gefahren; es macht Schwerkranken Hoffnung, bewahrt sie aber vor unrealistischen Erwartungen.

So urteilt die Presse

Geistiges Heilen - wo gibt´s darüber richtig gute Information? Das neueste Buch von Harald Wiesendanger kann getrost all denen empfohlen werden, die sich erstmalig für das Thema interessieren. Aber auch denjenigen, die schon einiges darüber wissen (oder zu wissen glauben), sei das überaus gründlich recherchierte Werk ans Herz gelegt. Wiesendanger präsentiert sich - wieder einmal - als ausgewogener Ratgeber.

Grenzenlos Nr. 4/2000

Der Experte Dr. Harald Wiesendanger kennt die Fakten und Zahlen. Er gibt ehrliche Antworten auf spannende Fragen.

Bio Nr. 3/2000

Verblüffend, wie wirksam Geistheilung sein kann. Zahllose Beispiele belegen dies. Trotzdem sollte jeder, der sich einem Heiler anvertrauen möchte, vorsichtig sein - denn allzu viele Scharlatane und Möchtegern-Heiler tummeln sich auf diesem grauen Gesundheitsmarkt. Der Experte Dr. Harald Wiesendanger, seit vielen Jahren mit dieser Sparte vertraut, gibt wichtige Ratschläge.

Woche der Frau Nr. 16, 10.4.2000

Dieses Buch bietet ausgewogenen Rat, der weder in esoterische Euphorie noch in pauschale Skepsis abgleitet.

Para Nr. 27, Mai 2000

Experte Dr. Harald Wiesendanger, Autor von sechs Sachbüchern über das Phänomen des geistigen Heilens, erlebt tagtäglich die Verunsicherung von Patienten. Was ihnen ehrlicherweise zu sagen ist, faßt er in seinem Ratgeber zusammen.

Neue Gesundheit Nr. 5/2000

Macht Schwerkranken Hoffnung, bewahrt sie zugleich aber vor unrealistischen Erwartungen.

Naturheilpraxis Nr. 5/2000

Dieses Buch zeigt therapeutische Chancen auf, verschweigt aber auch nicht Grenzen und Gefahren.

Mensch&Sein Nr. 3/2000

Es erübrigt sich, den hinreichend bekannten Autor und sein Werk einmal mehr ausführlich zu charakterisieren. Er gilt nicht zu Unrecht als der deutsche Spezialist in Sachen 'Geistheilung'. Nach sechs einschlägigen Büchern vermittelt er nun - in Form von Antworten auf wichtige Fragen, unter Berücksichtigung positiver und negativer Beispiele und einer Fülle von Literatur-Nachweisen - den hilfesuchenden Lesern die Gegebenheiten und Möglichkeiten des Heilens und seines Umfeldes. Die klare Gliederung des Materials, ergänzt durch drucktechnisch hervorgehobene 'Merksätze', erleichtert den Zugang zu einem komplexen Gebiet, dessen Grenzen nach vielen Seiten offen sind. Die Inhalte sind geeignet, den Leser vor etlichen Fallstricken zu bewahren, die in der Szene lauern, sie können ihm aber die Wahl seines je eigenen Weges nicht ersparen. (...) Der 'Ratgeber' ist kein Lesebuch. Die Fülle der auf nahezu 400 Seiten dargestellten Einzelheiten überfordert den Schnellleser. Nach Kenntnisnahme der einleitenden Hinweise sollte man den einen oder anderen besonders wichtig erscheinenden Abschnitt herausgreifen. Beim weiteren Studium entwickelt sich ein Gesamtbild des derzeitigen Standes der geistigen Heilung, in dem die Konturen einer menschlicheren Medizin aufscheinen.

Prof. em. Dr. Ernst Senkowski,
Transkommunikation, Frühjahr 2000

Leserstimmen

Hätte es dieses Buch schon ein paar Jahre eher gegeben, so wären mir etliche Enttäuschungen mit selbsternannten "Heilern" erspart geblieben. Eine fabelhafte Orientierungshilfe für "Austherapierte"!

Elfriede W., Köln

Trotz Ihrer zahlreichen Bücher über geistiges Heilen, die ich alle mit Begeisterung gelesen habe, habe ich immer eines vermisst, das sich unmittelbar an Hilfesuchende wendet und auf ihre zahlreichen Fragen eingeht. Endlich ist es da!

Dr. Bernd S., Wiesbaden

Zu Ihrem neuen Buch möchte ich Ihnen gratulieren. Es hat mich so gefesselt, dass ich mich immer wieder zwingen mußte, es aus der Hand zu legen, um andere wichtige Dinge nicht unerledigt zu lassen. Ich habe es förmlich verschlungen. (...) Ihren distanzierten und kritisch-ausgewogenen Umgang mit diesem Thema schätze ich sehr. Ihr Buch ermöglicht mir eine Selbsteinschätzung meiner Arbeit und meiner Auffassung von ihren verschiedenen Aspekten. Immer wieder auftauchende Selbstzweifel lösen sich auf, wenn ich meine Anschauung der Dinge von Ihnen beschrieben und mit Fakten belegt finde. Das ist wie eine positive Resonanz sehr wohltuend und erfüllt mich mit tiefer Dankbarkeit.

Ingrid Priebe Engel, Mediale Medizinvermittlung
für Ärzte und Heilpraktiker, Detmold

Ich finde es toll, daß es Menschen gibt, die so fleißig sind wie Sie und so viel Wissen zusammentragen. (...) Es gibt sicherlich sehr viele Menschen, die ein Buch von Ihnen lesen und dafür zwanzig andere weglassen können, die man am Anfang seiner spirituellen Neugierde und Laufbahn lesen würde.

Silke Hennig-Tusche, Heilerin, Bremen

Sehr deutlich erkennbar ist, wie verantwortungsbewußt und vielschichtig Sie das Thema "Geistheiler" behandeln. So hoffe ich und wünsche Ihnen, dass dieses Buch weite Verbreitung findet.

Beate Schilling, Coppenbrügge

Viel Erfolg für Ihre wunderbare Arbeit!

Beryl Frei-Warburg, Heilerin, Allschwil

Das Buch ist hochinteressant, vor allem für Menschen, die Rat suchen, da es auf diesem Gebiet wirklich viele Scharlatane gibt. (...) Ich bewundere Sie, Ihre Bücher sind eine ganz große Fleißarbeit und beinhalten ein umfangreiches Wissen. Es überzeugt sicherlich auch große Skeptiker. Man spürt, Sie haben alles sehr kritisch geprüft, nach dem Ausspruch von Jesus Christus: "Prüfet alles, aber das Gute behaltet!"

Für Ihre wertvolle Pionierarbeit wünsche ich Ihnen von Herzen weiterhin Gottes Segen.

Waltraud Pampel,
Vorstand "Deutsche Vereinigung für geistiges Heilen e.V." (DVGH)

Ihre Bücher finde ich wirklich großartig.

Ursula Englert, Hamburg

Im Urteil von Lesern:

"Mit Abstand das beste Buch auf diesem Gebiet."
Maya Hirschi, Winterthur

"Sehr informativ, ausgewogen und umfassend recherchiert."
Bert Kowalzik, Bremen

"In keinem anderen Buch habe ich über dieses Thema so anschauliche und sachliche Informationen erhalten. Es ist wirklich ausgezeichnet und sehr hilfreich."
Ursula Englert, Hamburg

"Brillant geschrieben und hervorragend recherchiert. Ich habe es mit großem Gewinn gelesen. Selten habe ich ein so spannendes populärwissenschaftliches Buch in den Händen gehalten. Ausgezeichnet finde ich auch die wissenschaftliche Auseinandersetzung mit dem Thema und die mir bis dahin unbekannten Fakten und Experimente."
Heike Greve, Kiel

"Ihnen gebührt Dank und Anerkennung, daß Sie sich kritisch *<u>und</u>* *befürwortend für alternative Heilmethoden einsetzen, Daten und Fakten in solcher Fülle zusammenzustellen und den Leser durch die Art der Darstellung unbedingt zu überzeugen."*
Ingrid Kristalli, Saloniki

"Ich bin fasziniert darüber, daß es über geistiges Heilen eine so umfassende Abhandlung gibt."
Dipl.-Ing. Eva Baumgärtel, Neuss

"Es ist für mich ein einzigartiges Werk."
Hans-H. Becker, Bad Pyrmont

"Sehr gut - im Gegensatz zu vielem Schund, der auf dem Markt ist."
Herta Lang, Garching

"Habe ich mit Begeisterung gelesen. Ein hervorragendes Buch mit riesigem Informationsgehalt - auch für den Laien."
Edeltraut Lauer, Schonach

"Ich habe das Buch soeben fertig gelesen und bedaure, daß die Lektüre nicht mehr weiter geht. Das Gebiet interessiert mich seit Jahren, und noch nie fand ich ein Buch, das mich derart fesselte wie Ihres."
Dr. med. Beat Schaub, Basel

"Ich betrachte es als ein Glück, daß ich Ihrem Buch begegnet bin. Wenn es einem schlecht geht, hilft es

Der Überblick

438 Seiten
(siehe Bestellformular S. 245 f.)

schon, darin zu lesen. Es macht Mut."
Maria Bamberger, Wien

"Das interesssanteste Buch, das ich in meinem Leben gelesen habe. Danke für dieses Erlebnis!"
A. Feldmann, Fürstenfeldbruck

"Ein regelrechter Lichtblick in der esoterischen Sumpflandschaft."
Andreas Sommer, Eppelheim

"Ihr Buch verschlinge ich zur Zeit wie einen Karl-May-Band. Ein Jahrhundertwerk im wahrsten Sinne des Wortes!"
Hans-Joachim Rau

"'Das große Buch vom geistigen Heilen' ist bereits zur Pflichtlektüre für alle neuen Kursteilnehmer avanciert. Von Ihrem breiten und außergewöhnlichen Fachwissen bin ich sehr beeindruckt."
George Paul Huber,
"Livitra"-Heilzentrum

Das Große Buch vom Geistigen Heilen

Im Urteil der Presse:

"Die wohl umfassendste Veröffentlichung dieser Art auf dem Buchmarkt."
Lebenshilfe Nachrichten

"Wiesendanger führt anhand authentischer Patientenberichte vor, welche erstaunlichen Heilungen allein spirituelle energetische Kräfte bewirken können."
Ärzte Zeitung

"Ein Sachbuch dieser Qualität, prallgefüllt mit weithin unbekannten Fakten und originellen Argumenten, war überfällig; aus der Fülle der 'Wunderheiler'-Literatur ragt es einsam heraus."
Gnosis

"Stilistisch brillant, logisch durchdacht und vorbildlich gegliedert, inhaltlich aktuell und ausgewogen, wissenschaftlich fundiert und zugleich ein verläßlicher Ratgeber für die Praxis."
Proteg News

"Umfassend und anschaulich stellt dieses Buch die ganze Vielfalt geistiger Heilweisen vor, porträtiert ihre herausragendsten Vertreter, wägt Möglichkeiten und Grenzen, Chancen und Risiken jeder Therapieform unvoreingenommen gegeneinander ab. Gegen den Titel "Das Große Buch" hat sich der Autor gegenüber dem Verlag lange Zeit gesträubt. ("Mir klingt er zu unbescheiden.") Doch es hat ihn verdient. Unter den 7000 Esoterik-Neuerscheinungen, die allein in diesem Jahr wieder auf den deutschen Buchmarkt drängen, zählt diese mit Sicherheit zu den allernötigsten."
Erfahrungsheilkunde

Einblicke

GEISTIGES HEILEN IN DER ÄRZTLICHEN PRAXIS - Damit die Humanmedizin humaner wird
4. Aufl. 2004, 222 S., Broschur

Humanmedizin muss humaner werden, energetisch und ganzheitlich, um effektiver zu sein. Geistiges Heilen kann dabei mithelfen.

Denkanstöße hierzu sollen von dieser Anthologie ausgehen.

Darin berichten rund 20 Ärzte verschiedener Fachrichtungen über ihre persönlichen Erfahrungen mit Geistigem Heilen - zur Ermutigung von Standeskollegen, von Krankenkassen, von Gesundheitspolitikern, von Patienten.

Mit einer ausführlichen Einleitung von Harald Wiesendanger ("Nur eine Frage der Zeit").

"Geistiges Heilen für eine neue Zeit"

Mit Beiträgen von:

Dr. Pablo Alemany, Dr. med. Daniel Benor, Dr. med. Herbert Benson, Dr. med. Jakob Bösch, Dr. med. Pierre Bovet, Dr. med. Michael Dixon, Gertrud Emde, Manfred Engel, Dr. Peter Gilgen, Dr. med. Ulrich Hasler, Dr. med. Ellis Huber, Dr. med. György Irmey, Dr. med. Ulrich Klettner, Wolfgang Lüdke, Dr. med. Albrecht Mahr, RA Harald Roth, Dr. med. Hans-Christoph Scheiner, Dr. med. Barbara Schliecker, Dr, med. Verena Schmuckermeier, Prof. Dipl.-Ing. Alex Schneider, Pamela Sommer-Dickson, Dr. med. Andreas-Hans Wasylewski, Lucius Werthmüller.

Im Urteil von Lesern:

"Sehr ansprechend und objektiv geschrieben."
Werner Kluge, Burgkunstadt

"Ihr Buch spricht mir aus der Seele."
Maria Fillenberg, Amberg

"'Geistiges Heilen für eine neue Zeit' habe ich mit großem Interesse gelesen. Ich hoffe, daß es großen Anklang findet. Gottes Segen für Sie und die Verbreitung des Buches."
Waltraud Pampel, Vorstandsmitglied der "Deutschen Vereinigung für geistiges Heilen"

"Ganz herzlichen Dank und Gratulation für diese hochkarätige Zusammenstellung. Ihr Buch werden wir in Seminaren ausdrücklich empfehlen."
Claus Claussen, Vorsitzender der "Arbeitsgemeinschaft für Holistik in der Heilung"

"Danke für dieses schöne Buch. Es schafft Klarheit."
Werner J. Meinhold, Vorsitzender der "Deutschen Gesellschaft für therapeutische Hypnose und Hypnoseforschung", Leiter der "Gesellschaft Harmonie 1782"

"'Ein Buch mit wichtigen Aspekten, ... sehr lesenswert. Ich mag es, wenn jemand 'auf den Punkt kommt'."
Hubertus M. Schweizer, Heilpraktiker und Heiler, Councillor der "World Federation of Healing"Deutschland

"Ich wünsche Ihrem Werk weite Verbreitung, um die materialistische Medizin auf das ihr gebührende Maß zu reduzieren und die Entstehung neuer Weltbilder zu fördern."
Prof. Dr. Ernst Senkowski, Mainz

"Herzlichen Glückwunsch zum Erscheinen Ihres neuen Buches! Ich wünsche Ihnen viel Erfolg damit, und daß es eine große Leserschaft weltweit findet!"

Sofi Tachalov (Heilerin), Venlo

Im Urteil der Presse:

"Was ist von geistigem Heilen zu halten? Klarheit schafft das neueste Buch des Philosophen und Psychologen Harald Wiesendanger, der als führender Experte für geistiges Heilen gilt und sich seit vielen Jahren dafür einsetzt, geistiges Heilen in das öffentliche Gesundheitswesen einzubeziehen, nach erfolgreichen Vorbildern aus dem Ausland."

Erfahrungsheilkunde

"'Wiesendangers Buch macht den Streitern für eine Legalisierung des Geistigen Heilens neuen Mut und nimmt Kritikern einiges von ihrem Pauschal-Wind aus den Segeln."

Grenzenlos

"Der in einschlägigen Kreisen wohlbekannte Verfasser setzt sich seit vielen Jahren für die Anerkennung der geistigen Heilung ein.In diesem aufschlußreiche Sammelband ... stammen elf Beiträge aus seiner eigenen Feder, die eine Art Rahmen für 24 Artikel kompetenter Mitautoren bilden. Das vielgestaltige Material beinhaltet in neun Abschnitten nahezu alle Aspekte."

Transkommunikation

"Alle Aspekte des geistigen Heilens finden in diesem Buch eine fachgerechte Behandlung. Angefangen mit dem Wesen des Heilens - zwischen Energietransfer und liebevoller Fürsorge - über eine Kasuistik austherapierter Fälle, die Auseinandersetzung mit dem bekannten Argument des Placebo-Effekt bis hin zu Forschungsergebnissen usw. bekommt der Leser vom Autor und weiteren Spezialisten einen umfassenden Überblick über das Thema. Eine spannende Lektüre.

Para (Schweiz)

"Gibt einen aktuellen Überblick und zeigt den Weg vom 'Wunderheilen' zur ganzheitlichen Medizin."

Feierabend (Würzburg)

Gerade die Berichte aus der Praxis zeigen, daß es zwischen Himmel und Erde offenbar doch mehr gibt, als 'unsere Schulweisheit sich träumt'."

Der Dom, Kirchenzeitung für das Erzbistum Paderborn

"Ausgezeichnet und vor allem seriös zusammengefaßt."

Ski-Magazin

"Ein Werk, das uns ganz tief hineinführt in das Phänomen Geistheilen. Es beeindruckt durch die Fülle von Aspekten, die in ihm behandelt werden. Was man aus ihm lernen kann, ist unbezahlbar. Jedem Interessierten muß es dringend empfohlen werden."

VTF-Post

Der Test

Großformat A 4,
160 Seiten,
mit ca. 100 Fotos,
Grafiken und Tabellen
2. Aufl. 2004

(s. Bestellformular S. 245 f.)

Fernheilen: Probe aufs Exempel

Das "Fernbehandeln", die angebliche Vermittlung von heilenden Energien über beliebige Entfernungen hinweg, ist ein Mysterium. Denn wie soll Geistheilung gelingen, wenn ein Kranker von seinem Therapeuten Hunderte von Kilometern entfernt ist, ihm vielleicht niemals begegnete - und womöglich nicht einmal weiß, daß auf Distanz mit ihm gearbeitet wird? Wie sollen übermittelte "Heilkräfte" zielgenau, selbst zu anderen Kontinenten hin, einen bestimmten Empfänger erreichen können, ohne sich dabei im geringsten abzuschwächen?

Der "Fernheil-Test" hat die Probe aufs Exempel gemacht - in einer aufwendigen wissenschaftlichen Studie mit 55 Fernheilern aus sieben europäischen Ländern und 290 Schwerkranken, die aus schulmedizinischer Sicht "austherapiert" waren; durchschnittlich elf Jahre lang hatte sich jeder von ihnen mit seinem Leiden herumgequält, ohne bei Ärzten Hilfe zu finden.

Ein neunköpfiges Team von Medizinern und Wissenschaftlern, mehrere Universitäten und private Forschungsinstitute haben an dieser Studie mitgewirkt. Sie belegt zweifelsfrei: **Fernheilen wirkt - selbst in vermeintlich aussichtslosen Fällen.**

Das Lexikon

GEISTHEILUNGEN - Erfolge von A bis Z
(2. Aufl. 2004) 246 Seiten, Broschur

In welchen Fällen hilft Geistiges Heilen? Bewirkt es auch etwas bei meinem speziellen Leiden?" Dieses Buch lässt Menschen zu Wort kommen, die sich Geistheilern anvertrauten - und diesen Schritt nicht bereut haben. Und es gibt Heilern Gelegenheit, besonders bemerkenswerte Erfolge aus ihrer Praxis vorzustellen. **Ihre Fallberichte machen vermeintlich "Hoffnungslosen" neuen Mut.**

Bei Tumoren?

GEISTIGES HEILEN BEI KREBS - Ein unkonventioneller Ausweg
162 Seiten, Broschur

Immer mehr Krebskranke erwägen, sich auf Geistheiler einzulassen. Doch die Verunsicherung ist groß: Was können diese umstrittenen Laientherapeuten wirklich? **Wieviel erreichen sie speziell bei Tumorleiden? Dieses Buch schafft Klarheit** - gestützt auf faszinierende Fallbeispiele, auf eindrucksvolle klinische Studien, auf spektakuläre Laborversuche, auf Erfahrungsberichte von Krebspatienten.

In Gottes Namen

WIE JESUS HEILEN
Geistiges Heilen: ein Akt christlicher Nächstenliebe.
ca. 290 Seiten, Broschur

Schon Jesus behandelte Kranke durch Handauflegen und Gebet. Wenn Kirchenvertreter Geistheiler beargwöhnen, verkennen sie den Heilungsauftrag des Gottessohns, wie Theologen, Priester und christliche Heiler in diesem Buch darlegen.

Bestellung

___ Expl. Wiesendanger: **Geistheiler - Der Ratgeber. Was Hilfesuchende wissen sollten: Ehrliche Antworten auf 45 spannende Fragen** .... 25 EUR

___ Expl. Wiesendanger: **Das Große Buch vom Geistigen Heilen - Möglichkeiten, Grenzen, Gefahren** .... 25 EUR

___ Expl. Wiesendanger: **Geistheilungen - Erfolge von A bis Z. Lichtblicke für chronisch Kranke: 634 Fallbeispiele zu 248 Diagnosen** .... 25 EUR

___ Expl. Wiesendanger: **Fernheilen, Band 1: Die Vielfalt der Methoden** .... 27 EUR

___ Expl. Wiesendanger: **Fernheilen, Band 2: Fallbeispiele, Forschungen, Einwände, Erklärungen** .. 27 EUR

___ Expl. Wiesendanger: **Fernheilen, Band 3: Infos, Tipps und Warnungen für Hilfesuchende** .... 22 EUR

___ Expl. Wiesendanger: **Heilen ohne Grenzen - 'Fernbehandeln' auf dem Prüfstand** .... 25 EUR

___ Expl. Wiesendanger (Hg.): **Geistiges Heilen in der ärztlichen Praxis - Damit die Humanmedizin humaner wird** .... 25 EUR

___ Expl. Wiesendanger (Hg.): **Geistiges Heilen für eine neue Zeit - Vom "Wunderheilen" zur ganzheitlichen Medizin** (z.Zt. vergriffen, Neuaufl. Sommer 2005)........ 28 EUR

___ Expl. Wiesendanger: **Wie Jesus heilen. Geistiges Heilen: ein Akt christlicher Nächstenliebe** ... 25 EUR

___ Expl. Wiesendanger: **Geistiges Heilen bei Krebs - Ein unkonventioneller Ausweg** .... 25 EUR

Ferner lieferbar *(im Buchhandel vergriffen, wenige Restexemplare beim Autor)*

___ Expl. Wiesendanger: **Die Jagd nach Psi - Über neue Phänomene an den Grenzen unseres Wissens** .... 15 EUR

___ Expl. Wiesendanger: **Zurück in frühere Leben - Möglichkeiten und Grenzen der Reinkarnationstherapie** .... 25 EUR

___ Expl. Wiesendanger (Hg.): **Wiedergeburt - Herausforderung für das westliche Denken** .... 15 EUR

Bestellung

___ Expl. Wiesendanger, **In Teufels Küche - Jugendokkultismus: Gründe, Folgen, Hilfen** .... 15 EUR

___ Expl. Wiesendanger, **Auf kurz oder lang - Aphorismen, Anekdoten, Analysen, Anarchismen über Gott und die Welt** .... 20 EUR

___ Expl. Wiesendanger, **Auf weiter Flur - Noch mehr Aphorismen, Anekdoten, Analysen, Anarchismen über Gott und die Welt** .... 20 EUR

___ Expl. Wiesendanger, **Die Suche nach Sinn - Allerletzte Antworten auf letzte Fragen** (ab Sep. 2005) 25 EUR

alle Preise incl. Versandkosten

Vergriffen sind:

Wiesendanger, **Zeitreiseführer**
Wiesendanger, **Mit Leib und Seele**
Wiesendanger, **Zwischen Wissenschaft und Aberglaube**
Wiesendanger, **Bruno Gröning - Ein Ausweg für Kranke?**
Wiesendanger, **Der Streit ums Horoskop**

GRATIS:

____ Infos über **AUSWEGE - Die Heiler-Datenbank.**
Mit Adressen und Porträts von über 500 Geistheilern

____ Infos über die Internationalen **"Basler Psi-Tage" / Weltkongress für Geistiges Heilen**

Lieferung an folgende Anschrift:

Vorname, Name: ____________________

Straße, Nr.: ____________________

Land/PLZ/Ort: ____________________

eMail: ____________________

Datum: ____________ Unterschrift: ____________

_____ **EUR** __ **per Verrechnungsscheck** oder ____ **bar bzw.** _____ **CHF in bar (jeweils incl. Versandkosten) lege ich dieser Bestellung bei.** (Lieferung *nur bei Vorkasse.*)

Bitte einsenden an:
Dr. Harald Wiesendanger
Zollerwaldstr. 28
D - 69436 Schönbrunn